MEDJUGORJE
Die Botschaft

WAYNE WEIBLE

MEDJUGORJE

Die Botschaft

CIP-Titelaufnahme der Deutschen Bibliothek

Wayne Weible
MEDJUGORJE – Die Botschaft

Herausgeber: Gebetsaktion Medjugorje, Wien

Übersetzung aus dem Amerikanischen
von Wolfgang Trautmann

1. Auflage 2001: 3000 Stück

Bestelladresse: Gebetsaktion Medjugorje
Postfach 18, A-1153 Wien

Druck: Hermagoras, A-9073 Viktring

ISBN 3-901228-38-1

Dieses Buch ist der Heiligen Jungfrau Maria gewidmet,
die uns immer wieder zu ihrem Sohn fšhrt,
sowie meiner Frau Terri,
ohne deren Unterstštzung dieses Buch
nicht entstanden wžre.

Wayne Weible

Auch die Šbersetzung ins Deutsche soll der Muttergottes gewidmet sein, die ein jedes ihrer Kinder šber alles liebt, aber auch meiner Frau Beate, die viel Geduld und Verstžndnis fšr diese Arbeit im Dienste unserer lieben Mutter Maria aufgebracht hat.

Ferner mčchte ich mich recht herzlich bedanken bei meinem Freund Erich Losert, Konrektor an der Volksschule in Hockenheim in Deutschland und der Germanistikstudentin Marion Rannegger aus Mčdling in Österreich fšr ihre großzšgige und kompetente Hilfe beim Korrigieren des Buches.

Wolfgang Trautmann

Ein Wort des Übersetzers

Es ist mir schon lange ein Anliegen, dieses wunderbare Buch von Wayne Weible auch dem deutschsprachigen Leser zur Verfügung zu stellen. Als meine Frau Beate mir das Buch 1992 zu Weihnachten schenkte, konnte ich es nicht weglegen, bis ich es zweimal gelesen hatte. Zwar hatte ich schon vorher etwas über Medjugorje gehört, aber die wahre Bedeutung ist mir erst durch dieses Buch klar geworden.

Ich bin zwar in Deutschland geboren und zur Schule gegangen, doch lebe ich seit 1966 in Kanada. Obwohl ich auf der englischsprachigen McMaster Universität in Hamilton in Ontario Elektrotechnik studiert und seit 1970 für eine kanadische Computerfirma in Toronto in Ontario gearbeitet habe, blieb mir die deutsche Sprache doch noch soweit erhalten, dass ich es wagen konnte, dieses Buch zu übersetzen. Unter der besonderen Führung des Heiligen Geistes fiel es mir nicht allzu schwer, dieses Werk im Dienste unserer lieben Mutter Maria zur Vollendung zu führen.

Seit meiner frühen Jugend habe ich schon immer die Führung unserer lieben Mutter verspürt. Auch war der Pfarrer der St. Georgskirche in Hockenheim ein großer Marienverehrer, der mich schon früh unter den Schutz der Muttergottes stellte. Er ließ unter der Pfarrkirche eine Fatimakapelle einrichten, wo die Marienverehrung zur Blüte kam. Dieser Einfluss sollte für mein ganzes Leben von Bedeutung bleiben. Wenn ich manchmal gar nicht mehr weiter weiß, dann ist unsere liebe Mutter Maria stets da, um mich an ihre liebe Hand zu nehmen und mir einen neuen Weg zu zeigen.

Zu Beginn meines Lebens in Kanada zog sie mich auch gleich wieder an ihr mütterliches Herz, indem sie mich durch die Kolpingfamilie in Hamilton zu jährlichen Exerzitien im Augustinerkloster zu Mary Lake bei King City in Ontario einlud. Dort brachte sie mich ihrem Sohn Jesus durch die starke Führung der Augustinerpatres nahe, die die Exerzitien im Sinne der Botschaften von Medjugorje, lange bevor die Erscheinungen dort begannen, führten. Wir wurden durch unsere Exerzitienmeister stets zur Anbetung Jesu im allerheiligsten Sakrament des Altares, zur Feier des heiligen Messopfers, sowie zum Sakrament der Buße hingeführt. Das Beten des Rosenkranzes und der Kreuzwegstationen war die Norm bei diesen Exerzitien. Es war auch dort im Frühjahr 1982 gewesen, als ich zum ersten mal von Medjugorje hörte. Ein Exerzitienteilnehmer aus Hamilton in Ontario hatte ein Tonband mitgebracht, das von den Erlebnissen des kanadischen Pfarrers Bedard in Medjugorje ganz zu Beginn der Erscheinungen handelte. Ich verteilte damals bereits mehrere Kopien dieses Bandes und war generell an dem Phänomen Medjugorje interessiert, doch die wahre Bedeutung der Botschaften war mir erst zu Weihnachten 1992, also über zehn Jahre später, durch dieses Buch bewusst geworden.

Da damals gerade der Krieg in Bosnien-Herzegowina tobte, war es mir zu dieser Zeit nicht möglich nach Medjugorje zu reisen. Im April 1994, als der Krieg am Ausklingen war, nahm ich an meiner ersten Pilgerfahrt mit einer kleinen kanadischen Gruppe aus Ontario und Quebec teil. Obwohl die Anreise über 26 Stunden in Anspruch nahm, waren wir doch alle hellauf begeistert, als wir den Križevac und die Türme der St. Jakobskirche in Medjugorje zum ersten Mal sahen. Wir hatten genau die gleichen Gefühle der Freude, die Wayne in seinem Buch so wunderbar beschreibt. Da der Krieg noch an einigen Stellen aufflammte, waren zu dieser Zeit nur sehr wenig Pilger in Medjugorje. Auch sah das kleine Dorf aus, als wäre es stark vom Krieg mitgenommen worden, obwohl nicht eine einzige Bombe dort explodiert war. Was man aber sah, waren viele Skelette von Häusern, die vor dem Krieg zu bauen begonnen worden waren, um der großen Anzahl der Pilger nachzukommen. Während des Krieges waren dann alle Männer zum Kriegsdienst eingezogen worden, und die Frauen flohen zum großen Teil mit ihren Kindern aus dieser gefährdeten Gegend. Somit war alle Bautätigkeit zu einem plötzlichen Stillstand gekommen, und das prägte das Bild von Medjugorje im Frühjahr 1994. Die geistliche Atmosphäre hätte jedoch nicht besser sein können, denn die Muttergottes war nicht geflohen, sondern sie war dem Auftrag ihres Sohnes treu geblieben und erschien weiterhin täglich den vier Sehern: Vicka, Marija, Ivan und Jakov. Ivanka und Mirjana hatten ja zu dieser Zeit bereits ihre zehn Geheimnisse bekommen und hatten nur noch einmal im Jahr eine Erscheinung.

Nach dieser ersten Pilgerreise rief mich die Muttergottes noch sechs Mal nach Medjugorje: Zweimal durfte ich mit deutschsprachigen Gruppen von Wien aus mit dem Bus dorthin fahren, die anderen vier Reisen machte ich von Deutschland aus, wo ich geschäftlich zu tun hatte.

Ich danke unserer lieben Mutter Maria für all ihre Liebe und Fürsorge für mich und alle ihre Kinder und möchte mit dem Heiligen Vater sprechen: „Totus Tuus, Maria!"

Wolfgang Trautmann

Vorwort

Ich erinnere mich noch daran, dass, als ich noch ein kleines Kind war, mein Bruder voll Aufregung aus dem Haus gelaufen kam. „Es ist ein Mann im Haus!" rief er. „Und er ist kein Katholik! Er ist ein Protestant!"

Ich dachte mir sogleich, dass dieser Mann ganz anders sein müsste, und ich lief hinein, um ihn zu sehen. Ich wollte sehen, ob er Nase, Mund und Ohren genau so wie wir hatte. Ich hatte noch nie jemanden gesehen, der kein Katholik war.

Zu meiner großen Überraschung stellte ich fest, dass dieser Mann, dieser „Protestant", genauso aussah wie wir und sich auch genauso benahm. Heute weiß ich, dass dies ein kleiner, aber sehr wichtiger Schritt in meiner Bekehrung zu den Lehren Jesu Christi war. Ich lernte durch diese einfache Beobachtung eines Kindes eine der tiefsten Wahrheiten Gottes kennen, nämlich die, dass Er jeden Menschen ebenbürtig erschaffen hat.

Meine Freundschaft und mein Wirken mit Wayne Weible führten mich durch neue und wichtige Schritte zu dem Bewusstsein der universalen Bruderschaft aller Menschen auf dieser Erde. Ich wurde auch in vollerem Maße der Schönheit dieser Wirklichkeit bewusst. Stunden des Gebetes, der Arbeit und der Unterhaltungen mit Wayne Weible in der Atmosphäre von Medjugorje, ließen mich erkennen, dass Gott wirklich rein gar nichts zwischen Menschen gesetzt hat, das sie trennen könnte. Es ist, als ob ich erneut die Worte Jesu in größerem Maße höre, die Er vom Kreuz zu seiner Mutter gesprochen hatte: „Frau, sieh da, Deine Söhne."

Dies ist die wahre Erfahrung einer Bekehrung in Medjugorje. Wenn Gott Sein Volk führt, dann bekehren sich die Einzelnen und finden in tieferem Verständnis zueinander. Jeder, der mit dem Herzen dem Wort Gottes lauscht, kommt zu vollkommener Selbsterkenntnis und zu einer tieferen Einheit mit dem Himmel und der Erde. Dann geschieht es, dass Furcht und Unruhe verschwinden.

Dieses Buch ist keine Vorwegnahme einer kirchlichen Anerkennung der Geschehnisse in Medjugorje. Es gibt Zeugnis von den Glaubens- und Bekehrungserfahrungen von Menschen, die dem dort gegenwärtigen Heiligen Geist erlauben, sie zu führen.

Swetozar Kraljević O.F.M.

Ein Wort des Autors

Die ersten Worte dieses Buches wurden am Fuß des Kreuzes auf dem Berg Križevac in dem keinen Dorf Medjugorje in Jugoslawien geschrieben. Und so soll es auch sein! Es war an diesem ganz besonderen Ort, wo mir die volle Bedeutung des Geschenkes Gottes, uns Seinen Sohn zu senden, zur persönlichen Wirklichkeit wurde.

Das Kreuz ist ein universales Symbol Jesu Christi, ein sichtbares Zeichen, das uns immer an Seinen Opfertod erinnern soll. Es wurde uns gegeben, damit jeder Einzelne Frieden und ewiges Leben haben möge. Dies ist im Wesentlichen die Grundbotschaft, die uns durch die besagten Erscheinungen der heiligen Jungfrau Maria in Medjugorje gebracht wird; es ist eine Einladung, die Botschaften als eine Versöhnung mit Jesus anzunehmen. Es beginnt mit einer totalen Umkehr zu Seinem Weg – dem Kreuzweg.

Seit Juni 1981 wird die Botschaft der Bekehrung und Versöhnung mit Gott durch die heilige Jungfrau Maria einzigartig in dem winzig kleinen Dorf Medjugorje wiederholt bekräftigt. Sie erscheint seitdem täglich sechs jungen Leuten, die in dem Tal, das im Schatten des Kreuzes am Križevac liegt, wohnen. Gemäß der Aussagen der Jugendlichen, die für diese besondere Erneuerungsmission auserwählt wurden, bringt uns die Mutter Jesu eine dringende Aufforderung von ihrem Sohn an die gesamte Menschheit, sich von dieser, durch die Krankheit der Sünde, todkranken Welt abzuwenden und sich mit Ihm zu versöhnen.

Dieses Phänomen erzeugte eine weltweite Erwiderung. Millionen Menschen haben ihr Leben geändert und leben nun die Wege Gottes; und immer noch besuchen weitere Millionen diesen Ort. Inmitten eines modernen high-tech Lebensstils, der uns ständig von dem Wesen der Gnade Gottes wegführt, wird das Symbol des Kreuzes auf wunderbare Weise erneuert.

Das Kreuz auf dem Križevac ist ein 15 Tonnen schwerer, 12 Meter hoher Betonmonolith, der majestätisch auf dem höchsten Gipfel der Hügel und Berge, die das Medjugorjetal umgeben, steht. Es kann kilometerweit gesehen werden und wurde zum Symbol dieses heiligen Ortes. Das ist auch, wie es sein soll!

1933 mühten sich die Bewohner ab, schwere Eimer, gefüllt mit Wasser und Beton, den steilen, felsigen, mit Dickicht bewachsenen Abhang hinaufzutragen. Sie wollten ein Zeichen ihres Glaubens zum 1900. Jubiläums des Kreuzes errichten. Dieses Projekt nahm für sie eine solche Bedeutung an, dass sie den Namen des Berges von Šipovac auf Križevac, was Kreuzberg bedeutet, umtauften. Solch eine tiefgehende Bezeugung des Glaubens, die viele Jahre zurückliegt, hebt die besondere Gnade dieses Ortes hervor, den die Jungfrau Maria heute für ihre Erscheinungen auserwählt hat.

Das Kreuz am Križevac ist kein Ausdruck der Schönheit. Jahre härtesten Wetters ließen es altern und vergilben und rissen Teile des Betons von den Kanten weg. Jedoch seine Schönheit liegt viel tiefer als sein Äußeres. Der Križevac wird zum geistigen Bild, das sich in die Herzen der Millionen eingraviert, die nach Medjugorje kommen. Es wird zur bleibenden Erinnerung an ein Ereignis, das für die Seele eine solche Schönheit darstellt, dass es für sie kein weltliches Gegenstück gibt.

Fast alle Pilger, die nach Medjugorje kommen, machen den beschwerlichen Aufstieg auf dem steinigen, steilen Pfad, der zum Fuß des Kreuzes führt. Der Aufstieg, hart und atemberaubend, ist etwa zwei Kilometer lang. Jedoch die Pilger kommen in Scharen: Junge und Alte, Gesunde und Kranke. Menschen, die normalerweise, bedingt durch ihr Alter und ihre Gesundheit, Probleme haben, solche Strapazen zu überstehen, finden den Willen und die Kraft, es bis zum Gipfel zu schaffen.

Alle kommen, um Heilung durch inbrünstiges Gebet zu finden, Heilung von körperlichen oder geistigen Leiden – oder von beiden. Es gibt da eine Geschichte eines Mannes, der keine Beine mehr hat, der sich aber allein auf den Gipfel des Berges hochzog. Oben angekommen, war er total erschöpft und blutig – aber triumphierend. Eine andere Geschichte erzählt von einem Mann, der oft zum Gipfel kommt und immer seine verkrüppelte Frau auf seinem Rücken zum Fuße des Kreuzes trägt.

Es gibt Hunderte ähnlicher Geschichten, die sich auf dieses besondere Kreuz beziehen. Diese Geschichten sind der Treibstoff zur Bekehrung und Versöhnung für all jene, die aus der ganzen Welt hierher kommen. Sie sprießen aus diesem übernatürlichen Phänomen.

Für jene Seelen, die mit einem großen geistigen Hunger erfüllt sind, ist der Križevac der Kalvarienberg und symbolisiert Jesus in Seiner dunkelsten Stunde. Es ist jedoch auch Sein Triumph. Es ist die Erfüllung des Neuen Bundes, den Gott mit den Menschen schloss, und der ewiges Leben durch den Sühnetod Seines Sohnes verspricht.

Millionen kommen und kommen in dieses winzige Dorf Medjugorje, um von der Erneuerung diese Bundes durch Marias Botschaften, die sie von ihrem Sohn bringt, zu hören. Ich bin einer von ihnen. Ich schrieb dieses Buch als persönliches Zeugnis einer geistig hungrigen Seele, die Frieden und Liebe in dieser Botschaft durch das Kreuz auf dem Križevac gefunden hat.

Wayne Weible

Die Kirche von Medjugorje

„Der Hass erzeugt immer Spaltung
und sieht niemanden und nichts ...
... Wirkt besonders mit der
Liebe dort, wo ihr lebt!"

1

Der Botschafter

Es war ein herrlicher Nachmittag im Mai, der die ganze irische Landschaft in einen Reiseposter verwandelte. Wir fuhren mit offenen Fenstern, um die frische Luft zu genießen. Die enge Straße war von Steinzäunen eingefasst, die die saftig grünen Felder bewachten. Hie und da bekamen wir einen Blick auf eine strohbedeckte Steinkate, die bestimmt schon über drei Jahrhunderte hier steht. Man bekam das Gefühl, als ob die Zeit hier im Donegal County stillstehen würde.

Als wir über die nächste Anhöhe fuhren, mussten wir plötzlich wegen einer Schafherde bremsen, die ein junges Mädchen mitten auf der Straße dahintrieb. Ich war froh, dass ich nicht selbst zu fahren brauchte.

Unsere Fahrerin, Vera McFadden, blieb jedoch ganz ruhig. Sie und ihre beiden Kameradinnen auf dem Rücksitz waren in ihrem winzigen Auto nach Letterkenny gekommen, um mich zu ihrer Kirche nach Derry zu bringen, wo ich am Abend sprechen würde. Ich saß auf dem linken Sitz und hatte mich immer noch nicht daran gewöhnt, dass auf dieser Seite kein Lenkrad ist. Sonst gefiel mir dieses nördlichste der irischen Counties außerordentlich gut.

„Ich kann es kaum glauben, wie grün das Gras ist," murmelte ich.
„Oh, du würdest es schon glauben, wenn du wüsstest, wie viel es bei

uns regnet!“ schmunzelte Vera. „Es ist wirklich ein herrlicher Tag“, fügte sie in ihrem starken nordirischen Dialekt hinzu, „aber es ist eine Seltenheit, dass die Sonne scheint.“

Ich lächelte und nickte nur, obwohl es mir schwer fiel, sie zu verstehen. Es war meine zweite Vortragstournee in Irland seit letztem Jahr, und ich hatte genug Erfahrung mit dem kühlen Regenwetter gemacht, das für dieses Land so typisch ist.

Wir fuhren um die nächste Kurve, und plötzlich verschwand unsere gute Stimmung. Genau vor uns blockierte ein anderes Hindernis die Straße – ein rot-weißer Schlagbaum, der eine britische Straßensperre an der Grenze nach Nordirland anzeigte. Davor standen zwei britische Soldaten in voller Kampfausrüstung, die ihre Gewehre in Bereitschaft hielten. Ich war gleichzeitig schockiert, ängstlich und ärgerlich. Hinter dem Schlagbaum lag etwa ein Dutzend uniformierter Soldaten am Straßenrand im Gras. Sie unterhielten sich und rauchten, aber ihre Gewehre lagen ganz nahe bei ihnen.

Vera hielt das Auto an, und einer der Soldaten kam zu ihr. Sie gab ihm ihre Papiere, die er ohne ein Wort durchsah. Dann nickte er dem anderen Soldaten zu, den Schlagbaum zu öffnen. Als wir durch die Sperre nach Nordirland hinüberfuhren, fiel mir auf, dass niemand auch nur ein Wort gesprochen hatte. Der Tag verlor seinen Reiz für mich.

Wir waren noch keinen Kilometer gefahren, als Vera plötzlich auf die linke Seite rüberzog, da ein britischer Panzerwagen mit Soldaten an uns vorüberraste. Als er vor uns herfuhr, bemerkte ich, dass die hintere Stahltür ein wenig geöffnet war, und dass ein Soldat sein Gewehr auf uns gerichtet hatte. Es lief mir eiskalt über den Rücken, als ich daran dachte, dass dies wohl das erste Mal war, dass ich einem Gewehr direkt in den Lauf schaute. Das Fahrzeug war dann nach der nächsten Kurve aus unserem Blickfeld verschwunden.

Ich saß da, vor Ärger kochend, und konnte es nicht fassen. „Was sollte das eigentlich bedeuten?“ fragte ich.

Anstatt mir zu antworten, zog Vera wieder nach links, als ein zweiter Panzerwagen an uns vorüberraste. Genau wie beim ersten war auch bei diesem die Hintertür einen Spalt offen und wieder hatte ein Soldat uns aufs Korn genommen. Dann war auch dieses Fahrzeug verschwunden.

„Was ist hier eigentlich los?“ wollte ich wissen. Mir wurde ganz mulmig, als mir plötzlich der Gedanke kam, dass es hier doch nicht so ganz sicher sei.

„Sie fahren immer in Paaren“, erklärte Vera, „um Überfälle zu vermeiden.“

„Aber wir sind doch Zivilisten! Wir sollten ihre Verbündeten sein. Ich kann es nicht glauben!“

Vera zuckte nur mir den Schultern. „Wir sind aber auch Katholiken“, sagte sie und nickte zum Rosenkranz, der vom Rückspiegel hing, „und da du mit uns fährst, nehmen sie an, dass auch du ein Katholik bist.“ Sie seufzte. „Ich kann es ihnen eigentlich nicht verübeln. Ihre Kameraden werden von Autobomben in die Luft gejagt, und sie werden ständig beschossen.“

Auf einmal kam mir die ganze Last dieser Tragödie Nordirlands zum Bewusstsein – katholische Terroristen töten britische Besatzungstruppen sowie unschuldige Protestanten, und protestantische Terroristen töten unschuldige Katholiken. Jede neue Gräueltat wirft neuen Brennstoff auf das Feuer der Vergeltung. So geht es jetzt bereits seit Generationen, und es ist kein Ende in Sicht. Es besteht nur die angeborene Tradition des Hasses, in der Kinder auf beiden Seiten zum Hass erzogen werden, genauso wie ihre Eltern zum Hass erzogen worden waren.

„Wie könnt ihr nur so leben?“ fragte ich.

„Nun, wir müssen doch weiterleben, oder nicht?“ erwiderte Vera mit einem gezwungenen Lächeln. „Natürlich ist es nicht überall so. Ich habe Nachbarn, die Protestanten sind, und wir kommen sehr gut miteinander aus. Auch unsere Gebetsgruppe ist gemischt. Eigentlich sind es nur die Radikalen, die die Unruhen verursachen“, sagte sie und meinte dabei die Extremisten auf beiden Seiten. „Weißt du, manchmal muss man über sie lachen. Als ich einmal zur Bank ging, ergriff mich ein Mann, der einen schwarzen Strumpf über dem Kopf gezogen hatte, und hielt mir eine Pistole an den Kopf. Es war noch ein anderer Bursche da, der auch einen schwarzen Strumpf als Maske über dem Kopf trug. Ich dachte, dass sie die Bank ausrauben und mich als Geisel gebrauchen wollten."

„Wer waren sie?"

Sie zuckte nur mit den Schultern. „IRA? INLA? Das ist egal. Die beiden bekämpfen sich ständig. Auf jeden Fall kam dann noch ein Dritter dazu, nur war sein Strumpf über dem Kopf braun und nicht schwarz. Auf einmal fing ich an zu lachen und sagte zu ihm: ‚Du bist wohl nicht richtig angezogen, mein Junge! Du hast ja nicht einmal die richtige Uniform an!' Ich wusste nicht, warum ich das sagte oder warum ich zu lachen anfing, denn ich war eigentlich steif vor Angst." Sie kicherte, als sie das erzählte, und auch die beiden am Rücksitz kicherten. Sie hatten offensichtlich die Geschichte schon einmal gehört.

„Nun", erzählte sie weiter, „dies machte sie so nervös, dass sie kehrtmachten und, so schnell sie nur konnten, davonrannten. Ich dachte mir, die Bank sollte mir eigentlich eine Belohnung geben!"

Die drei brachen nun in schallendes Gelächter aus. Überrascht, dass sie trotz dieser Tragödie noch ihren Humor behalten hatten, kam ich zu der Überzeugung, dass es für sie sehr wichtig war, trotzdem noch lachen zu können.

Nachdem sie sich wieder beruhigt hatten, sagte Vera ruhig, ohne die Augen von der Straße zu wenden: „Ich kenne auf der ganzen Welt keinen tragischeren Ort als diese sechs Counties, die Nordirland ausmachen. Vielleicht ist es deswegen, weil ich die neuen Witwen und trauernden Familien kenne, sowie die Kinder, die jetzt ohne Vater aufwachsen müssen." Sie schüttelte den Kopf. „Bei so vielen Christen auf beiden Seiten sollte man doch meinen – . Aber wir beten und beten und nichts scheint sich zu ändern. Manchmal frage ich mich, ob Gott uns hört." Sie wandte sich zu mir. „Vielleicht ändert die Botschaft, die du heute Abend bringst, diese furchtbare Situation. Bitte, lieber Gott, hilf!"

Wir verfielen in Schweigen. Ich schaute hinaus auf die Wiesen und Felder, deren Schönheit die Verzweiflung dieser Menschen zu-

zudecken schien. Die „Botschaft", die ich bringen würde, kommt von den angeblichen Erscheinungen der heiligen Jungfrau Maria, der Mutter Jesu Christi, die sie einer Gruppe junger Kroaten in dem Bergdorf Medjugorje in Jugoslawien geben soll. Ihre Zentralbotschaft von Frieden und Liebe nimmt ihren ständigen Lauf rund um die Welt und bringt Millionen Menschen zurück zu Gott. Heute Abend soll ein Lutheraner über ein religiöses Phänomen sprechen, das vorwiegend als katholisch gilt, und noch dazu in einem Land, das von dem Zwiespalt der beiden Konfessionen auseinandergerissen wird.

Könnte die Botschaft von Medjugorje wirklich eine Änderung in einem Konflikt bringen, der über 800 Jahre alt ist? Ist sie möglicherweise ein kleiner Tropfen Öl des Friedens auf diese furchtbar aufgewühlten Wellen des Hasses? Es gab für mich keinen Zweifel, dass die Antwort darauf ein klares Ja ist. Gott kümmert sich auf jeden Fall um Seine Kinder, und Er hört auch ganz bestimmt ihre Gebete. Heute Abend würde ich die Beweise bringen und die Hoffnung… .

Auf einmal wurde ich von der Ironie dieser Lage erfasst: Noch vor nicht allzu langer Zeit war ich selbst ohne Hoffnung, und jetzt sollte ich eine Botschaft der Hoffnung einem Land bringen, das sie verloren hatte. Meine Gedanken flogen zurück zu einer Reihe von Ereignissen, die mich in dieses Land gebracht hatten. Es begann an einem Oktoberabend vor drei Jahren, als ich im Wohnzimmer unseres Hauses in Myrtle Beach in South Carolina saß. Das zerrissene und blutende Herz Nordirlands kam mir damals nicht im Geringsten in den Sinn.

„Ich bin gekommen, um euch
zu sagen, dass Gott existiert
und dass Er euch liebt...."

2
Der Anfang

Ich schaute auf die Videokassette auf meinem Schoß und wartete ungeduldig darauf, dass Terri damit fertig würde, die Kinder ins Bett zu bringen, damit wir das Video zusammen anschauen könnten. Da ich bereits ein Buch, das mit dem Video kam, gelesen hatte, wusste ich im Grunde, um was es sich handelte: In einem winzigkleinen Dorf in den jugoslawischen Bergen soll die Jungfrau Maria, die Mutter Jesu Christi, einer Gruppe einheimischer Teenager erschienen sein. Die Erscheinungen sollen im Juni 1981 begonnen haben und sich bis auf den heutigen Tag jeden Abend wiederholen.

Jeden Abend? .... Vielleicht ist an der Sache was dran! Könnte es sein, dass es doch kein Betrug und keine Massenhalluzination war, und dass es seinen Ursprung nicht in der Phantasie abergläubischer Menschen hat? Könnte es sein, dass in dem kleinen Ort mit dem unaussprechbaren Namen wirklich ein religiöses Phänomen stattfindet? – Wie dem auch sei, es würde auf jeden Fall eine gute Geschichte für meine wöchentlich erscheinende Zeitung abgeben. Und das war ja zunächst mein Hauptinteresse.

„Terri, bist du bald fertig?" rief ich in den Gang hinaus, obwohl ich genau wusste, dass sie es noch nicht sein konnte. Ich hörte unseren fünfjährigen Sohn Kennedy nach einem Glas Wasser fragen, was ein festes Ritual in der allabendlichen Routine war. Seine einjährige Schwester Rebecca schlief schon längst.

„Ich habe ihm versprochen, eine Geschichte vorzulesen", erwiderte Terri. „Ich werde in ein paar Minuten kommen."

Lächelnd dachte ich bei mir, dass es sich wohl mehr um 20 Minuten handeln würde. Terri war eine liebende und sorgende Mutter. Ich fragte mich, ob Kennedy wusste, wie glücklich er war. Natürlich war auch ich sehr zufrieden. Sie bedeutet für mich das Beste, was mir jemals begegnet ist. Nachdem ich durch eine schmerzhafte Scheidung meiner 14-jährigen Ehe, aus der vier Kinder hervorgegangen waren, gegangen war, hatte ich jegliche Hoffnung aufgegeben, dass ich jemals wieder aus dem Gefühlsdunkel, in dem ich mich befand, herausfinden würde. Und dann kam sie in mein Leben!

Terri interessierte sich auch für die Geschehnisse in diesem kleinen Bergdorf, aber sie hatte andere Beweggründe. Wenn da wirklich was dran war, und wenn es bedeutete, dass sich die Welt radikal ändern würde, dann könnte es ja auch immerhin unsere Kinder betreffen.

Wir hatten das erste Mal von diesen Erscheinungen in der Sonntagsschule unserer lutherischen Kirche gehört. Als Lehrer einer der zwei Klassen für Erwachsene, wählte ich manchmal für die Klasse ein außergewöhnliches Thema. Das normale lutherische Pensum war oft steif und schwer zu unterrichten; und unsere Klasse, die vor allem aus jüngeren Ehepaaren und Ledigen bestand, verlangte mehr Abwechslung. Dieser besonderen Klasse, die ich Ende Oktober 1985 unterrichtete, hatte ich eine ungewöhnliche Hausaufgabe gegeben: Geschichten oder Abhandlungen mitzubringen, die sich mit neuzeitlichen Wundern befassten.

Viele hatten ihre Hausaufgabe auch wirklich gemacht, sodass wir eine angeregte Diskussion führten. Als wir fast am Ende waren, sagte Becky Ginley, eine Freundin Terris, auf einmal: „Hier ist eine gute Geschichte! Habt ihr schon von den Ereignissen in Jugoslawien gehört? Es gibt dort ein kleines Dorf, wo die Jungfrau Maria sechs Kindern erscheinen soll. Man sagt, dass dies nun schon mehr als vier Jahre geschehen soll."

Der Rest der Klasse schaute sie nur ungläubig an. Becky lachte vergnügt auf, da es ihr gelungen war, uns zu überraschen.

Auch ich war äußerst überrascht. Für einen Journalisten ist es immer schwierig, jede Woche über ein neues und interessantes Thema zu schreiben. Dieses, so sagte ich mir, ist geradezu toll! Da Weihnachten vor der Tür stand, passte es wunderbar. Weihnachten ist mehr oder weniger die einzige Zeit, in der die Menschen an die Jungfrau Maria denken. Meistens sehen sie sie als Krippenfigur neben dem Jesuskind knien. Ich persönlich dachte eigentlich nie an sie.

„Wo hast du davon gehört?" fragte ich Becky.

„Von einem katholischen Freund."

„Was hat katholisch damit zu tun?"

„Nun, wie du weißt, geschehen solche Wunder meist nur in der katholischen Kirche."

„Warum denn?"

Sie schaute mich von der Seite an. „Hast du nie von Fatima oder Lourdes gehört?"

„Nein, ich... ."

Gerade da erklang die Glocke, die den Unterricht beendete, und alle verließen das Klassenzimmer. „Lasst uns nächste Woche mehr darüber sprechen! O.k.?" rief ich. Ich fragte Terri noch schnell, ob sie vielleicht von Becky noch mehre Informationen darüber bekommen könnte. Als diese dem Kinderhort zueilte, um ihre zwei Kinder abzuholen, rannten wir ihr nach.

„Becky, warte noch einen Moment!" rief Terri. „Wo können wir mehr darüber erfahren?"

Becky schaute auf die Uhr und biss sich auf die Lippen. "Kennst du Mary Jeffcoat?"

„Ja!" Mary war eine Abgeordnete bei der Stadtverwaltung, und wir kannten sie durch unsere Arbeit bei der Zeitung.

„Es war Mary", sagte Becky, als sie den Gang entlang eilte, „die mir davon erzählt hat. Ich glaube, dass sie noch mehr Informationen hat."

„Was könnte sie noch haben?“

„Ich glaube, sie hat ein Video – und vielleicht noch ein paar Bücher. Aber ich muss jetzt gehen. Ruf mich mal an!“ sagte sie und lief in Richtung Kinderhort.

Als wir nach Hause fuhren, besprach ich die Berichte der Erscheinungen mit Terri. Aber auch während des Tages fing ich immer wieder davon an. Ich wusste, dass dies einen hervorragenden Bericht geben würde. Ich arbeitete schon an den Details in meinem Kopf.... Ein modernes Wunder in einem jugoslawischen Dorf gerade jetzt, wo wir uns hier auf das Wunder der Weihnacht vorbereiten! Ich hatte nur das eine Bedenken, dass ein solches religiöses Thema meine journalistische Glaubwürdigkeit in Frage stellen könnte.

Am Abend rief Terri bei Mary Jeffcoat an. „Sie wird das Video morgen auf ihrem Heimweg von der Arbeit bei uns vorbeibringen. Sie hat auch ein Buch darüber, das sie auch mitbringen wird.“

Am nächsten Tag lief meine journalistische Wissbegierde auf Hochtouren. Ich wollte das Buch sofort lesen, sobald ich es in meine Hände bekam. Terri ging es ebenso. Wir benahmen uns wie zwei kleine Kinder, die ein neues Spielzeug bekamen und stritten uns darüber, wer das Buch zuerst lesen dürfte. Als ich es bekam, verschlang ich es in einem Zug in nur zwei Stunden. Es war nicht allzu dick und hatte nur 98 Seiten. Das Buch war von einem katholischen Priester, Robert Faricy, und einer katholischen Schwester, Lucy Rooney, gemeinsam verfasst worden. Es handelte von den Ereignissen der ersten Tage der Erscheinungen in Medjugorje.

In der bergigen Herzegowina in Zentraljugoslawien liegt ein kleines Dorf, etwa zwei Autostunden von der adriatischen Küste entfernt, das so klein ist, dass man es auf den meisten Landkarten nicht finden kann. Auf Karten, die nach dem 25. Juni 1981 herausgegeben wurden, ist diese kleine Bauerngemeinde, bestehend aus etwa 400 kroatischen Familien, jedoch möglicherweise verzeichnet.

An jenem Tag, kurz vor Sonnenuntergang, begann eine Reihe von Begebenheiten, die dazu bestimmt waren, die Geschichte dieses Dorfes und der umliegenden Gegend – und vielleicht der ganzen Welt – für immer zu verändern.

Die fünfzehnjährige Ivanka Ivankovič und ihre Freundin, die sechszehnjährige Mirjana Dragičević schlenderten, nachdem sie mit ihren Feldarbeiten fertig waren, die Dorfstraße von Bijakoviči entlang, die sich am Fuße des Berges Podbrdo entlangschlängelt. Auf ihrem Heimweg schaute Ivanka kurz den Berganhang hinauf und war äußerst überrascht, als sie die leuchtende Figur einer Frau auf dem Anhang sah, die von strahlendem Licht umgeben war. „Mirjana, schau, es ist die *Gospa* (Gottesmutter)!" rief sie laut, ohne zu bedenken, was sie eigentlich sagte.

„Hör auf!" antwortete ihre Freundin und winkte ungläubig ab, ohne auch nur einmal hinzuschauen. „Warum sollte die Gospa gerade uns erscheinen?" Und sie ging weiter auf ihrem Weg nach Hause. Aber Ivanka, die jetzt unheimlich aufgeregt war, bat sie inständig, ihr doch zu glauben, dass sie wirklich etwas gesehen hätte. Als sie beim Haus von Milka Pavlović vorbeiliefen, kam diese gerade heraus, um ihre Schafe hineinzutreiben. Ivanka flehte nun die beiden an, sie möchten doch mit ihr zurückgehen, um zu sehen, ob die Gospa noch dort sei. Als sie zu dem Ort kamen, an dem Ivanka die Gottesmutter zuerst gesehen hatte, konnten sie jetzt auch Mirjana und die dreizehnjährige Milka sehen.

Zu ihnen gesellte sich dann auch die siebzehnjährige Vicka Ivanković, die sie aufgeregt herbeigewinkt hatten. Vicka rannte schnell hin. Nachdem sie ihr gesagt hatten, dass sie die Gospa sähen, war sie zu ängstlich um hinzuschauen. Sie rannte davon und dachte, wie ihre Freundinnen nur mit so etwas Heiligem spaßen konnten.

Aber ihre Neugierde trieb sie nach einer Weile wieder zu ihnen zurück. Sie brachte noch zwei Jungen mit, die Äpfel der Straße entlang gepflückt hatten. Es waren Ivan Dragičević, 16, und Ivan Ivanković, 20. (Diese Jugendlichen waren miteinander nicht näher verwandt. Viele Dorfbewohner haben gleiche Nachnamen.) Der jüngere Ivan rannte weg, aber der ältere blieb und beschrieb später, er habe „etwas vollkommen Weißes gesehen, das sich drehte".

Vicka, die, nachdem sie zurückgekehrt war, die Erscheinung ganz klar gesehen hatte, erzählte etwas mehr darüber. Sie beschrieb die Frau folgendermaßen: Sie habe ein silbergraues langes Kleid angehabt und habe dunkles Haar und eine helle Hautfarbe. Sie erzählte, dass die Frau, die ein Baby in ihren Armen zu halten schien, sie durch Winken aufgefordert habe, näher zu ihr auf den Anhang zu kommen. Sie aber sei zu erschrocken gewesen, um sich auch nur bewegen zu können. (Ausgenommen zu Weihnachten, war dies das einzige Mal gewesen, dass die Gospa mit ihrem Sohn erschienen war.)

Einige der Jugendlichen begannen zu weinen. Andere beteten. Sie blieben bis die Dämmerung hereinbrach und ein leichter Nebel fiel. Als sie nach Hause zurückkehrten, erzählten sie in ihren Familien, was sie gesehen hatten. Aber sie wurden nur ausgeschimpft und gehänselt. Die Eltern hatten Angst, dass ihre Nachbarn sie als Lügner bezeichnen würden. Vickas Schwester spottete gutmütig: „Vielleicht haben sie eine fliegende Untertasse gesehen!"

Am nächsten Tag, nachdem sie ihre Arbeiten in den Feldern erledigt hatten, fühlten sie einen inneren Drang, wieder zu dem Berghang zu gehen. Milkas Mutter, die ihrer Tochter nicht so richtig glaubte, hatte sie auf ein entferntes Feld zum Arbeiten mitgenommen. Milka verspürte auch den inneren Drang, an den Ort zurückzukehren, aber sie war zu weit davon entfernt. Als die anderen bei Milkas Haus vorbeischauten, um sie mitzunehmen, sagte ihnen ihre ältere Schwester Marija, die siebzehn Jahre alt war, dass sie nicht zu Hause sei. Sie sagten zu Marija, sie solle doch mitkommen. Jakov Colo, der erst zehn Jahre alt und ein Cousin von Milka und Marija war, befand sich auch gerade im Haus. Als Marija ihn aufforderte, auch mitzukommen, ging er nach langem Drängen doch mit.

Ivan Ivanković, der mehrere Jahre älter als die anderen war, entschied, dass es nur für Kinder sei, sich „Erscheinungen" anzuschauen, und er ging nicht mit. (Nach ein paar Tagen jedoch glaubte er fest an die Erscheinungen, und er bereute es, nicht mitgegangen zu sein. Kurz danach wurde er verhaftet und für zwei Monate ins Gefängnis gesteckt, weil er, trotz des Polizeibefehls, dass die Seher und ihre Anhänger nicht mehr auf den Berg dürften, doch hinaufgegangen war.) Der andere Ivan ging aber mit. Wahrscheinlich schämte er sich, weil er am Vortag weggerannt war. Einige Dorfbewohner folgten ihnen von weitem, da sie neugierig waren, ob das Gerücht, dass die Gospa erscheine, auch wirklich wahr sei.

Kurz nach 18 Uhr erschien die Frau wieder und winkte sie zu sich. Diesmal gingen sie, nein, sie rannten die Anhöhe hinauf mit einer erstaunlichen Geschwindigkeit. Als sie die Frau erreicht hatten, fielen sie auf ihre Knie nieder.

Einige der Zuschauer wollten ihnen folgen, schafften es aber nicht. Sie berichteten, dass die sechs jungen Leute auf etwas schauten, das knapp über ihnen und nur einige Meter von ihnen entfernt war. Die Jugendlichen fingen an, das Vaterunser zu beten, weil, wie Vicka später sagte, „Wir nicht wussten, was wir sonst tun sollten." Dieser Besuch am zweiten Tag dauerte ungefähr 15 Minuten. Die Frau stellte sich diesmal als "Die Heilige Jungfrau Maria" vor.

Wieder wurden sie von einigen gehänselt, als sie nach Hause kamen, aber da andere Dorfbewohner Zeugnis ablegten, fiel es diesmal viel sanfter aus. Sie wussten, dass diese Kinder sonst weder auf Übertreibungen aus waren, noch solche Schabernacks spielen würden. Auch wussten sie, dass sie unter keinen Umständen über etwas lügen würden, das ihnen so heilig war. Wenn sie sagten, sie hätten etwas gesehen, dann hatten sie es auch gesehen, selbst wenn niemand anderer es sehen konnte.

Die Nachricht davon verbreitete sich schnell in den fünf Ortschaften, die im Pfarrgebiet von Medjugorje lagen. Es handelte sich ja immerhin um die großartigste Begebenheit, an die sich irgend jemand erinnern konnte. Am folgenden Nachmittag versammelten sich mehrere tausend Menschen mit den Kindern auf der Anhöhe. Sie schienen von überall her zu kommen: Einige waren von der Stadt Ljubuški und andere sogar von Mostar, das etwa eine halbe Stunde Autofahrt entfernt liegt, gekommen.

An diesem dritten Tag erschien ein leuchtendes Licht auf dem Berg, und es führte die Seher zu dem Ort der nächsten Begegnung mit der Gospa. Andere konnten zwar das Licht sehen, sahen aber nicht was darin war. Milka war diesmal auch dabei, denn ihre Mutter hatte eingesehen, nachdem sie von Marijas Erlebnis erfahren hatte, dass ihre jüngere Tochter doch die Wahrheit gesagt hatte. Sie erlaubte Milka mitzugehen, da Marija darauf bestand, dass auch sie die Erscheinung sieht. Aber sie konnte sie weder an diesem Tag noch jemals danach sehen.

Diesmal waren die Sechs schon mutiger und stellten der Gottesmutter mehrere Fragen: Warum sie gerade in ihre Ortschaft gekommen sei? Warum gerade zu ihnen? Und was sie von den Leuten wolle?

„Ich bin hierher gekommen, weil es hier viele Gutgläubige gibt", war ihre Antwort. „Ich bin gekommen, um euch zu sagen, dass Gott existiert, und dass Er euch liebt. Mögen die anderen, die mich nicht sehen, genauso glauben wie ihr."

Jakov erzählte es ein wenig anders. Er sagte, der Grund ihres Kommens sei der, damit alle in Frieden leben und sich miteinander versöhnen sollten. (Ich fand mehr Glaubwürdigkeit in der Tatsache, dass nicht alle Seher genau das Gleiche wortwörtlich erzählten. Wenn ich die natürliche Unabhängigkeit junger Leute in Betracht ziehe, so wäre ich argwöhnisch geworden, wenn sie alle ihre Berichte Wort-für-Wort gleich abgegeben hätten.)

Am vierten Tag wurde die Regierungsbehörde in ihrem Regionalhauptquartier im nahegelegenen Čitluk alarmiert. Die Situation schien unkontrollierbar. Sie beorderten die sechs jungen Leute auf die Polizeistation, wo sie intensiv ausgefragt und von einem Arzt untersucht wurden. Sie wurden als ganz normale, gesunde Teenager befunden. Die Regierungsbeamten waren frustriert darüber und ließen den franziskanischen Pfarrer der St. Jakobs Kirche in Medjugorje Pater Jozo Zovko holen, der gerade aus Zagreb zurückgekommen war, wo er Exerzitien abgehalten hatte. Sie informierten ihn, dass die Zusammenkünfte auf dem Podbrdo aufhören müssten, und dass sie ihn persönlich dafür verantwortlich machten. Immerhin war Jugoslawien ja ein kommunistisches Land: Religiöse Zusammenkünfte wurden toleriert, solange sie in einer Kir-

che, an vorgeschriebenen Tagen und zu bestimmten Zeiten stattfanden. Diese Vorschriften ließen aber auf keinen Fall diese spontanen Massendemonstrationen auf einem Berg zu.

Pater Jozo versicherte ihnen, dass er wegen der sensationellen Ereignisse ebenso besorgt sei wie sie. Er sagte ihnen allerdings nicht, dass er bereits lange mit den Jugendlichen gesprochen hatte, um sie durch irgendeine Unvorsichtigkeit zu überführen, die Unwahrheit gesagt zu haben. Er hatte gehört, dass ein Mädchen aus der Gruppe Drogen aus der Stadt mitgebracht hätte (Mirjana lebte in Sarajevo und verbrachte nur die Sommermonate in Medjugorje), und so befürchtete er, dass sie eine durch Drogen herbeigeführte Halluzination erlebt hätten, und dass sie sich jetzt nicht anders zu helfen wüssten, als dieses Spiel weiterzuspielen.

Sein Kaplan Pater Zrinko Cuvalo ging in seinen Untersuchungen an den Kindern wesentlich strenger vor. Da er befürchtete, dass eine groteske Schwindelei im Gange sei, drang er viel tiefer in sie ein. Im Vergleich zu dem unabsehbaren Schaden, der der Ortschaft, dem Glauben und der Kirche in Jugoslawien zugefügt werden könnte, waren die vorübergehenden emotionalen Schäden der sechs Jugendlichen für ihn von geringen Konsequenzen. Er befragte sie immer wieder einzeln sowie als Gruppe. Er machte keinen Versuch, seine Skepsis und seine Ungeduld zu verbergen, und versuchte sie offensichtlich zu Widersprüchen zu provozieren.

Ein dritter Franziskaner, der dieser Begebenheiten wegen nach Medjugorje gekommen war, schlug eine noch radikalere Lösung vor: Man solle bei der ganzen Gruppe die Teufel austreiben. Aber von dieser Lösung wollten die beiden anderen Priester nichts wissen. Das war ihnen doch zu radikal. Ganz gleich, was die jungen Leute auch angestellt haben mochten, sie waren auf jeden Fall nicht besessen. Diesem Urteil stimmte der Neuankömmling auch gleich zu, nachdem er selbst mit den Sechs gesprochen hatte. Die drei Priester, die sich der unheimlich großen Verantwortung bewusst waren, die auf ihren Schultern lastete, gingen nun mit großer Vorsicht vor. Ganz gleich wie sich diese Sache entwickeln würde, würden sie von der Welt, der Regierung und der Kirche persönlich zur Verantwortung gezogen werden.

Trotz all dem blieben die sechs Jugendlichen in ihren Aussagen unerschütterlich. Als die Stunde der nächsten Erscheinung näherrückte, schickten die Regierungsbehörden in Čitluk die Ärztin Dr. Darinka Glamuzina, um die Ereignisse auf dem Berg zu beobachten. Dr. Glamuzina, die als Atheistin bekannt und im Sanitätsdienst der Armee beschäftigt war, würde schon einen Bericht zu schreiben wissen, der die ganze Affäre ein und für allemal aus der Welt schaffen würde.

Als die Sonne langsam unterging, war der ganze Abhang mit Menschen bedeckt. Tausende und Abertausende waren gekommen. Die Seher wurden durch diese Menschenmasse von einander getrennt und verloren sich gegenseitig aus den Augen. Das Ganze sah mehr wie ein Zirkus aus. Marija, die von Pater Zrinko begleitet wurde, der Zivilkleider trug, da er von den Behörden nicht erkannt werden wollte (Es war dies das erste Mal, dass einer der Priester aus der Pfarre auf den Berg kam), rannte, sobald sie das eigenartige Licht sah, den Abhang hinauf. Die anderen Kinder mussten das Licht auch gesehen haben, denn auch sie rannten zu der Stelle und begannen zu beten.

Gemäß der Beobachter, die ganz nahe bei den sechs Jugendlichen standen, hörten diese alle auf einmal auf zu beten. Sie waren nun ganz von dem in Anspruch genommen, das nur sie sehen konnten. Alle schienen der Erscheinung Fragen zu stellen, manchmal zur gleichen Zeit, manchmal durcheinander; und doch schien ein jeder individuelle Antworten zu bekommen, die sie alle zufriedenzustellen schienen. Eine der Fragen war, ob die Jungfrau Maria etwas Besonderes den Priestern sagen wolle.

„Sie mögen ganz fest glauben und ihren Glauben bewahren“, war die Antwort, wie sie später erzählten.

Als die Erscheinung beendet war, so erzählten einige Beobachter, sahen sie Dr. Glamuzina schockiert und schnell den Abhang hinunterlaufen. Sie weigerte sich, einen Bericht zu schreiben oder auch nur irgendetwas anderes mit diesen Erscheinungen zu tun zu haben. Der Grund dafür sei gewesen, wie eine junge Seherin später erzählte, dass Dr. Glamuzina gefordert hätte, die Erscheinung berühren zu wollen. Eine Seherin fragte die Erscheinung, ob die Frau Doktor sie berühren dürfte. Sie erwiderte: „Möge sie es tun, denn es gibt immer Judasse, die nicht glauben wollen."

Der fünfte Tag war ein Sonntag, und Pater Jozo, der immer noch skeptisch war, machte während seiner Predigt keine Bemerkung über die Geschehnisse auf dem nahen Podbrdo. Er ging mehr auf die Wichtigkeit des traditionellen Glaubens ein. Wenn er auch versuchte, zur Vorsicht zu mahnen, so wurde dies nicht angenommen. An diesem Abend waren mehr Menschen auf dem Berg als je zuvor. Es schien, als ob alle Männer, Frauen und Kinder im Umkreis von 70 Kilometern anwesend seien.

Es war gegen 18,40 Uhr, als die Erscheinung begann. (Obwohl der Ort wechselt, geschieht es fast immer zur gleichen Zeit.) Wie sie später in einem Interview aussagten, war eine der Fragen, die die Seher stellten: „Unsere liebe Frau, warum erscheinst Du nicht in der Kirche, damit alle Dich sehen können?"

Ihre Antwort, wie einer der Seher später berichtete, war die gleiche, die ihr Sohn einst gab: „Selig sind jene, die nicht sehen und doch glauben."

Am Montagmorgen beriefen die Behörden eine außerordentliche Sitzung ein. Es gab jetzt bereits Berichte von wunderbaren Heilungen: Ein gelähmtes Kind konnte laufen; ein blinder Mann konnte wieder sehen; unzählige kleinere Krankheiten sollen geheilt worden sein. Die Situation wurde kritisch. Sie glaubten, die Scharen, die in dieses winzige Dorf kamen, nicht mehr kontrollieren zu können, wenn sie erlaubten, dass sich diese Nachrichten verbreiteten. Sie ließen die Seher erneut kommen und brachten sie diesmal zu der neuro-psychiatrischen Abteilung des Krankenhauses in Mostar. Dort würden sie ganz sicher als halluzinatorisch oder anderweitig geistesgestört befunden werden. Aber auch hier wurden sie als gesund und normal befunden und wieder nach Hause geschickt.

An diesem Nachmittag waren die engen Straßen, die nach Medjugorje führen, kilometerweit mit Menschen verstopft. Riesenmengen gingen zum Podbrdo. Als die Seher sich näherten, drang die Menge so auf sie ein, dass die einheimischen Leute, durch Marinko Ivanković angespornt, einen Kreis um sie bildeten, damit sie wenigstens Platz zum Beten hatten. Wie es bereits an den vergangenen Tagen zur Gewohnheit geworden war, fingen sie mit dem Vaterunser an und beteten dann das „Gegrüßet seist du, Maria". Mitten in einem der Gebete kam dann die Erscheinung. Diesmal war eine der Fragen, wie lange sie noch erscheinen würde?

Die Antwort war überraschend: „So lange ihr wollt."

Am nächsten Morgen kamen zwei Sozialarbeiterinnen der Behörde und boten den Kindern an, sie etwas spazieren zu fahren. Da sie die Frauen gut kannten, nahmen sie das Angebot gerne an und verbrachten einen sehr schönen Tag. Als sich aber die Zeit der Erscheinung näherte, wurden sie unruhig und wollten zum Berg zurückkehren. Die beiden Frauen lächelten nur und fuhren weiter, als ob sie nichts gehört hätten. Als die Seher nun bemerkten, was hier gespielt wurde, drohten sie aus dem fahrenden Auto zu springen, wenn sie nicht sofort anhielten und sie aussteigen ließen. Sie fuhren deshalb schnell auf die Seite und hielten an.

Auf einmal sahen sie alle, wie eine Lichtkugel vom Berge auf sie zukam. Die Kinder knieten an der Straßenseite nieder, und sofort begannen sie sich mit der Erscheinung zu unterhalten. Die beiden Frauen, die durch das Licht und die Nähe der Erscheinung völlig erschüttert waren, brachten die Kinder danach sofort nach Hause. Am nächsten Tag gaben sie ihre Arbeit bei der Behörde auf und zogen später gänzlich aus der Gegend fort.

Nun bestanden die Behörden darauf, dass keine Treffen mit irgendeiner ‚übernatürlichen Person' auf dem Berg mehr stattfinden dürften. Wenn die Seher sich weiterhin für dumm verkaufen wollten, dann sollte dies in der Kirche geschehen. Sie sollten es aber so tun, dass andere es nicht sehen können, damit sie nicht auch auf diese naiven Dinge hereinfielen.

Die Situation wurde untragbar. Leute verließen ihre Arbeit, um zum Berg zu gehen, niemand wollte mehr arbeiten. Die ganze Gegend befand sich im Paralysezustand. Die Behörden ließen nun ganz klar durchblicken, dass, sollten die Kinder nicht gehorchen, ihre Familien schwer darunter zu leiden hätten. Die jungen Seher wussten, dass in einem kommunistischen Land, wo die Regierung die Arbeitsgenehmigungen sowie alles andere bestimmt, diese Drohungen nicht leicht zu nehmen waren.

Am nächsten Tag, einem Mittwoch, also genau eine Woche nach der ersten Erscheinung, änderten die Behörden plötzlich ihre Taktik: Dieser Blödsinn müsse ganz aufhören. Sie schickten die Polizei nach Medjugorje, um die Seher in Gewahrsam zu nehmen.

Für die Seher wurde dies zu einem Alptraum. Die Leute berichteten der Polizei pflichtgemäß, sie hätten die Seher gesehen: Auf dem Feld, im Dorf, in der Nähe der Kirche. Aber ganz gleich wohin die Polizei auch eilte, sie trafen sie nirgends an. Die Sechs spielten dieses Katz-und-Maus-Spiel ausgezeichnet. Sie waren immer auf dem Sprung. Sie rannten durch die Weingärten, bückten sich, um nicht gesehen zu werden, stahlen sich durch den Wald, ja, sie zogen sich sogar um, um ihre Verfolger abzuschütteln. Es war ein aufreibendes Erlebnis, das sie letzten Endes zur Kirche führte.

Pater Jozo kniete inzwischen schweigend am Altar in der St. Jakobs Kirche und betet inbrünstig für die Kinder. Gott hätte in Zeiten großer Drangsal direkt zu Abraham und Moses gesprochen, und deshalb, bettelte er, solle Er auch ihm jetzt sagen, was er tun solle.

In der Stille der leeren Kirche hörte er plötzlich diese Worte: *„Gehe jetzt hinaus und beschütze die Kinder."*

Überrascht von dieser klar vernehmbaren Botschaft stand er auf und ging zur Hintertür der Kirche. Als er die Tür öffnete, kamen die Kinder gerade atemlos angerannt. „Helfen Sie uns, Pater, bitte helfen Sie uns!" riefen sie, als sie sich weinend um ihn scharten.

Pater Jozo führte sie eilends in das nahegelegene Pfarrhaus, da die Polizei jeden Moment erscheinen konnte. Er gebot ihnen, sich ganz still zu verhalten und ging wieder hinaus, um zu warten. Wie erwartet kamen drei Polizisten zum Pfarrhaus gerannt. „Sagen Sie schnell! Haben Sie diese Kinder gesehen?" fragten sie atemlos.

„Ja", erwiderte der Priester, indem er sich entschloss, sie unter allen Umständen zu verteidigen. Aber anstatt zu warten und zu fragen, wo er sie gesehen hatte, rannten sie weiter in Richtung Bijakoviči, der Ortschaft, in der die Kinder wohnten. Pater Jozo wartete, bis er sie nicht mehr sehen konnte und ging dann wieder ins Pfarrhaus zurück. Nachdem er die verschreckten und erschöpften Kinder ein wenig beruhigt hatte, gab er ihnen etwas zu essen.

Später an diesem Nachmittag fand die Erscheinung in der St. Jakobskirche statt. Die Leute waren auf Aufforderung ihres Pfarrers dort zusammengekommen. Wenn auch nur noch ein kleiner Zweifel an der Wahrheit der Erscheinungen in Pater Jozo übriggeblieben wäre, so wäre er jetzt gänzlich verschwunden: Er sah die Jungfrau Maria heute genauso, wie die Kinder sie sahen. Von diesem Augenblick an wurde er der größte Verteidiger der Erscheinungen. Das brachte ihm 18 Monate Gefängnis bei Schwerstarbeit ein, da er sich weigerte, die Kirche zu schließen und dem Phänomen ein Ende zu machen.

Pater Jozo entschied sich, den Leuten das zu geben, was jetzt das Allerwichtigste war: Er setzte eine heilige Messe für 18 Uhr an und bat Pater Zrinko, die Messe mit dem Rosenkranzgebet einzuleiten. Als er später in die Kirche kam, war diese total überfüllt. Die Leute standen sogar im Altarraum. Der Pfarrer, der anfangs den Erscheinungen so skeptisch gegenübergestanden war, weil kaum noch jemand zur Kirche oder zur Beichte gekommen war, hatte jetzt Schwierigkeiten, seine Arme auszubreiten, um „Der Herr sei mit euch!" zu sagen. Die Leute waren jetzt nicht mehr einfach Zuschauer eines übernatürlichen Ereignisses, sie waren aktive Teilnehmer eines Geschehens, das das Leben von Millionen Menschen in der ganzen Welt verändern sollte.

Die Art dieses Gottesdienstes wurde zur Richtlinie, die allmählich zur täglichen Routine wurde. Die Erscheinungen fanden statt, ganz gleich wo sich die Kinder befanden, ob als Gruppe oder einzeln. Pater Jozo veranlasste sie, sich jetzt in der kleinen Sakristei auf der rechten Seite des Altars in der St. Jakobskirche zu treffen. Nun füllten die gleichen Dorfbewohner, die vorher immer bis spät in den Abend hinein gearbeitet hatten, die Kirche bereits um 17

Uhr. Alle 15 Gesetzchen des Rosenkranzes wurden gebetet, und später wurde auch ein Segens- und Heilungsgebet hinzugefügt. Die Messe inbegriffen, verbrachten jetzt viele der Dorfbewohner drei Stunden jeden Abend in der Kirche. Die Bekehrung Medjugorjes hatte seinen Anfang genommen.

Die Bekehrung zur Nachfolge Jesu war das Zentralthema der Botschaften der Madonna. Sie sagte, der Weg zur Bekehrung sei durch Gebet, Fasten und Buße zu erreichen. Diese würden dann zu einer Bekehrung des Herzens und zu persönlichem Frieden führen. Die Menschen von Medjugorje versuchten jetzt diese Botschaft in ihrem Leben zu verwirklichen.

Das anfängliche Gefühl der Heiligkeit sollte ihnen jedoch nicht allzu lange erhalten bleiben: Am 18. August wurde ihr Pfarrer eingesperrt und der Verbreitung staatsfeindlicher Aktionen angeklagt. (Er hatte in einer Predigt einige Bemerkungen gemacht, die als regierungsfeindlich ausgelegt wurden.) Es war ein Verzweiflungsakt der Regierung, die hoffte, dadurch ein Ende den Erscheinungen und den durch sie hervorgerufenen Massenversammlungen zu machen. Pater Jozo hatte damit gerechnet. Als sie kamen, um ihn zu verhaften, war er bereit. Das Innere der Kirche wurde total verwüstet. Religiöse Gegenstände wurden umgestoßen und überall verstreut. Die Kirche wurde amtlich geschlossen.

Als jedoch die Glocken am Abend wieder läuteten, füllte sich die Kirche mit Menschen, die den Schließungsbefehl einfach ignorierten. Es herrschte eine bedrückende Stille, als sie die Verwüstung sahen. Pater Zrinko trat an den Altar und unterrichtete die Leute davon, dass Pater Jozo gefangen genommen worden war, obwohl es bis dahin die meisten bereits gehört hatten. Mit emotionsgeladener Stimme sagte er: „Dies ist der schwerste Tag meines Lebens." Die Kirche war vom Weinen der Anwesenden erfüllt.

Die Messe begann. Aber als die Leute anfingen das Eingangslied zu singen, blieben ihnen die Worte im Halse stecken. Während des Vaterunsers wiederholte Pater Zrinko immer wieder die Worte des Gebetes: „Wie auch wir vergeben unseren Schuldigern".

Nach der Messe wurden auch wieder die traditionellen sieben Vaterunser, „Gegrüßet seist du, Maria“ und „Ehre sei dem Vater“ von den Sehern vorgebetet. Plötzlich hielten sie mitten im Gebet inne und eilten zur Sakristei neben dem Altar. Der Priester informierte die Leute: „Unsere Liebe Frau hat sie gerufen.“ Es wurde mucksmäuschenstill, und alle schauten zur Sakristeitür. Der kleine Jakov kam dann mit den anderen wieder heraus, ging ans Mikrophon und sagte der Menge: „Unsere Liebe Frau hat uns in diesen Raum gerufen, wo sie auf uns wartete. Sie trug uns auf, euch zu sagen, keine Angst zu haben. Ihr sollt, im Gegenteil, glücklich sein und eure Freude auf euren Gesichtern zeigen. Sie sagte, sie werde Pater Jozo beschützen.“

Nach einem Moment der Stille brachen alle in Applaus aus und sie fingen wieder an zu singen – diesmal mit großer Freude. Die Gebete waren bald beendet, aber viele blieben noch in der Kirche, da sie diesen Ort nicht verlassen wollten.

Medjugorje hatte weiterhin Probleme. Aber die Dorfbewohner wussten, dass die Madonna dennoch die Kontrolle führte.

Ich schaute von dem Buch in meinem Schoß auf. Es war alles so fremd! Meine Ausbildung bei der Zeitung hatte mir beigebracht, anfangs immer skeptisch zu sein und mit dem Urteil zu warten, bis man die kalten, harten Tatsachen in den Händen hatte. Aber dies findet jetzt schon seit über vier Jahren statt und noch dazu mit unausgebildeten Kindern. Wie hätten sie so lange Teilnehmer an einem Betrug sein können? Aber da es ja mein einziges Begehren war, eine gute Geschichte zu schreiben, warum sollte ich mir da eigentlich Sorgen machen?

„Nun, worauf wartest Du noch? Leg das Video ein, damit wir das Wunder der Wunder sehen können!“ sagte Terri mit einem schelmischen Lächeln, und sie kam ins Zimmer und setzte sich hin.

Ich stand auf und legte das Video ins Gerät. Jetzt konnten wir selbst darüber urteilen, ob die Erscheinungen von Medjugorje echt waren oder nur eine übertriebenen Kindergeschichte.

Das Kreuz auf dem Križevac

„Du bist mein Sohn, und ich bitte Dich,
den Willen meines Sohnes zu tun..."

3
Die Botschaft

Das Video begann mit einem Blick auf den Berg hinter der St. Jakobskirche, auf dessen Gipfel sich ein riesiges Betonkreuz befindet. Später, als man das Singen der kroatischen Messe im Hintergrund hören konnte, zeigte die Kamera eine Nahaufnahme der Kirche mit ihren Doppeltürmen und einer Riesenmenge Menschen vor der Kirche. Ein katholischer Priester aus Amerika interviewte dort einige Leute. Sie kamen aus Frankreich, Italien, Deutschland – eigentlich von überall her. Es waren Ehepaare, Familien und viele Teenager. Er fragte sie, warum sie gekommen wären, und was sie hier gefunden hätten. Die Kamera zeigte dann die sechs Jugendlichen, die ohne ihr Dazutun zu „Sehern" und Verkündern der Botschaften der Erscheinung wurden.

Wie das Buch von Faricy berichtete, sahen sie wie normale, gesunde Teenager aus. Ich begann automatisch Notizen zu machen: Alle hatten eine starke, gut geformte Persönlichkeit. Sie schienen glücklich und entspannt zu sein. Sie waren gut aussehende, aber durchschnittliche Kinder. Das Video war in diesem Jahr gemacht worden, also vier Jahre nach den Ereignissen, die in dem Buch beschrieben waren, und die Dinge hatten sich seitdem wesentlich normalisiert. Die abendlichen Erscheinungen wurden nun zur Routine, und die Regierungsbehörden waren ihnen weniger feindlich gesinnt. Der Meinungswechsel war auf die unerwartete wirtschaftliche Entwicklung zurückzuführen, die die Touristendevisen mit sich brachten.

Als die Kamera kurz vor Beginn der Erscheinung Nahaufnahmen der Seher zeigte, verschwand meine journalistische Objektivität. Ich konnte nur den Kopf schütteln und immer wieder sagen: „Das ist unglaublich!“ Aber im Herzen spürte ich, dass es echt war. Wie konnte sich so etwas nur schon seit so langer Zeit ereignen, und niemand in unserem Land schien etwas davon zu wissen?

Die Seher begannen zu beten. Plötzlich hörten sie mitten im Satz auf und fielen auf ihre Knie nieder. Vicka lächelte und schien sich angeregt zu unterhalten, aber kein Laut war zu hören, obwohl sich ihre Lippen ständig bewegten. Ivan führte auch eine schweigende Unterhaltung, aber seine Lippen waren nicht mit denen von Vicka synchronisiert. Marija schaute nur nach oben, lächelnd in Anbetung versunken. Sie sahen alle auf den gleichen Punkt, ungeachtet der drängende Menge und der Blitzlichter, die ihnen in die Gesichter blitzten.

Während ich fasziniert zusah, fühlte ich auf einmal etwas Seltsames: Jemand sprach mit mir! Es war keine hörbare Stimme, sondern etwas, das aus meinem Inneren kam. Unglaublich, aber ich wusste sofort, dass es die Jungfrau Maria war.

In meinem ganzen Körper spürte ich ein tiefgehendes Glücksgefühl. Alles im Raum schien in weite Ferne zu rücken, bis ich endlich ganz allein mit dem Geschehen am Bildschirm war und mit der inneren Stimme, die mir diese Botschaft gab: *„Du bist mein Sohn, und ich bitte Dich, den Willen meines Sohnes zu tun!“*

Unfähig zu atmen schaute ich verstohlen zu Terri hinüber. Hatte sie es auch gehört? Sie schaute interessiert, doch entspannt auf den Bildschirm. Ich bemerkte, dass nur ich es gespürt hatte. Mein Herz schlug schnell und ich hatte das Gefühl, als würde ich in Ohnmacht fallen. Die Botschaft ging weiter: *„Schreibe über die Begebenheiten in Medjugorje. Dies soll die Mission deines Lebens werden, wenn du sie annimmst. Du wirst nicht länger deiner jetzigen Arbeit nachgehen.“*

Das Übrige des Videos sah ich nur noch wie im Nebel. Als es vorbei war, sahen wir uns nur an. Sollte ich Terri erzählen, was mir gerade passiert war? Würde sie mir glauben?

„Nun, das war wirklich interessant, besser als das Buch“, sagte sie endlich. „Das Interessante an der Sache ist, dass es mir gar keine Schwierigkeiten macht, es zu glauben.“

Ich konnte nur schweigend nicken. Sie sah mich an und wartete auf eine Reaktion meinerseits. Doch als sie den sonderbaren Ausdruck auf meinem Gesicht sah, fragte sie: „Was ist los mit dir?“

„Terri, ich weiß, das hört sich verrückt an, aber ... sie sprach gerade mit mir.“

„Wer?“

„Die Jungfrau Maria! Sie sprach gerade mit mir. Sie bittet mich, diese Botschaft zu verbreiten.“ Ich fand keine Worte mehr.

Sie starrte mich einen Augenblick fragend an. „Meinst du nicht, dass du hier ein wenig übertreibst?“

„Terri, ich sage dir, es ist geschehen!“

Ich konnte verstehen, dass sie zweifelte, aber ich war dennoch enttäuscht, weil sie mir nicht glaubte. „Ich weiß nicht wie oder warum, aber ich sage dir, es ist geschehen!“

Sie lächelte und nahm es auf die leichte Schulter. „Warum nimmst du nicht zwei Aspirin und gehst mit mir zu Bett. Morgen früh wirst du dich wieder wohler fühlen.“

„Geh du ins Bett“, sagte ich und schüttelte meinen Kopf. „Ich könnte jetzt sowieso nicht schlafen.“

Sie stand auf, kam zu mir herüber und drückte mich an sich. Sie sah jetzt ein, dass mich dieses Video stark beeindruckt hatte, ganz gleich ob das, was ich sagte, wahr war oder nicht. „Mach dir keine Sorgen! Wenn es echt ist, wirst du es schon bald herausfinden. Ich gehe jetzt zu Bett. Du kannst ja kommen, wann du willst.“

Ich saß eine sehr lange Zeit da, starrte auf den Bildschirm und ließ das Geschehene immer wieder durch meinen Kopf gehen. Dann atmete ich tief ein und fasste den Entschluss, diese ganze Sache in Griff zu bekommen. Nichts in all meiner Erfahrung hatte mich auf so etwas vorbereitet. Es gab da nur zwei Möglichkeiten: Entweder war ich verrückt geworden oder ich hatte gerade eine Botschaft von Gott durch die Jungfrau Maria erhalten.

Stimmt in meinem Kopf etwas nicht? Ich stand jetzt unter starkem Stress, aber es gab ja in meinem Leben immer starken Stress. Seit neun Jahren besaßen und verwalteten wir vier Wochenzeitungen und eine Druckerei. Es gab ständigen Stress durch Termine, Konkurrenz, Angestelltenprobleme und so weiter. Aller Wahrscheinlichkeit nach aber war ich geistig nie gesünder gewesen als gerade jetzt.

Aber die andere Möglichkeit gab mir noch mehr zu denken: Jesus Christus wurde auf einmal zur Wirklichkeit in meinem Leben. Ein wahrer Jesus aus Fleisch und Blut! Lebendig, damals und jetzt. Und Seine Mutter, die diesen jungen Leuten in Jugoslawien erscheint, hat gerade mit mir gesprochen.

Als mir diese Tatsache plötzlich aufging, fiel ich auf meine Knie und begann zu beten, wie ich noch nie zuvor in meinem Leben gebetet habe.

„Ich lade euch alle ein,
in Gottes Liebe zu leben… .
Ich möchte euch alle zur
vollkommenen Heiligkeit führen… ."

4

Du bist mein Sohn… !

Ich weiß nicht mehr, wie lange ich da gekniet habe und immer wieder rief: „Mein Gott, mein Gott, warum gerade ich?" Dafür war ich doch gar nicht geeignet! Ich wusste nichts über Erscheinungen oder von der katholische Kirche. Von der Jungfrau Maria wusste ich nur, dass sie auserwählt war, Jesus Christus zu gebären. Warum sollte sie gerade *mich* bitten, die Botschaft zu verbreiten, die sie in dem kleinen Dorf Medjugorje überbrachte?

Ich fühlte mich gänzlich unwürdig, an so etwas – so etwas Heiligem – beteiligt zu sein. Das Gefühl der Unwürdigkeit entsprang nicht der Demut, es kam vielmehr aus der schmerzhaften Erkenntnis der vielen falschen Dinge, die ich in meinem Leben schon getan hatte. Die ganze Schuld, die noch von meiner Scheidung herrührte, stieg jetzt wieder in mir auf, ganz so als ob Salz auf eine offene Wunde gestreut würde.

Aber ganz gleich wie demütigend diese Gedanken auch waren, ich hatte dennoch ein Gefühl der Liebe Gottes. Es war, als ob eine andere Stimme mir sagte, dass, ganz gleich wie unwürdig ich mir auch selbst vorkam, ich für Ihn dennoch akzeptabel war.

Jetzt erinnerte ich mich wieder an das, was ich so oft in der Kirche gehört und was ich sogar selbst in der Sonntagsschule unterrichtete habe: Jesus starb für uns am Kreuz, damit alle unsere Sünden vergeben werden können. Wir müssen nur mit offenen, reumütigen Herzen darum bitten. Es ist aber etwas ganz anderes, so etwas zu hören oder gar zu unterrichten, und wieder etwas ganz anderes, es in Wirklichkeit an sich zu erfahren! Ich fühlte mich wie ein kleines Kind, das, nachdem es ordentlich zurechtgewiesen worden war, in Liebe wieder angenommen wurde.

Ich kniete noch sehr lange da, zu schwach, auch nur das Geringste zu unternehmen. Dann stand ich auf, legte das Video noch einmal in das Videogerät und ließ mich auf die Couch fallen.

Als ich es mir dieses Mal anschaute, wurde ich von einer Flut von Eindrücken überschüttet, die am Intellekt vorbei rasten und direkt zum Herzen gingen. Ich brauchte nicht zu verstehen, was mir passierte oder warum. Ich wusste nur, dass es passierte, und das war alles, worauf es ankam.

Als das Video zu dem Teil kam, wo die Erscheinung anfing, da wiederholte sich die Botschaft, die ich vorhin vernommen hatte. Ich wusste jetzt, dass ich mehr tun müsse, als nur über Medjugorje zu schreiben, mehr als nur diese Botschaft der Liebe und des persönlichen Friedens zu leben. Von diesem Augenblick an sollte Medjugorje zu meinem Leben werden.

Jetzt war ich total erschöpft und doch zu aufgedreht, um schlafen zu können. So blieb ich auf der Couch sitzen und ließ nochmals die Hauptereignisse meines Lebens an meinem Inneren vorbeiziehen. Ganz sicher war die Scheidung das Schmerzhafteste. Wie konnte ich nur so dumm gewesen sein, so früh zu heiraten, und wie konnte ich es nur zulassen, dass sich eine Familie mit vier wunderbaren Kindern in einer Tragödie des Hasses und der Entfremdung auflöste. Ich hatte immer gedacht, so etwas könnte mir nicht passieren.

Da ich mich im Gymnasium langweilte, verließ ich es nach dem zehnten Schuljahr und ging als Soldat zur Marine. Nachdem ich entlassen worden war, ging ich zunächst nach Columbia in South Carolina, um meine Schwester und ihren neuen Ehemann zu besuchen. Es hätte ein kurzer Besuch werden sollen, da ich auf dem Weg nach Tempe in Arizona war, wo ich auf der staatlichen Universität von Arizona studieren wollte, weil dort ein Marinekamerad wohnte. Aber ich kam nie nach Arizona! Ich traf ein junges Mädchen, eine Baptistin, und wir verliebten uns ineinander. Es war meine erste ernsthafte Beziehung, und ich dachte mir: Wenn du dieses Mädchen nicht heiratest, wirst du nie wieder eine solche Gelegenheit finden. Sie war schüchtern, kam aus einer kleinen Industriestadt und ging regelmäßig zur Kirche. Obwohl ich von Geburt Lutheraner war, ging ich mit zu ihrer Kirche. Eigentlich machte es mir gar nichts aus, in welche Kirche ich ging, oder ob ich überhaupt zur Kirche ging. Nach einem knappen Jahr waren wir verheiratet!

Es war an einem Sonntag, kurz nach der Hochzeit, als ich einen inneren Drang verspürte, mein Leben Gott zu weihen. Ich wusste nicht warum. Vielleicht war es der Aufruf zur Umkehr, der ein normaler Teil des baptistischen Gottesdienstes ist, oder vielleicht war es die Predigt an diesem Morgen. Alles was ich wusste war, dass ich mein Leben ändern müsse. Von diesem Zeitpunkt an wurde die Religion sehr wichtig für mich und ich fing an, jeden Sonntagmorgen und Mittwochabend zur Kirche zu gehen.

Trotz meiner Beziehung zur Kirche geriet unsere Ehe in Schwierigkeiten. Es gab eben zu viele Unterschiede zwischen uns. Die Ehe schien von allem Anfang an viel zu nüchtern zu sein, aber ich wollte nicht das bisschen Sicherheit, das sie mir bot, aufgeben. Wir mussten einfach durchhalten.

Als wir nach ein paar Monaten von einem unserer häufigen Besuche bei den Eltern meiner Frau nach Hause zurückkehrten, fand ich die Aufnahmepapiere der Universität von South Carolina im Briefkasten. Das überraschte mich, denn ich war zwar nach vier Jahren bei der Marine durch das Rekrutengesetz dazu berechtigt, aber ich hatte mich eigentlich nur beworben, weil mein Schwager, der dort Pharmazie studierte, mich dazu überredet hatte. Ich tat dies also nur, um endlich von ihm Ruhe zu bekommen, glaubte aber nicht im Geringsten daran, aufgenommen zu werden.

Doch jetzt, als ich diese Papiere in der Hand hatte, konnte ich es kaum erwarten, endlich anfangen zu können. Ich war am Journalistenstudium interessiert, da ich schon immer Schriftsteller werden wollte. Anfangs war ich ganz begeistert, unbedacht der harten Arbeit, die die nächsten vier Jahre bringen würden.

Ich hatte das Studium noch kaum angefangen, als wir erfuhren, dass wir Eltern werden würden. Auf einmal war ich ein Vollzeitstudent und musste auch noch eine Vollzeitarbeit annehmen. Nach vier Jahren und mit drei Kindern bekam ich das sehnlichst erwünschte Diplom, aber der Druck hatte unserer Ehe fürchterlich zugesetzt.

Ich fing bei der hiesigen Zeitung an, leider nicht als Reporter, sondern als Anzeigenverkäufer. Das war eine große Enttäuschung für mich, doch beim Anzeigenverkauf verdiente ich wesentlich besser. Da wir bereits drei Kindern hatten und ein viertes erwarteten, hatte ich keine große Wahl. Diese Stellung schien mir von der Vorsehung gesandt worden zu sein. Ich machte schnelle Fortschritte und wurde schon bald zum Abteilungsleiter befördert. Eigentlich wollte mich noch immer schriftstellerisch betätigen, aber fürs erste hatte ich jetzt einen großen Erfolg aufzuweisen.

Im Jahre 1971 erhielt ich meine große Chance. Die Firma hatte drei kleinere Zeitungsverlage in und um die Küstenferienstadt Myrtle Beach aufgekauft. Mir wurde die Aufgabe übertragen, die Auflage der größten der drei zu steigern und sie in eine Tageszeitung umzuwandeln. Wenn mir dies gelingen würde, dann sollte ich ihr Redakteur werden. Ich griff sofort zu.

Meine Frau teilte jedoch meine Begeisterung nicht. Ihre Familie lebte nur etwa eine Autostunde von uns entfernt. Nur der Gedanke daran, sie und alle ihre Freunde zu verlieren und nach Myrtle Beach zu ziehen, das 150 km weiter weg lag, war zu viel für sie. Deshalb pendelte ich. Unser Verhältnis wurde immer schlechter. Jeden Sonntagabend, wenn ich zur Arbeit fuhr, machten mir die Kinder unter Tränen Vorwürfe. Ich musste oft 15 bis 17 Stunden am Tag arbeiten. Wenn ich dann am Freitagabend nach Hause kam, war ich total erledigt.

Alle, außer mir, sahen die Scheidung kommen. Obwohl die Ehe unglücklich war, wollte ich sie doch retten, wenn auch nur der

Kinder wegen. Aber es sollte nicht sein! Als das Ende kam, war ich von einigen Leuten sehr enttäuscht, besonders von den scheinheiligen Kirchgängern. Wie konnte Gott uns das antun? Ich hatte versucht, ein guter Mensch zu sein und meine Kinder dementsprechend zu erziehen. Und das war der Dank! Ich hörte auf, zur Kirche zu gehen und schwörte, es auch niemals wieder zu tun.

In dieses Unglück trat Terri Harris. Sie war mehrere Jahre jünger als ich, aber in vielem schien sie wesentlich reifer zu sein. Bei anderen Leuten war sie eher schüchtern, aber bei mir war sie entspannt und offen. Sie war ausgeglichen und nichts konnte sie aus der Ruhe bringen. Auch besaß sie einen großen Vorrat an gesundem Menschenverstand. Gleich als wir uns trafen, konnte man den alten Spruch, dass sich Gegensätze anziehen, zur Wirklichkeit werden sehen. Der Himmel mag wissen, was sie an mir mit all meinen Problemen attraktiv fand.

Und dennoch war Terri das Letzte, was ich gerade jetzt in meinem Leben brauchte. Es war nicht an der Zeit, eine neue, ernsthafte Beziehung anzufangen. Instinktiv fühlte ich, dass es ernst werden könnte, wenn wir erst einmal miteinander ausgehen würden. Wir gingen trotzdem miteinander aus, und meine Befürchtung bewahrheitete sich.

Terri war das einzig Gute, das mir damals widerfuhr. Da mein Leben am Auseinanderfallen war, konnte ich unmöglich eine Zeitungsfirma leiten, und dies wurde auch der Zentralverwaltung in Columbia schnell bekannt. Der Chef kam zu mir nach Myrtle Beach, um mit mir zu sprechen. Das Resultat: Obwohl sie die zehn Jahre meiner Anstellung hoch anerkannten, müssten sie doch Geschäft Geschäft sein lassen, und die jetzige Situation sei untragbar. Sie würden mir noch drei Monate mein Gehalt weiterzahlen. In dieser Zeit könnte ich mich nach einer anderen Stelle umschauen.

Mit 37 und mitten in einem traumatischen Scheidungsprozess, war es nicht leicht, eine Anstellung zu finden. Anfangs war ich recht optimistisch. Aber obwohl ich ein sehr gutes Renommee hatte, sollte das schon bald zu einem Problem für mich werden: Überall wo ich mich bewarb, sagte man mir, ich sei überqualifiziert. So versuchte ich meine Anforderungen niedriger zu schrauben, aber auch dies half nichts. Ich erreichte mein tiefstes Tief, als ich eines Morgens den mir bekannten Zeitungsausträger auf der Straße traf. Seine Gesichtszüge drückten Mitleid mit mir aus. Niemand bei der Firma hätte davon informiert werden sollen, dass mir gekündigt worden war. Aber er wusste davon. Und wenn er es wusste, dann wussten es alle! Nachdem ich den ganzen Tag ohne Erfolg nach einer Arbeit gesucht hatte, saß ich am Abend total verzagt in meinem Motelzimmer, in dem ich jetzt lebte. Es war eine der schlimmsten Nächte meines Lebens.

Terri ahnte, wie ich mich fühlte. Sie schlug vor, ich solle es mit Arbeitsvermittlerstellen versuchen. Ja, sie fuhr mich sogar in Städte, die etwas weiter weg lagen, da mir der Geschäftswagen nicht mehr zur Verfügung stand. Die Bank, die mir vor kurzem noch eine Hypothek für ein Haus genehmigt hatte, wollte mir jetzt ein Darlehen über 800 Dollar für einen uralten VW verweigern, wenn ich keinen Bürgen finden sollte.

Am 30. Juni 1974 bekam ich mein letztes Gehalt. Das meiste davon ging an den Unterhalt meiner Kinder. Etwa eine Woche später rief mich eine der Vermittlerstellen an. Der Vertreter einer Firma, die ein Telefonbuch mit Anzeigen für die ganzen USA herausgab, fragte, ob ich daran interessiert sei, Anzeigen zu verkaufen. Ich versicherte ihm, ich sei auf jeden Fall daran interessiert. Ein paar Tage später rief ich ihn zurück, um ihm nochmals mein Interesse zu versichern.

Er sagte mir, dass diese Arbeit rein auf Provision basiere, und dass ich für meine Unkosten selbst aufkommen müsse. Das sei mir recht, sagte ich, weil ich wusste, dass ich gut im Verkauf war. Ich versuchte, meine Angst zu verbergen, denn bis jetzt hatte ich noch nie nur auf Provisionsbasis verkauft. Aber ich brauchte eine Arbeit, irgendeine Arbeit! Er versprach, mich innerhalb einer Woche zurückzurufen.

Ich dankte ihm für sein Interesse und dachte, dass ich wahrscheinlich nichts mehr von ihm hören würde. Aber ich hörte von ihm! Er rief mich am folgenden Wochenende an und bot mir die Stelle an.

Jetzt musste ich ein Auto haben. Terri bot mir an, das Darlehen zu verbürgen. Es gefiel mir zwar nicht, aber ich hatte ja keine andere Wahl. Die Ausbildung dauerte zwei Wochen, und endlich konnte ich mit meiner Arbeit anfangen. Nach zwei Tagen hatte ich noch nichts verkauft! Aber was noch schlimmer war: Ein Kunde entschied sich, die Reklame nicht mehr zu erneuern. Das bedeutete für mich, dass mein Konto jetzt auf minus 35 Dollar stand.

„Ich schaffe es nicht", murmelte ich immer wieder vor mich hin. Aber diesmal war ich nicht allein und so rief ich Terri in Myrtle Beach an. Sie war davon überzeugt, dass ich nur etwas Zeit und Ausdauer brauchen würde. In der Tat legte sie eine solche Überzeugung an den Tag, dass ich mich ärgerte, weil ich so schnell hatte aufgeben wollen. Am folgenden Morgen fing ich an, wie besessen zu verkaufen; und am nächsten Tag machte ich es wieder so. Bis Freitagabend hatte ich bereits 500 Dollar an Provision verdient.

In der nächsten Woche verdiente ich 800 Dollar, und innerhalb von sechs Monaten war ich einer der fünf besten Anzeigenverkäufer unserer Firma in den USA! Es bereitete mir große Freude, zur Bank gehen zu können, um mein Darlehen abzuzahlen und mir ein größeres Darlehen für ein neues Auto auszuhandeln. Dieses neue Auto symbolisierte für mich das Ende dieser furchtbaren Periode, in welcher ich versuchte hatte, mein Leben wieder ins Lot zu bringen. Erfüllt mit neuem Selbstvertrauen, bat ich Terri, mich zu heiraten. Im Mai 1976 wurde sie meine Frau.

Einige Monate später, als ich Anzeigen in North Carolina verkaufte, sah ich eine kleine Wochenzeitung in einem Restaurant. Es war nur eine kleine, kostenlose Zeitung, die durch Inserate getragen wurde und die Gemeindenachrichten enthielt. In meinem Kopf formte sich eine Idee. Sobald ich nach Myrtle Beach zurückgekehrt war, erzählte ich Terri davon. „Weißt du, das ist etwas, das ich schon immer mal machen wollte. Ich könnte sogar selbst einen wöchentlichen Artikel schreiben und… ."

„Bist du verrückt?" unterbrach sie mich.

„Ich kann es schaffen", verteidigte ich mich. „Ich habe bewiesen, dass ich Anzeigen verkaufen kann und… ."

„Und jetzt, wo sich dein Leben endlich wieder in normalen Bahnen befindet, willst du alles mit diesem Hirngespinst aufs Spiel setzen."

„Egal, ich war schon einmal ganz unten, warum soll ich mich da jetzt fürchten. Wir packen es schon!" Ich war überzeugt, dass wir es zusammen schaffen würden.

Aber Terri blieb skeptisch – und ängstlich. Endlich gelang es mir, sie zu überreden, mit mir zum Herausgeber einer kleinen Wochenzeitung, zu der auch eine Druckerei gehörte, zu gehen. Als sie mich so professionell über das Zeitungs- und Reklamewesen sprechen hörte, begann sie ihre Meinung zu ändern. Endlich gab sie ganz nach.

Im Februar 1977 hörte ich mit meiner damaligen Arbeit auf und begann die Grundlage für eine neue Wochenzeitung zu legen: *‚Der Horry Shopper'* (Horry war der Landkreis, in dem wir wohnten). Nach vielem Hin und Her war die erste Ausgabe endlich versandbereit. Mein wöchentlicher Artikel kam sehr gut an und bewahrte das Blatt oft davor, direkt vom Briefkasten in die Mülltonne zu wandern.

Die Leute warteten jetzt schon immer auf unsere kleine Zeitung. Sie hielten mich auf der Straße an, um mir zu sagen, wie sehr ihnen der letzte Artikel gefallen hatte. Die Inserenten sahen, dass ihre Anzeigen Resultate erzielten. Wie erwartet, arbeiteten Terri und ich sehr gut zusammen, und am Ende des zweiten Jahres machten wir unseren ersten Profit.

Das Jahr 1980 brachte uns viel Neues. Das Wichtigste war die Geburt unseres Sohnes Kennedy. Das Geschäft machte auch gute Fortschritte. Wir fügten noch eine zweite Zeitung hinzu und dann eine dritte und noch eine vierte. Im Jahr 1982, nachdem uns die Druckkosten zu hoch erschienen, entschieden wir uns, eine Web-Offset-Druckmaschine zu kaufen, damit wir unsere Zeitungen selbst drucken konnten. Das warf uns zwar wieder ins Rote zurück, aber ich war zuversichtlich, dass das nicht allzu lange andauern würde. Wir hatte jetzt eine Gesamtauflage von 55.000 Stück, die in einem Radius von ungefähr 90 km von Myrtle Beach zirkulierte.

Wir beschäftigten 35 Angestellte. Obwohl wir nie Bargeld zur Verfügung hatten, sahen unsere Kassabücher doch recht gut aus.

An der Wand hinter meinem Schreibtisch hingen viele Auszeichnungen. Ich trat mehreren Vereinen bei und wurde Präsident der regionalen Vereinigung der Anzeigenherausgeber; auch saß ich im Rat der Bundesvereinigung. Mit 45 konnte ich mich jetzt als erfolgreich bezeichnen.

Das Leben war gut – eigentlich besser, als ich jemals zu hoffen gewagt hatte. An einem Samstagmorgen, als wir im Garten arbeiteten, erwähnte Terri so beiläufig, dass wir unseren zweijährigen Sohn ja vielleicht mal in einer Kirche taufen lassen könnten. Innerlich war ich darüber überrascht, überging aber ihren Vorschlag in der Hoffnung, dass sie ihn wieder vergessen würde. Aber sie bestand darauf, und ich zog schließlich einen Strich unter dieses Thema: „Nein, ich gehe nicht zur Kirche zurück, nur um Kennedy taufen zu lassen! Ich glaube nicht daran! Ich denke, es ist scheinheilig. Ich habe sowieso mehr als genug von der Kirche, und das genügt mir ein Leben lang!“

Sie überging meinen Ärger und bestand weiterhin darauf. „Wir sollten doch wenigstens ihm zuliebe zur Kirche gehen. Wenn er dann älter wird, kann er sich ja selbst entscheiden,“ sagte sie mit einer Ruhe, die mich verrückt machte.

Endlich gab ich nach. „Schon gut, schon gut!“ rief ich und warf meine Arme frustriert in die Luft. „Aber wir gehen nur solange zur Kirche, bis er getauft ist aber dann nicht mehr!“

Etwa einen Kilometer von unserem Haus entfernt fand Terri eine lutherische Kirche, die einen wunderbaren Kindergarten hatte. Da sie annahm, dass dies ideal für Kennedy sei, entschied sie, dass wir dorthin gehen sollten, obwohl sie nicht wusste, dass ich Lutheraner war. Sie wollte aber zunächst mal mit dem Pastor sprechen. Am darauffolgenden Freitag, als wir gerade mit dem Abendessen fertig waren, klingelte es an der Tür. Es war Pastor William Wingard von der lutherischen Kirche St. Philip mit seiner Gattin. Sie wollten nur mal kurz vorbeischauen, in der Hoffnung, uns zu überzeugen, ihrer Kirche beizutreten.

Ich war wütend. Wir hatten eine Hauptregel, dass, ganz gleich unter welchem Druck wir standen, wir nie Geschäftliches an Wochenenden besprechen würden, und wenn möglich sollten wir auch vermeiden, freitagabends uns irgendetwas vorzunehmen. Es war eine gute Regel, und sie schien oft das Einzige zu sein, was uns vor dem Überschnappen bewahrte. Und jetzt kam diese unerwünschte Unterbrechung und noch dazu von religiöser Seite.

Bill Wingard stach an diesem Abend in ein Hornissennest. Er und seine Frau waren noch kaum zehn Minuten bei uns, als ich ihnen klipp und klar sagte, dass ich nicht im Mindesten daran interessiert sei, ihrer Kirche, jetzt oder irgendwann in der Zukunft beizutreten. Irgendwie war er mir aber doch sympathisch, und ich bewunderte seine gütige Beharrlichkeit. Ich konnte es nicht glauben, aber auf einmal stimmte ich zu, dass wir *‚drei- oder viermal'* zur Kirche kommen würden, bis Kennedy getauft sei.

„Aber das ist dann auch wirklich alles", erklärte ich. „Bitte glauben Sie ja nicht, dass ich meine Meinung ändern werde!"

Was mich dann aber ganz besonders vor den Kopf stieß war, dass Terri darauf bestand, ich solle mit ihr zur Sonntagsschule für Erwachsene gehen, bevor wir dem Gottesdienst beiwohnten. Und dann auch wieder am nächsten Sonntag. Kaum jemand sprach mit mir, und ich dachte, dass sich wirklich nichts geändert hätte: Die Kirche sei eben der Platz, wo sich die Scheinheiligen treffen.

Aber am dritten Sonntag nahm ich an der Klassendiskussion teil, und anschließend erzählten mir einige Leute, wie sehr sie meinen Artikel dieser Woche mochten. Das änderte meine Meinung, und ich dachte, dass ich ihnen gegenüber vielleicht doch ein wenig ungerecht gewesen war.

Dann fragten mich zwei Frauen aus unserer Klasse, ob ich gewillt sei, ein paar Klassen zu unterrichten. Wie konnte ich ein solches Angebot abschlagen? Mein Ego ließ es nicht zu. Schon bald unterrichtete ich regelmäßig und trat auch diesem und jenem Komitee bei. Als Pastor Wingard fragte, ob er mich für die Wahl des Kirchenrates vorschlagen dürfe, stimmte ich auch bei. Zu meiner Überraschung wurde ich dann auch gewählt.

Ganz ruhig und auf meine eigene Art und Weise, gestand ich mir ein, dass es doch gut gewesen war, zur Kirche zurückgekehrt zu sein. Und alles nur, weil meine Frau unseren Sohn taufen lassen wollte! Ich lächelte, als mir das Schriftwort einfiel: „Und ein kleines Kind wird ihr Führer sein."

Am Sonntag (War es wirklich erst vier Tage her?), als ich in der Sonntagsschule unterrichtete, war es das erste Mal, dass ich von Medjugorje hörte… .

Als ich langsam in den Schlaf fiel, schien ich die Worte wieder in meinem Herzen zu hören: *„Du bist mein Sohn, und ich bitte dich, den Willen meines Sohnes zu tun!"*

Pater Slavko Barbarić

„Schreibe über Medjugorje,
und wenn du zustimmst,
dann soll das deine Lebensaufgabe werden!"

5

„Schreibe über Medjugorje... !"

Plötzlich wachte ich auf, und mein Hals tat mir von der ungemütlichen Lage auf der Couch weh. Als ich auf meine Uhr schaute, war es beinahe sechs Uhr morgens. Ich konnte nur den Kopf schütteln und machte mich zur Arbeit fertig.

Bald war auch Terri wach und fing an, das Frühstück zu machen und die Kinder langsam aufzuwecken. Ich ging in die Küche, um ihr etwas zu helfen. „Terri, was soll ich jetzt machen?"

Sie merkte, dass nichts meine Meinung vom Vorabend geändert hatte. Ich war immer noch davon überzeugt, dass ich eine persönliche Botschaft von der Jungfrau Maria bekommen hatte. „O.k.", seufzte sie, „schreib eben darüber und hör dann damit auf."

Ich war fest davon überzeugt, dass ich genau das zu tun hätte, aber ich wollte ihre Zustimmung. Irgendwie wusste ich auch, dass ich wohl nie damit aufhören würde.

Als ich im Büro ankam, nahm ich mir eine Tasse Kaffee und sagte zu meiner Sekretärin Denease, sie solle heute alle Anrufe für mich beantworten. Ich wollte durch gar nichts unterbrochen werden. Ich verschloss die Tür zu meinem Büro und las die Notizen durch, die ich über das Buch und das Video gemacht hatte. Danach spannte ich einen frischen Boden Papier in meine Schreibmaschine.

Zwei Stunden später starrte ich immer noch auf den leeren Bogen. Ich war noch nicht in Panik – zumindest jetzt noch nicht, denn ich hatte ja noch genug Zeit – wenigstens zwei Tage. Mein

Problem war nicht, nicht zu wissen, was ich schreiben sollte, sondern gerade das Gegenteil war der Fall: Es gab zu viel zu schreiben! Ich wusste nur nicht, wo ich anfangen sollte. Über eines war ich mir aber im Klaren: Auf keinen Fall würde ich schreiben, dass ich eine persönliche Botschaft von der Jungfrau Maria bekommen hatte. Der Artikel musste vollkommen objektiv sein, sonst würden die Leute glauben, dass bei mir was nicht stimmt. Obwohl ich ganz sicher war, diese unglaubliche Botschaft bekommen zu haben, war ich doch nicht bereit, meine journalistische Glaubwürdigkeit aufs Spiel zu setzen, indem ich darüber schrieb.

Ich blätterte nochmals in dem Buch von Faricy, und machte weitere Notizen. Es war unmöglich, alles in einem Artikel zu bringen! Nachdem wieder eine Stunde verflossen war, fing ich endlich an, das kleine Dorf zu beschreiben. Unzufrieden riss ich das Blatt aus der Maschine, knüllte es zusammen und warf nach dem Papierkorb. Ich traf ihn nicht.

Wieder versuchte ich zu schreiben: „Glauben Sie an Wunder?" Ich schaute das Geschriebene an, riss es wieder aus der Maschine und warf es zum Papierkorb. Zum zweiten Mal verfehlte ich ihn. Jetzt begann sich Panik bemerkbar zu machen.

Vorher hatte ich schon ab und zu mal einen Schreibkrampf gehabt, aber noch nie so wie jetzt! Ich war wie gelähmt durch meine Unfähigkeit, etwas aufs Papier zu bringen. Dann aber spürte ich wieder eine Botschaft vom Herzen kommend. Diesmal war es eine Botschaft des Tadels: *„Geh, bete mehr und forsche auch mehr nach!"*

Mein Herz wollte zerspringen. Aber diesmal war der Schock nicht mehr ganz so groß. Ich verstand irgendwie, dass ich langsam durch die ersten elementaren Schritte zur Erfüllung der Mission, über die Ereignisse in Medjugorje zu schreiben, geführt wurde. Um die ganze Geschichte zu erzählen, würde ich auf jeden Fall mehr als einen Artikel schreiben müssen. Es war mir jetzt auch klar, dass der erste Artikel nicht für die nächste Auflage fertig sein würde. Es war einfach nicht mehr genug Zeit dafür.

Von meinem Büro ging ich in die Druckerei, wo unser Abteilungsleiter mich abwartend ansah. „Schau, Smitty", sagte ich, „ich habe für nächste Woche keinen Artikel. Drucke dafür etwas anderes!"

Er wollte etwas dagegen einwenden, aber ich sagte einfach: „Wahrscheinlich werde ich auch für die nächsten paar Wochen nichts haben.“ Ich ging, bevor er etwas erwidern konnte.

Da ich wusste, dass ich mich jetzt auf keinen Fall auf irgendetwas anderes konzentrieren konnte, so ging ich in mein Büro zurück und rief Mary Jeffcoat an in der Hoffnung, dass sie vielleicht wisse, woher ich mehr Informationen über Erscheinungen und deren Geschichte bekommen könne. Sie nannte Jim Stoffel, der im Norden von Myrtle Beach wohnt, und der sich gerade darauf vorbereitete, mit seiner Frau Rosie am 1. November nach Medjugorje zu fliegen.

„Jim hat ein anderes Buch über Medjugorje. Ich kann es für dich holen, wenn du willst.“ fügte sie noch hinzu.

„Vielen Dank, Mary, ich würde dir das hoch anrechnen.“

Jetzt ging es mir etwas besser. Um der Botschaft, die ich gerade bekommen hatte, Folge zu leisten, senkte ich den Kopf und begann laut zu beten: „Oh Herr, ich verstehe wirklich nicht, was mit mir geschieht und auch nicht warum es geschieht, aber ich werde es versuchen.... .“

Es klang etwas unbeholfen, doch ich fühlte mich gut dabei. Jetzt war ich fest davon überzeugt, dass ich das erreichen würde, was von mir verlangt wurde. Selbst wenn es ein paar Wochen der Nachforschung kosten würde, so würde ich es doch tun.

Mary brachte das neue Buch am Abend bei uns vorbei, und ich begann es auch gleich zu lesen. Der Autor war Joseph Pelletier, ein katholischer Priester, der auch mehrere Bücher über Fatima geschrieben hatte. Er erzählte die Einzelheiten der ursprünglichen Ereignisse von Medjugorje aus der Perspektive von jemandem, der auch andere Marienerscheinungen untersucht hatte. Ich war ganz begeistert davon und las das Buch in zwei Tagen.

Da ich mehr über Erscheinungen im Allgemeinen herausfinden wollte, versuchte ich im Telefonbuch eine katholische Buchhandlung zu finden. Aber zu meiner Überraschung fand ich nicht eine einzige in ganz South Carolina. Die nächste war in Charlotte in North Carolina, das etwa 300 km entfernt war. Zufälligerweise musste ich in ein paar Tagen geschäftlich nach Charlotte.

In dem Geschäft fand ich ein Buch über die Geschichte der Marienerscheinungen, die bis ins 16. Jahrhundert zurückginge. Es freute mich auch, dass ich dort noch ein anderes Buch über Medjugorje fand. Dieses Buch stammte von Pater Svetozar Kraljević, einem kroatischen Priester, der direkt mit den Erscheinungen von Medjugorje zu tun hatte.

Als ich die Geschichte der Marienerscheinungen las, war ich sehr überrascht, dass Erscheinungen der Jungfrau Maria bereits seit über 1900 Jahren stattfinden – und noch dazu an Orten, von denen ich schon gehört, denen ich bisher aber wenig Aufmerksamkeit geschenkt hatte. In Guadalupe in Mexiko erschien sie im Jahre 1531 einem 51-jährigen Azteken namens Juan Diego; 1858 dem französischen Mädchen Bernadette in Lourdes; und dann zu Beginn dieses Jahrhunderts gleich drei Kindern in Fatima in Portugal. Dann gab es aber auch noch andere Erscheinungen, wie z. B. in Knock in Irland, Garabandal in Spanien..... .

Ich legte das Buch weg und schüttelte den Kopf. Also, was sich da in Medjugorje zutrug, war kaum etwas Neues. Aber es fiel mir auf, dass die Muttergottes noch niemals für so lange und dazu noch so vielen Sehern gleichzeitig erschienen war.

Das Buch von Pater Svetozar Kraljević war bis jetzt bei weitem das beste über die Erscheinungen in Medjugorje. Er fügte zu den Einzelheiten der ersten Tage noch ein geistliches Element hinzu, das eher die Gefühle ausdrückte, die ich selber hatte, als ich dieses Wunder entdeckte. Sein Stil ist einfach und direkt. Es veranlasst zum Nachdenken, und es gibt Perspektiven von dem, was sich in diesem entfernten kleinen Dorf ereignet. Auf der Rückseite des Buches war auch ein kurzer Bericht über diesen Franziskanerpater, der mir gleich sympathisch war.

Endlich fühlte ich, dass ich bereit war, über Medjugorje zu schreiben. Die Nachforschungen hatten fast den ganzen November in Anspruch genommen, aber es war es wert. Wegen der Tiefe der Geschichte entschloss ich mich, eine vierteilige Serie im Dezember zu schreiben. Ich hoffte immer noch, dass ich sie irgendwie mit der Weihnachtszeit in Beziehung bringen konnte.

Ich eilte in mein Büro und bat Denease, wieder alle Störungen von mir fern zu halten. Als ich ein Blatt Papier in die Schreibmaschine spannte, verspürte ich einen Drang zu beten: „Gott, ich danke Dir dafür!“ murmelte ich. „Ganz gleich, was ich auch tun soll, bitte hilf mir es zu tun!“

Die Gedanken kamen mir jetzt ganz leicht, und meine Finger flogen nur so über die Tasten, als ich meinen ersten Artikel begann:

WUNDER IN MEDJUGORJE

Erster Teil:

Die Erscheinungen

4. Dezember 1985

In den kommenden vier Dezemberwochen werde ich versuchen, so genau wie möglich über ein Ereignis zu berichten, das sich in einem kleinen unbekannten Dorf in den Bergen von Zentraljugoslawien zutragen soll. Da es sich um ein übernatürliches, religiöses Ereignis handelt, wird es wahrscheinlich von vielen skeptisch beurteilt werden. Die Tatsache, dass in der Gegend dort hauptsächlich Katholiken leben, wird auch noch zum Zweifel beitragen.

Es ist offensichtlich, dass ich wohl nicht darüber schreiben würde, wenn ich persönlich nicht daran glaubte, dass sich dort etwas Wichtiges ereignet. Es ist jedoch – und das will ich gleich vorneweg betonen – kein Versuch, jemanden zum Katholizismus zu bekehren, denn ich selbst bin ja auch kein Katholik. Es ist auch kein Versuch, jemanden zu Gott zu bekehren. Das muss jeder für sich selbst entscheiden gemäß der Tatsachen und persönlichen Bedürfnisse.

Ich schreibe diesen Artikel einfach zur Information, und weil er zur Weihnachtszeit passt.

* * *

Während der letzten viereinhalb Jahre hat Medjugorje, ein kleines Dorf in der Bergregion von Zentraljugoslawien, weltweite Beachtung erzielt als der Ort, an dem die Mutter Jesu, die Jungfrau Maria, täglich sechs jungen Teenagern erscheinen soll. Während ich das schreibe, so wird berichtet, sollen sich die Erscheinungen tagtäglich wiederholen. Trotz der Versuche der Regierung, die Erscheinungen abzustreiten und Reisen dorthin zu erschweren, sind doch schon viele Millionen Menschen gekommen und kommen immer noch, um selbst zu sehen, was dort geschieht. Jugoslawien ist allerdings ein kommunistisches Land, das weder eine Religion, noch die Existenz Gottes anerkennt. Aber die Bewohner der Gegend sind hauptsächlich Katholiken, denen es widerwillig zugestanden wird, Gottesdienste in Kirchen abzuhalten.

Gemäß der Kinder – sie werden auch Seher oder Visionäre genannt – ist die Botschaft der Heiligen Jungfrau einfach und direkt: Sie erscheine den Sehern, um die Welt davon zu überzeugen, sobald wie möglich zu Gott zurückzukehren und sich zu einem Leben des Friedens mit Gott und den Mitmenschen zu bekehren. Sie würde jedem der Seher zehn Botschaften oder ‚Geheimnisse' über Ereignisse geben, die sich in der nahen Zukunft zutragen sollen. Diese Ereignisse würden sichtbare Zeichen für die Menschheit dafür sein, dass die Erscheinungen in Medjugorje echt seien, und dass die Bekehrung zu Gott jetzt geschehen müsse. Wenn sie aufhöre, den Jugendlichen zu erscheinen – ein Datum, das nur sie wissen – würde ein dauerhaftes Zeichen in Medjugorje erscheinen. Dieses würde zu vielen Heilungen und Bekehrungen führen, noch bevor sich die vorausgesagten Ereignisse in den Geheimnissen erfüllen würden.

Wie die Seher sagen, könne der Weg zur Bekehrung nur durch Gebet und Fasten erzielt werden. Seit die Erscheinungen am 24. Juni 1981 anfingen, verbringen die Seher etwa sechs Stunden täglich im Gebet. Sie fasten auch wöchentlich zweimal bei Brot und Wasser.

Der große Altersunterschied der sechs jungen Leute in Medjugorje ist beachtenswert, besonders wenn man die Skepsis in Betracht zieht, die ein solches Ereignis mit sich bringt. Als die Erscheinungen begannen, war einer der Seher erst zehn Jahre alt, ein anderer fünfzehn, drei waren sechzehn und eine Seherin war siebzehn. Vier der Seher sind Mädchen und zwei sind Jungen.

Wer sind diese jungen Leute, denen die Jungfrau Maria angeblich erscheint? Sie sind alle ganz normale Kinder und haben doch ganz unterschiedliche Persönlichkeiten und, wie bereits erwähnt, sind sie auch verschieden alt. Mit Ausnahme eines der Mädchen, haben alle eine durchschnittliche Intelligenz. Diese Ausnahme ist Mirjana Dragičević. Sie ist die drittälteste der Seher und besucht die Universität in Sarajewo, wo ihre Eltern jetzt wohnen.

Marija Pavlović ist die älteste der Gruppe. Sie ist mittelmäßig groß, sehr schlank und ist die ernsthafteste und religiöseste der Seher. Ihr Wunsch ist, Nonne zu werden.

Vicka Ivanković, die zweitälteste, will auch Nonne werden. Sie hat einen freundlichen und ausdrucksvollen Gesichtsausdruck. Sie ist die reizvollste der Gruppe, und nichts an ihr ist gekünstelt.

Ivanka Ivanković, die jüngste der vier Mädchen, ist die einzige der Gruppe, die heiraten will. Sie ist ein schönes Mädchen und scheint typisch für die heutigen Teenager zu sein. Aber sie ist auch sehr religiös.

Ivan Dragičević, der ältere der beiden Jungen, will Priester werden. Er ist der schüchternste und zurückgezogenste der Gruppe und scheint die meiste Zeit ernsthaft und nachdenklich zu sein.

Der jüngste und lebhafteste ist der vierzehnjährige Jakov Čolo, der erst zehn Jahre alt war, als die Erscheinungen anfingen. Er ist ebenso wie die anderen ein ganz normaler Junge.

Dass dieser jüngste und sehr unruhige Junge zu der Gruppe der Seher gehört, trägt auch mit zur Glaubwürdigkeit der Erscheinungen bei. Wenn man ihn mit unseren Kindern in dem Alter vergleichen wollte, so wäre es höchst unwahrscheinlich, dass diese täglich zwei bis drei Stunden, im Sommer wie im Winter, bei gutem und schlechtem Wetter, zur Kirche zum Beten gingen und dies nun schon seit mehr als vier Jahren, nur um anderen weiszumachen, eine heilige Erscheinung von Gott zu sehen.

In der Tat sind das Alter und die Charaktere der Seher, sowie die Beständigkeit der Erscheinungen Beweise dafür, dass sich hier etwas höchst Ungewöhnliches ereignet.

Es gäbe so viel über Medjugorje zu erzählen. Vielleicht kann der folgende Auszug aus einem Bericht, der, gemäß der Jugendlichen, auf Marias Geheiß an den Papst geschickt worden war, dieses Kapitel am besten zusammenfassen. Der katholische Priester, Tomislav Vlasic, der beinahe von allem Anfang an mit den Erscheinungen zu tun hatte, war von Mirjana dazu aufgefordert worden, diesen Bericht zu schreiben und an den Papst zu schicken. Es folgt jetzt ein Teil dieses Berichtes:

Mirjana erzählte, dass ihr die Muttergottes während der Erscheinung am 25. Dezember 1982, das zehnte und letzte Geheimnis anvertraut hätte, und dass sie ihr auch die Daten bekannt gegeben hätte, wann die verschiedenen Geheimnisse eintreffen würden. Die Heilige Jungfrau offenbarte Mirjana jetzt mehr Aspekte über die Zukunft als den anderen Sehern. Aus diesem Grunde wiederhole ich, was Mirjana mir während einer Unterhaltung am 5. November 1983 gesagt hatte. Ich werde das Wichtigste davon hier zusammenfassen, ohne die Einzelheiten anzuführen. Mirjana sagte: Bevor das sichtbare Zeichen der Menschheit gegeben würde, würde die Welt drei Warnungen erfahren. Diese würden Warnungen auf Erden sein. Mirjana würde sie selbst noch erleben. Drei Tage vor jeder Warnung würde sie einen Priester ihrer Wahl davon in Kenntnis setzen. Mirjanas Aussagen würden die Wahrheit der Erscheinungen bezeugen und würden zur gleichen Zeit ein Ansporn für die Umkehr der Welt sein. Nach diesen Warnungen würde der Menschheit das sichtbare Zeichen am Erscheinungsort gegeben. Das Zeichen würde gleichzeitig als Beweis für die Wahrheit der Erscheinungen gegeben, aber auch als Aufruf, zum Glauben zurückzukehren.

Beim neunten und zehnten Geheimnis handelte es sich um gravierende Ereignisse. Es seien Züchtigungen für die Sünden der Welt. Die Strafen seien unumgänglich, da man nicht erwarten könne, dass sich die ganze Welt bekehre. Die Züchtigungen könnten durch Gebet und Buße gelindert werden. Sie könnten allerdings nicht ganz aufgehoben werden. Mirjana sagte, dass eine Strafe, die der Welt gemäß des siebenten Geheimnisses drohte, durch Gebet und Fasten aufgehoben worden sei. Aus diesem Grund bitte die Heilige Jungfrau immer wieder um Gebet und Fasten: „Ihr habt vergessen, dass man durch Gebet und Fasten Kriege verhindern und die Naturgesetze außer Kraft setzen kann."

Nach der ersten Warnung würden die anderen beiden rasch aufeinanderfolgen. Dadurch würden die Menschen noch Zeit zur Umkehr haben.

Diese Zeit würde eine Periode der Gnade und Umkehr sein. Nachdem das sichtbare Zeichen erschienen sei, würden die noch Lebenden nur wenig Zeit zur Umkehr haben. Aus diesem Grund rufe die Heilige Jungfrau eindringlich zur Umkehr und Versöhnung auf.

Die Einladung zum Beten und zur Buße sei dazu bestimmt, das Böse und den Krieg zu verhüten, aber vor allen Dingen, um Seelen zu retten.

Laut Mirjana werden diese Ereignissen, die die Heilige Jungfrau vorhergesagt hat, schon bald eintreffen. Aus diesem Grunde bittet Mirjana die Menschheit: „Bekehrt euch sobald wie möglich! Öffnet Gott eure Herzen!"

Pater Vlasič gab noch etwas mehr Auskunft über die Geheimnisse während eines Interviews im August 1983, das auf Band aufgenommen worden war: „Sie (die Seher) sagen, dass sich mit dem Eintreten der Geheimnisse, die Unsere Liebe Frau ihnen gegeben hat, das Leben auf der Welt verändern wird. Danach werden die Menschen wieder wie zu alten Zeiten glauben. Was sich ändern wird, und wie es sich ändern wird, das werden wir erst herausfinden, wenn sich die Geheimnisse erfüllen werden."

Diese wenigen Worte sagen sehr viel über die außerordentlichen Geschehnisse in Medjugorje aus. Was deren Glaubwürdigkeit anbetrifft, so muss sich ein jeder selbst im eigenen Herzen entscheiden.

Ich lehnte mich zurück und reckte mich. Zwei Stunden waren vergangen – genauso lange, wie ich vor einigen Wochen wie gelähmt dagesessen und auf ein leeres Blatt Papier gestarrt hatte. Es ist mir diesmal gar nicht so lange vorgekommen, auch kann ich mich nicht daran erinnern, jemals so leicht geschrieben zu haben.

Als ich es in die Druckerei brachte, teilte ich Smitty mit, dass dieser Artikel, wie auch die nächsten drei, wesentlich länger sein würden als gewöhnlich. Danach schloss ich das Büro ab und ging nach Hause.

„Betet ohne Unterlass!
So werde ich euch jene Freude geben,
die mir der Herr gibt."

6
Die Ereignisse überschlagen sich

Jetzt auf dem Heimweg aber machten sich beunruhigende Gedanken bei mir bemerkbar. Was würden die Auswirkungen, über ein solch heikles religiöses Thema geschrieben zu haben, sein? Würde es meiner journalistischen Glaubwürdigkeit schaden? Würde ich am Ende überhaupt noch Glaubwürdigkeit besitzen? Es war erstaunlich, wie ich aus der Euphorie, den ersten Artikel endlich fertiggestellt zu haben, in diese Ungewissheit hatte fallen können.

Als ich nach Hause kam, war ich davon überzeugt, dass es ein Fehler war. Der Frieden und die Freude über die Botschaft, die ich bekommen hatte, wurden jetzt von der Wirklichkeit des Alltags überschattet. Ich setzte mich zu Terri und erzählte ihr von meiner Unsicherheit: Sollte ich das, worüber ich den ganzen letzten Monat gründlich und unermüdlich Nachforschungen angestellt hatte, auch wirklich drucken lassen.

Wie immer hatte sie die richtigen Worte: „Schau her, du hast objektiv darüber geschrieben und du fühlst dich wirklich berufen, das zu tun. So gehorche und tue es! Niemand wird dich auslachen. Es ist eine gute Geschichte und mir gefällt es, wie du sie ausgearbeitet hast", sagte sie und schlug auf das Manuskript, das ich ihr zum Korrekturlesen nach Hause gebracht hatte.

So entschloss ich mich, es drucken zu lassen. Aber während der drei Tage bevor es am Montagabend gedruckt werden würde, hatte ich meine Meinung noch mehrere Male geändert. Doch wenn erst die Zeitungen einmal gedruckt waren, dann gab es kein Zurück mehr.

In der Zwischenzeit hielt ich mich in meinem Unterricht in der Sonntagsschule strikt an das lutherische Schulungsmaterial. Ich verlor kein Wort über Medjugorje. Am Sonntag, nachdem ich die Botschaft bekommen hatte, erzählte ich Becky Ginley nur, dass ich von dem, was dort geschah, äußerst berührt sei. Ich erzählte ihr aber keine Einzelheiten.

Wegen meiner guten Beziehungen zu Pastor Wingard und unserem Kaplan Dick Albert besprach ich es auch mit ihnen. Ich erwähnte aber auch hier die Botschaft von der Jungfrau Maria nicht. Bill Wingard lehnte das Ganze rundweg als ein „katholisches Ding" ab. Er verwies auf die lutherische Theologie und auch auf die Probleme der katholischen Kirche, die unweigerlich zur Reformation und den Anfängern des Protestantismus geführt hatten. Natürlich wurde auch die „Marienanbetung" erwähnt. Es sollte dies allerdings nicht das letzte Mal sein, dass ich davon zu hören bekam.

Obwohl Kaplan Albert äußerst vorsichtig war, zeigte er doch Interesse. Er stimmte zu, einem Vortrag von Jim und Rosie Stoffel, die gerade von Medjugorje zurückgekehrt waren, in der katholischen Kirche in Myrtle Beach zuzuhören. Becky Ginley, Mary Jeffcoat, Terri und ich trafen ihn dort gerade, als der Vortrag begann. Ganz aufgeregt und erfreut darüber, dass er gekommen war, sagte ich ihm voll Begeisterung, dass ich wirklich daran glaube, dass die Jungfrau Maria dort erscheine.

„Nun gut, ich möchte ja auch daran glauben", sagte er, indem er seine Worte sorgfältig abwägte, „aber um ehrlich zu sein, ich wäre mehr davon überzeugt, wenn es stärkere Beweise gäbe, wie zum Beispiel Bilder."

Ich war verblüfft, als Jim während dem Vortrag ein Bild herumreichte, das das riesige Betonkreuz auf dem Berg hinter der Kirche zeigte. Da, neben dem Kreuz sah man eine verschwommene Gestalt, die aussah wie eine Frau mit Schleier, die die Hände zum Gebet gefaltet hatte! Dieses Bild soll von einer Pilgerin aufgenommen worden sein, die, nachdem sie den Film vom Entwickeln zurückbekommen hatte, dieses mysteriöse Foto unter den anderen Bildern fand. Ich beobachtet Kaplan Albert, als er sich das Bild ansah. „Nun", sagte er, „es ist nicht besonders scharf."

Eines war aufgrund seiner Reaktion sicher: Ich würde ein großes Problem haben, irgendjemanden davon zu überzeugen, dass ich etwas erlebt hätte, das noch viel erstaunlicher als dieses Bild war. Wenn ich erzählte, dass Maria zu mir gesprochen und mich aufgefordert hätte, die Verbreitung der Botschaft von Medjugorje zu meiner Lebensaufgabe zu machen, wer würde mir glauben?

Am nächsten Morgen fühlte ich mich im Geschäft richtiggehend krank vor lauter Sorge. Am Dienstagmorgen war es noch schlimmer. Ich ging sofort zur Druckerei, um mir ein Exemplar der soeben gedruckten Ausgabe der Lake City Zeitung zu holen. Ich las meinen Artikel. Er schien unwahrscheinlich religiös zu sein; aber es war zu spät, ihn zu ändern. Auf jeden Fall hatte ich jetzt keine Möglichkeit mehr etwas deswegen zu unternehmen. Um drei Uhr nachmittags würden die Zeitungen zur Post gebracht werden, damit sie am nächsten Tag erhältlich seien.

Mittwoch, der 4. Dezember 1985, war strahlend und freundlich, als ob er sich über meine Gefühle lustig machen wollte. „Nun, Denease", sagte ich auf dem Weg in mein Büro, „mach dich auf was gefasst, denn die Spinner werden jetzt bald anrufen."

Wie gesagt kam sie auch schon wenige Minuten später und sagte: „Hier ist schon der erste, irgendjemand aus Lake City." Und sie zeigte auf mein Telefon, wo ein Lämpchen blinkte. „Der Kerl lacht und heult zur gleichen Zeit, sodass ich nicht verstehen kann, was er sagt! Aber er besteht darauf, mit Ihnen zu sprechen!"

„Großartig!" murmelte ich.

„Gewöhnen Sie sich dich dran, Chef", und sie brach in ein Gelächter aus. „Ich glaube, Sie werden noch viel mehr davon bekommen!"

Sie ging wieder, und nachdem ich tief durchgeatmet hatte, nahm ich den Hörer ab. „Hallo?"

„Ist das Wayne Weible? Derjenige, der über Medjugorje geschrieben hat?"

„Ja, der bin ich."

„Wunderbar, gelobt sei Jesus! Ich danke Gott für Sie! Der Herr möge Sie segnen!" So fuhr er eine Weile lang fort, während ich den Hörer in der Hand hielt. Endlich machte er eine Pause um Luft zu holen. Dann sprach er langsamer weiter. „Ich will es Ihnen erklären: Mein Name ist Scotti, Pfarrer Sylvester Scotti. Ich war einer von hundert amerikanischen Priestern, die im Oktober vor einem Jahr nach Medjugorje gereist waren. Von dem, was dort geschieht, war ich so beeindruckt, dass ich gleich nach meiner Rückkehr zu den größeren Zeitungsverlagen, Fernseh- und Radiostationen in unserem Teil von South Carolina ging, doch niemand wollte die Geschichte anfassen. Niemand! Und heute Morgen ging ich zum Briefkasten, und da war ihre kleine Zeitung mit diesem Artikel – da war Medjugorje!" Er fing wieder an zu heulen. „Bitte, verzeihen Sie, aber Sie wissen ja gar nicht, was das für mich bedeutet!"

Ich wusste nicht, was ich sagen sollte. Ich spürte, wie meine Gefühle in mir aufwallten.

„Entschuldigen Sie", sagte er, indem er sich zu beherrschen suchte. „Sie glauben wahrscheinlich, dass ich verrückt bin. Eigentlich bin ich es nicht, ich bin nur Italiener!"

Jetzt lachten wir beide. „Aber nein," stammelte ich. „Ich glaube nicht, dass Sie verrückt sind. Ich bin nur ein wenig überwältigt von dem, was Sie mir hier erzählen. Glauben Sie mir, ich hatte wirklich keine so positive Reaktion erwartet."

Dann unterhielten wir uns noch eine Weile, wobei er am meisten sprach. Er erzählte mir, wie er und die anderen Priester im Keller des Pfarrhauses anwesend waren, als die Jungfrau Maria den Sehern erschienen war und ihnen einen besonderen Segen für die Priester gegeben hatte. Pfarrer Scotti war wirklich das, was man einen marianischen Priester nennt, das heißt einer, der sich ganz der Heiligen Jungfrau geweiht hat. Wir wollten uns in den nächsten Tagen treffen, um weiter darüber zu sprechen.

Als ich aufgelegt hatte, ging ich zur Tür und verschloss sie. Dann setzte ich mich an meinen Schreibtisch und ließ die Tränen fließen. Ich verstand jetzt, dass das die Bestätigung dafür war, dass die Artikel auch wirklich veröffentlicht werden sollten. Es schien mir, als ob diese leise, kleine Stimme wieder innerlich zu mir sprach: *„Siehst du?"*

Ich war immer noch ganz verweint, als ich in Terris Büro ging, um ihr zu erzählen, was gerade passiert war.

„Was in der Welt ist passiert?" rief sie, als sie mein Gesicht sah.

„Es ist wegen des Zeitungsberichtes. Ich bekam gerade diesen Anruf – ." Ich hatte Schwierigkeiten weiter zu sprechen. Endlich gelang es mir, Herr meiner Gefühle zu werden, und ich erzählte ihr von Pfarrer Scotti. „Jetzt macht es mir nichts mehr aus, was auch kommen mag", entschied ich. „Das war es wert!"

Sie lächelte nur. „Das ist ja wunderbar!"

„Noch drei Anrufe!" informierte mich Denease, als ich in mein Büro zurückkam. „Und sie wollen Kopien von dem Artikel haben – was soll ich machen?"

„Schicken Sie ihnen um Himmels willen welche!" Ich grinste. „Was kann es uns schon kosten? Einen Briefumschlag mit einer Briefmarke drauf!"

Es kamen mehr Anrufe – beglückwünschend, wissbegierig, danach fragend, ob es noch mehr solcher Artikel geben würde. Als ich am Nachmittag zur Bank ging, redeten die Kassiererinnen alle auf einmal auf mich ein, um mir zu sagen, wie sehr ihnen das gefiel, was in dem kleinen Dorf geschehe.

„Wissen Sie, wir zweifeln nicht daran, dass das von Gott kommt", sagte eine von ihnen.

„Sind Sie Katholikin?" fragte ich.

„Sie machen wohl Witze? Wir sind alle Baptisten!"

Ich lachte. Das übertraf meine kühnsten Erwartungen. Bis zum Ende des Tages hatten wir mehr als ein Dutzend Anrufe bekommen – mehr als irgendein anderer Artikel jemals hervorgerufen hatte. Und dann kamen die Briefe!

Normalerweise wartete ich mit dem Schreiben des Artikels bis zum allerletzten Moment am Freitag, aber diesmal bekam ich schon am Donnerstag so große Lust, dass ich mich entschloss, den zweiten Artikel schon einen Tag früher zu schreiben. Diesmal versuchte ich zuerst einen Entwurf zu schreiben, dem ich dann folgen wollte. Aber ich riss ihn schon bald aus der Schreibmaschine, zerknüllte ihn und warf ihn weg.

Ich sprach ein kurzes Gebet und bat um Führung – dabei bemerkte ich, dass ich mich gar nicht mehr so unwohl dabei fühlte. Nun nahm ich Pater Svetozars Buch zur Hand. Einige Leute hatten gefragt: Was wird den Sehern eigentlich gesagt?

Warum sollte ich es ihnen nicht einfach erzählen? Und wieder flogen meine Finger nur so über die Tasten... .

ZweiterTeil:

Unterhaltungen mit Maria, der Mutter Jesu.

11. Dezember 1985

Dieses ist der zweite Teil dieser ganz besonderen Serie, die ich für die Weihnachtszeit schreibe. Das Interesse am ersten Teil war ausgezeichnet und positiv. Wegen der übernatürlichen, religiösen Natur dieser Geschehnisse, werde ich verschiedene Dinge vom letzten Artikel nochmals erwähnen.

Vor allen Dingen möchte ich betonen, dass ich persönlich glaube, dass etwas – etwas ganz Wichtiges und Bedeutungsvolles für alle, ganz gleich welcher Religion – in Medjugorje geschieht.

Hier bringe ich Auszüge aus Unterhaltungen, wie sie von den Sehern berichtet werden – Unterhaltungen mit der Heiligen Jungfrau Maria:

Am vierten Abend der Erscheinungen, die am 24. Juni 1981 begannen, fragte Ivanka diese Frau nach ihrem Namen. „Ich bin die Heilige Jungfrau Maria“, gab sie zur Antwort. Später sagte Vicka: „Wenn du die Heilige Jungfrau bist, dann bleibe bei uns. Wenn nicht, dann gehe!“ Die Frau lächelte und blieb.

Vicka fragte: „Warum bist du gekommen?“ Die Antwort: „Ich

bin gekommen, weil es hier viele Gutgläubige gibt. Ich will bei euch sein, um alle zu bekehren und miteinander zu versöhnen." Etwas später sah Marija, eine andere Seherin, als sie nach der Erscheinung den Berg hinunterging, die Frau wieder. Sie hielt sofort an, lief hin und fiel auf ihre Knie. „Dort", sagte sie, „stand die Heilige Jungfrau vor einem Kreuz mit Tränen in den Augen. Sie wiederholte mehrere Male: Frieden! Frieden! Frieden! Versöhnt euch miteinander!"

Während der Erscheinungen sagte sie des Öftern: „Mögen alle glauben, als ob sie sähen."

Am 29. Juni beteten die Kinder ganz besonders um die Heilung eines zweieinhalbjährigen Jungen, der stumm war und nicht laufen konnte. Die Seher baten die Jungfrau Maria, ihn zu heilen. Jakov berichtete ihre Antwort: „Seine Eltern mögen fest daran glauben, dass er geheilt wird!" Später am Abend kehrten seine Eltern auf dem Nachhauseweg noch in einem Gasthaus ein. Der stumme kleine Junge schlug plötzlich auf den Tisch und sagte: „Ich möchte was zu trinken!" Seitdem kann er reden und laufen. Zu anderen sagte sie, dass sie beten, fasten und Jesus bitten sollten, von ihren Krankheiten und Behinderungen geheilt zu werden. Viele wurden geheilt, laut den Berichten der dortigen Bevölkerung.

Wiederholt sagte Maria, was das Heilen betrifft: „Ich kann nicht heilen. Nur Gott kann heilen. Ich brauche eure Gebete und Opfer, damit sie mir helfen."

Sie fuhr fort, indem sie von der dringenden Notwendigkeit der Bekehrung sprach: „Das einzige Wort, was ich euch heute sagen will, ist: Bekehrt euch! Ich sage es euch, damit ihr es allen sagen könnt – der ganzen Welt! Ich bitte nur um Bekehrung. Seid auf alles vorbereitet und bekehrt euch! Gebt alles auf, was euch von der Bekehrung abhält."

Über Gebet und Glauben sagte sie: „Mögen alle, die Bewohner von Medjugorje und die Besucher, aber auch alle, die über Medjugorje anderswo hören, glauben, als ob sie sähen! Glaubt fest! Es gibt viel Gläubige, die nicht beten. Glaube kann ohne Gebet nicht leben."

Als die Kinder auf Geheiß eines Priesters fragten, ob die Leute zu Jesus oder zu Maria beten sollten, war ihre Antwort: „Bitte betet zu Jesus! Ich bin seine Mutter, und ich lege Fürbitte bei Ihm für euch ein. Aber alle Gebete gehen zu Jesus. Ich werde helfen. Ich werde beten. Aber nicht alles hängt von mir allein ab. Es hängt auch viel von eurer Stärke ab, der Stärke derer, die beten."

Warum sie gerade in Medjugorje erscheine? „Ich habe diese Pfarrei auf besondere Weise auserwählt. Ich möchte euch beschützen und in Liebe führen. Und deshalb möchte ich die ganze Pfarrei zur totalen Bekehrung aufrufen, damit die Pilger, die hierher kommen, einen Quell der Bekehrung finden." Als sie diese Botschaft gab, verwies sie auch auf eine besondere Stelle im Matthäusevangelium: 6. Kapitel, Vers 24 bis 34.

Zu Ostern 1984 sagte die Jungfrau Maria zur Pfarrei durch Jelena, die zwar keine Erscheinungen hat wie die anderen Kinder, die aber innere Eingebungen von der Muttergottes bekommt: „Erhebt eure Hände und öffnet eure Herzen. Jetzt, im Augenblick der Auferstehung, will euch Jesus ein ganz besonderes Geschenk machen. Es ist dieses: Ihr werdet Versuchungen mit Leichtigkeit widerstehen können. Wir werden euch ganz nahe sein und euch den Weg aus den Versuchungen heraus zeigen, wenn ihr uns annehmt. Sagt nicht, dass das heilige Jahr jetzt vorbei ist, und dass ihr nicht mehr zu beten braucht. Im Gegenteil, verstärkt eure Gebete, denn das heilige Jahr war nur ein Schritt nach vorne." Danach, so sagte Jelena, sah sie den auferstandenen Jesus. Brillantes Licht strahlte aus Seinen Wundmalen auf die Leute. Jesus sagte: „Empfangt meine Gnaden und sagt der ganzen Welt, dass Glück nur durch mich erzielt werden kann."

Zum Abschluss dieses Artikels: Heute geht die ganze Pfarrei von Medjugorje, natürlich mit einigen wenigen Ausnahmen, zu den täglichen Gottesdiensten. Diese Gottesdienste dauern normalerweise über drei Stunden. Das größte Wunder von Medjugorje, und das ist eine bewiesene Tatsache, ist die vollkommenen Bekehrung der Pfarrei, die, nach heutigen Maßstäben gemessen, bereits sehr gläubig war.

Dieses Mal war ich auf die Reaktionen vorbereitet. Überall, wo ich hinkam – im Supermarkt, bei der Tankstelle, im Rotary Klub – sprachen die Leute über die Artikel. Jetzt wollten viele Kopien haben – vom ersten Artikel, wenn sie ihn nicht gelesen hatten, oder von beiden, damit sie sie weitergeben konnten. Ich befand mich die ganze Woche über in einem Stadium gesteigerten Hochgefühls!

„Lebt das Fasten!
Damit werdet ihr mir die Freude machen,
alle Pläne Gottes
in Erfüllung gehen zu lassen."

7

Und es geht weiter!

Diesmal dachte ich nicht im Geringsten daran, bis Freitag mit dem Schreiben des dritten Artikels in der Serie zu warten. Ich konnte ja kaum bis Donnerstag warten! Jetzt bekam ich viele Wie- und Warum-Fragen, und ich entschied mich, die Seher selbst antworten zu lassen. Eines der stärksten Elemente in Pater Svetozars Buch waren die Interviews mit ihnen, die von dem Autor und noch einem anderen Priester, Tomislav Vlasić, durchgeführt worden waren. In diesem dritten Artikel würde ich zwei davon bringen, die ausgezeichnet dafür geeignet waren, die meisten der Fragen, die ich bekam, zu beantworten.

Dritter Teil:

Interviews mit den Sehern

18. Dezember 1985

Es ist kaum zu glauben, dass schon wieder zwei Wochen vergangen sein sollen, seit ich damit anfing, diese ganz besondere Serie zu schreiben. Sie basiert auf Berichten, nach denen die Heilige Jungfrau in Jugoslawien einer Gruppe junger Leute erscheinen soll.

Obwohl es bei weitem das schwierigste Thema ist, über das ich jemals geschrieben habe, so ist es doch das Zufriedenstellendste, weil ich das Gefühl habe, etwas Wertvolles dadurch getan zu haben. Aus fachlicher Sicht gesehen, möchte ich, dass meine Leser es als objektiv und informativ betrachten. Doch persönlich wünsche ich mir, dass alle, die es lesen, davon inspiriert werden, ihre Beziehungen zu Gott und ihren Mitmenschen zu verbessern. Das ist auch der Grund, warum die Serie während der Weihnachtszeit erscheint.

Diese Woche möchte ich Interviews mit zwei der jungen Leute bringen. Die Antworten sind direkt von einem Tonband genommen, auf dem die Unterhaltung mit ihnen aufgenommen worden waren. Bestimmte Teile der Interviews werden hier nicht angeführt, damit ich soviele Gedanken wie möglich bringen kann. (Die Ausschnitte sind dem Buch von Svetozar Kraljević, O.F.M., „Die Erscheinungen der Muttergottes in Medjugorje" entnommen.)

Pater Vlasić: *„Mirjana, wir haben uns schon längere Zeit nicht mehr gesehen, und ich möchte, dass du mir von den Erscheinungen der Heiligen Jungfrau Maria erzählst, ganz besonders aber von denen, die sich auf dich beziehen."*

M: „Ich sehe die Heilige Jungfrau Maria jetzt bereits seit achtzehn Monaten, und ich glaube, sie sehr gut zu kennen. Ich habe das Gefühl, dass sie mich mit einer mütterlichen Liebe liebt, und deshalb kann ich sie auch über alles fragen, was ich gerne wissen möchte. Ich bat sie, mir einige Dinge über den Himmel, das Fegefeuer und die Hölle zu erklären, die mir nicht ganz klar waren. Ich fragte sie, zum Beispiel, warum Gott nur so ungnädig sein könne, Menschen in die Hölle zu werfen, wo sie für ewig zu leiden hätten. Ich dachte mir: 'Wenn jemand ein Verbrechen begeht, dann kommt er eine Zeit lang ins Gefängnis und dann wird ihm wieder vergeben, aber in die Hölle, für immer!' Sie sagte mir, dass Seelen, die in die Hölle kommen, aufgehört haben, gut von Gott zu denken. Sie verfluchen Ihn mehr und mehr. Dadurch sind sie also schon zu einem Teil der Hölle geworden, und sie wollen nicht mehr daraus befreit werden.

Außerdem sagte sie mir, dass es verschiedene Regionen im Fegefeuer gäbe: Regionen nahe an der Hölle und solche, die näher und näher beim Himmel liegen. Sehr viele Menschen glaubten, dass die meisten Seelen zu Allerseelen aus dem Fegefeuer befreit würden, aber das stimmt nicht, denn die meisten Seelen werden am Weihnachtstag in den Himmel aufgenommen."

V: *„Hast du auch gefragt, warum Gott die Hölle zulässt?"*

M: „Nein, ich fragte nicht. Aber etwas später unterhielt ich mich mit meiner Tante, die mir erzählte, wie gnädig Gott sei. Ich sagte, ich würde die Madonna fragen, wie Gott nur zulassen könne, dass... ."

V: *„Nachdem, was du jetzt gesagt hast, ist es eigentlich ganz einfach: Die Leute, die auf dieser Welt Gott widersagen, machen es dann nach ihrem Tode weiterhin so und widersagen Gott in der Hölle!"*

M: „Eigentlich dachte ich, dass, wenn jemand in die Hölle kommt ... beten denn die Leute nicht für ihre Erlösung? Könnte Gott so ungnädig sein, ihre Gebete nicht zu erhören? Dann erklärte mir die Madonna: ‚Menschen in der Hölle beten überhaupt nicht. Stattdessen geben sie Gott für alles die Schuld. So werden sie eins mit der Hölle und sie gewöhnen sich dran. Sie wüten gegen Gott und sie leiden, aber sie weigern sich immer zu Gott zu beten.'"

V: *„Was das Fegefeuer betrifft, so sagst du, dass sich Seelen, die oft beten, manchmal mit Leuten auf dieser Welt, wenn auch nur durch Botschaften, in Verbindung setzen dürfen, und dass ihnen die Gebete, die auf Erden verrichtet werden, zu Gute komme?"*

M: „Ich fragte sie darüber gerade vor Kurzem, und sie sagte, dass heutzutage die meisten Menschen ins Fegefeuer kommen, die nächst größte Anzahl kommt in die Hölle, und nur sehr wenige kommen direkt in den Himmel."

V: *„Nur sehr wenige kommen in den Himmel?"*

M: „Ja! Nur sehr wenige – die geringste Anzahl – kommen in den Himmel."

V: *„Hast du gefragt unter welchen Bedingungen eine Person in den Himmel kommt?"*

M: „Nein, das habe ich nicht. Aber wir können es uns wahrscheinlich selbst beantworten, wie diese sind. Gott will keine großartigen Gläubigen, sondern einfach solche, die zu ihrem Glauben stehen und die friedlich leben ohne Falsch, Arglist und Böswilligkeit."

V: *„Ist das deine Interpretation, so wie du es verstehst?"*

M: „Ja! Nachdem ich mit der Madonna gesprochen habe, kam ich zu diesem Schluss: Niemand braucht Wunder zu wirken oder großartige Buße zu verrichten. Man braucht nur ein einfaches und friedvolles Leben zu leben."

V: *„Gut, aber gibt es neben Himmel, Fegefeuer und Hölle noch andere Neuigkeiten?"*

M: „Die Madonna sagte mir, dass ich den Leuten folgendes sagen solle: Heutzutage richten viele ihren Glauben nach ihren Priestern. Wenn ein Priester nicht heilig ist, dann schließen sie daraus, dass es keinen Gott gibt. Sie sagte: ‚Ihr geht nicht zur Kirche, um über den Pfarrer zu urteilen und sein persönliches Leben auszuforschen. Ihr geht zur Kirche um zu beten und das Wort Gottes vom Priester zu hören.' Das muss den Leuten gesagt werden, denn viele wenden sich der Priester wegen vom Glauben ab.

Heute, wie auch schon früher, so sagte mir die Jungfrau, habe sich Gott mit dem Teufel unterhalten. Der Teufel habe gesagt, dass die Menschen nur an Gott glaubten, wenn es ihnen gut ginge. Wenn sich die Dinge zum Schlechten wendeten, dann hörten sie auf, an Gott zu glauben. Dann beschuldigten sie Gott und benähmen sich, als ob Er nicht existiere. Deshalb hätte Gott dem Teufel ein Jahrhundert gegeben, in dem er besondere Macht über die Welt ausüben dürfe. Der Teufel wählte sich das zwanzigste Jahrhundert. Heute, wie wir um uns herum sehen können, ist jedermann unzufrieden und man kann sich gegenseitig nicht mehr ausstehen. Ein Beispiel davon ist die Anzahl der Scheidungen und Abtreibungen. All das, sagte die Madonna, sei das Werk des Teufels."

V: *„Dieses Benehmen der Leute – sie stehen unter dem Einfluss des Teufels. Aber der Teufel braucht nicht in sie gefahren zu sein, oder?"*

M: „Nein, nein! Der Teufel ist nicht in sie gefahren, aber sie sind unter dem Einfluss des Teufels, obwohl er auch in einige fährt.

Um dies zu verhüten, zumindest zum Teil, sagt die Madonna, brauchen wir das Gemeinschaftsgebet und das Gebet in der Familie. Sie hob ganz besonders das Gebet in der Familie hervor. Auch soll jede Familie wenigstens einen geweihten Artikel im Haus haben, und die Häuser sollen regelmäßig gesegnet werden.

Sie hob auch das Versagen religiöser Leute hervor, ganz besonders in kleineren Ortschaften, wie zum Beispiel hier in Medjugorje, wo es eine Trennung von Serben (d.h. serbischen Orthodoxen) und Moslimen gibt. Diese Trennung ist nicht gut. Die Madonna betont immer wieder, dass es nur einen Gott gibt, und dass die Menschen diese unnatürliche Trennung erzwingen. Niemand kann wahrlich gläubig oder ein echter Christ sein, wenn er nicht auch andere Religionen respektiert. Keiner glaubt richtig an Gott, wenn er andere Religionen verspottet."

V: *„Was ist dann die Rolle Jesu Christi, wenn die moslemische Religion auch eine gute Religion ist?"*

M: „Wir haben nicht darüber gesprochen. Sie beklagt nur das Fehlen der religiösen Einheit, „ganz besonders in den Dörfern". Sie sagte, dass jede Religion respektiert werden sollte, und natürlich auch die eigene."

V: *„Erzähle mir, wo der Teufel heute ganz besonders aktiv ist. Hat sie dir darüber etwas gesagt? Durch wen oder durch was offenbart er sich am meisten?"*

M: „Am meisten durch Leute, die einen schwachen Charakter haben, die in sich selbst geteilt sind. Solche Leute gibt es überall, und sie kann der Teufel am meisten beeinflussen. Aber er kommt auch in das Leben gutgläubiger Menschen – zum Beispiel von Nonnen. Er würde lieber Gutgläubige ‚bekehren' als Ungläubige. Wie kann ich das erklären? Sie haben gesehen, was mir passiert ist. Er versucht so viele Gläubige wie möglich auf seine Seite zu bringen."

V: *„Stimmt es, dass einer von euch gesagt hat, dass drei der Geheimnisse geoffenbart würden, bevor das große Zeichen erscheint, und dass dann die anderen Geheimnisse, eines nach dem anderen, geoffenbart werden?"*

M: „Nein, nicht ganz, aber so ähnlich: Zuerst werden einige Geheimnisse geoffenbart – nur ein paar. Dann werden die Menschen davon überzeugt sein, dass die Madonna hier erscheint. Dann werden sie das Zeichen verstehen. Als Jakov sagte, dass der Bürgermeister zuallererst auf den Berg rennen würde, so meinte er damit generell Leute in höheren Positionen. Sie werden das Zeichen als einen Ort der Bekehrung erkennen. Sie werden zum Berg laufen um zu beten, und es wird ihnen vergeben werden. Als ich die Madonna über Ungläubige befragte, sagte sie: ‚Für sie muss gebetet werden, und sie selbst sollen auch beten.' Aber als ich sie vor kurzem wieder danach fragte, sagte sie: ‚Sie mögen sich bekehren, solange sie noch Zeit haben.' Diesmal sagte sie nicht, dass man für sie beten solle."

V: *„Du kannst also nichts Genaues darüber sagen bis zu dem Zeitpunkt, an dem die Madonna dir erlaubt, es zu berichten?"*

M: „Ja!"

V: *„Was sagt die Madonna? Können wir uns auf das, was kommen wird, vorbereiten?"*

M: „Ja, bereitet euch vor! Die Madonna sagte, die Menschen sollten sich geistig darauf vorbereiten. Sie sollten bereit sein und sich nicht beunruhigen lassen. Sie sollten sich mit ihrer eigenen Seele aussöhnen. Auch sollten sie jetzt Gott annehmen, damit sie dann keine Furcht haben. Sie sollten Gott und alles andere annehmen. Niemand nimmt den Tod leicht an, aber man kann in der Seele Frieden haben, wenn man glaubt. Wenn die Menschen sich Gott verpflichtet haben, dann wird Er sie auch annehmen."

V: *„Bedeutet das eine totale Bekehrung und Hingabe an Gott?"*

M: „Ja!"

V: *„Da du alle zehn Geheimnisse bekommen und achtzehn Monate Erscheinungen gehabt hast, was willst du den Leuten mit auf den Weg geben, was sollen sie tun? Was willst du den Priestern, dem Papst, den Bischöfen sagen, ohne dabei die Geheimnisse zu verraten? Was will die Madonna, das wir tun?"*

M: *„Lassen Sie mich zuerst erzählen, wie bei mir die Erscheinungen aufhörten."*

V: *„Gut."*

M: „Zwei Tage vor Weihnachten sagte mir die Madonna, dass sie mir am Weihnachtstag zum letzten Mal erscheinen würde. (Ich wollte es nicht so richtig glauben.) Am Weihnachtstag blieb sie 45 Minuten bei mir, und wir sprachen über viele Dinge. Wir fassten alles, was zwischen uns gesprochen worden war, zusammen. Ich fragte sie im Namen vieler Leute, was sie tun sollten. Dann gab sie mir ein äußerst wertvolles Geschenk: Sie sagte, sie würde mir jedes Jahr an meinem Geburtstag für den Rest meines Lebens erscheinen. Sie sagte auch, dass sie mir, unabhängig vom Zeichen oder den anderen Dingen, auch dann erscheinen würde, wenn etwas sehr Schwieriges eintreffen sollte – nicht alltägliche Schwierigkeiten, sondern etwas sehr Ernsthaftes! Dann würde sie kommen, um mir zu helfen. Aber jetzt muss ich ohne ihre Gegenwart, ohne ihre täglichen persönlichen Besuche leben. Ich sage allen Menschen: ‚Bekehrt euch!' Genauso wie sie es sagte. ‚Bekehrt euch, solange noch Zeit dazu ist! Verlasst Gott nicht und auch nicht euren Glauben. Verlasst alles andere, aber nicht das!'"

V: *„Was ist die größte Gefahr für die Menschheit? Und wo kommt sie her?"*

M: „Von der Gottlosigkeit. Niemand glaubt mehr – kaum jemand! Die Madonna sagte mir zum Beispiel, dass der Glauben in Deutschland, der Schweiz und Österreich sehr schwach sei. Die Menschen in diesen Ländern würden sich nach ihren Priestern richten, und wenn die Priester keine guten Beispiele sind, dann würden sie abfallen und glauben, es gäbe keinen Gott. Als ich in Askona war, hörte ich von einem Priester, dem ein reicher Mann Geld gegeben hatte, um ein Heim für alte Leute zu bauen. Der Priester aber baute stattdessen ein Hotel. Jetzt haben alle Leute dieser Stadt dem Glauben den Rücken gekehrt, denn wie konnte ein Priester nur den letzten Wunsch eines sterbenden Menschen nicht erfüllen und ein Hotel bauen, um damit Geld für sich selbst zu verdienen? Und trotzdem müssen die Leute verstehen, dass sie nicht das Privatleben eines Priesters beurteilen sollen. Sie sollen viel mehr darauf hören, was er durch Gott sagt – auf das Wort Gottes."

V: *„Bevor wir das Interview beenden: Gibt es noch etwas, das du hinzufügen möchtest?"*

M: „Sie sagte auch einiges, was persönlicher Natur war. Sie gab mir verschiedene Ratschläge. Dann sagte sie: ‚Geh im Frieden Gottes!'"

V: *„Hat sie mit dir auch über die anderen Seher und weitere Erscheinungen gesprochen?"*

M: „Sie sagte mir, ich sei – nun gut – reifer als die anderen, und deshalb müsse ich ihnen helfen. Ich solle Zeit mit ihnen verbringen und mit ihnen reden. Das würde die Sache sowohl für sie als auch für mich einfacher machen. Wir sollten uns gegenseitig verstehen und zusammen bleiben – vereint bleiben."

V: *„So hat sie nichts über die weiteren Entwicklungen oder die Erscheinungen gesagt? Sowohl was den Einzelnen betrifft, als auch die ganze Gruppe?"*

M: „Ich glaube, dass sie, sobald sie jemandem das zehnte Geheimnis gegeben hat, aufhört, dieser Person zu erscheinen."

PATER SVETOZAR INTERVIEWT IVANKA IVANKOVIĆ.

Pater Svetozar: *„Ivanka, du und Mirjana, ihr seid an jenem Tag spazieren gegangen. Warum seid ihr zusammen spazieren gegangen?"*

I: *„Wir gingen in der Gegend öfters miteinander spazieren. Wir waren bei mir daheim, und dann entschieden wir uns spazieren zu gehen."*

S: *„Wer, außer Mirjana, war noch mit dabei?"*

I: „Zunächst nur Mirjana und ich. Als wir zu meinem Haus zurückgekehrt waren, fragte Marijas Schwester Milka, ob wir mit ihr gehen würden, um die Schafe heimzutreiben."

S: *„So seid ihr beide also mit Milka gegangen, um die Schafe zu holen?"*

I: „Zuerst gingen Mirjana und ich allein spazieren. Als wir zum Dorf zurückgingen, schaute ich zufälligerweise auf den Berg und ich sah die Gestalt der Madonna, hell und leuchtend. Ich sagte zu Mirjana: ‚Schau, die Madonna!' Mirjana winkte ab, als ob ich einen Witz gemacht hätte und sagte: ‚Es ist unwahrscheinlich, dass gerade uns die Madonna erscheint.' So gingen wir weiter dem Dorf zu. Mirjana schaute nicht einmal dahin, wohin ich auf dem Berg zeigte. Als wir zu Milkas Haus kamen, sagte Milka: ‚Helft mir, die Schafe heimzutreiben.' So kehrten wir wieder um und gingen zu den Feldern zurück. Diesmal sahen wir alle drei die Madonna. Wir knieten nieder und beteten. Dann holten wir die Schafe und trieben sie heim. Später kamen auch noch Vicka, Ivan und der andere Ivan dazu."

S: *„So hast du an diesem ersten Tag die Madonna zweimal gesehen?"*

I: „Ja! Ja, das erste Mal, als ich mit Mirjana zum Dorf zurückging und das zweite Mal, als wir mit Milka gingen, um die Schafe zu holen."

S: *„Wer hat die Madonna zuerst gesehen?"*

I: „Ich."

S: *„Was hast du gesagt, als du sie sahst?“*

I: „Ich sagte: ‚Schau, Mirjana, die Madonna!‘“

S: *„Und was hast du dann gemacht? Wohin seid ihr gegangen?“*

I: „Wir gingen zu Milka. Vor ihrem Haus hielten wir an. Sie fragte uns, ob wir ihr helfen würden, die Schafe zu holen. Dann gingen wir drei, um die Schafe zu holen und sie heimzutreiben. Als wir am Berg vorbeikamen, sah ich die Madonna wieder, die diesmal das Jesuskind auf ihren Armen trug. Mirjana und Milka schauten auch hin, und auch sie sahen die Madonna.“

S: *„Was bedeutete es für dich, die Madonna zu sehen?“*

I: „Es bedeutete die Welt für mich!“

S: *„Wenn ihr mit der Madonna in euren Visionen redet, dann können wir nicht verstehen, was ihr sagt?“*

I: „Wir sprechen dann genauso laut wie jetzt.“

S: *„Ich will mich mal anders ausdrücken: Sprecht ihr mit der Madonna im Geiste? Ich meine, versteht sie, was ihr denkt, oder sprecht ihr mit ihr mit gesenkter Stimme, flüsternd, sodass wir euch nicht verstehen können? Oder geschieht eure Unterhaltung auf wunderbare Weise, die über unsere Fähigkeiten, zu hören und zu verstehen, hinausgeht?“*

I: „Ich rede mir ihr ganz normal, genauso wie ich jetzt spreche. Ich höre auch ihre Stimme ganz normal, ebenso was die anderen sagen.“

S: *„Hast du in deinen Visionen jemals um einen Gefallen für andere gebeten?“*

I: „Ja, am Anfang bat ich um einen Gefallen für Klein-Daniel.“

S: *„Was hat die Madonna gesagt?“*

I: „Sie sagte das Gleiche, was sie immer sagt. Ein fester Glaube und Gebete würden helfen."

S: *„Was meinst du mit ein fester Glaube und Gebete"? Wofür?"*

I: „Um Glauben und für Heilung zu beten."

S: *„Hast du jemals für einen Verstorbenen in deiner Familie gebetet?"*

I: „Ja, ich habe erst kürzlich für meinen Vater gebetet, und sie sagte das Gleiche."

S: *„Was hat die Madonna gesagt?"*

I: „Sie sagte, meine Mutter sei bei ihr, und dass ich gehorchen und mir keine Sorgen machen solle."

S: *„Du warst durch den Tod deiner Mutter sehr betrübt, und deshalb kam die Madonna, um dich zu trösten?"*

I: „Ich weiß es nicht, aber ich glaube nicht. Wir fragten sie, warum sie gerade uns erscheine. Sie sagte, dass sie sich nicht immer die besten Leute aussuche."

S: *„An wen sind die Botschaften der Madonna gerichtet?"*

I: „An die ganze Welt."

S: *„Was für Botschaften sind es?"*

I: „Frieden, Bekehrung, Fasten, Buße, Gebet."

S: *„Welche ist die wichtigste?"*

I: „Frieden."

S: *„Warum Frieden?"*

I: „Wenn alle Menschen auf der Welt in Frieden leben, dann ist alles möglich."

S: *„Du erwähntest das Gebet. Sag mir ehrlich, wie betest du?"*

I: „Wenn ich am Morgen aufstehe, dann bete ich sieben Vaterunser und das Glaubensbekenntnis. Zu Mittag bete ich den Engel-des-Herrn. Am Abend bete ich sieben Vaterunser, das Glaubensbekenntnis, und manchmal bete ich den Rosenkranz. Wenn wir alle daheim sind, beten wir das Abendgebet."

S: *„Es wird gesagt, dass die Madonna euch vorschlug, ihr solltet alle ins Kloster gehen."*

I: „Sie sagte, es sei ihr Wunsch, dass wir alle ins Kloster gehen, aber nur für die, die auch diesen Wunsch hätten. Sie will, dass niemand den Glauben und die Kirche schändet."

S: *„Ich glaube, dass alle frei sind zu wählen, und auch ihr seid frei. Hast du dich entschieden, was du in dieser Beziehung tun wirst?"*

I: „Um ganz ehrlich zu sein, so wie ich jetzt fühle, will ich nicht ins Kloster gehen. Ich kann auch ein christliches Leben führen, genauso wie eine Nonne, und Kinder aufziehen."

S: *„Da du weißt, was die Zukunft bringt, sage mir: Wird die Madonna von Medjugorje aus die Welt noch mehr versöhnen?"*

I: „Ich glaube ja."

S: *„Wird das ‚große Zeichen' dazu beitragen, dies zu erzielen?"*

I: „Ja, wenn die Zeit dafür gekommen ist. Mehr Gläubige werden dann zur Kirche gehen."

S: *„Wird das Zeichen schon sehr bald erscheinen oder erst später?"*

I: „Es wird zur rechten Zeit erscheinen."

S: *„Ivanka, fürchtest du dich auf irgendeine Weise davor, das tun zu können, was die Madonna von dir in diesem Leben erwartet?"*

I: „Warum sollte ich mich fürchten, wenn Gott mit mir ist? Gott gibt mir die nötige Kraft."

S: *„Du sprichst zu den Leuten von den Botschaften der Madonna, aber manche glauben dir nicht. Was machst du in so einem Fall?"*

I: „Ich bete für sie, dass Gott sie erleuchtet."

S: *„Kannst du auch noch etwas anderes machen?"*

I: „Ich werde versuchen, sie zu überreden. Sie werden überzeugt sein, wenn sie... ."

S: *„Ich glaube es, aber in der Zwischenzeit werden die Leute nervös. Es ist schwer auf diesen Tag zu warten. Was sollen die Leute machen?"*

I: „Sie sollen beten, dass der Herr ihnen Ausdauer gibt."

S: *„Es gibt Menschen, die gegen die Madonna sind. Was würdest du ihnen sagen?"*

I: „Ich würde ihnen sagen: Bekehrt euch! Es gibt einen Gott. Und das ist alles!"

S: *„Können jene, die gegen die Madonna sind, ihre Pläne für die Welt durchkreuzen?"*

I: „Meinen Sie das große Zeichen?"

S: „Ja!"

I: *„Nein. Keine ihrer Waffen oder Sprengkörper können es vernichten."*

S: *„Können sie den Seelen der Menschen und den Plänen der Madonna für diese Menschen schaden?"*

I: „Nein."

S: *„Das heißt also, dass die Madonna stärker ist als sie?"*

I: „Normalerweise ist sie es. Doch es ist Jesus, der die Entscheidungen trifft! Gott! Nicht die Madonna!"

S: *„Erzähle mir mehr darüber."*

I: „Ich denke, dass Gott sie geschickt hat. Als wir sie um ein Zeichen gefragt hatten, so glaube ich, fragte sie Jesus, und er gab ihr ein Zeichen. Dann hat sie versprochen, uns dieses Zeichen zu geben."

S: *„Das heißt also, dass sie nicht allein und unabhängig handeln kann. Sie muss den Willen Gottes tun, wie sie es ja schon immer getan hat."*

I: „Das nehme ich an."

S: *„Es ist wichtig, dass gläubige Menschen, ganz gleich welcher Glaubensrichtung, nicht gegeneinander aufgehetzt werden. Aber erzähle mir mehr darüber. Was sagte die Madonna dazu?"*

I: „Die Madonna sagte, dass die Religionen auf der Erde zwar getrennt seien, aber die Menschen aller Religionen von ihrem Sohn angenommen würden."

S: *„Bedeutet das, dass alle Menschen in den Himmel kommen?"*

I: „Es hängt davon ab, ob sie es verdienen."

S: *„Ja, aber viele haben nie von Jesus gehört."*

I: „Jesus weiß darüber Bescheid. Ich weiß es nicht. Die Madonna sagte, dass im Grunde alle Religionen ähnlich seien, aber dass viele Menschen sich durch die Religion voneinander getrennt hätten und zu Feinden geworden seien."

S: *„Ich danke dir, Ivanka, für diese Unterhaltung und für dein Zeugnis!"*

Ich stöhnte, als ich das letzte Blatt aus der Schreibmaschine zog. Das achte! Smitty wird sich darüber freuen!

Er tat es auch. „Was hast du da gemacht, ein Buch geschrieben?" rief er, indem er sich die Blätter in meiner Hand betrachtete. „Das wird mehr als eine ganze Seite in Anspruch nehmen!“ Für Smitty erzeugten meine Artikel immer Kopfschmerzen. Er hätte am liebsten gar keine Nachrichten, sondern nur Reklame.

„Gut, dann soll es eben!“ antwortete ich lächelnd. „Schau, ich habe es beinahe einen Tag früher fertig. Du solltest zufrieden sein! Setze es auf, und überlasse mir das andere.“

„Und wenn wir eine Anzeige in letzter Minute bekommen?“ Normalerweise war es unsere Regel, den Artikel, wenn erforderlich, herauszunehmen, um Platz für einen zahlenden Kunden zu machen.

„Nein!“ erwiderte ich. „Dies Mal nicht! Es bleibt, wie es ist!“

Ich wendete mich, um zu gehen, aber dann erinnerte ich mich an etwas: Wir hatten über 40 Nachfragen für Kopien erhalten. „Ach, noch was, Smitty. Lass etwas Platz für eine kleine Notiz, um die Leute zu informieren, dass, sollten sie Kopien wollen, sie von jetzt an einen adressierten Briefumschlag mit Briefmarke schicken müssen. Ich werde dir morgen die Notiz geben!“

Dann ging ich. Er schüttelte nur den Kopf und murmelte etwas vor sich hin. Ich ging zufrieden in die Nacht hinaus.

Vicka mit Pilgern in Medjugorje.

„Vergesst nicht:
Dies ist die Zeit der Gnade,
deshalb betet, betet, betet!"

(25. 10. 1999)

„Wenn ihr glücklich sein wollt,
dann lebt ein einfaches, demütiges Leben.
Lasst euch von Gott führen."

8

Pfarrer Scotti

Am Mittwochmorgen fuhr ich nach Lake City, das etwa 90 km entfernt ist, um Pfarrer Sylvester Scotti zu besuchen.

Nachdem der zweite Artikel erschienen war, rief Pfarrer Scotti wieder an, um zu fragen, wann ich ihn besuchen würde. Da ich sowieso geplant hatte, die vierteilige Serie über Medjugorje mit Interviews Einheimischer, die die weite Reise nach Jugoslawien gemacht hatten, abzuschließen, so stimmte ich gerne zu, seine Geschichte mit hineinzunehmen. Ganz abgesehen davon wollte ich auch diesen gar-nicht-so-verrückten italienischen Priester kennenlernen.

Da ich mich dort nicht besonders gut auskannte, fiel es mir schwer, sein Haus zu finden. Eigentlich hat es eher mich gefunden: Ich fuhr durch die Straßen in der Nachbarschaft herum und versuchte, mich anhand der Notizen, die ich am Telefon gemacht hatte, zurechtzufinden. Und plötzlich schaute ich nach vorn, und da war es.

Als ich die Treppe hinaufging, wurde die Tür aufgerissen, und ich wurde von einem Bär von einem Mann begrüßt, der übers ganze Gesicht strahlte. Er war korpulent, in den Fünfzigern, trug eine dicke Brille und hatte ungekämmtes Haar. Er hatte ein altes Hemd und eine alte Hose an und trug ungepflegte Schuhe – genau wie ich ihn mir am Telefon vorgestellt hatte.

Als ich zur Tür kam, packte er mich und drückte mich so an sich, als ob wir uns schon seit Jahren kennen würden. Dann sagte er: „Ich habe eine Kanne Kaffee gemacht. Dabei können wir erzählen?“ Und das taten wir dann auch.

Ich erfuhr, dass mein Gastgeber Pfarrer in zwei kleinen Missionsgemeinden in Kingstree und Lake City war. „Es ist das Sibirien der Diözese“, sagte er und schenkte mir mehr Kaffee ein. „Aber das macht mir nichts aus. Es gibt mir mehr Zeit fürs Gebet. Ich glaube, sie haben mich hierher geschickt, weil sie sonst nicht wissen, was sie mit mir anfangen sollen. Sie denken, ich sei ein wenig – unkonventionell.“

Ich sollte auch schon bald erfahren, wie unkonventionell er wirklich war. Er hatte mir schon erzählt, was die Pilgerfahrt nach Medjugorje für ihn bedeutet hatte. Jetzt schaltete ich mein Tonbandgerät ein und fing an, ihm Fragen zu stellen. Die Zeit verflog. Nachdem ich bereits das zweite Mal das Band gewechselt hatte, merkte ich auf einmal, dass ich mich bereits über drei Stunden mit ihm ununterbrochen unterhalten hatte.

Ich fing gerade an, ihm zu erzählen, auf welche Weise ich zum ersten Mal von Medjugorje gehört hatte, als er plötzlich die Hand hob, um mich zu unterbrechen. Dann schaute er mir in die Augen und begann in Zungen zu reden. Ich wusste ein wenig über dieses Geschenk des Heiligen Geistes und die charismatische Bewegung, um zu wissen, was er tat. Obwohl ich nichts davon verstand, was er sagte, fühlte ich mich doch nicht beunruhigt oder furchtsam, nur ein wenig ungemütlich. Er schrie nicht, sondern sprach in weichem, melodischem Ton.

Ein Teil von mir dachte: „Auf was habe ich mich da nur eingelassen?“ Der andere Teil aber war damit zufrieden, nur zuzuhören und zu warten. Nach ein paar Minuten hörte er wieder auf, und wir schauten einander an. „Ich hoffe, es hat Ihnen nichts ausgemacht“, sagte er.

„Nein,“ versicherte ich ihm. „Ich war ein wenig überrascht, ja, aber es hat mir nichts ausgemacht.“

„Gut! Denn das war eine Botschaft von Maria für Sie. Sie sagt,

Sie seien ihr Sohn. Und sie bittet Sie, über Medjugorje zu schreiben, aber mehr als das: Sie sollen ihr Leben dafür widmen, die Botschaft von Medjugorje zu verbreiten."

Er machte eine Pause. Mein Mund stand weit offen, und meine Augen wurden immer größer. Dann erzählte ich ihm mit stotternder Stimme, indem ich kaum die richtigen Worte fand, von der Botschaft, die ich ursprünglich selbst bekommen hatte, und für welche die Seine eine wörtliche Bestätigung war. Ich fühlte, wie sich bei mir die Kopfhaut zusammenzog. Es fing an, interessant zu werden.

Ermuntert fuhr Pfarrer Scotti fort: „Ich habe das Gefühl, als ob Sie diese Botschaft weit über South Carolina hinaustragen werden und wahrscheinlich sogar weit über dieses Land. Sie werden auch an Rundfunksendungen teilnehmen."

„Hören Sie auf, Herr Pfarrer!" sagte ich dazwischen. „Ich bin ein Zeitungsverleger und schreibe Zeitungsartikel, aber mehr meines Egos wegen, als wegen irgendetwas anderem. Ich habe nichts mit Fernsehen und Radio zu tun!"

„Nichts für ungut!" lachte er in seinem breiten italienischen Lachen. „Ich wiederhole ja nur das, was ich glaube, dass sie mir gesagt hat!" Dann aber begann er, mit mir mitzufühlen. „Schauen Sie, ich weiß, dass äußerst viel von Ihnen verlangt wird. Beten Sie weiterhin und halten Sie sich offen für das, was von Ihnen verlangt wird, und machen Sie sich keine Sorgen darüber!"

Wie könnte ich mir da keine Sorgen machen! So hatte ich mir die Sache ja wirklich nicht vorgestellt. Noch vor ein paar Wochen hätte ich den Namen Jesus kaum außerhalb meiner Kirche erwähnt. Und jetzt, jetzt wurde mir diese Botschaft in allem bestätigt – und noch dazu von einem Fremden!

Ich schaute auf die Uhr: Es war nach 16 Uhr. „Es ist schon spät, ich muss jetzt wirklich gehen", sagte ich. „Können wir uns in ein paar Wochen wieder sehen?"

„Natürlich!" lachte er und führte mich zur Tür.

„Wissen Sie", sagte ich lächelnd, als wir uns verabschiedeten,

„ich war noch nie dabei, wenn jemand in Zungen geredet hat. Das Lustige an der Sache ist, dass es mich nicht störte. Ich meine, so jemand wie ich! Ein Protestant und noch dazu ein Journalist, es ist nur – nun, nichts davon missfiel mir. Aber ich bin nicht so sicher was ihre Botschaft betrifft… ."

Er lachte nur und sagte: „Sie werden schon sehen."

Es war schon spät, als ich ins Büro kam, aber ich ging trotzdem schnurstracks zur Schreibmaschine. Ich wollte alles, was Pfarrer Scotti mir erzählt hatte, zu Papier bringen, solange es noch frisch war. Ich arbeitete etwa eineinhalb Stunden und als ich fertig war, dachte ich, wenn ich am Morgen Jim Stoffel sprechen könnte, dann könnte ich diesen Artikel bis morgen fertig haben. Das war wichtig, da wir über Weihnachten zu Terris Familie nach Charleston in West Virginia fahren wollten.

Jim schien von den anderen Einheimischen, die schon in Medjugorje waren, am besten dafür geeignet zu sein. Er und seine Frau Rosie waren von Medjugorje äußerst ergriffen gewesen, wie aus dem Vortrag, den sie gehalten hatten, hervorgegangen war. Außerdem hatte es mit diesen beiden noch etwas Besonderes auf sich: Terri und ich hatten sie auf Anhieb gemocht, und wir hatten versprochen, sie bald wieder zu besuchen. Diese beiden Interviews würden zusammen den perfekten Abschluss meiner Serie bilden. Ich löschte das Licht aus und ging nach Hause.

Aber am nächsten Morgen wachte ich mit Kopfschmerzen auf, und es war mir auch übel. So sollte ich also doch von der Grippewelle erfasst werden. Vor ein paar Wochen hatte Terri darunter gelitten, aber damals war die Grippe an mir vorübergegangen. Jetzt hatte ich also keine Wahl, sondern ich musste den letzten Artikel bis nach Weihnachten verschieben. Unter diesen Umständen konnte ich auf keinen Fall Jim interviewen und darüber schreiben.

Als wir nach West Virginia fuhren, war ich wieder soweit hergestellt, dass ich den anderen das Weihnachtsfest nicht zu verderben brauchte. Eigentlich war es durch Medjugorje das beste Weihnachtsfest gewesen, das ich jemals erlebt hatte. Zum ersten Mal wurde mir die echte Bedeutung des Geschenkes Gottes bewusst,

uns Seinen Sohn geschenkt zu haben. Die gleiche Maria, die die Mutterschaft unseres Herrn freiwillig angenommen hatte, hatte mich jetzt gebeten, einen aktiven Teil dazu beizutragen, andere wieder zur vollen Erkenntnis dieses Geschenkes zurückzuführen. Unter Tränen kam mir das zum Bewusstsein.

Es gab auch noch ein anderes Geschenk, das ich etwas verfrüht bekommen hatte. Als Terri die Grippe hatte, wischte ich gerade den Küchenboden, als das Telefon klingelte. Es war George McMath, Vorsitzender der Atlantic Publications, einer Firma, die 29 Wochenzeitungen und auch andere Publikationen besaß, von denen eine in Myrtle Beach vertrieben wurde. Wir plauderten zunächst ein wenig über Nebensächlichkeiten, aber dann kam er auf den Grund seines Anrufs zu sprechen. Ob wir daran interessiert seien, unsere vier Zeitungsverlage zu verkaufen?

Ich war sprachlos. Wir hatten bereits seit über zwei Jahren versucht, die Zeitungsverlage zu verkaufen. Nach neun Jahren mit ständigen Terminen, Personalproblemen und Finanzkrisen litten wir beide unter großem Stress. Auch wollte Terri daheim bleiben, um ihre Zeit den Kindern zu widmen. Ich wollte als Anzeigenberater für andere Firmen arbeiten und endlich auch etwas Zeit mit Golf und Tennis verbringen. Aber bisher hatten wir noch kein gutes Angebot bekommen. Bis jetzt noch nicht!

Da fiel mir auch ein, was die Heilige Jungfrau gesagt hatte: *„Du wirst nicht mehr viel länger in deinem Geschäft arbeiten... .“*

Ich versuchte, ruhig zu bleiben, als wir darüber sprachen, wie wir den Verkauf betätigen könnten. Für mich schien der 1. April der beste Termin für eine Geschäftsübergabe, da wir an diesem Tag das neunte Geschäftsjubiläum feierten. Ich legte den Hörer auf und ging langsam in unseren Aufenthaltsraum. „Terri, wir haben gerade unsere Zeitungsverlage verkauft“, murmelte ich mit frohem Lächeln. „Die Botschaft wird zur Wirklichkeit!“

Sie schaute mich an, als ob sie nicht wüsste, ob sie lachen, schreien oder weinen sollte. „Nun gut“, sagte sie nach einer langen Pause, „wenn es wahr ist, dann ist es wunderbar! Aber ich glaube es erst, wenn ich die Papiere unterschreibe.“

„Ja", dachte ich und schaute auf die vorüberfliegende Landschaft von West-Virginia, „das war schon eine ganz besondere Weihnacht!"

Wir kamen gerade rechtzeitig zu Terris Mutter, um ihr helfen zu können, die Krippe aufzubauen. Es war eine sehr alte Krippe und sie befand sich schon lange in der Familie. Der Stall war stabil, nicht so wackelig und kitschig wie einige der modernen. Die Figuren waren aus Keramik und nicht aus Gips. Auf einmal, als ich die kniende Marienfigur neben die Krippe stellte, füllten sich meine Augen mit Tränen. „Gegrüßet seist du, Maria, voll der Gnade!" flüsterte ich und stellte sie behutsam in das Stroh.

Wir kehrten ein paar Tage vor Neujahr nach Myrtle Beach zurück, und ich bekam wieder einen starken Grippeanfall. Nachdem ich mich von diesem zweiten Anfall erholt hatte, traf ich mit Jim Stoffel zusammen, um ihn zu interviewen. Dann schrieb ich den letzten Artikel über die Begebenheiten in Medjugorje.

Vierter Teil:

Interviews mit Einheimischen, die in Medjugorje gewesen sind

15. Januar 1986

Ich möchte mich vielmals entschuldigen, dass ich diesen Artikel nicht in der letzten Ausgabe veröffentlicht habe, aber leider hatte mich eine schwere Grippe befallen, die mich fast eine Woche lang außer Gefecht gesetzt hatte. Dieses ist der letzte Teil der vierteiligen Serie, die in der ersten Dezemberwoche angefangen hatte. Er enthält Aussagen von zwei Leuten aus unserer Gegend, die bereits in Medjugorje gewesen sind und die die Ereignisse dort selbst erlebt haben.

Anstatt die Interviews im Frage-und-Antwort-Stil zu schreiben, entschied ich mich, nur bestimmte Aussagen auszuwählen, um den Artikel kürzer zu halten, aber auch, um ihn lesbarer zu machen.

Die Befragten sind Jim Stoffel, der in North Myrtle Beach wohnt, und Hochwürden Sylvester Scotti, Pfarrer der katholischen St. Philipskirche in Lake City.

Jim Stoffel ist ein Golfprofi im Carolina Shores Golf Club in North Myrtle Beach. Er und seine Frau Rosie wohnen bereits seit 1972 hier. Gemeinsam mit ihnen hatten auch Hal und Peggy Todd, ebenfalls von North Myrtle Beach, die Reise nach Medjugorje im November 1985 gemacht. Ich verwende hier die Schilderungen, die ich von Jim in einer Besprechung in seiner Kirche bekommen habe, nachdem sie von Medjugorje zurückgekehrt waren. Aus Platzmangel kann ich nur Jims Antworten wiedergeben, obwohl die anderen auch einiges über diese Reise zu erzählen hatten. Vielleicht können wir später mehr darüber berichten.

Pfarrer Scotti ist seit zweieinhalb Jahren Pfarrer der katholischen St. Philipskirche. Er ist seit 14 Jahren Priester. Ich fuhr eines Morgens nach Lake City, um mit ihm über seine Erlebnisse in Medjugorje zu sprechen.

Doch nun möchte ich mit Jim Stoffels Schilderungen beginnen:

„Wir hatten von den Begebenheiten in Medjugorje vor zwei Jahren durch einen Freund gehört, der jemanden in Greenville, South Carolina, darüber sprechen gehört hatte. Natürlich waren wir daran interessiert und erkundigten uns genauer darüber. Wir holten uns auch einige Bücher. Damals gab es nur sechs solcher Bücher.

Ich hatte über die Erscheinungen in Lourdes und Fatima gelesen, aber das Interessante hier war, dass es heute geschieht. Heute! Hier! Zu unserer Zeit! Wir erkundigten uns, wie man dort hinkommen konnte und traten die Reise im November 1985 an.

Es ist mein persönliches Gefühl, dass alles, was sich dort ereignet, echt ist. Es geschieht dort etwas wahrhaft Übernatürliches.

Der Grund für die Besuche der Jungfrau Maria ist, den Sehern zehn Botschaften für die Welt zu übermitteln. Sie sagte den Kindern auch, dass es sehr wichtig sei, zu beten, zu fasten, und sich mit sich selbst und mit Gott auszusöhnen. Wenn die Erscheinungen aufhören, werden die zehn Botschaften oder Dinge eintreffen. Die

Botschaften Nummer sieben, neun und zehn sind sehr schwere Strafen für die Sünden der Welt. Ich muss hinzufügen, dass die siebente Botschaft aufgehoben worden war, weil viele Menschen der dringenden Aufforderung der Heiligen Jungfrau nachgekommen sind und gebetet, gefastet und sich ausgesöhnt haben. Sie sagte, dass die neunte und zehnte Prophezeiung eintreffen müssten, aber dass sie durch mehr Gebet und Fasten gelindert werden könnten. Ich nehme an, dass es das ist, worum es in Medjugorje im Wesentlichen geht.

Ich glaube wirklich nicht, dass es uns Angst einjagen soll, denn die Botschaft der Muttergottes ist ja nichts weiter als das, was ohnehin schon im Evangelium steht und was wir täglich oder wöchentlich hören. Der Herr bedient sich nun Seiner heiligen Mutter, um uns die ganze Sache eindringlich vor Augen zu stellen.

Es ist wirklich ein einzigartiges Erlebnis dort drüben. Es ist nur ein ganz kleines Dorf (Medjugorje), das jetzt zu einem heiligen Ort geworden ist. Ehrlich gesagt kann man es kaum beschreiben. Die Botschaft, die wir hier übermitteln wollen ist die, dass es sich hier wirklich um ein Werk des Heiligen Geistes handelt, der das Evangelium Jesu Christi durch die Jungfrau Maria der Welt bringen will. Die Menschheit hat sich so weit von Gott entfernt, und das ist ein dringender Aufruf zu Ihm zurückzukehren. Ich glaube, das, was sie sagen möchte, so zusammenfassen zu können: Die Menschen brauchen inneren Frieden. Diesen können sie nur durch Gebet, Bekehrung und natürlich den Empfang der heiligen Kommunion erlangen. Ich versuche niemanden zum Katholizismus zu bekehren, und das ist auch nicht die Botschaft von Medjugorje. Die Botschaften sind vielmehr eine persönliche Verpflichtung für jedermann in der Welt.

Diese Pfarre oder Gemeinde von Medjugorje hat nur etwa 400 Familien, jedoch fasst die St. Jakobskirche dort etwa 2000 oder mehr. Niemand weiß, warum man sie so groß gebaut hat. Die Muttergottes versucht dort eine perfekte Pfarre heranzuziehen, und dies ist ihr auch wirklich gelungen. Etwa zehn Kilometer von dort entfernt ist man wieder in der ‚echten Welt'.

Wie ich schon sagte, ist die Heilige Jungfrau mit den Leuten dieser Kirche sehr zufrieden. Sie erscheint täglich gegen 18.40 Uhr lokaler Zeit, und die Erscheinungen dauern jetzt ungefähr drei bis vier Minuten. Früher dauerten sie etwa 20 bis 30 Minuten. Nach der Erscheinung wird die heilige Messe gefeiert, und danach bleiben die Kinder noch eine Weile in der Kirche. Sie verbringen ungefähr drei Stunden täglich in der Kirche. Sie beten auch täglich nahezu vier Stunden und fasten zweimal wöchentlich. Wenn ihr noch nie versucht habt zu fasten, so solltet ihr es einmal tun. Es ist nur am ersten Tag sehr schwer. Die Leute dort sind sehr nett und zuvorkommend, sehr freundlich und warm. Sie sind wirklich ganz einfache Menschen.

Die Jungfrau Maria hat auch Botschaften speziell für die westliche Welt. Wir meinten, wir seien besser als der Rest der Welt. Sie jedoch spricht von zu vielen Drogen, viel zu viel Fernsehen, was so viel von unserer Zeit in Anspruch nähme. Wir vergeudeten sehr viel Zeit, die für bessere Dinge verwendet werden könnte. Auch hätten wir zu viele Religionen in den USA, zu viele Kulte und die Anbetung falscher Götter und Ähnliches. Und noch etwas: Wir sind dem Rest der Welt technologisch weit überlegen und wir scheinen zu glauben, wir hätten das allein geschafft – ohne die Hilfe Gottes. Die Meisten sagen, es sei des Menschen Technologie. Wenn ihr wirklich eine genaue Beschreibung davon wollt, wie die westliche Welt heutzutage lebt, dann braucht ihr nur eure Bibel zur Hand zu nehmen und im ersten Kapitel des Briefes an die Römer, Vers 18-32, zu lesen. Es ist erstaunlich, wie etwas, das vor so vielen Jahrhunderten geschrieben worden war, so genau den heutigen Lebensstil treffen kann."

Pfarrer Sylvester Scotti:

„Im Oktober 1984 war ich nach Rom gegangen, um an einem weltweiten Priestertreffen teilzunehmen. Kurz vor unserer Abreise wurden wir gefragt, ob wir an einer Pilgerfahrt oder einem Abstecher nach Medjugorje in Jugoslawien teilnehmen wollten, wo die Heilige Jungfrau Maria sechs jungen Leuten täglich erscheinen soll.

Ich hatte schon beiläufig von Medjugorje gehört, ursprünglich in einer Lokalzeitung, die einen Bericht von einem Priester dieser Pfarre brachte, der wegen Unruhen verhaftet wurde. Jugoslawien ist natürlich ein kommunistisches Land, und obwohl der Staat Gottesdienste erlaubt, geschieht dies nur, solange es das tägliche Leben nicht stört. Der Artikel berichtete, dass der Priester verhaftet worden war, weil er sich an den Lügen über übernatürliche Dinge, die sich dort ereignen sollen, beteiligt hätte.

Später erfuhr ich durch andere Priester und durch eigene Nachforschungen mehr über die Ereignisse, die dort stattfinden, deshalb war ich natürlich sehr darüber erfreut, selbst mit einer Gruppe von Priestern nach Medjugorje gehen zu können.

Wir waren 110 Priester, die nach dem Romaufenthalt dorthin gingen. Es war die größte Gruppe von Priestern, die den Ort der angeblichen Erscheinungen jemals besucht hatte. Um dorthin zu kommen, mussten wir durch die Stadt Mostar fahren, die nur eine kurze Strecke von Medjugorje entfernt liegt. Wir waren angeblich als Touristen dort. Es ging sogar so weit, dass wir alle Badehosen kauften, um die Behörden davon zu überzeugen, wirklich nur an den Erholungseinrichtungen der Gegend interessiert zu sein. Endlich kamen wir in eine kleine Stadt zwischen Mostar und Medjugorje. Die Unterkunft war verhältnismäßig schlecht. Eigentlich nicht schlecht, sondern nur sehr primitiv im Verhältnis zu dem, was in unserem Land geboten wird, wie z.B. Außentoiletten und Ähnliches.

Unsere Gruppe kam endlich nach Medjugorje, und wie ich schon sagte, waren wir die größte Gruppe von Priestern, die jemals dort war. Wir wurden in den Keller des Pfarrhauses gebracht, weil wir so viele waren. Wir sollten die Kinder (Seher) nach der Erscheinung treffen. Es war heiß und schwül und wir waren unheimlich eng zusammengepfercht. Es kam auch schon bald eine der Nonnen von der Kirche, die eng mit den Kindern zusammenarbeitete, in das Zimmer und kündigte an, dass die Heilige Jungfrau den Kindern gesagt hätte, sie würde ihnen heute im Keller, wo wir waren, erscheinen, da sie eine besondere Botschaft für uns hätte.

Was soll ich sagen? Wir waren unendlich beglückt darüber, dass sie den Kinder hier erscheinen würde. Kurz danach kamen die Kinder in das Zimmer und stellten sich an der gegenüberliegenden Seite des Tisches auf, wo ich mit einem anderen Priester stand, der ein sehr guter Freund von mir ist. Sie fingen an zu beten und fielen schon bald auf ihre Knie nieder, was andeutete, dass die Muttergottes erschienen war. Wir folgten den Blicken der Kinder, die sich auf eine Stelle genau über unseren Köpfen richteten.

Nach der Erscheinung schrieben die Kinder etwas auf einen Zettel, und die Nonne, die englisch sprechen konnte, übersetzte es für uns. Die Botschaft der Heiligen Jungfrau war an uns gerichtet: ‚Ich danke euch, dass ihr gekommen seid, als ich euch rief. Diejenigen, die mich lieben, wurden in ganz besonderem Maße gerufen.‘

Sie können sich ja wohl vorstellen, wie wir uns fühlten. Wir beteten alle und gingen dann hinauf und in die Kirche zur Messe. Ich konnte kaum glauben, was dann passierte. Einige der Seher – der Kinder – fingen an, mir und meinem Freund Messgewänder anzulegen. Welch ein Segen! Während der Messe waren sie genau neben uns, und wir hielten uns an den Händen und beteten. Ich kann Ihnen nicht beschreiben, was das für mich bedeutete.

Ich muss Ihnen von zwei ‚Wundern‘ erzählen, die geschehen sind, während wir dort waren. Am Weg nach Medjugorje redeten wir im Bus darüber, was sich dort wohl ereignete und wir beteten auch. Der Himmel war vollkommen klar und ohne Wolken. Später entdeckte jemand zwei kleine Wolken am Himmel in der Form eines Kreuzes. Ich sage Ihnen, der Himmel war vollkommen klar außer diesem Wolkenkreuzes. Etwas später nahm es die vollkommene Form einer Taube an.

Nach der Reise nach Medjugorje gingen wir in einer wunderbaren Kirche in Dubrovnik zur Messe und zum Gebet. Wir waren alle krank – und ich meine richtig krank! Wir hatten die Grippe: Erkältung, rauen Hals und andere Symptome, die man hat, wenn man sie bekommt. Wir beteten in dieser herrlichen Kirche, und als wir zu Ende waren und rausgehen wollten, stand ein junger Kanadier auf und sagte: ‚Meine Brüder, ich muss euch etwas erzählen.

Ich betete hier mit euch, und ich betete bestimmt nicht für so etwas Unbedeutendes wie eine kleine Grippe oder Erkältung. Aber plötzlich fühlte ich eine gewisse Wärme über mich kommen, und auf einmal war mein rauer Hals und alle Symptome der Grippe wie weggeblasen! Ich bin jetzt kerngesund.' Nach diesem Gespräch beteten wir noch für eine Weile.

Sie fragten mich nach den Reaktionen nach meiner Rückkehr nach Lake City. Ich war natürlich total begeistert von all dem, und ich ging zu allen Medien in unserer Gegend und in Columbia. Das Resultat? Leere Blicke und sonst nichts! Aber das macht nichts. Ich persönlich glaube daran, dass die Ereignisse, die dort stattfinden, echt sind, und ich danke Gott dafür."

Dieses ist der letzte Teil der Serie über die Geschehnisse der angeblichen Erscheinungen der Heiligen Jungfrau Maria in Medjugorje in Jugoslawien. Ich weiß nicht, was ich sonst noch sagen soll, außer vielleicht, dass ich Ihnen gerne weiterhin Kopien dieser Artikel zuschicken werde, wenn Sie sie in früheren Ausgaben verpasst haben sollten, sie aber dennoch lesen möchten. Sie brauchen mir nur einen adressierten und frankierten Briefumschlag an die folgende Adresse zu schicken: Weible Columns, P.O. Box 2647, Myrtle Beach, SC, 19578, USA.

Damit, so dachte ich, als ich mit Elan die Postleitzahl tippte, ist die Sache erledigt. Ich hatte meine Aufgabe erfüllt. Ich war damit fertig. Von jetzt an konnte ich die Botschaft nach bestem Wissen und Gewissen leben, aber der Hauptteil meiner Arbeit war geleistet.

So dachte ich wenigstens!

„Ich möchte euch alle,
meine lieben Kinder,
zu Jesus führen,
denn Er ist eure Rettung."

(25. 6. 1994)

„Widmet die Zeit nur Jesus,
und Er wird euch alles geben, was ihr sucht!"

9

Ich glaube!

Ein paar Tage später ging ich zur Bank und unterhielt mich mit der Kassiererin über die Erscheinungen. Sie sagte, dass es ihr leid tue, dass die Artikel zu Ende seien. Sie wünschte, sie hätten nie aufgehört, da sie von den Ereignissen in Medjugorje sehr berührt sei.

Ich sagte ihr, dass ich über alles geschrieben hätte, was ich darüber wusste. „Das stimmt, aber Sie haben uns eigentlich nie ihre eigene Meinung darüber gesagt", erwiderte sie. „Wir wissen, was andere darüber denken, aber was denken denn Sie eigentlich darüber?"

Ich sah sie verblüfft an. Um meine journalistische Glaubwürdigkeit zu bewahren, hatte ich alles daran gesetzt, objektiv zu erscheinen. Ich wollte, dass die Leser sich ihre eigene Meinung darüber bildeten und dass sie nicht davon beeinflusst werden sollten, nur weil es mich so stark ergriffen hatte. War ich dabei etwa zu weit gegangen?

Dies gab mir etwas zum Nachdenken. Und je mehr ich darüber nachdachte, desto mehr erkannte ich, wie mein Berufsstolz meine Entscheidungen beeinträchtigt hatte. Eigentlich sollte ja gerade so ein Artikel dazu dienen, die eigene Meinung auszudrücken; dazu war er ja da. Aber in dieser Serie benutzte ich die Artikel mehr zur reinen Informationsvermittlung.

So sollte ich denn doch noch nicht den letzten Artikel geschrieben haben! Es müsste noch ein weiterer folgen, sozusagen als endgültiger Abschluss. Ich hatte nur das eine Bedenken: Inwieweit sollte ich das zum Ausdruck bringen, wie ich über Medjugorje fühlte? Ich war immer noch nicht dazu bereit, einem jeden davon zu erzählen, dass ich eine persönliche Botschaft von dieser himmlischen Besucherin bekommen hatte.

Als ich in mein Büro zurückging, schloss ich mich zunächst einmal ein. Es ist mir schon immer leichter gefallen, vor der Schreibmaschine über ein besonderes Thema nachzudenken, und so spannte ich einen Bogen Papier ein und begann meine Gefühle zu beschreiben. Ich sagte mir, dass ich dadurch nur meine Gedanken zusammenfassen wollte, dass dies aber nicht der Artikel werden sollte. Aber irgendwie hatte ich das Gefühl, dass, wenn ich erst einmal mit dem Schreiben fertig wäre, das Grundthema dann schon vorhanden sein würde.

Persönliche Gedanken über Medjugorje

5. Februar 1986

Ich hatte mir das halbherzige Versprechen gemacht, für eine Weile nicht mehr über die Ereignisse in Medjugorje zu schreiben. Aber ich glaube, dass ich das nicht kann, zumindest nicht bis ich die Gelegenheit gehabt habe, meinen persönlichen Standpunkt über dieses Thema darzulegen.

Man kann Medjugorje auf verschiedene Art und Weise betrachten. Es gibt Menschen, die sich aus Neugierde für alles Ungewöhnliche interessieren. Dann gibt es die Ungläubigen, die alles, was sie nicht sehen oder anfassen können als Unfug ablehnen. Und dann gibt es die Gläubigen. Diese suchen nach Zeichen und Gründen, wie sie ihren Glauben stärken können. Manchmal kommen diese in Schwierigkeiten, indem sie versuchen, zu viel zu glauben.

Medjugorje kann einem in irgendeinen dieser Bereiche führen und vielleicht noch darüber hinaus. Immerhin handelt es sich hierbei um ein Ereignis, das weit über das Gewöhnliche hinausgeht. Man sagt, dass die Heilige Jungfrau Maria, die Mutter Jesu, einer Gruppe junger Leute in einem abgelegenen Dorf in einem kommunistischen Land erscheine. Man sagt, dass dies nun schon seit dem 24. Juni 1981 stattfinde – und immer noch bis zum heutigen Tag!

Man sagt auch, es sei dringendst notwendig, dass wir uns so schnell wie möglich zu Gott bekehrten, weil der Glauben in der Welt immer mehr abnimmt.

Wenn ich mich einer der oben erwähnten Kategorien zuordnen wollte, so würde ich sagen, dass ich zu den Neugierigen gehöre, denn aus diesem Grund hatte ich mich ursprünglich für dieses einmalige Ereignis interessiert. Man hatte mir davon so ganz nebenbei erzählt, und da mein Interesse geweckt worden war, informierte ich mich etwas mehr darüber. Ich hatte das Gefühl, dass es ein ausgezeichnetes Thema für einen Artikel für die Weihnachtszeit abgeben würde. Als es sich aber zu entfalten begann, wurde daraus eine vierteilige Serie, die weit über den normalen Umfang solcher Artikel hinausging. Für mich war das Schreiben dieser Artikel zu der wichtigsten Sache geworden, die ich je unternommen hatte. Zumindest empfand ich es so. Über das Warum war ich mir damals noch nicht im Klaren gewesen.

Jetzt glaube ich, es zu wissen.

Das wahre Wunder von Medjugorje ist die Bekehrung der Menschen, die dort wohnen. Es ist aber auch die Bekehrung aller jener, die davon hören, und die sich daraufhin erneuern, bekehren, aussöhnen, oder wie immer man die Sache nennt. Es ist eine Entdeckung oder Neuentdeckung des Glaubens, wie er wirklich gelebt werden sollte – eine einfache Wiedervereinigung mit Gott und die Erkenntnis dessen, was Er von uns will.

Alle Tage bekommen wir Bestellungen für Kopien der vier Teile. Bis jetzt bekamen wir bereits über 135. Das heißt aber, dass man einen frankierten und adressierten Umschlag an uns schicken muss. Das ist etwas, was die wenigsten Leute tun, es sei denn, sie seien äußerst daran interessiert. Ich habe auch bereits unzählige Anrufe bekommen und überall, wohin ich komme, wollen die Leute über Medjugorje sprechen.

Fast alle, die geschrieben, angerufen oder sonst mit mir über Medjugorje gesprochen haben, nehmen an, dass dort etwas geschieht, was man mit normalen wissenschaftlichen Methoden nicht erklären kann. Die meisten nehmen es als wahr an. Andere haben mir erzählt, es habe ihr Leben verändert. Wenn es auch nur ein Einziger so annimmt, dann war es wert gewesen, die Serie geschrieben zu haben.

Persönlich glaube ich daran, dass die Jungfrau Maria in Medjugorje erscheint. Ich glaube so fest daran, dass ich plane, noch in diesem Jahr hinzugehen. Ich kann die Freude gar nicht beschreiben, die dieses einzigartige Geschehen in mein Leben gebracht hat. Ich glaube so fest daran, dass ich vorhabe, es weiterhin zu erforschen, darüber zu lesen und mit Leuten, die schon dort waren, zu sprechen.

Auch hoffe ich, die Genehmigung zu bekommen, Teile eines Buches über Medjugorje veröffentlichen zu können. Es ist das aktuellste und vollständigste Buch, das die Ereignisse zum Mai 1985 beschreibt.

Ich habe schon immer versucht, genau das zu schreiben, was ich fühle oder was ich glaube. Das ist es und davon bin ich überzeugt, was ein Schriftsteller auch tun sollte. Es ist mir ein wenig peinlich, aber ich fühle, dass es etwas ist, das ich hatte tun müssen.

Ich wünsche Ihnen eine gute Woche!

Das fasste es aber auch wirklich zusammen! Es verpflichtete mich auch schwarz auf weiß, selbst nach Medjugorje zu gehen, etwas das ich unheimlich gerne tun wollte, das ich aber aus verschiedenen Gründen immer wieder aufgeschoben hatte. Die Botschaft der Jungfrau Maria an mich hatte gelautet, dass das meine Lebensaufgabe werden würde, aber nur, wenn ich sie annahm. In den verschiedenen Büchern, in denen ich nachforschte, bemerkte ich, dass sie nie jemandem sagte, er *müsse* etwas tun. Es war immer nur eine Bitte. Selbst die Seher hatten es klar gemacht, dass sie sie gebeten und nicht aufgefordert hätte, ein religiöses Leben als Priester oder Nonnen zu leben. Ivanka und Mirjana hatten zu verstehen gegeben, dass sie planten zu heiraten und Kinder zu haben. Die Heilige Jungfrau hatte ihnen darauf gesagt, dass das ihre Entscheidung sei, und dass sie sie respektieren würde. Ich wusste genau, was sie von mir verlangte, und dennoch schien ich nur das Schreiben und die Verpflichtung, ein besseres Leben zu führen, anzunehmen. Ich nahm aber keine Notiz von der Berufung, Medjugorje zu meiner Lebensaufgabe zu machen.

In den letzten zwei Monaten waren mehrere Dinge geschehen, die ein Teil meines geistlichen Wachstums, das für diese Aufgabe unerlässlich war, zu sein schienen. Diese Aufgabe hatte ich aber bis dahin noch nicht als solche erkannt. Eines davon war die Entdeckung des Rosenkranzes. Eine Frau der hiesigen katholischen Kirche hatte angerufen, um Kopien der Artikel zu bestellen. Sie sagte mir, sie führe den Geschenkeladen der Kirche und rief im Auftrag einer Gruppe von Nonnen an, die dort wohnten. „Wir können Ihnen nicht genug dafür danken, dass Sie über Unsere Liebe Frau von Medjugorje geschrieben haben", sagte sie. „Die Schwestern und ich haben ein Geschenk für Sie, wenn Sie am Samstag um 17 Uhr zur Kirche kommen würden. Wir möchten Ihnen unsere Dankbarkeit für das, was sie getan haben, bezeugen. Fragen Sie nur nach Frau Alford."

Innerlich tief bewegt stimmte ich zu, hinzugehen, obwohl ich mich ein wenig unwohl dabei fühlte, da ich noch nie in einer katholischen Kirche war. Der Geschenkeladen war gleich am Eingang, wo ich sie auch antraf. „Sagen Sie nur ‚Taxi' zu mir!" sagte sie. „So werde ich von allen genannt." Sie streckte ihre Hand aus. „Hier, ich möchte Ihnen diesen Rosenkranz schenken. Er ist aus Fatima."

Ich schaute auf die Kette hölzerner Perlen. „Ah, oh, vielen Dank! Meine Frau wird sich darüber freuen."

„Aber nein, er ist für Sie! Möchten Sie auch einen für Ihre Frau haben?"

„Oh, nein. Wissen Sie – nun, was soll ich damit machen?"

Sie fing an zu lachen. „Es stimmt ja. Sie sind ein Protestant, und Sie wissen nicht, was ein Rosenkranz ist. Es ist ein Gebet! Eine Rosenkrone, die man zu Füßen Christi legt. Das ist es, was der Name besagt. Hier ist ein kleines Büchlein, das Sie lehren wird, was man damit macht. Wissen Sie, Sie sollten eigentlich ein bisschen mehr über uns Katholiken wissen und auch über das, was wir glauben", sagte sie lächelnd. „Hören Sie mal! Warum kommen Sie jetzt nicht mit uns zur Messe? Sie beginnt in ein paar Minuten."

„Nun, ich weiß nicht. Ich muss noch… .“

„Ach, hören Sie auf, es tut gar nicht weh!“ lachte sie. „Sie wird nicht lange dauern.“

Und so wohnte ich meiner ersten katholischen Messe bei. Zu Beginn war ich noch nervös, aber bald stellte ich fest, wie ähnlich sie unserem lutherischen Gottesdienst war. Tatsächlich war die Liturgie, mit Ausnahme einiger Worte, fast die gleiche. Der Hauptunterschied lag in der Feier der Kommunion, oder Eucharistie, wie sie sie nennen. Mir gefiel der ganze Gottesdienst, und als er zu Ende war, fühlte ich mich schon wie daheim. Das heißt, bis ich vom Pfarrer begrüßt wurde. Ich kannte ihn schon seit über neun Jahren, da wir beide einem hiesigen Verein angehörten. Als wir uns in der Vorhalle unterhielten, erwähnte ein Pfarrmitglied, dass ich der Autor der Artikel über Medjugorje sei. „Wo die Muttergottes schon seit über vier Jahren erscheint“, fügte sie hinzu.

Plötzlich wich mein Freund zurück, winkte ab und rief: „Nein, nein und nochmals nein! Verwickle dich nicht in derartige Fantasien! Du bist ein Journalist, Wayne! Du solltest wissen, dass diese Dinge nicht wahr sind, reine Märchen oder Fälle übertriebener Einbildungskraft!“

Jetzt standen wir da, in peinliches Schweigen gehüllt. Endlich fragte eine der Frauen: „Herr Pfarrer, Sie glauben nicht an die Erscheinungen in Medjugorje? Sie glauben nicht, dass Unsere Liebe Frau dort erscheint?“

„Natürlich nicht!“ rief er aus. „Ich glaube an überhaupt keine Erscheinungen! Wir brauchen keine Erscheinungen der Heiligen Jungfrau Maria oder von irgend jemand anderem. Wir brauchen unsere Augen nur auf Jesus zu richten. Und das ist alles!“

Ich war verblüfft. Gerade hatte ich die erste negative Reaktion zu meinen Artikeln bekommen – und noch dazu von einem katholischen Priester! Nach ein paar Minuten gezwungener Unterhaltung, dankte ich ‚Taxi‘ für den Rosenkranz und verabschiedete mich.

Ich hatte Schwierigkeiten, die negative Reaktion des Priester einfach von der Hand zu weisen, und irgendwie hatte ich das Gefühl, als ob es nicht die letzte sein würde. Ich war so unerfahren auf dem Gebiet, dass ich angenommen hatte, alle Katholiken nähmen Marienerscheinungen als Teil ihres Glaubens einfach an. Später sollte ich erfahren, dass es unter den Katholiken – Priester und Nonnen inbegriffen – die gleichen Meinungsverschiedenheiten wegen der Gottesmutter und den Erscheinungen wie in anderen Konfessionen gab.

Ich versuchte jetzt mehr über den Rosenkranz zu lernen. Für mich war er eigentlich nicht ‚katholisch'. Er war einfach ein herrliches Gebet. Als ich jedoch zum ersten Male versuchte, ihn zu beten, gelang es mir nicht, mich lange genug zu konzentrieren, um die ganze Schönheit seines Wesens zu erkennen. Immerhin bestand mein gesamtes Beten, bevor ich von Medjugorje gehört hatte, höchstens aus einem fünfminütigen Gebet. Doch dieses Gebet, wenn man es richtig und von Herzen betet, dauert wenigstens zwanzig Minuten.

Als ich mich von meinem zweiten Grippeanfall erholt hatte, fing ich an, die ganze Schönheit und Kraft des Rosenkranzes zu entdecken. Ich stellte fest, dass es ein Gebet war, das aus Meditation und Zitaten aus der Bibel bestand, die sich auf das Leben Jesu bezogen. Es war eigentlich eine Biografie des Lebens Jesu. Ich entschied mich, den Rosenkranz täglich zu beten, nicht wegen Medjugorje oder für Maria, sondern für mich selbst. Nie zuvor hatte ich das Gefühl gehabt, ein tieferes Gespräch mit Gott zu führen.

Etwas später machte ich meinen zweiten Besuch bei Pfarrer Sylvester Scotti. Der vierte Artikel war veröffentlicht worden, und Pfarrer Scotti hatte das Interview mit ihm gelesen. Er rief mich bald danach an, um mir zu danken. Aber ich entdeckte in seiner Stimme einen ungewöhnlichen Ernst. Er wollte, dass ich sobald wie möglich zu ihm kam.

Meine Freude war groß, als er anrief, denn ich wollte mich sowieso wieder mit ihm treffen. Ich wollte ihn auch fragen, was ich als nächstes lesen sollte. „Wie wäre es heute Nachmittag?" fragte ich in der Hoffnung, dass er Zeit habe.

„Eigentlich habe ich heute Abend eine Einladung zum Essen, aber wir könnten uns vorher treffen."

Ich versicherte ihm, in etwa einer Stunde bei ihm zu sein.

Als ich bei ihm ankam, bemerkte ich eine Veränderung in seinem Benehmen. Er war genauso froh wie das letzte Mal, mich wieder zu sehen, aber er schien irgendwie ernsthafter und innerlich mit etwas sehr beschäftigt zu sein. Der Kaffee war fertig, und wir unterhielten uns knapp über zwei Stunden. Dann aber erinnerte er mich daran, dass er seiner Essenseinladung nachkommen müsse, und dass wir nicht mehr viel Zeit miteinander hätten. „Ich habe einige Bücher, die ich Ihnen gerne geben möchte", sagte er und räumte einige Fächer seines Bücherregals aus.

Die meisten handelten von Maria: Die Geschichte ihrer Rolle in der Kirche und die Geschichte von Priestern und anderen, die sich ihr geweiht hatten. Einige waren über die Urkirche. Wir füllten damit eine große Schachtel. Ich versicherte ihm, ich würde sie, sobald ich sie gelesen hätte, wieder zurückbringen.

„Behalten Sie sie!" beharrte er und winkte mit der Hand ab. „Wissen Sie", sagte er wehmütig, „ich habe Maria mein ganzes Leben geweiht. In jedem Urlaub fuhr ich entweder nach Lourdes, Fatima oder Knock, also zu allen Orten, wo sie erschienen ist." Er hielt für einen Moment inne. „Ich glaube, ich habe mich zu einem seltsamen Kauz entwickelt", seufzte er. „Aber es war es wert. Und natürlich ist Medjugorje der Höhepunkt!"

Er schaute auf seine Uhr. „Ich muss mich jetzt fertig machen, aber da ist noch etwas, das ich Ihnen geben muss, bevor ich gehe. Warten Sie, ich werde es holen."

Er kam mit einer Kiste wieder, die ungefähr 30 cm breit und einen Meter hoch war. Darin war eine Marienstatue. „Das ist eine ganz besondere Statue", erklärte er. „Ich hatte sie nach Rom mitgenommen, und der Papst hat sie gesegnet. Es war verrückt, aber als wir nach Medjugorje gingen, nahm ich sie auch dorthin mit." Er hielt inne und schaute mir in die Augen. „Ich möchte, dass Sie sie mit nach Hause nehmen und sie ein paar Wochen behalten."

„Herr Pfarrer, ich kann das nicht annehmen! Ich könnte sie beschädigen." Ich konnte mir Terri so richtig vorstellen, wenn ich mit einer meterhohen Marienstatue nach Hause kam. Sie machte sich sowieso schon Sorgen wegen meiner ‚Besessenheit mit Medjugorje', wie sie es nannte.

„Nein!" sagte er mit einer solch feierlichen Bestimmtheit, dass man dagegen nicht mehr argumentieren konnte. „Sie müssen sie mitnehmen! Und zwar noch heute Abend! Behalten Sie sie für die nächsten paar Wochen."

Ich seufzte und stimmte zögernd zu. Wir trugen die Kiste und die Schachtel mit den Büchern zu meinem Auto. Als wir endlich den Kofferraumdeckel zugemacht hatten, schien er unendlich erleichtert zu sein. Es war, als ob er sich einer unangenehmen Verpflichtung entledigt hätte. „Jetzt", sagte er, „habe ich Ihnen alles gegeben. Machen Sie guten Gebrauch davon!"

„Ich werde es tun", sagte ich lächelnd. „Ich muss nächste Woche geschäftlich verreisen, aber wir sollten uns wieder treffen, wenn ich zurückkomme. Wie wäre es am Montag in einer Woche?"

„Gut!" stimmte er zerstreut zu. Ich dachte mir, dass ich ihn anrufen würde, um ihn daran zu erinnern.

„Der Herr gehe mit Ihnen, Herr Weible!" sagte er, als ich ins Auto stieg.

„Und auch mit Ihnen!" erwiderte ich heiter durch das offene Fenster. „Also bis am Montag in einer Woche!"

Auf dem Heimweg überlegte ich, wie ich die Marienstatue ins Haus bringen könnte. Mir fiel nichts ein. Terri war schon besorgt darüber, dass ich zu weit gehe, und dies würde sie darin bestätigen. Aber zu meinem Glück befand sie sich gerade in der Küche und bereitete das Abendessen zu, als ich nach Hause kam. Unsere Waschküche befand sich gleich neben der Garage. Ich brachte die Kiste dorthin und packte sie aus.

Die Statue war aus Gips, aber sehr kunstvoll handbemalt. Sie war eine der schönsten Figuren, die ich jemals gesehen hatte! Vorsichtig nahm ich sie aus der Kiste und schlich mich damit in unser Schlafzimmer, wo ich sie auf einer niederen Kommode aufstellte. Dann rief ich Terri und Kennedy ins Schlafzimmer.

Ich stand auf dem Flur und beobachtete ihre Reaktion. Kennedy schaute verdutzt, und Terri zog die Stirn in Falten, stemmte ihre Hände in die Hüften und schaute mich an.

„Ist sie nicht schön?“ fragte ich in der Hoffnung, das, was ich in ihren Augen sah, zu entschärfen.

„Nein, sie ist nicht schön!“ sagte sie und schüttelte langsam den Kopf. „Ich kann es kaum glauben, wie weit du diese Sache mit Maria getrieben hast! Wo hast du sie her?“

„Pfarrer Scotti gab sie mir und sagte, ich solle sie für ein paar Wochen behalten.“

„Weißt du, du machst mir Sorgen! Alles, was ich jetzt noch von dir höre ist Maria, Maria! Wo bleibt denn eigentlich Jesus?“

Erschüttert von ihrer Reaktion, stotterte ich: „Terri, ich bete zu Jesus. Ich bin Ihm jetzt näher als je zuvor. In der Tat bete ich jetzt mehr, als ich jemals gebetet habe, und dies alles nur wegen ihr. Sie führt mich zu Ihm, und glaube mir, ich ersetze Ihn nicht durch sie!“

Sie schüttelte nur den Kopf. Sie hatte nichts von dem, was ich gesagt hatte, wahrgenommen. „Ich nehme sie wieder von hier weg“, seufzte ich resignierend, „und stelle sie ins Wohnzimmer.“

„Nein, lass sie hier! Mach dir keine Sorgen deswegen. Ich werde zwei Wochen damit leben können.“

Am nächsten Montag trat ich meine Geschäftsreise an. Als ich, wie immer, Terri daheim anrief, hörte sie sich ganz anders an. Ich fragte, ob etwas nicht stimme, aber sie versicherte mir, dass alles in Ordnung sei. Doch als ich am Donnerstagabend nach Hause kam, und nachdem wir die Kinder ins Bett gebracht hatten, erfuhr ich, was es war.

„Ich muss dir was erzählen,“ sagte sie ruhig. „Jim Stoffel rief am Montag an. Pfarrer Scotti starb am Morgen plötzlich an einem Herzinfarkt. Ich wollte dir das nicht am Telefon sagen, solange du auf Reisen warst.“

Ich saß ganz benommen von dieser Nachricht da und ging dann ins Schlafzimmer. Ich schloss die Tür, setzte mich ans Bettende und starrte auf die Marienstatue. Tränen rollten mir die Wangen hinunter. Dann war es mir plötzlich, als ob ich Pfarrer Scottis Lachen hörte, und ich verspürte ein großes Gefühl der Freude. Irgendwie konnte ich nicht traurig sein. Es war mir, als ob ich wüsste, dass er das bekommen hatte, nach dem er sich so lange gesehnt hatte: Einen Platz im Himmel!

Ich ging wieder zu Terri zurück und erzählte ihr, wie ich mich fühlte. „Ich weiß, dass er jetzt im Himmel ist, und dass er sehr, sehr glücklich ist." Ich schüttelte den Kopf und meinte: „Das ist das seltsamste Gefühl!"

„Jim Stoffel wusste, dass es dich berühren würde, und er – ."

„Aber es hat mich nicht angegriffen, zumindest nicht so, wie er denkt. Ich bin nur sehr glücklich für Pfarrer Scotti. Eine Erklärung darüber kann ich kaum finden", sagte ich und runzelte die Stirn. „Jetzt weiß ich allerdings nicht, was ich mit der Statue machen soll. Ich glaube, er hatte gesagt, dass er irgendwo eine Schwester habe – oder vielleicht will er, dass ich sie behalte."

„Ich muss dir leider sagen", unterbrach mich Terri, „dass die Statue gar nicht Pfarrer Scotti gehörte. Sie gehört der Diözese und muss zurückgebracht werden, weil sie die Runde in den verschiedenen Kirchen macht. Jim Stoffel sagte, wenn du sie morgen zu ihm bringen würdest, dann würde er die Sache in die Hand nehmen."

Es tat mir unheimlich weh, aber ich stimmte schließlich zu.

Als ich später am Abend über die beiden Besuche bei Pfarrer Scotti nachdachte, fiel mir auf, wie viel er mir in dieser kurzen Zeit gegeben hatte, wesentlich mehr als die Bücher und die Statue. Darüber hinaus war ich überzeugt, dass er irgendwie gewusst hatte, dass er sterben würde, und dass er mir diese Sachen absichtlich gegeben hatte. (Dies wurde später von seiner Schwester bestätigt, die ich auf einer Vortragstournee in Florida getroffen hatte.)

Am nächsten Morgen, als ich die Statue behutsam in ihre Kiste zurücklegte, sagte ich zu Terri: „Nun, ich nehme an, dass du froh sein wirst, wenn sie wieder weg ist."

„Nein", sagte sie mit zitternder Stimme. „Sie ist wunderbar!" Und sie hatte Tränen in den Augen.

„Lebt die Botschaften
und verbreitet sie!"

10
Kommt und seht!

Ich musste Medjugorje besuchen – und zwar schon bald! Nicht weil ich beweisen wollte, dass es wahr ist, denn das hatte ich ja bereits in meinem letzten Artikel bezeugt. Ich wollte hin, um den Glauben dort selbst erleben zu können. Der Verkauf der Zeitungsverlage würde Anfang April abgeschlossen sein, und ich könnte sobald wie möglich danach gehen.

Der letzte Artikel hat auch viel dazu beigetragen, mich von dem inneren Zwang zu befreien, bei anderen gut angesehen zu sein. Ich machte mir seitdem wegen meiner journalistischen Glaubwürdigkeit keine Gedanken mehr. Auch dachte ich, begriffen zu haben, was die Jungfrau Maria damit meint, wenn sie zur Bekehrung des Herzens aufruft. Daher brauche ich es wohl nicht zu betonen, dass ihre Bitte an mich, aktiv an der Verbreitung der Botschaft von Medjugorje mitzuwirken, mir stets im Kopf herumging.

In der Zwischenzeit kamen immer wieder neue Nachrichten über Medjugorje. So entschloss ich mich, noch einen Artikel über die dortigen veränderten Verhältnisse zu schreiben, bevor ich weitere Pläne für eine Reise dorthin machte.

„Das wird ja immer leichter!" dachte ich, als ich die Überschrift und das Datum tippte. Ich fing zunächst an, nochmals über die wesentlichen Ereignisse zu schreiben und fuhr dann fort:

Neuigkeiten aus Medjugorje

5. März 1986

Die Anzahl der Erscheinungen, die bis jetzt stattgefunden haben, ist bereits auf etwa 2000 angestiegen. So etwas war noch nie da gewesen in der ganzen Geschichte der Marienerscheinungen. Zu Beginn der Erscheinungen versprach die himmlische Besucherin jedem der sechs jungen Leute, zehn Geheimnisse oder Botschaften zu offenbaren. Die Seher sagen, dass nur vier der Offenbarungen für die ganze Menschheit bestimmt seien, während die anderen sechs sich mehr auf die einzelnen Seher und die Gemeinde von Medjugorje bezögen.

Die Hauptbotschaft, die von der Heiligen Jungfrau Maria überbracht wurde, ist ganz klar und deutlich. Sie wurde im Laufe der Erscheinungen immer wieder wiederholt: Bekehrung zu Gott, Buße, ein starker Glauben, Fasten, Gebet und Frieden, wobei sich der Frieden auf jeden Einzelnen bezieht. Es handelt sich hier um einen Frieden, den nur die kennen, die die wahre Bedeutung einer persönlichen Beziehung zu Gott kennengelernt haben.

Regelmäßige Leser der Zeitung ‚*The News & Shopper*' konnten eine vierteilige Serie über die Ereignisse in Medjugorje, welche im Dezember und Anfang Januar erschien, lesen. Dieser Artikel bringt die neuesten Entwicklungen der Erlebnisse der sechs Jugendlichen, denen die Heilige Jungfrau erscheint.

Gegenwärtig haben nur noch vier der Seher tägliche Erscheinungen. Und diese Erscheinungen finden statt, ganz gleich wo sich die Seher auch befinden. Diese vier sind: Vicka, Marija, Ivan und Jakov. Die beiden anderen, Mirjana und Ivanka, sehen die Heilige Jungfrau Maria nicht mehr täglich. Beide haben bereits alle zehn Geheimnisse erhalten; Mirjana am Weihnachtstag 1982 und Ivanka am 6. März 1985. Seitdem sehen sie die Muttergottes nicht mehr regelmäßig. Sie versprach Ivanka, sie würde sie am Jahrestag der ersten Erscheinung weiterhin besuchen; und Mirjana versprach sie, sie würde ihr an ihren Geburtstagen, sowie in schwierigen Situationen, solange sie lebe, erscheinen. Jemand fragte Mirjana, warum Maria gerade ihr Hilfe in schwierigen Situationen versprochen hätte, und warum sie nicht komme, um den anderen in Schwierigkeiten beizustehen. Mirjana sagte: „Ich spreche nicht von den normalen Schwierigkeiten des Lebens. Meine schwierigen Situationen kommen von den Geheimnissen über die Zukunft der

Welt, die mir Unsere Liebe Frau geoffenbart hat. Manchmal kann ich es fast nicht ertragen, wenn ich ernsthaft darüber nachdenke. In diesen Augenblicken erscheint mir Unsere Liebe Frau und gibt mir die Kraft, mein Leben weiter zu leben."

Mirjana und Ivanka erhielten von der Muttergottes ein Stück Material, das zwar wie Papier aussieht aber keines ist, und das auch wie Stoff aussieht, aber auch keiner ist. Auf diesem Pergament sind alle Geheimnisse mit Datum aufgeschrieben, sogar mit Minuten. Jede der beiden Seherinnen kann nur ihre eigenen Geheimnisse lesen.

Dieses Material, was immer es auch sein mag, kann nicht vernichtet werden, nicht einmal durch Feuer. Maria hat die beiden Seherinnen beauftragt, einen Priester auszuwählen, dem sie das Pergament, auf dem die Geheimnisse stehen, zehn Tage vor dem Eintreffen der einzelnen Geheimnisse geben sollten. Der Priester seinerseits wird mit Hilfe der Madonna befähigt werden, die Botschaft eines jeden Geheimnisses zu lesen, und sie drei Tage vor ihrem Eintreffen zu verkündigen. Er wird die genaue Wesensart des jeweiligen Geheimnisses beschreiben und die Zeit sogar auf die Minute genau, sowie den Ort, wo es geschehen soll, angeben. Der Priester wird dann das Pergament der Seherin, von der er es bekommen hat, wieder zurückgeben.

Der Priester wird nicht alle Geheimnisse auf einmal lesen können, sondern nur das, welches als nächstes eintreffen wird.

Mirjana hat bereits den Namen des Priesters, den sie ausgewählt hat, bekannt gegeben. Mirjana sagte, dass Unsere Liebe Frau mit der Wahl zufrieden sei. Er sei, wie sie sagte, ein guter Priester.

Mirjana erwähnte einen Vorfall, der mit der Auswahl des Priesters zusammenhing. „Als ich den Priester ausgewählt hatte, der die Geheimnisse bekannt geben soll", sagte Mirjana, „nannte ich Pater Tomislav Vlasić, O.F.M. (Er war der Spiritual der Seher) seinen Namen. Als er den Namen meiner Wahl hörte, sagte er: ‚Er ist weit weg von Medjugorje, und du solltest jemanden auswählen, der näher am Ort ist.' Meine Antwort war, dass Unsere liebe Frau sich schon darum kümmern würde." Kurze Zeit danach, im August 1984 um genau zu sein, versetzte Bischof Žanić Pater Vlasić von Medjugorje weg und ersetzte ihn mit dem Priester, den Mirjana erwählt hatte, um die Geheimnisse bekannt zu geben.

Die Ironie an der Sache ist, dass Bischof Žanić nicht an die Erscheinungen glaubt und alles daran gesetzt hat, sie zu unterbinden.

Die Tatsache, dass Mirjana bereits einen Priester erwählt hat, der die Geheimnisse bekannt geben wird, deutet darauf hin, dass die Zeit, in der das erste geschehen soll, schon nahe ist. Die anderen Geheimnisse werden dann in kurzen Abständen folgen.

Vicka, die Älteste der Seher, hat bis jetzt erst acht Geheimnisse bekommen. Sie hat auch Notizen über das Leben der Heiligen Jungfrau auf Erden, die ihr von ihr diktiert worden waren, aufgeschrieben. Seit zwei Jahren leidet sie unter starken Kopfschmerzen, die von einer Wasserblase zwischen dem Klein- und dem Großhirn herrühren. Ärzte in Zagreb in Kroatien möchten wegen der gefährlichen Lage nicht gern operieren. Sie leidet viel, besonders nachmittags. Oft fällt sie in ein Koma, kommt jedoch immer wieder vor den täglichen Erscheinungen zu sich, die dann in ihrem kleinen, einfachen Zimmer stattfinden.

Vickas Freunde, sowie die Freunde von Medjugorje , die ihr gern helfen möchten, haben ihr jede erdenkliche finanzielle Unterstützung für Reise-, Arzt- und Krankenhauskosten angeboten, wenn sie bereit wäre, zur Operation in die USA, London oder in die Schweiz zu gehen. Wenn Leute sie davon überzeugen wollten, war ihre einfache Antwort: „Nein!" Wenn sie gefragt wurde, warum denn nicht, dann sagte sie: „Unsere Liebe Frau hat mir gesagte, dass Gott mir dieses Leiden aus einem ganz bestimmten Grund geschickt hat, und ich nehme es an!" „Hat Unsere Liebe Frau dir jemals gesagt, dass sie dich heilen würde?" wurde sie gefragt. „Nein, und ich habe auch nicht darum gebeten!"

Diesem Mädchen, das in ihren besten Jahren steht, und das aus einer armen Familie kommt, war eine solch königliche Behandlung für ihre körperliche Gesundheit angeboten worden, und sie hatte sie aus rein übernatürlichen Gründen abgelehnt. Wer könnte sie da noch des Betruges, der Lügen oder des Schwindels beschuldigen?

Vickas Leben ist erfüllt vom Geist Gottes, der sichtbar aus ihrem Gesicht strahlt, selbst wenn sie furchtbare Schmerzen leidet.

Marija, die bereits neun Geheimnisse erhalten hat, und die jeden Donnerstag Botschaften für die Pfarrgemeinde von Medjugorje bekommt, macht den Eindruck eines heiligmäßigen Mädchens.

Ivan, der bereits zwei Priesterseminare aus verschiedenen Gründen erfolglos besucht hat, hofft immer noch, eines Tages Priester zu werden.

Jakov, der jüngste der Seher, wächst und reift schnell, ist aber immer noch voller Unruhe. Während der Interviews versucht er immer wieder, die Fragen so schnell wie möglich zu beantworten, um spielen gehen zu können. Wenn ihm jedoch eine ernsthafte Frage gestellt wird, dann entwickelt er sich plötzlich zu einem nachdenklichen jungen Mann und gibt eine reife Antwort.

Alle sechs Seher sind sich der Tatsache bewusst, dass sie von vielen, die sie „respektieren und beschützen" sollten, wie sich der berühmte Theologe Hans Urs von Balthasar ausdrückte, falsch verstanden, kritisiert und sogar verurteilt werden.

Sie sind aber auch völlig von der Tatsache überzeugt, dass die Heilige Jungfrau Maria ihnen erscheint und sie als Instrumente der himmlischen Botschaften für die Menschheit auserwählt hat.

Das sollte genügen, dachte ich mir, und nahm das letzte Blatt aus der Schreibmaschine. Von jetzt an würde ich meine ganze Aufmerksamkeit meiner Reise widmen.

Durch Jim Stoffel nahm ich Kontakt mit der Gruppe des Friedenszentrums in Boston auf, deren einzige Aufgabe es war, die Botschaft von Medjugorje durch die Veröffentlichung von Büchern und anderer Literatur sowie durch das Organisieren von Pilgerfahrten zu verbreiten. Jim machte seine erste Reise mit ihnen im November. Als ich erfuhr, dass die nächste am 30. April von New York aus weggehen sollte, buchte ich gleich. Da unsere Kinder noch zu klein waren, um sie so lange allein zu Hause zu lassen, musste Terri auch daheim bleiben. Das machte ihr zwar nichts aus, doch als mein Abreisedatum näher kam, war sie nicht mehr so sehr von meiner Reise begeistert.

Ein anderer, der mich auch nicht gerade dazu ermutigte, war mein Pastor Bill Wingard. Wir hatten mehrere hitzige Diskussionen in seinem Privatbüro gehabt, die unweigerlich auf meine Begeisterung für Maria hinausliefen, die mich seiner Ansicht nach vom Zentrum Christi abbrächte.

„Alles was ich von dir noch höre, ist ‚Maria'!" rief er jedesmal.

„Dann hörst du mir nicht richtig zu, denn ich sage immer ‚Jesus', doch du hörst nur ‚Maria'. Schau mal her, Bill", bettelte ich, „sie führt mich nur zu Ihm!"

Diese Diskussionen liefen immer wieder auf theologische Debatten hinaus, in denen er meine Artikel und die Bücher, die ich ihm geborgt hatte, kritisierte, weil sie Dinge enthielten, die nicht auf lutherischer Lehre basierten. Dies nagte mit der Zeit an mir, und es machte mir zu schaffen, weil wir gute Freunde geworden waren.

Allmählich fiel mir auf, dass andere in unserer Kirche nur „darauf warteten, bis Wayne über diese Sache hinweg sei". Als sie aber merkten, dass das doch nicht geschehe, da wurden die Lehrämter für die Sonntagsschule neu verteilt – und ich war auf einmal nicht mehr beim Lehrpersonal!

Was ich jedoch nicht gleich bemerkte, war, welche Wirkung das auf mich ausübte. Da der Verkauf der Verlage beinahe abgeschlossen war, und ein zukünftiges Einkommen dadurch gesichert war, dass unsere Druckerei die Zeitungen weiter drucken würde, hatte ich angefangen, an die Zukunft zu denken. Wieder achtete ich nicht auf den Teil der Botschaft von Maria, der darauf hinwies, dass ich nicht länger im Zeitungsgeschäft sein würde. Ich hatte sogar den neuen Besitzern als Teil unseres Abkommens zugestimmt, die Artikel weiterhin für ein kleines Gehalt zu schreiben. Es war leicht für mich, das folgendermaßen zu rationalisieren: Es würden ja noch mehr Artikel über Medjugorje geschrieben werden müssen, wenn ich erst mal von dort zurück sei. In der Zwischenzeit schrieb ich ein paar Berichte, wie sie früher waren, nämlich über Dinge von lokalem Interesse.

Wenn ich so meine Zukunftspläne schmiedete, dann dachte ich immer mehr daran, möglicherweise mit einem früheren Angestellten unseres Verlages, der eine Werbeagentur besaß, in Partnerschaft zu treten. Da ich umfangreiche Erfahrungen auf diesem Gebiet hatte, würde ich mich als selbständiger Werbeberater beteiligen.

Solche Gedanken gingen mir im Kopf herum, als ich an einem schönen Morgen im April in meinem Büro auf meinem Stuhl wiegte. Meine Gedanken schwebten etwa sechs Monate in der Zukunft. Plötzlich fühlte ich in meinem Herzen wieder eine starke, klare Botschaft von Maria: *„Wenn du das nicht machen willst, dann wird es jemand anderer tun."*

Ich fuhr hoch und fiel beinahe vom Stuhl. Mein Herz überschlug sich. Ich sprang auf und rief laut: „ Aber ja, ich will es ganz sicher tun!"

Dann kam ich mir doch ein wenig dumm vor, und ich dachte, dass meine Einbildungskraft wieder mit mir Possen spielte. Aber ich verwarf diese Gedanken schon bald. Wenn ich diese Rüge auch ganz liebevoll erhalten hatte, so wusste ich doch, woher sie kam – und ich kannte auch ihre Bedeutung. Von diesem Augenblick an dachte ich nicht mehr an das Werbegeschäft, sondern ich konzentrierte mich nur noch darauf, mich für die Reise nach Medjugorje vorzubereiten.

Fünf Tage bevor ich abfliegen sollte, verkündeten die Schlagzeilen die Kernschmelze des russischen Atomreaktors in Tschernobyl. Eine ungeheure radioaktive Wolke zog über Südeuropa – und Jugoslawien! Und zu alledem kam es auch noch zu erneuten Terroranschlägen gegen Amerikaner in Europa. München, wo wir landen würden, um umzusteigen, war damals eine der gefährlichsten Städte.

„Ehrlich gesagt, kann ich mir keine schlechtere Zeit für deine Reise vorstellen!" warf mir Terri, die an ihrem Schreibtisch saß, vor. Meine Frau war eine ausgezeichnete Geschäftspartnerin. Immer wenn ich etwas übermütig oder von etwas abgelenkt wurde, brachte sie mich sogleich, auf meist nicht so zarte Weise, zur Wirklichkeit zurück. Die Wahrheit tat weh und verletzte mein Ego, aber meistens hatte sie recht.

Heute war ihre Besorgnis nicht auf das Geschäft gerichtet. „Diese Wolke zieht genau dort hinunter, und du fliegst geradezu in sie hinein! Das ist der reinste Wahnsinn!" Sie machte eine Pause, aber ich sagte nichts. „Und dazu ist es noch ein kommunistisches Land. Man kann nie wissen, was die alles machen." Ich biss mir auf die Lippen. „Auch glaube ich nicht, dass es gut ist, gerade dann wegzugehen, wenn wir die Verlage der neuen Leitung übergeben, zumal du zugestimmt hast, ihnen in den nächsten zwei Monaten als Berater zur Verfügung zu stehen."

Ich erwähnte nicht, dass die Übergabe gut vonstatten ging und auch nicht, dass ich mit den neuen Besitzern genügend Vorkehrungen für meine neuntägige Abwesenheit getroffen hatte. Weil sich Terri dieser Dinge wegen Luft machen musste, obwohl sie genau wusste, dass sie meine Meinung nicht ändern konnte, deshalb schwieg ich.

Der 30. April kam, und sie fuhr mich zum Flugplatz. „Hab keine Angst", lachte ich, als wir von einander Abschied nahmen, „ich werde nicht im Dunkeln leuchten, wenn ich zurückkomme. Auch werde ich nicht in einem kommunistischen Gefängnis verschmachten. Wahrscheinlich werde ich noch vor meinen Ansichtskarten wieder daheim sein."

Sie lächelte tapfer, als ich mich abwandte und winkte, aber sie machte keinem von uns vor, dass sie besorgt war.

Am Kennedy Flugplatz ging ich in den Versammlungsraum unserer Gruppe. Das Namensschild, das die freundliche Dame am Registriertisch trug, wies sie als Frau Rose Finnegan aus Boston aus. Als ich ihr sagte, wer ich sei, stand sie auf, drückte mich an sich und rief: „Der Herr segne dich, Wayne! Du musst der Lutheraner sein, der mit uns fliegt!"

Mehrere Köpfe drehten sich nach mir um, um den einzigen Protestanten dieser Gruppe zu sehen. Sie steckte mir mein Namensschild an die Brust und bewunderte ihr Kunstwerk. Ich behielt mein gezwungenes Lächeln bei. In der Regel verabscheute ich Namensschilder und trug bei Veranstaltungen selten eins. Aber dieses hier würde ich für die nächsten acht Tage tragen müssen.

Ich hatte mir mehrere Bücher über Medjugorje mitgenommen, und so setzte ich mich abseits von den anderen, um mich in eins zu vertiefen. Als ich es aber aus der Reisetasche, die sie mir gegeben hatten, herausnahm, fiel mein Blick auf den Namen auf der Tasche. Ich versuchte mich daran zu erinnern, was Jim Stoffel mir über das Friedenszentrum gesagte hatte.

Es war von John Hill gegründet worden, der ein außerordentlich erfolgreicher Geschäftsmann aus Concord in Massachusetts war. Er hatte sich alles, was er erreicht hatte, schon von Kindheit an durch schwere Arbeit verdient. Eigentlich war er ein Unternehmer, der an mehreren Dingen zur gleichen Zeit arbeitete, u.a. besaß er auch eine Fabrik, die antike gusseiserne Gaslaternen und Bänke nachbildete.

John war äußerst unabhängig. Als ihm ein langjähriger Freund eine Videokassette über Medjugorje gab, schaute er sie auch sogleich an und war sofort davon überzeugt, dass das eine Botschaft des Friedens für die Welt sei. Dabei schien sich etwas aus seiner Vergangenheit in ihm zu regen, das ihn stärker berührte als irgendetwas in den vergangenen Jahren. Er war ein Taufscheinkatholik gewesen, der seit seiner Jugend, außer zu Hochzeiten und Beerdigungen, nie zur Kirche gegangen war. Jetzt aber suchte er sich eine Kirche und fing an, ernsthaft zu beten.

Als ich so über seine Vergangenheit nachdachte, wurde mir bewusst, wie sehr sie meiner glich. Es schien mir, als ob Maria die unwahrscheinlichste Truppe zu ihren neuen Apostel auswählt hätte. Ich musste lächeln, denn als die Seher sie gefragt hatten, warum sie gerade sie ausgewählt hatte, hatte sie zur Antwort gegeben: „Ich suche mir nicht immer die besten Menschen aus."

Da er das Gefühl hatte, dass Gott gesprochen hatte, gründete er das Friedenszentrum. Er stellte dafür ein Büro in seiner Gaslaternenfabrik zur Verfügung und arbeitete mit Freiwilligen. Dieses waren die wahren Pioniere, die Reisevorbereitungen trafen und sich um Unterkünfte bemühten, und das in einem Land, das bis dahin nicht auf Fremdenverkehr eingerichtet war. Bis jetzt hatten sie natürlich schon Erfahrung gesammelt, aber zu Beginn mussten sie sich wirklich erst in alles hineinfühlen. Es ist interessant, dass John selbst noch nie in Medjugorje war. Er war davon überzeugt, dass es seine Aufgabe sei, daheim zu bleiben, um andere hinzubringen. Ich wollte diesen Mann wirklich kennenlernen, der soviel getan hatte, um die Botschaft zu verbreiten, der aber selbst kein Verlangen danach hatte, selbst nach Medjugorje zu reisen.

Da merkte ich, dass sie unseren Flug angesagt hatten. So stand ich auf und stellte mich mit den anderen an. Alle waren aufgeregt. Wir würden uns jetzt zum größten Abenteuer unseres Leben aufmachen. Wir waren ungefähr 70 Männer und Frauen verschiedener Altersgruppen.

Im Flugzeug saß ich neben einer jungen Frau, die Maureen Thompson hieß und aus Philadelphia war. Sie war offen und freundlich, und wir fingen schon bald an, unsere Erlebnisse auszutauschen, wie wir mit Medjugorje in Verbindung gekommen waren. Ich fand auch bald heraus, dass alle, die diese Reise mitmachten, eine besondere Geschichte zu erzählen hatten, warum sie mitgekommen waren. Später stellte ich fest, dass das bei allen Pilgerfahrten ähnlich war.

Als ich Maureen vor dem Einsteigen sah, dachte ich, sie sei eine Nonne. Sie hatte ein Kleid an, das einer Uniform ähnlich war, und da verschiedene Orden heutzutage modernere Kleidung akzeptierten, so nahm ich an, dass sie aus diesem Grunde keinen Ordenshabit anhabe. Wie ich aber später erfuhr, wollte sie Krankenschwester werden und absolvierte gerade ihr letztes Studienjahr. Sie hatte von Medjugorje gehört und wollte unbedingt hingehen, obwohl es ihre finanzielle Lage nicht erlaubte. Ihrem Vater, der ein Polizist in Philadelphia war und vier Kinder hatte, fiel es nicht leicht, alle Kinder an höhere Schulen zu schicken.

Trotzdem schrieb Maureen an das Friedenszentrum und bat um Informationen. Im Gebet sagte sie Gott, wie gern sie nach Medjugorje reisen möchte, aber als sie erfuhr, dass der Preis 1300 Dollar betrug, da schien es mit ihrem Wunsch zu Ende zu sein. Es war eben nur ein schöner Traum.

Dann kam der Brief von der Universität, der sie davon unterrichtete, dass sie ihren akademischen Grad in der Krankenpflege bekommen würde. Sie war ganz verblüfft, als sie dabei auch erfuhr, dass sie vier Jahre lang zu hohe Studiengebühren bezahlt hätte.

Dem Brief lag ein Scheck über mehr als 500 Dollar bei! In der gleichen Woche wurde sie auch vom Finanzamt benachrichtigt, dass sie sich in der letztjährigen Einkommenssteuererklärung um etwas mehr als 500 Dollar verrechnet hätte!

Als sie ihren Eltern von diesem unerwarteten Gewinn erzählte, legten diese das noch fehlende Geld dazu.

„Und trotzdem hätte ich jetzt nicht hier zu sein, denn ich sollte eigentlich mein Abschlußexamen schreiben", lachte sie. „Aber nachdem, was mit dem Geld passiert war, hatte ich erkannt, dass mich die Muttergottes nach Medjugorje rief. Deshalb stellte ich einen Antrag, das Examen nachholen zu dürfen, wenn ich wieder zurück bin. Es wurde mir genehmigt!"

Das war eine ungewöhnliche Geschichte – und hier hörte ich zum ersten Mal, wie jemand die Jungfrau Maria ‚Muttergottes' nannte. In der Tat, dies war meine erste Begegnung mit einer wahren Katholikin. So wurde Maureen Thompson meine ‚katholische Verbindung' für die Zeit dieser Pilgerfahrt. Ich war überrascht, als sie mir später anvertraute, dass auch sie schon Glaubenszweifel gehabt hätte.

Jetzt erzählte ich ihr meine Geschichte, ohne den Teil der Botschaft von Maria zu erwähnen. Sie war über meine Erfahrungen genauso erstaunt, wie ich über die ihren. Wir waren beide so vertieft in unsere Unterhaltung, dass wir ganz vergaßen, zu schlafen und neun Stunden lang nur erzählten. Das war, wie ich später erfuhr, auch ein ganz normales Verhalten auf Medjugorje-Reisen. Irgendwann während dieser neun Stunden sagte ich zu ihr: „Maureen, das mag komisch klingen, aber – wir werden uns für den Rest unseres Lebens nahe bleiben."

Sie schaute mich an und lächelte: „Ja, ich weiß!"

Jemand öffnete die Fensterblende vor uns, und ich war überrascht zu sehen, dass die Sonne schon hoch am Himmel stand, und dass wir unseren Landeanflug begonnen hatten.

Blick auf Medjugorje

„Betet! Betet! Betet!
Im Gebet werdet ihr die größte Freude
erfahren und aus jeder
unausweichlichen Situation
einen Ausweg finden."

11

Das Dorf

Als sich das Flugzeug zur Landung am Flugplatz von Dubrovnik auf unsere Seite neigte, war der Anblick der herzegowinischen Berge einfach spektakulär. Zum ersten Mal während des ganzen Fluges spürten wir eine leichte Turbulenz, die aber niemandem etwas auszumachen schien, da wir alle wussten, wie nahe wir dem Ziel waren. In wenigen Minuten würden wir landen und in die Busse einsteigen, um die letzte Etappe der Reise anzutreten.

Durch meine Nachforschungen hatte ich gelernt, dass die ersten Kroaten im 6. Jahrhundert, im Anschluss an die zurückweichende römische Besatzung an der dalmatische Küste eingewandert waren. Sie waren ein Bauernvolk, das von Osten her aus einer Gegend kam, die die heutige Ukraine ist. Mit ihnen kamen franziskanische Missionare. Es kamen auch Serben in dieses Land, die einer orthodoxen Religion angehörten. Das war eine Mischung, die im Mittelalter sehr explosiv wurde. Die immer wiederkehrenden Fehden zwischen den orthodoxen und katholischen Glaubensrichtungen wurden allmählich durch die einbrechenden Türken unterdrückt, die allen Menschen, deren Länder sie besetzten, die islamische Religion aufzwangen. Bis zum 16. Jahrhundert hatten sie den größten Teil der Balkan-Halbinsel erobert und beherrschten sie für die nächsten drei Jahrhunderte. Der Ruf des Balkans, in häufige blutige Aufstände verwickelt zu sein, war vollkommen gerechtfertigt.

Pater Svetozar, ein Kroate, der in Bosnien-Herzegowina geboren worden und auch dort aufgewachsen war, beschrieb es später folgendermaßen: „Als die Türken 1552 in meine heutige Pfarre kamen, waren die Franziskaner bereits dort. Es gab dort zwei Kirchen und zwölf Priester. Sieben entkamen, die restlichen fünf wurden hingerichtet und in den Neretva Fluss geworfen. Die Christen flohen aus der Gegend und gingen in den Untergrund. Etwa dreihundert Jahre lang gab es dort kein öffentliches christliches Leben. So ein bis zweimal im Jahr kamen Priester heimlich zu den Christen, um Messen zu lesen, Kinder zu taufen und sie ein wenig zu unterrichten – eben um den Glauben lebendig zu halten. Wenn die Türken eine solche Versammlung ausfindig machten, dann töteten sie alle Anwesenden.

Als ich noch klein war, ging meine Mutter jedes Jahr zu einem solchen Platz, um durch Gebet Gott ihren Respekt zu zollen. Sie setzte mich in der Nähe irgendwohin und kroch dann auf ihren Knien betend um den ganzen Platz herum. Wenn ich jetzt daran denke, so erkenne ich, dass ihr ganzes Leben und ihre ganze Verantwortung die Geschichte unseres Volkes beinhaltete. Es ist eine Geschichte unseres Glaubens – des Kampfes für das Überleben unseres Glaubens, der nicht zu Ende war, bis die Türken abrückten."

Es gab da noch etwas, was Pater Svetozar über die Geschichte seines Volkes zu sagen hatte: „Diese Jahre der Verfolgung und des Leidens waren auch eine Zeit der Gnade, der Reinigung und der Erneuerung. Wenn man zu dieser Zeit glauben wollte, dann musste man dafür leiden. Der Glaube hatte seinen Preis – und er war nicht billig! Es war nicht leicht. Und doch war es, und ist es immer noch, und wird es auch immer bleiben: Ein Segen für die Kirche. Denn seit den frühesten Zeiten der Urkirche, waren die christlichen Märtyrer schon immer eine Quelle der Inspiration, der Orientierung und der Führung."

Jugoslawien („Volk der Südslawen"), zusammengesetzt aus Serben, Kroaten, Slowenen, Montenegrinern, Mazedoniern und Bosniern, ist ein Produkt des Ersten Weltkrieges und somit ein Gemisch uneiniger, streitender Splittergruppen. Als die russische Revolution, die sich ganz in der Nähe abspielte, an Stärke zunahm, nahm auch der Einfluss der kommunistischen Partei in Jugoslawien zu. Er wurde jedoch nie so stark wie der Einfluss der serbischen und kroatischen politischen Parteien. König Alexander, der als Diktator regierte, hielt bis zu seiner Ermordung im Jahre 1934 einen aufgezwungenen Frieden aufrecht. Danach regierte sein Sohn bis 1941.

Anschließend kamen die Nazis. Die jugoslawische Armee konnte ihnen nicht widerstehen, und innerhalb einiger Wochen teilten sich die Achsenmächte das Land unter sich. Die Deutschen bekamen den Löwenanteil und überließen Dalmatien und Montenegro den Italienern.

Der erste Partisanenwiderstand brach in Bosnien-Herzegowina aus, also in der Gegend, in der Medjugorje liegt. Aber trotz dieses gemeinsamen Feindes gaben die Serben und Kroaten ihre gegenseitigen Kämpfe nicht auf. Zur gleichen Zeit wuchs der Einfluss der kommunistischen Partisanen unter der Führung von Tito. Tito war ein Schützling von Karl Marx, der sich in der roten Rebellenarmee nach oben gekämpft hatte. Als sich die Deutschen gegen Ende des Krieges allmählich vor der Roten Armee zurückzogen, wurden in allen befreiten Städten provisorische kommunistische Regierungsstellen eingerichtet. Es bestand jedoch immer noch die Hoffnung, dass, nachdem die Partisanen das Joch der Bezwinger abgeworfen hatten, die konstitutionelle Monarchie, die in England im Exil war, wieder hergestellt werden könnte. Aber die kommunistische Herrschaft erwies sich als zu stark. In einem Nationalreferendum wurde Titos Volksfront einstimmig gewählt, was nicht allzu überraschend war, da keine Opposition erlaubt war.

An diesem Punkt wurden meine Gedanken durch eine plötzliche starke Turbulenz unterbrochen. Dubrovnik hatte nur eine Landebahn, die lang genug für transatlantische Jets war, und scheinbar blies ein starker Wind gerade quer über sie hinweg. Das Flugzeug wurde hin und her geschüttelt, als es versuchte, sich in Richtung Landebahn zu positionieren. Als ich mich umschaute, sah ich nur aschfahlene Gesichter und mehrere bereitgehaltene Brechtüten. Diejenigen, die nicht allzu große Angst hatten, beteten so inbrünstig, sie nur konnten. Wenn es noch Ungläubige unter uns gegeben hätte, als wir abflogen, so gab es jetzt bestimmt keine mehr, als die

Räder auf der Landebahn aufsetzten. Ein schwacher Applaus erschallte in der Kabine, aber wir klatschten mehr aus Erleichterung, lebend davon gekommen zu sein.

Als wir die rote Fahne sahen, die über dem Flughafengebäude wehte, zu dem wir jetzt rollten, wurden wir uns auf einmal der Tatsache bewusst, in einem kommunistischen Land zu sein. Wie ironisch es doch war, dachte ich mir, dass der Herr gerade ein Land unter einem totalitären und atheistischen Regime ausgewählt hatte, in das er die Heilige Jungfrau schickte.

1948 kam in Jugoslawien ein Hoffnungsschimmer auf, als Tito sich von Stalin lossagte. Zunächst nahm ihn die Mehrheit der Jugoslawen an, weil er sie aus russischer Herrschaft befreit hatte. Aber sie sollten schon bald erfahren, wie wenig sich seine Art des Kommunismus von der der Sowjets unterschied. Um ehrlich zu sein: Sie konnten keinen Unterschied in der Lebensqualität auf ihrer Seite des eisernen Vorhangs und der in den benachbarten Staaten von Ungarn, Rumänien oder Bulgarien feststellen.

Auch ich konnte es nicht. Als unser Flugzeug landete, und sie die Treppe herbeirollten, stand ein Soldat mit bereitem Maschinengewehr dabei, um uns zu beobachten. Ich war überrascht über die vielen Militärflugzeuge – Hubschrauber, Truppentransporter und Ähnliches – bis ich feststellen musste, dass alle jugoslawischen Flugplätze hauptsächlich militärischen Zwecken dienten. Als wir ausstiegen, wurde uns gesagt, nicht zu fotografieren, sonst würden uns unsere Kameras weggenommen werden.

Keiner der Beamten lächelte, als sie unser Gepäck und unsere Pässe inspizierten. Es schien keinen zu interessieren, ob uns unser Aufenthalt in ihrem Land gefiel. Alle, die Rosenkränze oder andere religiöse Gegenstände bei sich führten, waren aufgefordert worden, sie nicht sichtbar zu tragen. Die Kommunisten wollten nicht, dass religiöse Gegenstände in ihr Land gebracht wurden. Wenn sie welche fanden, dann wurden sie am Flugplatz aufbewahrt, wo sie der Besitzer beim Abflug wieder abholen konnte.

Die Enttäuschung über unseren seltsamen Empfang war bald verflogen, als unser Bus an der spektakulären Küste entlang in die Berge fuhr. Die Begrüßung unserer geistlichen Führerin, Schwester Margaret Catherine Sims, hätte nicht wärmer ausfallen können. Sie arbeitete mit dem Friedenszentrum zusammen und hatte die letzten zwei Monate in Medjugorje verbracht. Die Fahrt dauerte 3 Stunden, und doch erfreuten wir uns an der Landschaft, obwohl wir sehr müde waren: Das blaue Adriatische Meer, eng zusammengebaute jahrhundertealte Häuser an kiefernbewachsenen Klippen hängend, kleine Städtchen in Einbuchtungen eingenistet. Unsere Kameras klickten jetzt ständig.

Wir wurden bei kroatischen Familien in Čitluk, einer kleinen Stadt, etwa fünf Kilometer von Medjugorje entfernt, einquartiert. Dann kamen die Verständigungsprobleme! Niemand sprach englisch. Für alles, was wir brauchten, mussten wir uns in einer Zeichensprache verständigen. Nachdem wir unsere Gastgeberfamilien begrüßt und unsere Koffer ausgepackt hatten, eilten wir zum Bus zurück, denn es war bald 18,40 Uhr, also die Zeit, in der die Erscheinung normalerweise stattfindet.

Ungefähr die Hälfte unserer Gruppe war schon im Bus, als auf einmal eine Frau ganz vorne im Bus ausrief: „Oh mein Gott, schaut euch die Sonne an!“ Als ich dorthin sah, wohin sie zeigte, konnte ich meinen Augen nicht trauen: Ungefähr eine Stunde vor Sonnenuntergang hatte die Sonne einen Strahlenkranz ringsum. Es sah fast so aus, als ob eine teilweise Sonnenfinsternis stattfände, sodass wir genau in sie hineinschauen konnten. Aber anstelle der dunklen Mondsilhouette war eine weiße Scheibe in ihrer Mitte. Es ist unverständlich, wie wir mit bloßem Auge direkt in die Sonne schauen konnten. Und das, was wir hinter der weißen Scheibe sahen, schien sich zu drehen. Auch schleuderte der sie umgebende Strahlenkranz verschiedene Farben von sich. Es war einfach atemberaubend!

„Ich kann es kaum glauben!“ flüsterte ich Maureen zu, die neben mir saß. „Was ich hier tue, ist einfach unmöglich! Ich schaue genau in die Sonne, was mir sonst unheilbaren Schaden an der Netzhaut verursachen würde. Aber es besteht überhaupt keine Gefahr dabei. Ich könnte so lange in die Sonne schauen, wie ich nur will.“ Ich konnte nur den Kopf schütteln.

„Und sieh“, sagte Maureen, „wir können es alle sehen!“

Als wir endlich wieder alle im Bus waren und abfahren konnten, war es zu spät für die Erscheinung. Aber das machte uns jetzt nichts aus. Wir waren höchst erfreut, das Phänomen an der Sonne schon so bald gesehen zu haben.

Wir waren noch ungefähr drei Kilometer entfernt, als wir bereits das erste Wahrzeichen sehen konnten: Der Križevac („Kreuzberg") stand in einiger Entfernung majestätisch da. Ich konnte das Kreuz auf dem Gipfel erkennen, war aber überrascht, dass es so klein war. Irgendwie hatte ich mir vorgestellt, dass es das gesamte Tal überschatten würde. Als wir über die kleine Brücke nach Medjugorje hineinfuhren, stießen wir alle einen Freudenschrei aus: Vor uns war die St. Jakobskirche mit ihren Doppeltürmen, geradeso, wie wir sie auf vielen Ansichtskarten und Videos gesehen hatten. Jetzt waren wir tatsächlich hier!

Der Bus hielt gerade bei einer Baumgruppe vor der Kirche an. Wir eilten dorthin, wo sich bereits eine Menschenmenge vor dem nahe liegenden Pfarrhaus versammelt hatte. Die Erscheinung drinnen war schon vorbei, aber die Menge blieb noch da, und jetzt wollten auch wir mit dabei sein. Gerade in diesem Moment öffnete sich eine Tür, und Marija, die junge Seherin, die immer so ruhig und schüchtern wirkte, kam heraus. Sie wurde von einem Priester zur Rückseite der Kirche geleitet. Als sie den Rasen überquerte, drängte sich die Menge um sie herum, und die ihr Nahestehenden riefen ihr zu, für sie zu beten, oder sie versuchten auch nur sie zu berühren. Das erinnerte mich an die Menschenmenge, die Arnold Palmer beim Masters Golf Turnier in Augusta, Georgia, hinterhergelaufen war. Ich erinnerte mich da ganz besonders an das Gesicht eines alten Mannes, der ganz aufgeregt neben dem Golfspieler hergelaufen war und ein Autogramm bekommen hatte. Er war glücklich wie ein Kind gewesen, und sein Gesicht hatte so richtig geglüht, genauso wie die Gesichter derjenigen jetzt glühten, die Marija begleiteten.

Sie gingen durch die Hintertür in die Sakristei, und die Menge ging jetzt zur Vorderseite der Kirche, da die kroatische Messe nun bald beginnen würde. Ich weiß nicht warum, aber Maureen und ich blieben noch eine Weile dort stehen. „Schau, schau!" Sie stieß mich an und deutete zu dem Fenster der Sakristei hinauf. Ich schaute – und sah Marija, die gerade einem Priester, der sich zur Messe fertig machte, half, das Messgewand anzulegen. Ein Gefühl demütigen Dankes überkam mich dafür, dass ich privilegiert war, diesen Moment miterleben zu dürfen – bis mich die Glocken, die zur Messe läuteten, aus meiner Träumerei weckten.

Wir liefen jetzt schnell zum Vordereingang und fanden die Kirche total überfüllt. Alle Bänke waren voll, und die Leute, die in den Gängen standen, waren dicht zusammengedrängt. Der Gottesdienst fing mit einem kroatischen Kirchenlied an. Die Kirche dröhnte förmlich!

Es gelang mir, im linken Gang soweit wie möglich nach vorne zu kommen. Der Gesang dieses wunderschönen Liedes ging mir durch Mark und Bein. Bei vielen Leuten liefen die Tränen nur so über ihre Wangen. Aber ich war zu benommen zum Weinen. Nach all dem, was wir bereits erlebt hatten – die Sonne, das Kreuz, Marija bei den Messvorbereitungen – liefen meine Gefühle auf Hochtouren. Ich konnte nur noch denken: „Das war so viel mehr, als ich erwartet hatte!“ Keines der Videos, keines der Bücher, nicht einmal Pfarrer Scotti hatte mich auf dieses Erlebnis vorbereitet.

Als ich so dastand, fühlte ich auf einmal ein leichtes Zupfen an meinem rechten Ärmel. Ich schaute hin: Es war eine alte kroatische Frau, die mindestens in den Siebzigern sein musste, und die mir zuwinkte, mich auf ihren Platz zu setzen. Total überrascht schüttelte ich meinen Kopf. Aber diese Frau, mit ihren grauen Haaren und ihrem von Sorgenfalten durchfurchten Gesicht, bestand darauf. Wieder lehnte ich ab, lächelte und deutete ihr an, auf ihrem Platz zu bleiben. Schließlich nahm sie mich beim Arm und zwang mich, mich auf ihren Platz zu setzen. Es dauerte eine Weile, bis ich mitbekam, dass sie ja eigentlich nur der Muttergottes gehorchte, die die Bewohner von Medjugorje aufgefordert hatte, den Pilgern das zu geben, was ihr Sohn ihnen geben würde.

Ich tat also, um was mich die alte Frau in ihrem schwarzen Kopftuch und schwarzen Kleid gebeten hatte. Ich setzte mich auf ihren Platz, und sie stand im Gang.

Jetzt aber spürte ich die Tränen über meine Wangen laufen.

„Heute will ich
euch sagen,
dass ihr Gott
eure Herzen
öffnen sollt,
wie die Blumen
im Frühling,
die sich nach
der Sonne sehnen.“

(31. 1. 1985)

„Freut euch allezeit im Herrn!
Ich wiederhole: Freut euch!
Mögen alle Menschen die
Güte eures Geistes sehen!"

12

Vogelgesang um Mitternacht

Als wir am Abend wieder im Hotel in Čitluk waren, erzählten wir unsere Erlebnisse. Ich war zu aufgeregt, um essen zu können, und ich erzählte von der alten kroatischen Frau, die mir ihren Sitzplatz angeboten hatte. Andere waren ganz erstaunt über die riesige Menschenmenge, die sich in die Kirche gezwängt hatte. Viele hatten die ganzen zwei Stunden während des Gottesdienstes stehen müssen. Alle waren wir von der tiefen Ehrfurcht, die während des Gottesdienstes herrschte, überwältigt. Man kann es nicht anders beschreiben.

Nach dem Abendessen gingen wir in unsere verschiedenen Unterkünfte, aber niemand wollte schon schlafen gehen. Wir waren jetzt bereits dreißig Stunden ununterbrochen wach und dennoch wollten wir lieber erzählen, als in unsere Betten. Endlich gingen wir aber doch schlafen. Als ich erwachte, war es 4,30 Uhr morgens, und ich war hellwach. Ich entschied mich, ein wenig in Čitluk umherzugehen. Schnell zog ich mich an und ging nach draußen, wo es zu meiner Überraschung schon langsam hell wurde. Die Sonne war noch nicht aufgegangen, aber es schien um diese Zeit schon viel heller zu sein, als ich es von daheim kannte.

Nach einer Weile waren dann auch die anderen auf, und nachdem wir ein schnelles Frühstück von Brot und Kaffee oder Tee zu uns genommen hatten, fuhr uns der Bus nach Medjugorje. Als wir dort ankamen, liefen wir zunächst mal überall herum. Wir gingen sogar den 20-minütigen Fußweg zum Podbrdo, dem Berg, wo die erste Erscheinung stattgefunden hatte. Auf unserem Weg dorthin begegneten wir einer alten kroatischen Frau, die einen Korb mit Früchten trug. Sie bot uns davon an und reichte uns auch ein Glas Wein. Jemand aus unserer Gruppe versuchte, ihr Geld dafür zu geben, aber sie nahm es nicht an. Ähnliches passierte auch anderen, und ganz gleich wohin wir auch gingen, erlebten wir immer wieder das Gleiche. Manchmal half auch ein kleiner Junge oder ein kleines Mädchen ihrer Großmutter am Wegesrand. Es war ein Anblick, den ich ein Leben lang nicht mehr werde vergessen können.

An den nächsten drei Tagen war ich ganz benommen. Am Morgen gingen wir zur englischen Messe und am Abend zur kroatischen Messe. Ich hätte es nie für möglich gehalten, jemals so viel Zeit in der Kirche zu verbringen – und mir gefiel jede Minute davon. Zur Zeit der Erscheinung versammelten wir uns wieder vor dem Pfarrhaus. Wir wanderten und kundschafteten jede Ecke und jedes Plätzchen von Medjugorje aus.

Am Montagabend war unsere Gruppe wieder im Hotel in Čitluk. Wir setzten uns gerade zum Abendessen nieder, als Schwester Margaret hereingestürmt kam. „Ich weiß, es ist sehr kurzfristig", verkündigte sie atemlos, „aber heute Abend während der normalen Erscheinung sagte die Muttergottes zu den Sehern, dass sie ihnen auch heute Nacht auf dem Podbrdo erscheinen werde." Sie machte eine Pause um Atem zu holen. „Der Bus wartet draußen, und wenn von euch jemand mitgehen will, so müssen wir jetzt sofort aufbrechen!"

Die Suppenlöffel wurden fallen gelassen und die Stühle zurückgeschoben. Es war wie eine panische Flucht, als wir alle in die Nacht hinaus zum Bus rannten. Als wir zum Berg kamen, war ich für einen Moment etwas enttäuscht, da bereits schon viele andere Busse vor uns da waren. Ich hatte angenommen, wir würden die einzigen sein, die von dieser besonderen Erscheinung wussten.

Wir schlossen uns dem Strom der Pilger an, die den steilen, felsigen Weg in der Dunkelheit einer mondlosen Nacht hinaufstolperten. Taschenlampen waren nicht erlaubt, da es die Kommunisten verboten hatten, öffentliche Versammlungen auf dem Berg abzuhalten. Es war so dunkel, dass man kaum die Silhouette der Person vor einem erkennen konnte, und doch fiel niemand, und keiner beschwerte sich. Wir schienen jeweils den richtigen Fleck für unsere Füße zu finden, als wir langsam den Anhang hinaufgingen. Der Himmel war von Millionen von Sternen übersät, deren Schönheit noch zu dem Ereignis beitrug, ohne dass sie aber viel Licht gaben.

Als wir die Anhöhe erreichten, fanden wir einen Platz, wo noch keine Leute waren, und von dem wir annahmen, dass er nahe dem Erscheinungsort wäre. Aus dem Murmeln der betenden Menge konnten wir schließen, dass eine große Anzahl gekommen war. Schwester Margaret warnte, keine Bilder mit Blitzlicht zu machen, und als wir da im Dunkel kauerten, konnten wir hören, wie auch andere Führer diese Warnung immer wieder auf französisch, spanisch und englisch wiederholten. Aber in jeder Gruppe gibt es immer wieder einige, die meinen, dass die Regeln nicht für sie gelten. Sie knipsten trotzdem mit ihren Blitzlichtern, und wenn jemand im Tal wirklich in unsere Richtung schauen würde, so würde er ganz klare Signale wahrnehmen.

In einer Nachbargruppe fing jemand an, den Rosenkranz auf Deutsch zu beten, und wir anderen beteten leise in unserer eigenen Sprache mit. Obwohl wir alle nur flüsterten, so breitete sich das Gemurmel der Vielen doch als ein tiefes Dröhnen über den Anhang aus. Als es beendet war, erschien die eintretende Stille wie aufgeladen, und wir wagten kaum zu atmen, als wir in die Stille lauschten. Dann fing wieder jemand an, einen Rosenkranz zu beten.

Gegen 23 Uhr – es war unmöglich, es genauer bestimmen zu können, denn ich konnte meine Armbanduhr nicht erkennen – erschien die Gospa, und alles rundum wurde mucksmäuschenstill. Ganz nahe konnte ich die Seher auf Kroatisch beten hören. Sie hielten an, dann beteten sie wieder, und ich spürte, dass Maria mit ihnen betete. Dann sprachen sie leise mit ihr, manchmal nacheinander, manchmal gemeinsam.

Nach einer Weile rief eine der Seherinnen leise aus: „Ode!“ was auf Deutsch heißt: „Sie ist weg!“ Dann machte ein anderer eine Verkündigung auf Kroatisch, die auch auf Deutsch und Italienisch übersetzt wurde. Ivan hatte uns der Gottesmutter empfohlen (was immer das bedeuten mag), die erfreut darüber gewesen sein soll, dass wir auf den Berg gekommen waren. Der Hauptpunkt der Botschaft, die uns heute Nacht gegeben wurde, war: Wir sollten zu Hause mit unseren Familien zusammen beten, denn wenn wir zusammen beteten, dann würden wir auch zusammen heilig werden, und Maria könnte uns als eine schöne Blume ihrem Sohn Jesus darbringen, die sich dann für Ihn entfalten würde. Sie segnete auch alle, die in dieser besonderen Nacht auf den Berg gekommen waren.

Man konnte freudiges Geflüster hören. Die Menschen standen in der pechschwarzen Nacht auf, um den felsigen Pfad wieder nach unten zu gehen. Es waren so viele, dass es nur ganz langsam voranging, aber das machte uns nichts aus. Jemand fing an, ganz leise „Ave Maria!" zu singen, und wir fielen mit ein. Es wurde jetzt überall gesungen. Über uns und unter uns klang es in der nächtlichen Luft rund um uns her, und wir wurden von der Schönheit des Gesanges erfüllt. Es machte mir gar nichts aus, ob und wann wir von dem Berg hinunterkamen.

Aber dann, als ich an der Straße auf den Bus wartete und dem Gesang der anderen, die immer noch vom Berg herabkamen, lauschte, rief jemand: „Oh mein Gott, hör dir den Vogelgesang an!"

„Ja", erwiderte ich, „es ist wunderbar."

„Verstehst du denn nicht, dass Vögel in der Nacht nicht singen!"

Tatsächlich hörte es sich an, als ob alle Singvögel in dem Tal aus voller Kehle sängen, ganz so, als ob sie den kommenden Tag begrüßen wollten. Aber es war ja erst um Mitternacht! Sie hörten nicht auf, bis wir alle im Bus waren und sie nicht mehr hören konnten.

Zunächst sagte keiner ein Wort, als der Bus der Straße, die so eng war, dass er kaum Platz fand, entlangschlich. Wir genossen immer noch das kleine Wunder, das wir gerade erlebt hatten. Wir waren tatsächlich bei einer Erscheinung zugegen gewesen, und die Muttergottes hatte uns gesegnet. Dann waren wir, von Gesang umgeben, den Abhang hinuntergegangen und hatten das Gezwitscher von Tausenden von Vögeln um Mitternacht wahrgenommen. Das war ein wahres Wunder der Gegenwart Gottes!

Die Stille wurde auf einmal von einer korpulenten Frau unterbrochen, die auf der anderen Seite des Ganges im Bus saß. „Ich bin so enttäuscht!“ sagte sie. „Ich habe überhaupt nichts gesehen!“

Ich schaute sie nur ungläubig an. „Was hatten Sie denn erwartet zu sehen? Verstehen Sie denn nicht, dass Sie während einer Erscheinung der Jungfrau Maria mit dabei waren und noch dazu an genau dem Ort, wo sie zum ersten Mal erschienen ist? Sie waren dort!“

„Ja, aber manche Leute sagten, sie hätten Lichtblitze gesehen, aber ich habe nichts gesehen!“

Ich zuckte nur mit den Schultern und sagte nichts mehr. In den paar Tagen, seit wir hier waren, hatte ich ähnliche Bemerkungen von Leuten gehört, die das Wunder der Sonne sehen oder ihren Rosenkranz in Gold verwandelt haben wollten. Viele hatten es nur auf diese Art von Zeichen und Wundern abgesehen, und wenn sie sie nicht persönlich erlebten, dann fühlten sie sich betrogen. Sie konnten nicht verstehen, dass das eigentliche Zeichen die wunderbare Bekehrung derer war, die hierher kamen und die hier wohnten. Deren Leben wurde grundlegend auf die Liebe zu Gott und ihren Nachbarn ausgerichtet, aber das war eben nicht so eindrucksvoll, als wenn sich die Sonne drehte! Ich sollte später verstehen lernen, dass Bekehrungen hier auf verschiedene Weise geschehen, aber dass sie immer das Haupterlebnis von Medjugorje sind. Eines Tages würde diese Frau einsehen, welche Gnade sie heute auf diesem Berg erfahren hatte.

Es war eine halbe Stunde nach Mitternacht, als wir unser Hotel erreichten. Obwohl ich eigentlich aufbleiben wollte, um mich noch mit den anderen zu unterhalten, ging ich doch zu Bett. Ich würde sowieso sehr wenig Schlaf bekommen, denn ich hatte mich entschieden, sehr früh aufzustehen, um von Čitluk nach Medjugorje zu wandern und auf den Križevac zu steigen, auf dessen Gipfel ich noch vor Sonnenaufgang sein wollte. Da ich nicht genau wusste, wann das sein würde, rechnete ich doch damit, früh genug aufzuwachen, um die Strecke von acht Kilometern noch vor der Morgendämmerung zurückzulegen.

Mehrere andere hatten Interesse daran gezeigt, mit mir zu gehen. Als es aber soweit war, hatten sich nur Maureen und Bernie Hanley entschlossen, mit mir zu gehen. Bernie war einer der Freiwilligen vom Friedenszentrum, der mitgeholfen hatte, die Reise zu organisieren. Ich hatte mit Bernie ausgemacht, ihn an der kleinen Brücke, die nicht weit von unseren Unterkünften entfernt war, zu treffen. Maureen war im gleichen Haus wie ich untergebracht. Als ich aufwachte, griff ich nach meiner Taschenlampe und leuchtete auf meine Armbanduhr: Es war kurz vor 4 Uhr. Ich zog mich schnell an und klopfte leise an Maureens Tür. Dann ging ich in das Aufenthaltszimmer, um auf sie zu warten. Sie kam auch kurz darauf, aber sie sah ganz blass und müde aus. „Ich fühle mich nicht gut. Ich würde ja wirklich gern mitgehen, aber ich glaube nicht, dass ich sollte." Nach einer Weile sagte sie: „Könnten wir nicht morgen gehen?"

„Maureen, ich muss heute gehen, selbst wenn du nicht kannst. Aber wenn du willst, gehe ich morgen wieder."

Draußen war die mondlose Nacht noch pechschwarz, als ich auf der Straße nach Medjugorje losmarschierte. Ich war so begeistert von der frischen Luft und den Millionen von Sternen, dass ich an der Brücke vorbeilief, ohne an mein Treffen mit Bernie zu denken.

Um diese Zeit sangen keine Vögel mehr, und es fiel mir auf einmal auf, dass ich das einzige Wesen zu sein schien, das sich hier befand. Keine Vögel, keine Kühe, nichts! Mein Pfad war nur durch das Licht der Sterne erleuchtet. Ich fiel in einen mäßigen Trab, zog den Rosenkranz heraus und begann zu beten. Nach einer Weile konnte ich erkennen, wie sich die Umrisse des Križevac in der Ferne herausbildeten. Unsere Gruppe war noch nicht auf den Križevac hinaufgepilgert, um die Kreuzwegstationen zu beten, und doch hatte ich schon eine große Zuneigung zu diesem Berg, den ich als den sanften Beschützer der Ortschaft betrachtete.

Als ich mir seine kaum erkennbaren Umrisse betrachtete, konnte ich auf seinem Gipfel ein Licht ausmachen. Wahrscheinlich war es ein Leuchtturm für Flugzeuge, dachte ich zerstreut. Aber dann wurde mir klar, dass kein Leuchtturm ein solches Licht abgeben könnte. Es war weder ein Lichtstrahl, noch ein pulsierendes Licht, sondern es war ein viel weicheres Licht.

Als ich es fasziniert betrachtete, schien das Licht unregelmäßig zu pulsieren. Es wogte in sanften Bewegungen auf und ab. Ich konnte nicht weitergehen sondern hielt an und betrachtete es genauer. Seine ungewöhnliche Schönheit erstaunte mich. Aber dann hörte ich in meinem Herzen diese Worte: *„Das ist für dich!"*

Ich war überwältigt. Alles, was ich jetzt fühlte, war tiefer Frieden, Glück und Dankbarkeit. Dann atmete ich tief ein und ging weiter, indem ich den Rosenkranz so andächtig betete wie noch nie zuvor. Als ich weitermarschierte, gingen meine Augen immer wieder auf den Berggipfel zurück. Das Licht war immer noch dort, abnehmend und sich wieder erneuernd. Nach etwa 20 Minuten wurde ich schon ganz verlegen. „Nun gut", dachte ich, „jetzt ist es aber genug!" Ich konnte es genau sehen, und es gab keinen Zweifel, dass es dort war.

Es begleitete mich den ganzen Weg bis zur Kirche und es verblasste erst, als sich das erste Tageslicht am Horizont hinter dem Podbrdo im Osten zeigte. Ich war so erfreut, dass ich, als ich den Berg erreichte und den steilen, felsigen Anstieg machte, an jeder der 14 Kreuzwegstationen anhielt und betete. Das war auch eine jener schönen Gewohnheiten, die ich durch das Lesen über Medjugorje entdeckt hatte. Als ich so betete, erfüllte der Geist der Liebe Gottes mein Herz mit dem Wissen um die Größe des Kreuzesopfers Christi.

Am Gipfel stand das massive Betonkreuz, das die Dorfbewohner 1933 errichtet hatten, um des 1900. Jahrestags des Kreuzestodes Christi zu gedenken. Es hatte eine rohe, kräftige Struktur. Als ich an ihm hinauf in die aufgehende Sonne blickte, die gerade den horizontalen Balken erreicht hatte, da konnte ich nur an die unheimliche Arbeit denken, die erforderlich gewesen war, es zu errichten. Immerhin gibt es keine Straße da hinauf. Es gibt nur diesen schwierigen, felsigen Pfad. Alles musste auf dem Rücken der Dorfbewohner – Männer wie Frauen – hinaufgetragen werden. Es war ein Zeugnis des tiefen Glaubens der Leute dieses Tales, aber es ließ auch darauf schließen, warum Gott es jetzt für die Erscheinungen ausgewählt hatte.

Nachdem ich meinen Rucksack abgenommen hatte, setzte ich mich auf einen Felsblock am Fuße des Kreuzes und beobachtete, wie das Tageslicht so langsam über den Talgrund dahinkroch. Daheim in Amerika hätte ich nie so lange still sitzen können, ohne etwas zu tun oder an etwas zu denken. Medjugorje bewirkte in mir unheimliche Veränderungen auf mehr als eine Weise. Ich fühlte mich jetzt eingetaucht in dieses herrliche Licht, das mir die Jungfrau Maria als ein besonderes Geschenk gegeben hatte. Da erinnerte ich mich auch daran, in einem der Medjugorje-Bücher gelesen zu haben, dass sie jeden Morgen am Fuße dieses großartigen Kreuzes zu ihrem Sohn betete.

Mit meinen Armen um meine Knie geschlungen, saß ich da und beobachtete, wie langsam Leben in das Tal kam. Hier muss ja wirklich der Rand des Himmels sein!

Meine Träumerei wurde von dem Knirschen nahender Schritte auf den kleinen Steinchen am Berggipfel unterbrochen. Es war Bernie: „Hallo, warum hast du nicht auf mich gewartet? Ich dachte, du hättest verschlafen, und so ging ich allein."

„Bernie, es tut mir leid! Ich war so von dem Morgen in Beschlag genommen, dass ich ganz auf dich vergessen hatte!"

Aus meinem Rucksack nahm ich einen Laib hausgemachten Brotes, das meine Lieblingsspeise – und oft auch die einzige Speise – in Medjugorje werden sollte. Ich hatte auch Saft mitgebracht, und so bot ich Bernie an, mein karges Frühstück mit mir zu teilen. Bernie war ein großer, schlanker, älterer Mann, der auch ein guter Läufer war. Er war schon öfters in Medjugorje gewesen und hatte den Aufstieg zum Križevac oft unternommen.

Als ich aß, entschloss ich mich, ihm mein Erlebnis mitzuteilen – aber mit Vorsicht. Die alte journalistische Schulung hielt mich davor zurück, ganz offen zu sein. „Bernie, als du hierher gegangen bist, hast du – ein Licht hier oben gesehen?"

„Nein, warum?"

„Weil – nun – ich sah eines."

Ich fuhr fort und beschrieb ihm, was mir geschehen war. Doch plötzlich musste ich eine innere Aufwallung unterdrücken, als ich mir dessen so richtig bewusst wurde. Bernie lächelte und sagte: "Das ist ein ganz besonderer Segen. Ich habe schon davon gehört. Normalerweise sieht es ein Dorfbewohner, der dann anfängt, es von Tür zu Tür an andere weiterzugeben."

Mir kamen Tränen in die Augen. Ich entschuldigte mich und ging auf die andere Seite des Berges. Ich betete nicht bewusst, sondern ich hob mein Herz zum Himmel.

Nach einer Weile – ich kann nicht mehr sagen, wie lange, es kann sich um Stunden gehandelt haben – fand mich Maureen, da sie auch den Aufstieg mit dem Rest der Gruppe nach der englischen Messe gemacht hatte.

„Wie war's?" strahlte sie.

„Was?" ich schaute überrascht auf.

„Der Sonnenaufgang! War er schön?"

„Ja!" nickte ich. „Aber ich habe noch etwas anderes gesehen, das noch viel schöner war." Und ich erzählte ihr von dem Licht. „Hör, Maureen, verzeih mir, aber ich muss jetzt hinuntergehen. Wir sehen uns dann bald bei der Kirche."

„Ich verstehe!" nickte sie. Ich verließ den Gipfel und stieg langsam hinab.

Eines wusste ich jetzt ganz sicher: Ich würde ein Buch über Medjugorje schreiben! Ich hatte schon immer das Gefühl gehabt, eines Tages ein Buch zu schreiben. Aber über das Thema und den genauen Zeitpunkt, wann ich es schreiben würde, darüber war ich mir noch nicht im Klaren. Doch jetzt wusste ich, worüber ich schreiben würde und zwar schon bald!

Der Weg vom Berg zur St. Jakobskirche ist ein schmaler Pfad, der sich durch Weingärten schlängelt und dann an einem alten Friedhof, der etwa einen halben Kilometer hinter der Kirche in einem Zedernhain liegt, vorbeiführt. Als ich den Friedhof erreichte, war der Hain verlassen und wunderbar still. Nicht einmal der leiseste Windhauch wehte durch die Wipfel der turmhohen immergrünen Bäume. Ein Strahl des Sonnenlichtes fiel auf einen Büschel weißer Lilien, die am Fuße eines alten Grabsteines gepflanzt worden waren. Ich hielt an und stand unbeweglich in dem durchbrochenen Schatten und verschmolz mit der Ruhe dieses zeitlosen Ortes.

Dann dankte ich Gott aus der Tiefe meiner Seele, dass er mich hierher gebracht hatte, für die Aufgabe, die er mir gegeben hatte, für…alles!

„Ich lade euch ein,
euch ganz für Gott zu entscheiden.
Ich bitte euch, euch Ihm ganz hinzugeben."

13

Am Rand des Himmels

Schwester Margaret hatte ein Treffen bei der Kirche um 14 Uhr anberaumt, um uns eine ‚besondere Freude' zu machen. Niemand wusste, um was es sich handelte. Wir fragten uns, ob sie vielleicht mit einem der Seher ausgemacht hätte, zu uns zu kommen, um mit uns zu sprechen. Als ich mit dem Rücken an die Kirchenmauer gelehnt in der warmen Sonne saß und auf die anderen wartete, musste ich auf einmal über die Idee, ein Buch über Medjugorje schreiben zu wollen, grinsen.

Ein Buch – eins, das ganz anders werden sollte, als die vielen anderen, die es schon gab. Fast alle waren von katholischen Priestern geschrieben und handelten hauptsächlich von den Ereignissen der ersten Tage. Recht wenig war bis jetzt über die Bekehrungen der vielen Leute, die hierher kamen, geschrieben worden. Ich wollte über die gewaltige geistliche Erneuerung schreiben, von der ein lauwarmer Protestant erfasst worden war. Aber ich wollte auch die wichtige Botschaft, die von Gott in diesem winzigen, entfernten Dorf gegeben wurde, an Millionen von Menschen weitergeben, die vielleicht nie die Gelegenheit haben würden, hierher zu kommen. Diese dringende Botschaft sollte aber auch denen gebracht werden, die kommen würden, damit diese dann wiederum zu Aposteln werden würden, die sie weitertragen würden.

Da ich ein Protestant war, könnte das noch mehr Gewicht für persönliche Bekehrungen haben. Ich musste meinen Kopf schütteln, da ich einsah, dass ich mich eigentlich gar nicht mehr als ein

Protestant fühlte – oder weil ich das ganze Medjugorje-Phänomen gar nicht mehr als ‚katholisch' betrachtete. Ich war einfach ein Kind Gottes, das am Rande des Himmels lebte.

Mehrere Leute unserer Gruppe kamen jetzt zur Kirche, und ich stand auf, um zu ihnen zu gehen. Im Inneren hatten sie vorne Stühle für unsere Gruppe aufgestellt. Als wir nach vorne gingen, kamen wir an französischen und italienischen Pilgern vorbei, die in stillem Gebet ihre Köpfe gebeugt hatten. Da fiel mir auf, dass wir momentan die einzigen Amerikaner in Medjugorje waren. Eigentlich waren wir, mit Ausnahme einiger irischer Pilger, die einzige englischsprechende Gruppe.

Die Tür zur Sakristei wurde geöffnet, und heraus kamen Marija, Vicka und Ivan. Aber ich sah sie kaum, denn mein Blick hing an einem braun gekleideten Priester, der ihnen voran ging. Mit seinem schlanken Körper, schütterem Haar und den festen grauen Augen, war er sofort als einer aus den Videos erkennbar: Es war Pater Svetozar, dessen Buch für mich mehr bedeutet hatte, als alle anderen zusammengenommen. Ich eilte zu Schwester Margaret hinüber und sagte leise: „Schwester, ich muss mit diesem Mann reden!"

„Machen Sie sich keine Sorgen, Sie werden es", sagte sie ruhig, und sah mich mit einem gewissen Lächeln an. Ich ging wieder zu meinem Stuhl zurück, war aber durch ihre Bemerkung etwas verwirrt, aber auch sehr zufrieden.

Pater Svetozar übersetzte, als die Seher kurz von den Ereignissen im Juni 1981 erzählten. Dann beantworteten sie die am häufigigsten gestellten Fragen: „Wie sah sie aus? Was hatte sie angehabt? Welche Farbe hatten ihre Haare?"

Als ich zuhörte, musste ich mich über die Geduld dieser jungen Leute wundern, die diese albernen Fragen schon mehr als zehntausendmal gehört haben mussten. Dennoch konnte ich nicht den geringsten Anflug von Ungeduld oder Langeweile in ihren Antworten feststellen. Das musste mit der Gnade zusammenhängen, die von der Erfüllung ihrer Berufung herrührte.

Es war eine Berufung, derentwegen ich sie nicht beneidete. Vor Vickas Haus warteten die Gruppen oft in Schlangen auf der engen

Straße bis sie drankamen, ihr zuzuhören und Fragen zu stellen. Die Philippinen bekamen 20 Minuten, dann kamen die Italiener, die Deutschen und so weiter. So ging es den ganzen Tag, aber sie beschwerte sich nie: Sie erfüllte damit nur die Bitte der Gospa.

Auch ich tat das – aber bis jetzt noch nicht so ganz willig. Im Geheimen hoffte ich, dass mein Vorsatz, das Buch zu schreiben, mich anspornen würde, die ganze Botschaft, die Maria mir gegeben hatte, zu beachten.

Als die Seher fertig waren, versuchte ich, mich zu Pater Svet durchzuarbeiten, aber ich wurde von der Menschenmenge, die sich von allen Seiten nach vorne drängte, auf die Seite gedrückt. Anscheinend war es bekannt geworden, dass Pater Svet mit den Sehern in der Kirche war, und so hatte sich die Kirche rasch gefüllt. Das Nächste, was ich sah, war, dass er von Menschen umgeben war, von denen die meisten aus diesem Dorf zu sein schienen. Er streckte ihnen seine Hände entgegen, um sie zu segnen. Er erinnerte mich an einen Präsidentschaftskandidaten von daheim, und diese Leute waren ganz begeistert von ihm. Für sie war er fast wie ein Schauspieler.

Als sich die Menge so langsam verzogen hatte, hatte ich die Gelegenheit, seine Hand zu ergreifen und sie festzuhalten. „Pater, ich bin ein amerikanischer Journalist, und ich wollte Ihnen nur mitteilen, wie viel Ihr Buch für mich bedeutet hat. Sie schreiben mit Herz und Seele, und ich bin so froh, Sie zu treffen!"

„Warten Sie auf mich", sagte er und drückte meine Hand. „Bitte!" Gleich darauf drehte er sich wieder der Menge zu. Ich stand bewegungslos da. Was wollte er von mir? Als er die letzten verabschiedet hatte, winkte er mir zu, ihm in die Sakristei zu folgen. Das war der kleine Raum neben dem Altar, wo sich die Priester umzogen und zur Messfeier fertig machten. Ich folgte ihm. Aber ich hatte das Gefühl, als befände ich mich auf geheiligtem Boden.

Ich war kaum durch die Tür hindurch, als sich eine dreiköpfige kroatische Familie hereinzwängte, die Pater Svet bestürmte, für ein junges Mädchen ihrer Familie zu beten, das Probleme hatte – zumindest vermutete ich so etwas Ähnliches. Als er mit ihnen fertig war, und sie gegangen waren, schloss er die Tür und wandte sich mir zu. Er legte seine Hände auf meine Schultern und schaute mir direkt in die Augen. „Wayne, ich muss Sie um einen besonderen Gefallen bitten: Ich habe das Manuskript für mein zweites Buch über Medjugorje fertig, und ich brauche einen amerikanischen oder englischen Schriftsteller, der mir beim Redigieren hilft. Könnten Sie möglicherweise noch 10 bis 15 Tage hier bleiben, um mir zu helfen? Oder könnten Sie zurückkommen?"

Ich war perplex. Es war als ob Michelangelo einen Hausanstreicher fragen würde, ihm zu helfen. „Pater, ich? Wie könnte gerade ich Ihnen helfen?"

„Nein!" fiel er mir ins Wort, „Sie sind der Richtige! Vertrauen Sie mir, ich weiß es." Und er schaute mich dabei wieder mit seinem durchdringenden Blick an.

Ich erklärte ihm, dass ich verheiratet sei und zwei kleine Kinder daheim hätte, und dass ich von Glück reden konnte, hier zu sein, geschweige denn noch länger bleiben zu können. „Aber", fügte ich hinzu, „es wäre mir eine Ehre, mit Ihnen zu arbeiten. Ich werde nach Hause zurückgehen und versuchen, es einzurichten."

Er dachte längere Zeit nach und sagte dann: „Nun gut, ich werde darauf warten, von Ihnen zu hören. Wenn es gar nicht anders gehen sollte, könnten Sie mir dann vielleicht von Amerika aus helfen? Schwester Margaret wird mein Manuskript mitnehmen und wird für Sie eine Kopie beim Friedenszentrum machen. Wenn es so bestimmt ist, dann kommen Sie nächsten Monat damit zurück, wenn nicht, dann könnten Sie es vielleicht korrigiert durch das Friedenszentrum nach Medjugorje zurückschicken, wenn die nächste Gruppe kommt."

„Ja", erwiderte ich, „vielleicht kann ich es so machen. Ich werde es auf jeden Fall versuchen."

Er drückte mich an sich und sagte: „Möge der Herr Sie begleiten, Wayne!"

Ich schwebte vor Glück den Gang der Kirche entlang, die jetzt, außer ein paar betenden Leuten, leer war, und suchte Schwester Margaret. In meinem Herzen fühlte ich, dass es unmöglich sein würde, wieder zurückzukommen, aber dennoch war ich allein davon begeistert, dass er mich auch nur gefragt hatte. Als ich sie fand, fragte ich sie ganz benommen: „Wissen Sie, um was er mich gebeten hat?"

„Ja", lachte sie, „ich weiß es."

„Nun gut, würden Sie mir bitte sagen, was Sie wissen, das ich nicht weiß?"

„Ich erzählte Svet, dass ein amerikanischer Schriftsteller bei dieser Gruppe war, und das stimmte ihn sehr glücklich."

„Warum glaubt er, dass ich es tun könne?"

„Nun", sie zuckte mit den Schultern, „wenn er sagt, dass Sie es können, dann werden Sie es wahrscheinlich können."

Ich spürte, dass mehr an der Sache dran war, als sie mir sagte. Aber gerade jetzt kamen Maureen und einige andere von der Gruppe ganz aufgeregt auf mich zu und wollten Genaueres wissen, warum Pater Svet mit mir hatte reden wollen. So gab es jetzt keine Gelegenheit mehr, die Sache mit Schwester Margaret weiterzuverfolgen. Ich wollte sie später wieder aufzusuchen, um mehr über diesen tief geistlichen Priester und sein neues Buch zu erfahren.

Einige der Gruppe, die von dem Licht gehört hatten, das ich am Morgen auf dem Berg gesehen hatte, fragten mich, ob ich mit ihnen am nächsten Morgen wieder hingehen würde. Darum ging ich heute Abend früh ins Bett, nachdem ich ihnen eingeschärft hatte, dass wir spätestens um vier Uhr hier weggehen müssten, wenn wir den Sonnenaufgang sehen wollten.

Am nächsten Morgen waren tatsächlich zwei von ihnen wach: Maureen und ein junger Mann, der Paul hieß. „Hallo, Wayne!" sagte er, als wir losmarschierten. „Wie weit warst du noch davon weg, als du das Licht zum ersten Mal gesehen hast?"

„Ein paar Kilometer."

„Hattest du schon die Brücke, die nach Medjugorje hineinführt, überquert, oder wo warst du? Was genau hattest du gesehen?"

Ich marschierte weiter, als hätte ich ihn nicht gehört und schlug dann vor, den Rosenkranz beim Gehen zu beten. Paul war leicht aus der Ruhe zu bringen, auch wollte er unbedingt irgendein Phänomen, das mit Medjugorje zusammenhängt, sehen. Seine Absichten waren gut, aber jetzt war weder die Zeit noch der Ort für solche Gespräche. Dies war eine Zeit für stille Meditation mit Gott. So war ich froh, als Maureen mit den ersten Gebeten des Rosenkranzes anfing.

Wir sollten an diesem Morgen kein Licht sehen. Maureen und Paul waren enttäuscht, aber nicht überrascht. Ich wusste, dass die gestrige Erfahrung eigens für mich bestimmt war – ein anderer unbestreitbarer Beweis für die Mission, die mir aufgetragen worden war.

Als wir den Berg erreichten, entschloss sich Maureen, den Gipfel auch wirklich bis zum Sonnenaufgang zu erreichen, und so schritt sie schnell aus, als wir den Aufstieg begannen. Ich hielt mit ihr Schritt. Paul kam schwerfällig hinterdrein und rief uns nach: „Hallo, wo rennt ihr so schnell hin?"

Wir erreichten die erste Kreuzwegstation und keuchten uns durch die Gebete. Dann lief Maureen wieder wie eine Gazelle weiter und ich gleich hinterher. So ging es vier Stationen weiter, bis Paul, der aussah als würde er jeden Moment umfallen, uns nachrief: „Was macht ihr beiden denn eigentlich?"

Maureen zuckte nur mit den Schultern: „Ich mache das als eine besondere Buße, aber du brauchst da ja nicht mitzumachen."

„Ich auch", fügte ich hinzu, entschlossen, mit ihr Schritt zu halten. Der Himmel hinter dem Podbrdo war schon so hell, dass die Sonne jeden Augenblick aufgehen musste, und wir wollten doch bis dahin am Gipfel sein. Vor Schweiß tropfend gelang es uns, und es war es wirklich wert. Weniger als eine Minute, nachdem wir unsere Gebete bei der letzten Station gebetet hatten, wurde der ganz Berggipfel plötzlich in eine helle Flut von Gold und Diamanten getaucht. Maureen und ich standen sprachlos ganz allein am Fuß des Kreuzes. Wir genossen diesen Augenblick. Ein paar Minuten später kam Paul, aber er war zu sehr außer Atem, um sprechen zu können.

Dann saßen wir drei beisammen und erzählten. Wir tranken Fruchtsäfte und teilten uns einen Laib hausgemachten Brotes, den ich in einem Geschäft in Čitluk gekauft hatte. Als ich mich etwas umsah, war ich wegen des vielen weggeworfenen Mülls hier am Berggipfel bestürzt. Ich hob eine leere Coca-Cola Flasche auf, dann auch ein Bonbonpapier und ein halbgegessenes Butterbrot und trug alles in die Müllgrube hinüber, die auf der einen Seite des Gipfels gegraben worden war. Alles war noch vom Tau des Morgens bedeckt und ich wischte die Tautropfen an meiner Hose ab, nachdem ich das Zeug weggeworfen hatte.

Plötzlich bemerkte ich etwas, das wie ein Bild aussah und oben auf dem Haufen lag. Ich stieg in die Grube und hob es auf. Es war ein Bild von Jesus, etwa 10 mal 12 cm groß. Interessanterweise war es ganz trocken, obwohl alles andere in der Müllgrube vom Tau durchnässt war. Niemand war auf dem Berg, als wir den Gipfel erreichten, auch ist uns niemand beim Aufstieg entgegengekommen. So musste das Bild also wenigstens über Nacht da gelegen sein. „Maureen", rief ich, „komm mal her! Ich kann es nicht glauben!" Ich zeigte ihr das Bild. „Es ist ganz trocken", murmelte ich.

„Oh, ich will es, ich will es!" rief sie, und riss es an sich, aber sie hatte nicht mitbekommen, dass es ganz trocken war.

Nun, das war mir gar nicht recht, denn ich wollte es auch haben. Aber dann erinnerte ich mich des Geschenkes, das ich am Tag zuvor bekommen hatte: An das Licht, das mir auf dem Gipfel gezeigt worden war. Vielleicht war das ihr Geschenk?

„Wo es wohl herkommt?" fragte ich mich. Wir drehten es um, fanden aber nichts auf der Rückseite, als ein handgeschriebenes Datum: 18. Juni 1986. „Es muss europäisch sein", bemerkte ich, „da der Tag zuerst kommt und dann der Monat. Aber warum nur das Datum? Und warum ein Datum sechs Wochen in der Zukunft?" Maureen schüttelte nur den Kopf, und nachdem sie das Bild Paul gezeigt hatte, steckte sie es glücklich in ihre Tasche. Etwas später machten wir uns wieder auf den Abstieg, da wir noch zur Frühmesse wollten. Das mysteriöse Bild mit dem Zukunftsdatum war vergessen.

Da wir uns alle bewusst waren, dass dies unser letzter Tag in Medjugorje war, schien uns alles viel klarer und deutlicher zu werden. Auch wurde mir bewusst, dass ich ja eigentlich gar nicht hier weg wollte. Es schien verrückt zu sein, denn ich vermisste Terri und die Kinder, und ich wollte sie unbedingt bald wieder sehen. Während der Messe gingen dann meine Gefühle beinahe mit mir durch. „Oh Gott", flüsterte ich, „das ist mein letzter ganzer Tag hier!" Mein Herz wollte mir zerspringen, denn trotz Pater Svets Bitte, und meinem eigenen Wunsch mit ihm zu arbeiten, dachte ich doch nicht, dass es mir möglich sein würde, wieder hierherzukommen.

Der Rest des Tages verging sehr schnell – viel zu schnell! Wohin ich auch schaute, überall gab es etwas anderes, an das ich mich immer erinnern wollte. Die Sonne ging langsam im Westen über den Bergen unter. Viel zu schnell kam der Zeitpunkt, wo wir in die Kirche zum abendlichen Rosenkranz gingen, der jeweils vor der kroatischen Messe gebetet wurde. Als wir eintraten, fiel mein Blick auf die Beichtstühle hinten in der Kirche. Es waren drei auf jeder Seite, und vor jedem hing ein kleines Schild: Hvratski (Kroatisch), Deutsch, English, Francais… .

Wie gewöhnlich waren die Bänke überfüllt, aber die Leute in der letzten Bank auf der rechten Seite machten Platz für mich und bestanden darauf, dass ich mich setzte. Die Gebete fingen an, aber meine Gedanken waren nicht auf den Rosenkranz konzentriert. Ich dachte mehr an die Beichte. Seit heute Morgen – eigentlich bereits die letzten paar Tage – hatte ich oft daran gedacht, zur Beichte zu gehen. Als Protestant war das etwas Neues für mich. Wir Lutheraner machen dies öffentlich als Teil einer Litanei. Ich war überwältigt von der riesigen Anzahl von Pilgern, die ich gesehen hatte, wie sie in der Kirche und außerhalb Schlange standen, um zu diesem wunderbaren Sakrament zu gehen. Auch von meiner Gruppe hatten mich einige gefragt, ob ich auch beichten würde. Wenn die Eindrücke von Medjugorje auf die Pilger einzuwirken begannen, dann fühlten viele, dass es wohl angebracht wäre, ihre Seele durch die Beichte zu reinigen. Für viele ist es das erste Mal in ihrem Leben. Durch diesen Akt der Buße besiegeln viele die Erfahrungen von Medjugorje ein Leben lang.

Ich würde das auch gern tun, aber ich war ja ein Protestant. Würde es richtig sein, wenn ich dieses Sakrament empfangen würde? Ich fragte Schwester Margaret, aber sie wusste es auch nicht, da ich der erste Protestant war, den sie jemals hierhergebracht hatte. Auf der einen Seite war dieses Sakrament für Katholiken, aber auf der anderen Seite, wie konnte man es jemandem verweigern, der auf diese formelle Weise seine Sünden bereuen wollte? Ich fragte auch Maureen, und sie ermutigte mich dazu. „Aber", fügte sie hinzu, „ganz gleich was du tust, gehe ja nicht zu Pater Arcadius, dem Priester mit dem weißen Bart und den stechenden Augen. Ich ging zu ihm. Er ist sehr streng mit Katholiken, was nicht unbedingt das Beste für einen Protestanten wäre, der zum ersten Mal zur Beichte geht!" sagte sie mit einem Zwinkern in ihren Augen.

Schließlich und endlich musste ich eine Entscheidung treffen, und so entschied ich mich zu warten, bis ich wieder daheim war. Wenn ich dann immer noch den Drang verspürte, dann würde ich meinen lutherischen Pastor bitten, meine Beichte zu hören. Ich versuchte mich jetzt auf den Rosenkranz zu konzentrieren, aber als die Zeit für die kroatische Messe immer näher kam, da wurde ich bei dem Gedanken, dass es meine letzte sein würde, innerlich immer unruhiger.

Endlich konnte ich es nicht länger aushalten, und so stand ich auf und versuchte, aus der Kirche hinauszugehen. Als ich an dem italienischen Beichtstuhl vorbeikam, schaute ich aus irgendeinem Grund zuerst auf das Schild und dann in die Augen eines großen, rundlichen Priesters, der davor stand. „Italiano?" flüsterte er mir zu.

„Nein, Englisch", erwiderte ich und ging weiter. Aber er hatte meine Absicht falsch verstanden, packte mich strahlend bei der Schulter und schob mich in die Kabine neben seiner hinein, wo auf dem kleinen Schild ‚English' stand. Völlig überrascht wurde ich jetzt in die Lage versetzt, zum Beichten zu gehen, ob ich wollte oder nicht!

Als ich auf dem harten Holz kniete, merkte ich erst, wie weh mir die Knie taten. Ich war diese Woche sehr viel gekniet, und das zum ersten Mal in meinem Leben. Ich schaute durch das kleine vergitterte Fenster und sah das Profil eines weißbärtigen Priester, den ich als den Hermitenmönch erkannte, der von Schrein zu Schrein, wie z.B. Lourdes und Fatima, reist, um beim Beichtehören auszuhelfen.

Es war der gleiche Pater Arcadius, vor dem Maureen mich gewarnt hatte! Aber jetzt es war zu spät.

„Ja, mein Sohn?“ sagte der Priester freundlich.

Ich konnte mich nur an Erwiderungen erinnern, die ich in Filmen gesehen hatte. „Segnen Sie mich, Pater, denn ich habe gesündigt.“

Er wartete und wartete, aber ich wusste nicht, was ich als nächstes sagen sollte. Endlich platzte ich heraus: „Ich möchte gern beichten, aber ich weiß nicht wie. Ich habe es noch nie zuvor gemacht. Ich bin ein Protestant.“

„Sie sind was?“ und der Kopf des Priester schnellte herum.

„Ich bin ein Protestant, Pater“, murmelte ich. Meine Knie schmerzten mir jetzt, und der Schweiß rann mir aus allen Poren. Am liebsten wäre ich aufgestanden und weggerannt.

Er schaute mich forschend an und sagte dann: „Gut, ich werde Ihre Beichte hören, aber es ist mir nicht gestattet, Nichtkatholiken die Absolution zu geben.“

„Gut, Pater, das macht mir nichts aus.“ Ich wusste nicht im Geringsten, wovon er sprach.

Es entstand wieder eine Pause. „Nun“, sagte er, „fangen Sie an.“

„Pater – ich weiß nicht was ich sagen soll.“

Er schüttelte nur den Kopf, machte wieder eine kurze Pause und sagte dann: „Ich werde Ihnen die Zehn Gebote vorsagen, und Sie antworten einfach mit ‚ja‘ oder ‚nein‘.“

Ich konnte nicht glauben, was hier geschah!

Er begann und zählte sie nacheinander auf. Ich war erleichtert, als er zu dem Gebot ‚Du sollst nicht töten‘ kam, und ich endlich ‚nein‘ sagen konnte.

Als er fertig war, sagte er: „Wenn Sie in die Staaten zurückkehren, und Sie wollen wieder zur Beichte gehen, dann sollten Sie zu Ihrem eigenen Pastor gehen.“

„Danke, Pater“, sagte ich, stand auf und verließ den Beichtstuhl so schnell wie möglich.

Draußen schepperten mir die Beine nur so, und ich winkte schnell einem Taxi, das mich nach Čitluk brachte. Als wir dort ankamen, stieg ich aus und lief den schmalen Weg bei unserer Unterkunft entlang – und ich lief und lief und lief. Innerlich war ich ganz aufgewühlt, aber ich fühlte mich dennoch innerlich so rein wie noch nie zuvor in meinem Leben. Aber dann begann ich zu lachen. Der arme Priester! Ich bin nicht ganz sicher, wer von uns beiden mehr schockiert war.

Ich ging zu meinem Zimmer, duschte und packte, weil es die letzte Nacht war, und ich am nächsten Morgen noch etwas freie Zeit für mich haben wollte. Ich hatte mich entschieden, nochmals nach Medjugorje hineinzugehen – diesmal nicht auf den Berg, sondern ich wollte noch etwas Zeit für mich allein in der Kirche vor der 7 Uhr Messe haben, nach der wir dann gleich nach Dubrovnik abfahren würden.

Bevor die anderen zurückkamen, war ich schon im Bett. Als ich auf das Einschlafen wartete, dachte ich mir, dass ich doch sehr froh war, zur Beichte gegangen zu sein. Es machte mich nicht zum Katholiken, aber auch nicht zum Nichtkatholiken. Aber es hat für mich das getan, was es für die anderen tut: Es besiegelte meine Erfahrungen von Medjugorje.

Dann nahm ich aber noch etwas anderes wahr: Ich hatte seit ich hierher kam nicht besonders viel über Maria nachgedacht, obwohl sie jeden Tag erschienen war. Ich schämte mich fast deswegen, denn es war ja immerhin sie gewesen, die mich hierher gebracht hatte. Und doch hatte ich das Gefühl, dass es ihr nichts ausmachte. Sie zieht es vor, in den Hintergrund zu rücken, und die Menschen zu ihrem Sohn zu führen. Was mich betrifft, so ist ihr das auch wirklich gelungen: Nach dieser Woche war meine Beziehung zu Gott echter und unmittelbarer, als sie jemals zuvor gewesen war. Sie war jetzt persönlich, nahe und intim, und ich spürte, dass es so bleiben würde, wenn ich nach Hause kam. Ich merkte, wie ich jetzt ab und zu murmelte: „Ich liebe Dich, Jesus!" Oder: „Danke, Jesus!" Mein Gebetsleben würde nie mehr das Gleiche sein – in der Tat, mein ganzes Leben würde nie mehr das Gleiche sein. Und das war ja das eigentliche Ziel von Medjugorje.

Als ich am nächsten Morgen die gut bekannte Straße entlanglief, kristallisierte die frische und klare Frühmorgensluft in mir alle Ereignisse der vergangenen Woche. Für mich war es ein bemerkenswerter geistlicher Fortschritt. Ich hatte auf jeden Fall die allmähliche Veränderung bei den anderen bemerkt: Die große Frau, die sich über alles beschwert hatte, wurde liebenswerter und ruhiger. Priester, die mit einer beinahe unsagbaren Gleichgültigkeit hierhergekommen waren, glühten beinahe vor Begeisterung am Ende der Woche.

Was mich betrifft, so konnte ich nur immer wieder sagen: „Herr Jesus, ich glaube nicht, dass ich jemals wieder davon wegkomme. Ich bin hier am Rande des Himmels und ich möchte eigentlich nicht mehr nach Hause zurückgehen." Aber dann verlangte mein Herz nach Terri, Kennedy und Rebecca, und ich wünschte nur, sie hierher versetzen zu können.

Als ich zur Kirche kam, war sie noch leer. Es war das erste Mal, dass ich sie ganz leer gesehen hatte. Aber es überraschte mich nicht allzu sehr, da ich wenigstens eine Stunde vor der Messe dort war. Ich ging in die vorderste Bank und kniete nieder und sofort spürte ich meine Gefühle aufwallen. „Du kannst doch nicht weinen!" sagte ich mir. Aber meine Tränen wollten einfach nicht aufhören. „Jesus", flüsterte ich, „ich weiß, wir müssen diesen Ort jetzt bald verlassen, aber ich kann einfach nicht… ."

Die Zeit schien nur so zu verfliegen, und auf einmal rutschten Maureen und die anderen von der Gruppe neben mich in die Bank. „Du Heimlichtuer, du!" flüsterte sie mir mit einem Lächeln ins Ohr. „Warum hast du uns nicht gesagt, dass du früher hierher gehen würdest?"

„Ich musste für ein paar Minuten allein sein", antwortete ich, schaute sie kurz an, musste mich aber gleich wieder abwenden. Ich konnte meine Tränen einfach nicht zurückhalten. Die englische Messe war nicht so voll, auch war sie intimer als der Abendgottesdienst. Während der Kommunion verspürte ich die sanfte Gegenwart Gottes, die ich nie mehr vergessen werde. Als die Kommunion vorbei war, eilte ich nach draußen. Ich musste einfach allein sein. In einer halben Stunde würde unser Bus nach Dubrovnik abfahren – und dann war unsere Pilgerfahrt vorbei.

Ich ging schnell zur Rückseite der Kirche, wo mich niemand sehen konnte. Die Sonne stand schon hoch am Himmel, und es war keine Wolke zu sehen. Ich fiel auf meine Knie und schluchzte unkontrollierbar. „Mein Herr und mein Gott, bitte nimm mich nicht von hier weg!" Ich fühlte mich wie ein kleiner Junge – ein Kind Gottes, von dem wir die ganze Woche über gehört hatten. Ich hatte keine Worte mehr; ich konnte nur noch „Jesus! Jesus! Jesus!" wiederholen.

So langsam verspürte ich einen tiefen, inneren Frieden, der sich in mir ausbreitete, aber auch die Gewissheit, dass meine Seele Medjugorje nie wieder verlassen würde. Aber jetzt war es an der Zeit, heimzugehen und täglich das zu leben, was ich hier erfahren hatte. Endlich stand ich auf und schaute nochmals auf den Križevac, um ein letztes geistiges Bild des Symbols dieser wunderbaren kleinen Ortschaft in mich aufzunehmen. Ich schaute und schaute – ich starrte hin, aber ich konnte kein Kreuz sehen!

Ich rieb mir die Augen, schloss und öffnete sie wieder, drehte mich hin und her – aber immer noch kein Kreuz! Betroffen nahm ich die Kamera aus meiner Tasche und schaute durch den Sucher: Nichts! Ich machte ein paar Bilder als Beweis, da ich bereits vorher mehrere von ungefähr dieser Stelle vom Križevac mit dem Kreuz gemacht hatte. Langsam ging ich zum Eingang der Kirche, wo ich Maureen und einen anderen Pilger unserer Gruppe, Bob Veasey, fand, der mir auch ein guter Freund geworden war.

„Schaut!" sagte ich leise und zeigte auf den Berg.

„Wir wissen es schon!" grinste Bob. „Wir können es auch nicht sehen!"

Wir schauten noch ungefähr 10 bis 15 Minuten auf den Berggipfel, aber dann mussten wir in den Bus einsteigen. Als wir auf unseren Plätzen saßen und nochmals auf den Berg schauten, war das Kreuz interessanterweise wieder auf seinem alten Platz und klar zu sehen.

Ich wendete mich zu Bob und sagte leise: „Das ist das schönste Abschiedsgeschenk, das wir bekommen konnten."

„Übergebt euch Gott vollkommen,
damit ihr Seine Liebe verstehen lernt
und durch sie entzündet werdet!"

14
Wieder daheim!

Als unser Flugzeug am frühen Freitagmorgen auf der Startbahn in Dubrovnik an Geschwindigkeit zunahm, konnte ich nur über die Veränderungen in unserer Gruppe über die letzten acht Tage staunen. Medjugorje hatte uns alle individuell zutiefst beeinflusst, aber es hatte uns auch als Gruppe beeinflusst. Wir hatten diese außerordentlichen Ereignisse zusammen erlebt, und diese Erlebnisse haben eine starke Bindung in uns hervorgerufen, die ein Leben lang anhalten würde.

Ich hatte jetzt ein neues Verständnis davon, was es heißt, ein Pilger zu sein: Erfahrungen und Eindrücke mit anderen aus ganz unterschiedlichen Verhältnissen, die einem nur für kurze Zeit auf den Lebensweg gestellt werden, zu teilen. Auf natürliche Weise wären wir nie Freunde geworden, aber hier war es ja nicht ‚natürlich', hier waren wir im ‚Übernatürlichen'. Irgendwie wusste ich, dass diese Freundschaften immer bestehen bleiben würden, selbst wenn wir uns jahrelang nicht mehr sehen würden.

Sobald das ‚Gurte' Zeichen verloschen war, bildeten sich kleine Gruppen in den Gängen, wo über Pläne gesprochen und Treffen vereinbart wurden.

Maureen würde schon bald in eine kleine Stadt an der Grenze zwischen Texas und Mexiko ziehen, wo sie ein Jahr lang in einer Geburtsklinik für die Armen arbeiten würde. Sie würde kein Gehalt bekommen, nur Verpflegung und Unterkunft, sowie ein kleines Taschengeld für die Notwendigkeiten des Lebens. Sie würde aber viele Überstunden und eine sehr schwierige Arbeit zu leisten haben. Ich war nicht nur davon beeindruckt, dass sie eine solche Verpflichtung auf sich nehmen würde, sondern vor allem auch deswegen, weil sie sich lange, bevor sie wusste, dass sie nach Medjugorje gehen würde, dazu verpflichtet hatte. Damals, wie sie so schön sagte, war sie keine besonders gute Katholikin gewesen. Und dennoch liebte diese junge, angehende Krankenschwester Gott so sehr, dass sie das erste Jahr ihres Berufslebens dem Dienst an anderen widmen würde. Sie war verlobt, aber sie und ihr Bräutigam Fred hatten sich entschlossen, mit der Heirat zu warten, bis ihr Freiwilligenjahr vorbei sein würde. Sie versprach, mit Fred auf ihrem Weg nach Texas in Myrtle Beach vorbeizukommen, um Terri und mich zu besuchen.

Es war eine glückliche Zeit für uns alle gewesen. Aber es quälte mich eine Sorge, von der ich wusste, dass ich sie bald würde lösen müssen. Die Sache mit Pater Svet hatte mehr an sich, als mir Schwester Margaret zu sagen bereit war. Bis jetzt hatte ich noch keine Zeit mit ihr allein gehabt, um mehr herauszufinden. Aber jetzt, da wir am Nachhauseweg waren, entschloss ich mich, sie einfach zu fragen. Glücklicherweise fand ich einen leeren Sitzplatz neben ihr. Ich fragte, ob ich mich kurz neben sie setzen könnte und schnitt gleich das Thema an: „Schwester, wie konnte Pater Svetozar, nachdem er nur ein paar Minuten mit mir gesprochen hatte, so sicher sein, dass ich der Richtige sei, um ihm mit seinem Manuskript zu helfen? Er kannte mich ja gar nicht."

Sie schaute mich kurz an und lächelte: „Nun gut, ich werde es Ihnen erzählen: Etwa zwei Monate vor unserer Reise hatte ich Pater Svet in seinem Kloster in Konjic besucht. Damals wollte er wissen, was ich von dem Buch hielt. Ich sagte ihm, dass es meiner Meinung nach großartig sei. Aber er war sich nicht sicher. Er wollte unbedingt jemand haben, der sich in der englischen Sprache gut auskennt, und der ihm mit dem Stil und dem Redigieren helfen könnte, jemand, der mit ihm direkt zusammen arbeiten würde. Er fragte mich, ob ich es tun würde."

Sie lächelte, als die daran zurückdachte. „Ich sagte ihm, ich sei dazu nicht qualifiziert, und selbst wenn ich es wäre, so hätte ich doch nicht die Zeit dafür. Wenn ich nach Hause zurückkehrte, dann würde mein Terminkalender bereits bis zum Tag meiner nächsten Abreise völlig angefüllt sein. Darum fragte er mich, ob ich nicht jemand kenne, der in der Lage wäre, ihm zu helfen. Als ich ‚Nein' sagte, erwiderte er, er wüsste dann nicht, was er tun sollte. Er bräuchte unbedingt jemand, der ihm sobald wie möglich helfen würde. Ich schlug ihm vor, dafür zu beten. „Wissen Sie", lachte sie wieder, „ich glaube stark an die Kraft des Gebetes!"

Ich nickte. „Wofür haben Sie gebetet?"

Sie machte eine kurze Pause. „Dass bei der nächsten Gruppe, die mit dem Friedenszentrum nach Medjugorje kommen würde, also bei dieser Gruppe, ein amerikanischer Schriftsteller oder Journalist dabei sein würde, oder zumindest so etwas ähnliches."

Ich starrte sie nur an. „Das ist unglaublich!" rief ich. Ich spürte, dass wieder ein Schritt auf der geistlichen Reise, zu der mich Maria aufgerufen hatte, gemacht worden war. Als ich jetzt daran dachte, wie ich, trotz Terris starkem Widerstand, beinahe wie besessen darauf bestanden hatte, im Mai nach Medjugorje zu fliegen, überkam mich auf einmal die Gewissheit: „Das soll also heißen, dass ich ganz sicher wieder nach Medjugorje zurückkehren werde."

„Warten Sie noch!" erinnerte sie mich. „Vergessen Sie nicht, dass Sie noch das Hindernis überwinden müssen, erst einmal daheim die Sache mit Terri zu besprechen."

Meine Euphorie verschwand sofort wieder. Da dieses kleine Wunder meiner Reise nach Medjugorje durch ihr Gebet zustande gekommen war, hatte ich einfach angenommen, dass ich ganz bestimmt dazu ausersehen sei, wieder dorthin zurückzukehren, um mit Pater Svetozar zu arbeiten. Jetzt war ich mir dessen aber nicht mehr so ganz sicher. „Was soll ich machen? Ich muss auf jeden Fall wieder zurück!"

„Machen Sie es genauso, wie ich es gemacht habe", sagte sie auf ihre trockene New Yorker Art. „Beten Sie dafür!"

Ich fühlte mich so richtig dumm, dass ich nach acht Tagen in Medjugorje immer noch daran erinnert werden musste, zu beten. So dankte ich ihr und versicherte, dass ich es tun würde.

Als ich zu meinem Sitz zurückgekehrt war, schloss ich meine Augen und betete im Stillen: „Herr, wenn Du es für mich bestimmt hast, wieder zurückzukommen – und ich wage gar nicht, daran zu denken – dann bitte ich Dich darum, dass Terris Antwort ‚ja' ist. Doch wenn Terri auch nur den geringsten Einspruch erhebt, wenn ich ihr davon erzähle, dann weiss ich, dass es nicht Dein Wille ist. Dabei will ich es belassen. Amen!" Es war für mich ein unbehaglicher Gedanke, es so krass gesagt zu haben, aber jetzt war es nun mal geschehen.

Wir landeten am Kennedy Flughafen. Nach dem Aussteigen ging es geradezu hinein in die lärmende Geschäftigkeit eines belebten Flughafens und in den Lärm und das organisierte Chaos von New York City mit seinen vielen Menschen, die hin und her rannten. Wir waren wieder in die ‚Welt' zurückkatapultiert worden. Das fiel noch stärker auf, als wir hinauskamen, wo die Leute um Taxis riefen, und wo Taxifahrer sich gegenseitig anschrieen.

Nachdem wir uns in unserer Gruppe voneinander verabschiedet hatten und uns gegenseitig versprochen hatten, in Verbindung zu bleiben, und da ich noch etwas Zeit bis zu meinem Flug nach Myrtle Beach hatte, ging ich zum nächsten Telefon, um Terri anzurufen. Es gab so viel zu erzählen. In all den Jahren unserer Ehe war es das erste Mal gewesen, dass wir so lange voneinander getrennt waren und uns nicht einmal anrufen konnten. Ich konnte jetzt nicht abwarten, ihre Stimme zu hören! Und dennoch, als ich mit dem Wählen fertig war und daran dachte, was ich ihr sagen wollte, da begann ich zu würgen. Ich konnte es ihr jetzt noch nicht sagen! So legte ich den Hörer wieder auf, bevor es läutete und schüttelte den Kopf. Es musste eben warten, bis ich daheim war.

Als ich mich in der Toilette etwas frisch machte, um einigermaßen zivilisiert auszusehen, war ich überrascht über das braun verbrannte Gesicht, das mir aus dem Spiegel entgegenschaute. Auch war ich ganz schön eingefallen, aber das konnte weder auf den zehnstündigen Flug ohne Schlaf, noch auf den Gewichtsverlust durch übergangene Mahlzeiten zurückgeführt werden. Die Augen schienen irgendwie älter geworden zu sein.

Als mein nächster Flug auf unserem Flugplatz daheim landete, war ich schon mehr als 16 Stunden unterwegs, aber dennoch konnte ich immer noch nicht meine Gefühle beherrschen. Normalerweise bin ich immer der Erste, der aufsteht und im Gang wartet, aber heute Abend ließ ich den anderen gern den Vortritt. So saß ich da und versuchte, mich auf das Wiedersehen mit Terri vorzubereiten, damit ich es wie ein Erwachsener bewerkstelligen könnte. Dadurch war ich der Letzte, der das Flugzeug verließ.

Als ich durch die Flugplatztür ging, stand sie da, unheimlich schön! Zuerst bemerkte ich einen verdutzten Ausdruck in ihrem Gesicht, als sie mich sah, aber dann lächelte sie und hielt mir ihre Arme entgegen. Als ich in ihnen lag, fingen die Tränen an zu laufen. Ich konnte mich einfach nicht beherrschen! Das Wiedersehen, zusammen mit der Einwirkung dieser acht Tage in dem heiligen, kleinen Dorf, waren einfach zu viel für mich.

Sie drückte mich an sich und fragte: „Was ist los mit dir?"

Aber ich konnte nicht antworten. „Bitte", entfuhr es mir endlich, „hole das Auto. Ich will heimfahren!"

Wir fuhren in tiefstem Schweigen. Als wir in unsere Einfahrt fuhren, war ich so froh, wieder daheim zu sein! Aber ich fühlte immer noch das furchtbare Heimweh nach Medjugorje. Die geistige, körperliche und gefühlsmäßige Ermattung machten sich jetzt bei mir bemerkbar, und ich ließ mich einfach in den Sessel fallen.

„Möchtest du irgend etwas?" fragte Terri.

Ich schüttelte nur den Kopf. Sie kam zu mir und schaute mich prüfend an. „Du siehst ja furchtbar aus!" sagte sie mit einem Lächeln. „Aber es steht dir. Ich kann es nicht glauben, wieviel Gewicht du verloren hast."

So führte sie die Unterhaltung fort, und ich versuchte ab und zu auch mal ein Wort zu sagen. Aber dann entschied ich mich, den Stier bei den Hörnern zu packen und begann ihr zu erzählen, was geschehen war, und wie es mich ergriffen hatte. Ich musste des Öfteren anhalten, da ich einfach nicht weiterreden konnte.

Wir unterhielten uns zwei Stunden lang, aber ich kam kaum zum Wesentlichsten. Gegen 23 Uhr ging ich endlich ins Bett. Obwohl ich jetzt schon zwei Tage wach war, konnte ich nur vier Stunden schlafen. Ich stand auf und ging ins Wohnzimmer, um zu beten. Dann ging ich nach draußen und ging in der warmen Nachtluft ein wenig spazieren. Es verlangte mich danach, die herrlichen kroatischen Gesänge und Gebete wieder zu hören, an die ich mich so gewöhnt hatte. Die acht Tage in Medjugorje kamen mir wie ein ganzes Leben vor, und ich hatte furchtbares Heimweh nach dem Dorf und den Menschen.

Endlich raffte ich mich dazu auf, wieder ins Bett zu gehen. Ich schlief, bis die Kinder hereingerannt kamen und auf mir herumhüpften. Jetzt fühlte ich mich wohl.

„Du hast lange genug geschlafen!" riefen sie. „Es ist Zeit zum Aufstehen!"

Wir tobten noch eine Weile herum, dann scheuchte ich sie fort, duschte, rasierte mich und zog mich an. An diesem Tag habe ich wenig gemacht. Alles was ich fertig brachte, war, auszupacken und meine Sachen aufzuräumen. Wir unterhielten uns hie und da, aber wir umarmten uns viel.

Der nächste Tag war ein Sonntag, und es war Zeit zur Kirche zu gehen. Ich begann mich fertig zu machen. Dann aber hielt ich inne und sagte zu Terri, dass ich glaubte, ich sei heute nicht in der Lage zu gehen. Ich könnte jetzt noch keinen Leuten begegnen, ganz besonders nicht unserem Pastor. Ich erinnerte mich jetzt wieder an ihre Zurechtweisungen und auch daran, alles abzulehnen, was außerhalb der lutherischen Lehre lag. Was sie betraf, lagen Marienerscheinungen außerhalb dieser Richtlinien. Aber ich war ja dort gewesen! Für mich war ihre Echtheit keine Frage mehr. Ich war davon überzeugt, dass sie das wichtigste Ereignis seien, das heutzutage in der Welt geschieht.

„Na, komm schon!" drängte mich Terri. „Es wird schon alles gut werden!"

Und wie es das Schicksal will, wir waren noch kaum auf dem Parkplatz, als mich einer meiner Bekannten entdeckte. Er begrüßte mich und sagte, wie froh er sei, mich wiederzusehen. Dann sagte er: „Alter Junge, ich bin sicher, dass du froh bist, wieder in den guten alten USA zu sein!“

Ich starrte ihn nur mit einem seltsamen Lächeln an und sagte nichts. Ich war *nicht* froh, wieder in den guten alten USA zu sein. Jetzt wollte ich nichts so sehr, als sie wieder zu verlassen und mit dem nächsten Flugzeug nach Jugoslawien zu fliegen. Terri versicherte ihm, dass ich bald wieder der Alte sein würde, und dass ich nur unter dem Jetlag litt.

Als wir aus dem Auto ausstiegen, flüsterte ich Terri zu, wir sollten einfach wieder nach Hause fahren. Ich hatte keine Lust, in die Kirche zu gehen. Aber sie drückte nur meinen Arm und sagte, dass alles in Ordnung sein würde.

Wir gingen also hinein. Wenn Leute sich nach meiner Reise erkundigten, dann lächelte ich nur und sagte, sie war gut und so weiter, indem ich krampfhaft versuchte, meine Selbstbeherrschung nicht zu verlieren. Terri war immer bei mir und glättete hinter mir die Wogen, indem sie Entschuldigungen für mein sonderbares Benehmen vorbrachte.

Wir setzten uns ganz hinten hin. Ich musste jetzt feststellen, wie sehr ich unsere lutherische Liturgie mochte: Sie war der katholischen Messe ähnlicher, als ich vorher angenommen hatte. Aber nichts war mit St. Jakob zu vergleichen: Die Freude, die donnernden Antworten der Gemeinde, das beseelte Singen! Ich schloss meine Augen und tat, als ob ich wieder in Medjugorje wäre.

Als wir die Kirche verließen, grüßte uns Pastor Wingard bei der Tür aufs Herzlichste. Und wieder überkam mich diese Erinnerung. Da ich ihn ab und zu auf der Kanzel zu Tränen gerührt gesehen hatte, nahm ich an, dass er mich verstehen würde. Ich sagte ihm einfach, es sei eine sehr, sehr tiefgehende spirituelle Reise gewesen, und dass ich mich schon bald mit ihm zusammensetzen wollte, um mit ihm darüber zu sprechen.

„Das ist großartig!“ sagte er. „Ich freue mich schon darauf!“

Es war einfacher gewesen, als ich gedacht hatte. Aber es war schön, wieder bei uns daheim zu sein, um mit meinen Erinnerungen allein sein zu können.

Am nächsten Tag überfiel mich aber wirklich der Jetlag. Ich versuchte nicht einmal ins Büro zu gehen, sondern nickte immer wieder ein, wenn ich mich danach fühlte. So ging es fast den ganzen Tag lang. Mehrere Male sagte ich zu Terri, ich hätte etwas Wichtiges mit ihr zu besprechen, aber dann war ich schon wieder eingenickt. Endlich, so gegen 22,30 Uhr, bat ich sie den Fernseher auszuschalten, da wir etwas zu besprechen hätten.

Ich versuchte meine Gefühle soweit wie möglich unter Kontrolle zu halten, als ich ihr von meiner Begebenheit mit Pater Svet erzählte. Ich gab ihr auch sein erstes Buch, das sie bereits gelesen hatte. „Ich kann es immer noch kaum glauben“, schloss ich meine Rede, „aber er fragte mich, nochmals auf zehn Tage oder zwei Wochen zurückzukommen, um ihm zu helfen, sein nächstes Buch fertig zustellen.“

Ohne mich anzuschauen oder etwas zu sagen, blätterte sie in dem blauen Buch herum. Ich saß ganz verzweifelt da: 30 Sekunden, 40 Sekunden.....

Dann schaute sie mit einem leichten Lächeln zu mir auf und sagte: „Nun, wenn Maria will, dass du zurückgehst, um das zu tun, so muss ich wohl ‚ja‘ sagen. Aber wen willst du denn eigentlich an der Nase herumführen? Es werden nicht zehn Tage oder zwei Wochen sein, nein, es werden wahrscheinlich mehr als drei Wochen werden.“

Ich traute meinen Ohren nicht als ich das hörte! Ich reichte zu ihr hinüber, drückte sie, und sagte ihr, dass ich sie sehr liebe.

„Nun gut“, sagte sie und schüttelte lächelnd den Kopf, „jetzt bin ich mir aber nicht ganz sicher, ob ich da hinein verwickelt werden soll oder nicht, aber... .“

„Terri“, fiel ich ihr ins Wort, „du wirst nicht hinein verwickelt! Wenn du deine Meinung ändern willst... .“

„Nein, nein, ich verstehe schon!“ unterbrach sie mich. „Wann musst du zurückgehen?“

„Mitte Juni“, antwortete ich und versuchte nicht allzu begeistert zu klingen.

Wir sprachen noch über eine Stunde darüber. Als wir zu Bett gingen, sagte sie: „Weißt du, ich bin mir nicht im Geringsten darüber klar, warum ich überhaupt zustimme. Es ist lächerlich!“ Aber als sie meinen Gesichtsausdruck bemerkte, fügte sie hinzu: „Mach dir keine Sorgen! Es muss sein!“

Ich ging sehr glücklich schlafen.

TIŠINA
SILENZIO
SILENCE
STILLE

„Ich rufe euch auf,
ein Beispiel für alle zu sein,
besonders durch euer Gebet und Zeugnis!"

15

Die Geschichte wird erzählt

Am Dienstagmorgen wachte ich freudig auf. Ich werde wieder nach Medjugorje zurückkehren! Ich blieb noch eine Weile im Bett, um es so richtig zu genießen. Als ich dann so langsam in den Normalzustand zurückgekehrt war, wollte ich auch gleich mit der Arbeit beginnen. Es würde gut sein, meine Gedanken niederzuschreiben, solange sie noch frisch waren. Ich schätzte, dass ich wenigstens zwei Artikel für die Reise brauchen würde.

Es war jedoch auch eine dunkle Wolke am Horizont: Gestern fiel mir ein, dass ich heute eine Verpflichtung hatte, bei einem hiesigen Verein beim Frühstück eine Ansprache zu halten. Es war zu spät, einen Ersatz zu finden. Auch wusste ich nicht, worüber ich sprechen sollte, außer dass es sich um meine Reise nach Jugoslawien handeln würde.

Es war mir auch noch nicht klarer, als ich zum Motel kam, wo wir uns jeden Dienstagmorgen trafen. „Aber zumindest bin ich pünktlich", dachte ich mir, als ich ins Speisezimmer trat. Die Uhr an der Wand zeigte genau 7,30 Uhr. Als ich mich umschaute, waren bereits 40 bis 50 Männer versammelt, was nicht schlecht für den Sommeranfang war.

Normalerweise setzte ich mich an einen der Tische am Ende des Raumes, aber heute Morgen musste ich ganz vorne am Haupttisch, in der Nähe des Podiums neben dem Vereinsvorsitzenden Platz nehmen. Wir unterhielten uns ein wenig. Ich konnte nicht viel essen. Öffentliche Ansprachen sind mir noch nie leicht gefallen. Was mich betrifft, waren sie ein notwendiges Übel. Ganz gleich was der Anlass oder wie groß die Zuhörerschaft war, ich fühlte mich immer unwohl bei der Sache. Meine Hände schwitzten, und ich konnte meinen Notizen nicht so richtig folgen. Es war auf jeden Fall nicht etwas, was ich gerne tat, besonders nicht vor einer Gruppe von Geschäftsleuten.

Und jetzt sollte ich zu ihnen über Medjugorje sprechen, über ein religiöses Thema!

Ich versuchte, mir eine Rede zurechtzulegen und machte mir sogar ein paar Notizen auf der Serviette. Dann waren wir mit den Vereinsangelegenheiten fertig, und der Vorsitzende kündigte mich an. Ich hielt mich am Podium fest, damit meine Hände nicht zitterten und fing an: „Guten Morgen! Ich kenne Sie alle, meine guten Leute. Wir sind alle Mitglieder dieses Vereins, und ich habe mit vielen von euch schon zusammengearbeitet. Ich weiß nicht, wie ich es sagen soll, und was ich Ihnen heute sagen werde, denn es ist nicht das, was ich eigentlich geplant hatte." Ich machte eine Pause und holte tief Luft. „Aber wenn ich es Ihnen sagen kann, dann kann ich es auch jedem anderen sagen."

So begann ich, ihnen über die Erscheinungen in Medjugorje zu erzählen, was sich dort ereignet, und wie es angefangen hatte. „Ich war dort", sagte ich. „Ich habe diese Leute getroffen. Ich war in dieser Kirche. Ich konnte es selbst spüren, was dort geschah." Zum ersten Mal in meinem Leben sprach ich öffentlich über Jesus Christus. Und auf einmal fühlte ich dabei keine Verlegenheit mehr und auch keine Angst. Auch schwitzten meine Hände nicht mehr. Ich konnte nicht aufhören und sprach beinahe vierzig Minuten, doppelt so lange wie gewöhnlich. Während der ganzen Ansprache war ich ruhig und gefasst, und die Worte flossen nur so aus mir heraus.

Normalerweise gehen einige, die frühe Termine haben, bevor der Redner fertig ist, und an den meisten Dienstagmorgen scheint es, als ob sehr viele frühe Termine hätten. Diejenigen, die bleiben, holen sich dann gewöhnlich noch eine Tasse Kaffee oder schauen ins Morgenblatt. Heute Morgen aber ging keiner, niemand bewegte sich.

Endlich machte ich Schluß, denn ich wusste, dass es Zeit zum Aufhören war. „Ich weiß wirklich nicht, warum ich das getan habe", sagte ich, „denn normalerweise würde ich nie über solche Dinge sprechen, über die ich gerade zu Ihnen gesprochen habe. Das Einzige, was ich noch hinzufügen möchte, ist, dass es mein Leben so sehr beeinflusst hat, dass ich niemals mehr der Alte sein werde. Und diese Gedanken möchte ich Ihnen ans Herz legen."

Es herrschte Stille, dann aber fingen sie an zu applaudieren. Da erschrak ich: Mein Gott, was habe ich gesagt! Jetzt wurde ich verlegen, genauso wie damals, als ich meinen ersten Artikel über Medjugorje zum Druck gegeben hatte. Wie zuvor, kamen mir auch jetzt wieder die Gedanken: Wenn ich doch nur diese Worte zurücknehmen könnte! Aber es war natürlich zu spät.

Der Vorsitzende stand auf und murmelte so etwas wie, dass dies eine der ungewöhnlichsten Ansprachen gewesen sei, die sie jemals gehört hätten. Dann entließ er uns zu meiner Erleichterung. Einige der Männer kamen zu mir, um mit mir zu reden. Ich werde nie den Ersten vergessen. Er schaute mich an und sagte: „Nun, das erforderte mehr Mut, als ich jemals aufbringen könnte." Er machte eine Pause. „Aber es war schön. Sie haben mich sehr positiv berührt, das wollte ich Ihnen nur sagen." Er drehte sich um und ging.

Auch andere machten positive Bemerkungen, und einige luden mich sogar ein, in ihren Kirchen zu sprechen. Nachdem alles vorbei war, verließ ich wie benommen das Motel. Als ich in mein Auto stieg, blieb ich zunächst einmal eine Weile sitzen. Dann fuhr ich zur Arbeit, und mein Herz floss vor Dankbarkeit über.

Meine Freude war sehr groß, als ich ins Büro kam. Ich kümmerte mich nicht einmal um die Geschäftspost, die Denease eine Woche lang für mich auf dem Schreibtisch aufgestapelt hatte. Ich ging schnurstracks zu meiner Schreibmaschine und begann, an meinem nächsten Artikel zu arbeiten, dem siebenten in der Medjugorje Serie. Es fiel mir so leicht, als ob ich einen Brief an einen guten und interessierten Freund schreiben würde.

Ein Besuch in Medjugorje

13. Mai 1986

Vor ein paar Wochen traf ich einen alten Freund auf dem Flugplatz. Ich wartete gerade darauf, eine neuntägige Reise nach Medjugorje in Jugoslawien anzutreten. Während wir uns über Nebensächlichkeiten unterhielten, fragte ich ihn, wohin er reiste. Er sagte mir, er würde geschäftlich für ein paar Tage nach Cancun in Mexiko fliegen, wolle dort aber auch etwas entspannen. Dann fragte er mich unweigerlich: „Und wohin fliegst du?"

„Ah, nach Jugoslawien", sagte ich zögernd. „Ich fliege nach Jugoslawien."

Sein Blick sprach Bände, aber er fragte dennoch: „Was willst du ausgerechnet in Jugoslawien?"

Nachdem ich beinahe zwei Wochen dort zugebracht hatte, kann ich gut verstehen, warum jemand eine solche Reise in Frage stellen würde. Es ist kommunistisch, bergig, und es ist äußerst schwer, dort herumzureisen. Auch empfangen sie dort Besucher, vor allem Amerikaner, nicht gerade freundlich und mit offenen Armen.

Aber ich war ja nicht als Tourist dorthin gekommen. Alle, die in den letzten sechs Monaten diese Artikel regelmäßig gelesen haben, wissen, warum ich nach Medjugorje ging.

Seit beinahe fünf Jahren schon hat dieses kleine abgelegene Bergdorf weltweite Beachtung erlangt, da berichtet wird, dass dort die Heilige Jungfrau Maria, die Mutter Jesu, täglich sechs jungen Leuten erscheine. Obwohl die jugoslawische Regierung versucht, Reisen dorthin zu erschweren, waren doch schon Millionen Menschen aus aller Welt dort und gehen immer noch hin, um selbst zu sehen, was sich dort ereignet.

Es ist mittlerweile die beste Touristenattraktion in Jugoslawien geworden. Aus diesem Grund, und obwohl die Regierung weiterhin den Einheimischen und Besuchern das Leben schwer macht, duldet sie doch widerwillig, und nur des wirtschaftlichen Gewinnes wegen, den Zustrom der Menschen. Pensionen werden hastig gebaut, doch nur von privaten Grundbesitzern und nicht von großen Baufirmen. Der Fortschritt geht sehr langsam voran. Es gibt dort vereinzelte Essen- und Souvenirstände, aber verhältnismäßig sehr wenige im Vergleich zu der Anzahl der Leute. Es gibt keine öffentlichen Toiletten, gar nichts, was den Aufenthalt der Pilger angenehm machen würde. Und trotzdem kommen wöchentlich Tausende.

In der heutigen technischen Welt ist es sehr schwer, an ein solches Ereignis zu glauben. Wenn man aber selbst hingeht und längere Zeit dort bleibt, dann kann kein Zweifel mehr daran bestehen, dass dort etwas ganz Besonderes geschieht, das durch technische oder wissenschaftliche Methoden nicht erklärt werden kann.

Die Vielzahl der religiösen Glaubensrichtungen und Kulte in der heutigen Welt, die allgemeine Apathie der Kirchgänger und die geteilten Meinungen selbst in der katholischen Kirche verstärken nur noch den Skeptizismus gegenüber diesem übernatürlichen Phänomen. Doch meine eigene Erfahrung und die Umstände, die mich dorthin geführt hatten, haben mich davon überzeugt, dass es ein echter Aufruf zum Frieden sowie zur Rückkehr zu Gott ist, und zwar für die ganze Menschheit. Ich bin auch davon überzeugt, dass Maria, die Mutter Jesu, die Botschafterin ist.

Ich hatte das schon geglaubt, bevor ich nach Medjugorje ging, aber jetzt, nachdem ich dort war, besteht für mich kein Zweifel mehr.

Immer wieder fragte ich mich: „Warum ich?“ Ich bin ein Journalist, und Journalisten verlangen harte, kalte, beweisbare Tatsachen und Beweismaterialien. Ich bin kein Katholik und ich weiß sehr wenig über die Marienverehrung in der katholischen Kirche. Mein eigener lutherischer Glaube ignoriert Maria mehr oder weniger, außer in ihrer Rolle als Mutter des Herrn.

Mein Interesse, mehr über diese Ereignisse zu erfahren, war allein meiner Neugierde entsprungen. Ich hatte mir gedacht, dass sie einen interessanten Weihnachtsartikel abgeben würden. Diese ‚Neugierde‘ entwickelte sich zu vier langen Artikeln, die den ganzen Dezember hindurch erschienen waren. Seitdem haben wir schon über 250 schriftliche Nachfragen wegen Kopien dieser Artikel, denen ein adressierter und frankierter Briefumschlag beilag, erhalten. Und sie kommen immer noch!

Dieses ursprüngliche Interesse entwickelte sich zu dem starken Wunsch, den Rest meines Lebens damit zu verbringen, die Botschaft von Medjugorje zu verbreiten, und zwar an alle, die bereit sind, sie zu hören. Ich habe jetzt vor, genau das zu tun.

Was ich dort beobachtet und was ich gefühlt habe, lässt sich nicht leicht in Worte fassen. Es wird schwer sein für andere, es anzunehmen oder daran zu glauben. Und doch bin ich dort gewesen und weiß, was ich gesehen und gespürt habe. Ich habe die Sonne tanzen, sich bewegen, sich drehen und so schwach werden gesehen, dass ich mit dem bloßen Auge hineinschauen konnte. Das sollte unmöglich sein, aber ich habe es gesehen! Es war die gleiche Sonne, die Sie und ich täglich sehen.

Ich habe auch ein riesiges, 14 Tonnen schweres Betonkreuz, das hoch auf dem Berg hinter der Kirche von Medjugorje steht, vollständig verschwinden gesehen, obwohl es ein wolkenloser, heller Morgen gewesen war. Dieses gleiche Kreuz habe ich an einem anderen, sehr dunklen Morgen glühen und strahlen gesehen, als ob es mit Lichtern bedeckt gewesen wäre. Das ist auch unmöglich! Es gibt keinen elektrischen Strom auf dem Berg, aber ich habe es gesehen!

Es hat noch viel mehr gegeben, aber ich will damit nur sagen, dass es keine Erklärungen für diese Phänomene gibt. Meistens passieren sie zu dem Zeitpunkt, wenn die Heilige Jungfrau den Kindern erscheint. Einige sehen sie, andere nicht. Andere haben sie zu Zeiten gesehen, wenn ich sie nicht sah.

Das wichtigste Phänomen in Medjugorje sind jedoch nicht diese übernatürlichen Ereignisse. Es ist dies, dass beinahe alle Dorfbewohner die Botschaften, die die Muttergottes bringt, einhellig annehmen. Dieses Dorf kommt dem Ideal einer perfekten Gemeinschaft der Liebe und Annahme des Willens Gottes am nächsten.

Diese Gemeinde, obwohl einfach, rückständig und ohne besondere materielle Güter, war vor dem Beginn der Erscheinungen im Juni 1981 in vielem von unseren eigenen Gemeinden kaum zu unterscheiden. Sie hatte ihren Anteil an Problemen durch Trunkenheit, Untreue, Habsucht und Streitereien. Die Einwohner gingen zwar zur Kirche, aber es waren nicht genug, um die Bänke jeden Sonntag zu füllen.

Heute gibt es diese alten Probleme nicht mehr. Die Kirche ist täglich, und nicht nur am Sonntag voll. Gottesverehrung steht jetzt an erster Stelle. Das ist das wahre Wunder, die wahre Botschaft von Medjugorje. Das ist es, was die Pilger am meisten beeindruckt.

Jakov, Ivan und Marija während einer Erscheinung

Einer der jungen Leute, die Maria jeden Tag sehen, hatte einmal gesagt, dass der Höhepunkt des Tages nicht die Erscheinung der Muttergottes sei, sondern der Besuch des Gottesdienstes. Das ist es, was die Heilige Jungfrau von uns allen will.

Wie soll es nun weitergehen? Nächste Woche werde ich wahrscheinlich den letzten Artikel über dieses Thema schreiben. Ich bin auch bereit, zu Gruppen zu sprechen und das Video zu zeigen. Vor allen Dingen werde ich aber alles daransetzen, den Botschaften von Medjugorje getreu zu leben. Mögen sie für immer in uns allen leben!

Zwei Wochen später fiel mir der achte und letzte Artikel über Medjugorje ebenso leicht:

Ein letztes Wort über Medjugorje

28. Mai 1986

Vor zwei Wochen bin ich von einer neuntägigen Reise nach Medjugorje in Jugoslawien zurückgekehrt. Es wird berichtet, dass in diesem kleinen, ländlichen Bergdorf die Jungfrau Maria, die Mutter Jesu, einer Gruppe von sechs jungen Leuten erscheint. Die Erscheinungen, wie sie genannt werden, finden seit dem 24. Juni 1981 statt, also seit beinahe fünf Jahren! Im Dezember letzten Jahres hatte ich eine Serie von vier Artikeln über dieses übernatürliche, religiöse Phänomen geschrieben. Auch dieses Jahr habe ich schon einige Berichte darüber geschrieben. Dieses wird der letzte Artikel sein, den ich über Medjugorje schreibe.

Dieser letzte Artikel behandelt mehrere der Botschaften, die Maria in der letzten Zeit gegeben hat. Bitte erlauben Sie mir aber zunächst, kurz von einem der Pilger zu erzählen, der auch die Reise mit der Gruppe des Friedenszentrums nach Medjugorje gemacht hat.

Frank Fiamingo junior ist beidseitig gelähmt. Er lebt schon 19 von seinen 33 Jahren im Rollstuhl. Seine Geschichte, wie er nach Medjugorje gekommen war, bedeutet sehr viel für mich.

Franks Eltern, Frank senior und Yolanda wohnen hier am Grand Strand in Surfside Beach. Man braucht sich nur kurz mit Frank senior zu unterhalten, um festzustellen, dass er einer der zufriedensten und optimistischsten Menschen ist. Yolanda ist ruhig und scheint immer alles unter Kontrolle zu haben. Beide haben ihr Leben der Kirche und ihrer Familie gewidmet, was man auch leicht erkennen kann.

Was mir aber ganz besonders daran gefällt, dass sie nach Medjugorje gekommen waren, ist die Tatsache, dass sie durch die Artikel, die ich im Dezember geschrieben hatte, davon erfahren hatten. Sie riefen Frank junior, der in Columbus in Ohio wohnt, an und entschieden sich, mit der gleichen Gruppe wie ich zu fliegen.

Ich fragte Frank, der ein Wissenschaftler an der medizinischen Fakultät der Ohio Staatsuniversität ist, warum er sich entschlossen hätte, nach Medjugorje zu kommen, und ob er glaubte, hier Heilung zu finden.

Er überlegte es sich genau, bevor er antwortete: „Ich glaube, ich bin aus dem gleichen Grund hierhergekommen wie Sie und die anderen. Ich wollte mehr darüber erfahren, was hier geschieht. Ich bin aus persönlichen Gründen gekommen, aber auch um geistige Nahrung zu empfangen."

Er machte eine Pause und fuhr dann fort: „Aber um Ihre Frage zu beantworten: Nein, ich bin nicht hierhergekommen, um körperliche Heilung zu finden."

Ich glaube, ich kann mit Sicherheit sagen, dass Frank alles das gefunden hat, was er in Medjugorje gesucht hatte. Er war von Vicka, einer der jungen Leute, die die Jungfrau Maria täglich sehen, aufs Herzlichste begrüßt worden. Sie hatte sich mit ihm und seiner Familie für Fotos aufgestellt und hatte auch mit ihnen gebetet. Später war er in das Zimmer, wo die Erscheinungen stattfinden, eingeladen worden, und er war auch bei einer Erscheinung dabei gewesen.

Frank Fiamingo junior hat Medjugorje genauso, wie er gekommen war, verlassen, nämlich im Rollstuhl. Ich glaube aber, dass ich mit Sicherheit sagen kann, dass er genauso glücklich und zufrieden und genauso erfüllt nach Hause gefahren ist, wie wir anderen von der Gruppe.

Jeden Donnerstag, manchmal auch am Montag, gibt die Jungfrau Maria den Kindern Botschaften, die für die ganze Pfarre, ja für die ganze Welt bestimmt sind. Sie spricht alle Menschen mit „Liebe Kinder" an. Jede Botschaft beendet sie mit: „Danke, dass ihr meinem Ruf gefolgt seid."

6. März, Donnerstagabend: „Liebe Kinder, heute rufe ich euch auf, euch Gott mehr zu öffnen, damit Er durch euch arbeiten kann. Denn in dem Maße, in dem ihr euch Ihm öffnet, werdet ihr auch die Früchte davon bekommen. Ich möchte euch wieder zum Gebet aufrufen."

27. März, Donnerstagabend: „Liebe Kinder, ich möchte euch für eure Opfer danken. Aber jetzt rufe ich euch zum größten Opfer auf, dem Opfer der Liebe. Ohne Liebe könnt ihr weder mich noch meinen Sohn annehmen. Ohne Liebe könnt ihr eure Erfahrungen nicht anderen mitteilen. Deswegen lade ich euch dazu ein, mit euren Herzen zu lieben."

7. April, Montagabend: „Liebe Kinder, ihr seid zuviel durch materielle Dinge in Beschlag genommen. Im Materiellen habt ihr all das verloren, was Gott euch schenken will. Ich lade euch ein, liebe Kinder, für die Geschenke des Heiligen Geistes zu beten, die ihr jetzt braucht, um Zeugnis von meiner Gegenwart und allem, was ich euch hier gebe, abzulegen. Liebe Kinder, übergebt euch ganz mir, damit ich euch in Allem führen kann. Lasst euch nicht von den materiellen Dingen der Welt zu sehr in Beschlag nehmen."

Die Botschaft vom Montagabend, dem 5. Mai, war eine ganz besondere. Wir, von der Gruppe, waren fast alle anwesend, als sie empfangen wurde.

Wir erfuhren davon um 21,45 Uhr an diesem Abend. Einer der Seher hatte gesagt, dass Maria einige der Pilger nach Medjugorje eingeladen hätte, um auf den Erscheinungsberg zu einer besonderen Erscheinung mit den Kindern zu kommen. Es war eine stockfinstere Nacht, und doch gelang es uns, auf dem steilen, felsigen

Weg auf die Anhöhe, wo die ersten Erscheinungen stattgefunden hatten, zu gelangen.

Als Maria erschien, war sie glücklich und zufrieden und sagte zuerst zu den Kindern: „Gelobt sei Jesus!“ Dann betete sie für uns und segnete uns. Als einer der Seher uns ihr etwas später anempfohlen hatte, da segnete sie uns wieder. Ihre Botschaft an diesem Abend war: „Liebe Kinder, ich möchte mit euch zusammenarbeiten, aber zuerst möchte ich, dass ihr Apostel der Botschaften des Friedens, der Bekehrung, des Gebetes, des Fastens und der Buße werdet. Ich ermutige euch alle, diese Botschaften zur Änderung eures Lebens zu leben.“

Anschließend sagte sie, sie sei sehr glücklich darüber, dass wir alle da seien. Sie entfernte sich dann wieder in einem hellen Licht in der Form eines Kreuzes.

Ich will diesen Artikel auch so beenden, wie Maria ihre Erscheinungen mit den jungen Sehern beendet: „Geht im Frieden Gottes!“

Da ich nun mit allen Artikeln über Medjugorje fertig war, konnte ich meine ganze Aufmerksamkeit auf die Vorbereitungen meiner Rückkehr dorthin richten. Als ich damit anfing, Pater Svets Manuskript zu redigieren, stellte ich fest, dass es wegen des riesigen Unterschiedes zwischen der kroatischen und englischen Sprache eine äußerst schwierige Aufgabe sein würde. So sehr ich auch diesen Mann und sein erstes Buch bewunderte, bei seinem nächsten war eine ungeheuer große Redigierarbeit notwendig. Terri hatte auch einen Teil des Manuskriptes gelesen und war aufs Tiefste davon beeindruckt, und dafür war ich dankbar, denn sie war jetzt auch begeistert davon, dass ich wieder dorthin gehen würde.

Schneller als wir glaubten, war der 15. Juni, der Tag meiner Abreise gekommen.

Auf dem Erscheinungsberg – Podbrdo.

„Aber ihr wisst nicht,
das rund um die Oase die Wüste ist,
wo Satan lauert und jeden von euch versucht.
Liebe Kinder, nur mit dem Gebet seid ihr imstande,
je den Einfluss des Satans an eurem Ort zu besiegen."

16

Die Rückkehr

Es war ganz anders, so allein nach Dubrovnik zu fliegen. Ohne andere Pilger, mit denen man Erwartungen besprechen und Geschichten austauschen kann, kommt einem der neunstündige Flug doppelt so lang vor. Als wir dann landeten, fühlte ich mich noch mehr allein. Die unfreundliche, uniformierte Frau bei der Passkontrolle nahm mir ohne ein Wort zu sagen meinen Pass weg und behielt ihn für eine Weile. Sie blätterte ihn zwei Minuten lang durch und warf ihn mir dann ohne Erklärung wieder zurück. Auf diese Weise wollte sie mich nur wissen lassen, wer hier die Kontrolle führte.

Ich ließ mir nichts anmerken und ging, um meinen Koffer zu suchen. Mein Magen war verkrampft. Es war diesmal wirklich ganz anders als bei meiner ersten Reise. Niemand war da, der mir Auskunft darüber gab, wohin ich gehen oder was ich machen sollte. Es gab keinen Bus mit freundlichen Pilgern, der mich nach Medjugorje bringen würde; auch wartete auf mich kein reserviertes Zimmer, wenn ich dort ankommen würde. Beim Autoverleih hatten sie nicht einmal eine Straßenkarte. Das Reisebüro, das auch meine sonstigen Geschäftsreisen bucht, hatte einen Renault für mich reserviert. Sobald ich mich an den Schalthebel, der aus dem Armaturenbrett hervorragte, gewöhnt hatte, war ich startbereit.

Da ich lang genug bettelte, überließ mir der Agent am Schalter der Autovermietung seine einzige Straßenkarte, nachdem ich ihm versprochen hatte, sie ihm bei meiner Rückkehr wieder zurückzubringen. Ich fuhr mein kleines rotes Auto vom Flughafenparkplatz herunter, ohne auch nur im Geringsten zu wissen, wohin ich fahren sollte. Aber jetzt hatte mich die Abenteuerlust gepackt.

Ich hielt an, um einen jungen Anhalter mitzunehmen, in der Hoffnung, dass er mir die Straße nach Medjugorje zeigen würde. Medjugorje war etwa 130 km entfernt. Er sprach sehr wenig Englisch, aber er lotste mich in die richtige Richtung. Da es nur sehr wenige Straßen zwischen Dubrovnik und der Gegend, wohin ich wollte, gab, sollte es nicht allzu schwer sein, das Dorf zu finden.

Von jetzt an gefiel mir die wunderbare Strecke an der adriatischen Küste entlang, die sich bergauf durch winzige Ortschaften schlängelte, die an den Klippen zu hängen schienen. Die sonnenüberflutete Küste funkelte nur so im Vorüberfahren. Selbst die verrückten Fahrer, die auch in unübersichtlichen Kurven an mir vorüberrasten, ärgerten mich nicht, denn ich ging ja zurück zum Rande des Himmels!

Medjugorje war auf der stark abgenützten Karte, die mir der Agent geborgt hatte, nicht eingezeichnet. Aber ich fand Mostar, und von dieser Stadt wusste ich, dass sie nur etwa 30 km von Medjugorje entfernt war. Nach ungefähr einer Stunde Fahrt der Küste entlang musste ich mich landein in Richtung Mostar wenden. Je näher ich kam, um so aufgeregter wurde ich. Nach einer ungefähr zweieinhalbstündigen Fahrt vom Flugplatz, fing die Landschaft an, bekannt auszusehen.

Endlich hatte ich Čitluk erreicht! Ich fuhr direkt zu der Pension, wo unsere Gruppe gewohnt hatte und bestellte bei der überraschten Wirtin, die mich gleich wiedererkannte, ein Zimmer. Aber ich konnte es nur auf drei Tage mieten. Da erinnerte ich mich an einen Mann, den ich im Mai getroffen hatte, der ein kleines Geschäft hatte und damals gerade ein Pilgerheim baute. Er sagte mir damals, dass ich, wann immer ich zurückkehren und ein Zimmer brauchen würde, mich an ihn wenden sollte. Ich wollte ihn am nächsten Tag aufsuchen.

Jetzt war ich zunächst bestrebt, sobald wie möglich zur Kirche zu kommen, um wieder den Frieden und die Sicherheit des Dorfes und seiner Bewohner zu verspüren. So brachte ich nur meine Koffer ins Zimmer und fuhr dann gleich auf der bekannten Straße nach Medjugorje. Mein Herz schlug vor Freude, als ich den Križevac zu sehen bekam, und ich schrie buchstäblich ein Dankgebet zu Gott empor, dass Er mich wieder hierhergebracht hatte.

Aber meine Freude sollte sich bald legen, als ich nach der nächsten Kurve ein weißes Polizeiauto mit Blaulicht und dem Wort Milicia in großen blauen Buchstaben auf der Seite sah. Es war bekannt, dass die Polizei Fahrer anhielt, nur um sie zu ärgern. In diesem Moment wäre ich viel lieber bei einer Reisegruppe gewesen, als auf dieser Solomission. Aber sie hielten mich nicht an, und ich fuhr mit einem Seufzer der Erleichterung weiter. Nachdem ich die kleine Brücke überquert hatte, bekam ich den ersten Anblick der St. Jakobskirche: Ich war wieder da!

Nachdem ich mein Auto vor der Kirche geparkt hatte, lief ich so schnell ich nur konnte in die Kirche und kniete mich in die letzte Bank. Worte können nicht ausdrücken, was ich fühlte: Wie gut es war, wieder bei diesen Menschen zu sein! Die Geräusche von Medjugorje wieder zuhören! In die Gesichter bekannter Leute zu schauen! Aber vor allem, dass ich wieder auf einer Pilgerfahrt hier sein durfte! Als ich eine Gruppe schwarzgekleideter älterer Frauen sah, wie sie auf ihren Knien in tiefem Gebet die Marienstatue vor der Kirche umkreisten, wurde mein Herz wieder erfüllt von all der Heiligkeit dieses Ortes und dem tiefen Glauben der Einwohner, der die allgemeine Bekehrung des ganzen Dorfes zum Ausdruck brachte.

Es war erst kurz nach vier Uhr nachmittags, aber die Kirche füllte sich bereits wie gewöhnlich, in Erwartung der Gebete und der Messe, die allabendlich um sechs Uhr begannen. Als die Pilger in den Bänken Platz nahmen, kam mir wieder die unglaubliche Bekehrung dieses kleinen Bauerndorfes zum Bewusstsein. Diese Bekehrung ist das Resultat der übernatürlichen Ereignisse, die hier stattfinden, und die die Welt zum Gebet hierher bringen. In Amerika wünschten viele Kirchen, dass Leute kämen, und hier kommen sie schon zwei Stunden früher, nur um einen Platz zu finden.

Meine Gedanken wurden unterbrochen, als ich Pater Tomislav Pervan, den Pfarrer von St. Jakob, erblickte, der im Mittelgang nach vorne ging. Pater Svet hatte mir aufgetragen, sobald ich zurückgekehrt sei, durch Pater Pervan mit ihm in Verbindung zu treten, denn das sei, so deutete er an, der beste und sicherste Weg ihn in Konjic zu benachrichtigen.

Als ich jetzt an mein Telefongespräch mit Pater Svet zurückdachte, in dem ich ihm mitteilte, dass ich wieder zurückkommen würde, um mit ihm zu arbeiten, erinnerte ich mich, dass er damals mit großer Vorsicht gesprochen hatte. Es hatte einige Augenblicke gedauert, bis ich verstand, warum er das tat. Der Mönch im Kloster in Konjic, der das Telefon beantwortet hatte, sprach kein Englisch, und ich war nicht sicher, ob er mich verstanden hatte.

Nach langem Warten war Pater Svet ans Telefon gekommen.

„Pater Svetozar?" fragte ich.

„Ja. Wer ist dort?"

„Hier spricht Wayne Weible aus den Vereinigten Staaten. Erinnern Sie sich an mich?"

„Oh ja, Wayne vom Friedenszentrum! Wie geht es Ihnen?" Es war ein Zögern in seiner Stimme, als ob ihm es bei diesem Gespräch oder unserem Thema nicht ganz behaglich sei.

„Mir geht es gut, Pater. Ich rufe an, um Ihnen zu sagen, dass ich im Juni wieder nach Medjugorje zurückkehren werde, um Ihnen mit Ihrem Buch zu helfen. Ich werde am… ."

„Nein, nein!" schnitt er mich schnell ab und fügte hinzu: „Ich weiß, Sie werden mit einer Pilgergruppe zurückkommen, und das ist gut. Das ist sehr gut!"

Es entstand ein peinliches Schweigen. Aber dann dämmerte es mir, um was es sich hier handelte. Jugoslawien war ein kommunistisches Land, und Pater Svet war eine sehr bekannte und einflussreiche Persönlichkeit. (Genauso wie Pater Jozo, der Pfarrer von St. Jakob, der 18 Monate im Gefängnis bei Schwerstarbeit verbracht hatte.) Pater Svet wurde von der Regierung ständig überwacht und schikaniert, da er vor ein paar Jahren, als er in den USA stationiert war, eine Äußerung gemacht hatte, die als regierungsfeindlich gebrandmarkt worden war. Telefongespräche solcher Leute wurden oft überwacht.

„Ja“, erwiderte ich und versuchte so lässig wie möglich zu sprechen. „Ich werde mit dem Zentrum kommen, um an meinem Buch zu arbeiten. Ich freue mich schon, Sie wiederzusehen.“

Als ich jetzt hier in der St. Jakobskirche kniete, kam es mir vor, als habe die Vorsehung mir bereits zehn Minuten nach meinem Eintreffen Pater Pervan geschickt. Ich ging in den Gang und stellte mich dem etwas molligen Franziskanerpater vor. Er hatte markante Gesichtszüge und einen nüchternen Blick in seinen braunen Augen. Ich sagte ihm, ich sei hier, um mit Pater Svet an seinem neuen Buch zu arbeiten. Auch fragte ich ihn, ob er ihn anrufen würde, um ihm mitzuteilen, dass ich hier sei.

„Kommen Sie mit mir!“ war alles, was er sagte. Ich folgte ihm ins Pfarrhaus, vorbei an dem Erscheinungsraum, bis kurz vor die Tür, die zu den Wohnquartieren führte. Dort deutete er mir an, ich solle mich auf einen Stuhl setzen, während er den Telefonanruf machen würde. Nachdem er ein paar kroatische Worte ins Telefon gesprochen hatte, wartete er ein Weile; dann gab er mir den Hörer.

„Pater Svet?“

„Ja, wer ist dort?“

„Wayne Weible – vom Friedenszentrum. Wie geht es Ihnen?“

Es entstand ein Schweigen, aber dann sagte er: „Oh ja, Wayne! Es freut mich, Sie zu hören.“

Ich sagte ihm, dass ich drei Wochen hier sein würde, um an ‚meinem‘ Buch zu arbeiten. „Ja, das ist großartig! Ich werde heute Abend kommen, und wir können uns nach der Messe unterhalten.“

Nachdem ich ihm gesagt hatte, dass mir das recht sei, legte ich den Hörer wieder auf und bedankte mich bei Pater Pervan für seine Hilfe. Er zuckte nur mit den Schultern, lächelte und führte mich zur Eingangstür. Am Hinausweg hielt ich kurz vor ‚dem Raum' – also dem Raum, in dem Millionen Menschen aus der ganzen Welt gern sein wollten, wenn die Heilige Jungfrau Maria den kroatischen Sehern erscheint. In ungefähr einer Stunde würde sich hier wieder die allabendliche Szene abspielen, wo viele Leute sich bettelnd und streitend reindrängen wollen, wo aber auch andächtige Gebete verrichtet würden. Dabei dachte ich mir, dass ich wohl niemals mehr so nahe wie jetzt an diesen Raum herankommen würde.

Es war jetzt beinahe 16,30 Uhr. Ich hatte also noch etwa vier Stunden Zeit, bevor Pater Svet kommen würde. Obwohl ich todmüde war, war ich doch ganz begeistert davon, wieder hier zu sein, aber auch, dass es mir so schnell gelungen war, ein Treffen mit meinem franziskanischen Freund zu arrangieren. Ich spazierte durch das Dorf; dabei hatte ich das seltsame Gefühl, als könnte ich die Ansicht, die Geräusche und das Geheimnisvolle dieses Ortes so richtig einatmen. Als ich mich so umsah, kam mir der Gedanke, dass Medjugorje, wenn man es nur oberflächlich betrachtet, der unwahrscheinlichste Ort für ein solches Ereignis ist. Es war sehr primitiv und ländlich und selbst jetzt noch wenig von den Geschehnissen, die hier stattfinden, betroffen. Ich blieb kurz auf einem schmalen Pfad stehen, um eine Frau mit einer kleinen Ziegenherde an mir vorbeizulassen. Sie lächelte und nickte mir zu, auch sagte sie einige Worte, was ich als Begrüßung auffasste. Die Tatsache, dass sie mich, einen Fremden, in ihrem Land willkommen hieß, war typisch für die meisten Dorfbewohner, die ihr normales Leben so gut wie möglich weiter lebten, und die äußerlich von dem ständig anschwellenden Strom der Pilger unberührt schienen.

Dennoch hat der Zustrom so vieler Fremden einen unheimlichen Einfluss auf das tägliche Leben in Medjugorje und Umgebung gehabt. Jetzt gab es Geld – sehr viel Geld im Verhältnis zu dem, was man hier gewohnt war und noch dazu in Währungen, die wesentlich stabiler waren als der jugoslawische Dinar.

Auch gab es jetzt mehr Restaurants. Die schmalen, schlecht geteerten – oder gar nicht geteerten – Straßen und Wege, die die fünf Ortschaften um Medjugorje verbanden, waren besser zum Laufen, zum Treiben von Tieren oder als Kinderspielplatz geeignet, als für den starken Auto- und Reisebusverkehr, der sie jetzt beherrschte.

Trotz allem schienen die Leute einen inneren Frieden und eine große Toleranz für diese anwachsenden Unterbrechungen zu haben. Einige hatten damit zu kämpfen und ärgerten sich über die Änderungen, die um sie herum vor sich gingen. Andere wieder begrüßten sie aus rein wirtschaftlichen Gründen. Aber die Mehrzahl versuchte ihr Möglichstes, den Pilgern gegenüber freundlich und hilfsbereit zu sein, geradeso wie es diese Hirtenfrau gewesen ist. In einer Gegend, die für ständige interne Feindseligkeiten bekannt ist, ist die Veränderung der Menschen von Medjugorje sehr bemerkenswert und bezeugt die Glaubwürdigkeit der Erscheinungen.

Als ich so durch die Straßen ging, sah ich überall Bautätigkeiten. Es war ironisch, dass die Regierung jetzt in Fieberhast arbeitete, um Nutzen aus den Erscheinungen zu ziehen, obwohl sie ihnen in den ersten fünf Jahren mit Verdacht und Feindseligkeit gegenübergestanden war. Das war aber auch alles, was sie wollte, denn sie machte keinen Unterschied zwischen Pilgern und Touristen. Sie war nur am Geld interessiert, das die Pilger mit sich brachten. Aber trotz der vielen Pensionen, die aus dem Boden schossen, gab es doch noch sehr wenig Restaurants und beinahe keine öffentlichen Toiletten.

Die Mehrzahl der Pilger wohnte weiterhin in den Häusern der Dorfbewohner, von denen jetzt viele Zimmer an ihre kahlen Hohlblockhäuser anbauten. Dies ging sehr langsam voran und war mit viel Arbeit verbunden. Sie mussten warten, bis sie finanziell in der Lage waren, sich das Baumaterial – wenn es welches gab – leisten zu können. Dann mussten sie lange Stunden bis spät in die Nacht hinein und auch an Wochenenden arbeiten, um den Anbau neben ihrer normalen Arbeit zu bewerkstelligen. Alle halfen mit, vom kleinsten Kind bis zu den Großeltern, die meist bei den jungen Familien wohnten.

Ich blieb bei einem Kiosk stehen und holte mir eine Tasse dicken, starken Kaffee, der das Kennzeichen dieser Gegend ist, eine Tradition, die noch von der langen Türkenbesetzung herrührte. Es mag zwar keine Toiletten geben, aber überall gab es diese Kiosks und Souvenirstände. Sie verkauften alles, von Plastikmadonnen bis zu Pizzas und kamen näher und näher zum Kirchengelände. Die meisten wurden von Mitgliedern der kommunistischen Partei oder von moslemischen Zigeunern geführt, die sehr daran interessiert waren, durch die Masse der christlichen Pilger zu verdienen. Die einheimischen Priester, die befürchteten, dass diese Kommerzialisierung die Erscheinungen in ein falsches Licht rücken würden, rieten davon ab, von diesen Ständen zu kaufen. Aber es war die Regierung, die ihnen erlaubt hatte, auf dem Kirchengrundstück und darum herum ihre Stände aufzuschlagen.

Die Kommerzialisierung war aber nur ein Aspekt der ständigen Auseinandersetzungen zwischen den Franziskanern und den Regierungsbehörden seit die Erscheinungen begannen. Die ersten fünf Jahre hindurch belästigten und plagten sie die Priester, die Seher und die Pilger. Die Pilger, die am Anfang gekommen waren, wurden des Öfteren auf der Straße, die nach Medjugorje führt von der Polizei angehalten und ihre Autos durchsucht. Wenn herausgefunden wurde, dass religiöse Artikel in die Gegend ‚geschmuggelt' wurden, dann konnte das Verhör stundenlang dauern. Hubschrauber überflogen ständig die Gegend, um die Sache zu beobachten und flogen während der Gottesdienste besonders tief über die Kirche.

Als Folge der wirtschaftlichen Entwicklung war die Regierung gezwungen gewesen, ihren harten Kurs etwas zu mäßigen. Sie befand sich aber in einer heiklen Lage, da die offizielle Religion eines jeden kommunistischen Regimes der Atheismus ist. Dazu kam noch die Ironie der ‚Roten Madonna', wie sie sie nannten, denn Medjugorje war jetzt die größte Touristenattraktion in Jugoslawien geworden.

Ich kam gerade zur Abendmesse wieder bei der Kirche an. Da das Wetter so schön war, versuchte ich gar nicht, in die Kirche hineinzugehen, sondern setzte mich auf die vorderste Stufe der Kirchentreppe, wo sich jetzt viele kroatische Familien einfanden, da die Kirche immer überfüllt war. Es war einfach großartig, wieder den

Gesang und das Glockengeläut zu hören. Der tiefe Frieden des Gottesdienstes und die warme Sommerbrise schienen meine Müdigkeit weggewaschen zu haben. Es war wirklich der Rand des Himmels.

Während der Predigt bemerkte ich, wie Pater Pervan durch die Menge außerhalb der Kirche ging. Ich lächelte, als ich daran dachte, was ich über ihn gelesen hatte. Er war kurz nach dem Beginn der Erscheinungen hierher gekommen und stand ihrer Echtheit höchst skeptisch gegenüber. Er verlangte eine sofortige und gründliche Vernehmung der Kinder. Er schlug sogar den Exorzismus vor. Kurz nachdem Pater Jozo ins Gefängnis gekommen war, erfuhr Pater Tomislav Pervan zu seiner Überraschung, dass er der neue Pfarrer von St. Jakob sei, und somit war er auch verantwortlich für die täglichen Erscheinungen.

Es dauerte nicht lange, bis die Beständigkeit und Aufrichtigkeit der Seher ihn von ihrer Unschuld fest überzeugten, aber auch davon, dass hier etwas Außergewöhnliches geschehe. Es ist zweifelhaft, ob ohne seinen Glauben und seine starke, ruhige Führung Medjugorje sich zu dem mächtigen geistigen Zentrum entwickelt hätte, das es heute ist.

In einem Video, das ich bei meinen früheren Nachforschungen gesehen hatte, beschrieb Pater Pervan die Veränderungen in der Ortschaft wie folgt: „Man kann am 24. Juni 1981 eine Linie ziehen. Es gab ein Medjugorje vorher und es gibt ein Medjugorje danach. Vorher war es nur irgendein Dorf in der Gegend. Seit Unsere Liebe Frau dort erscheint, hat es sich verändert, und die Menschen fingen an, wahrhaftig nach dem Evangelium zu leben. Man kann sie mit den Jüngern Jesu und der Auferstehung vergleichen: Vor der Auferstehung waren sie nur normale Jünger, aber nach der Auferstehung waren sie erleuchtete Jünger."

Es scheint, als ob alle Franziskaner von St. Jakob und viele Priester aus den umliegenden Ortschaften durch die Erscheinungen der heiligen Jungfrau erleuchtet worden waren. Da sie von Gott dazu berufen waren, Vertreter dessen zu sein, was Er in Medjugorje wirkte, wuchsen sie individuell und als Gruppe an Reife und Geistlichkeit. Als die Berühmtheit der Erscheinungen sich verbreitete, kamen sie mit außergewöhnlicher Weisheit und Fähigkeit den immer zunehmenden Ansprüche, die an sie gestellt wurden, nach. Dies wurde hier durch Pater Pervan ausgedrückt, der sich lieber des Vorteils, innen die Kommunion auszuteilen, entsagte, um hier außen bei einem Teil seiner Gemeinde sein zu können.

Nach der Messe wartete ich beim Pfarrhaus auf Pater Svet. Ich war begierig, anzufangen, aber auch ins Bett zu kommen, denn jetzt war mein Körper aus Schlafmangel schon wie betäubt. Es verging eine Stunde, und immer war noch nichts von Pater Svet zu sehen. Endlich kam Pater Pervan die Pfarrhaustreppe herunter, und ich fragte ihn, ob er von Pater Svet gehört oder ihn gesehen hätte, da ich dachte, ich hätte ihn verpasst. „Er wir bald kommen", antwortete er ohne anzuhalten und ging weiter zur Kirche.

Kurz nach 22 Uhr fuhr ein kleiner weißer VW auf den Parkplatz beim Pfarrhaus. Pater Svet stieg aus und umarmte mich. Dann, als wir uns begrüßten, zog er mich zu einem Stapel Bretter, die in der Nähe lagen.

„Ich möchte, dass Sie mir alles über Ihre Familie erzählen, Ihre Beziehung zu den Erscheinungen und über sich selbst", sagte er mit seiner weichen Stimme, die mich sofort entspannen ließ. „Jetzt haben wir viel Zeit."

Zunächst dachte ich daran, dass ich eigentlich bereits seit 38 Stunden auf den Beinen war, aber das war schnell wieder vergessen, als wir uns auf das Holz setzen, und ich ihm meinen Lebenslauf – eigentlich alles über mich – erzählte. Danach erzählte er mir von sich, und bevor wir es bemerkten, war es Mitternacht. Aber dann kam das dicke Ende:

„Wayne, mein Freund, Sie glauben nicht, wie sehr ich mich darüber freue, dass Sie über eine solche Entfernung gekommen sind, um mir bei meinem Manuskript zu helfen. Aber ich muss Ihnen sagen, dass ich nicht in der Lage bin, vor dem Jahrestag (der Erscheinungen) nach Medjugorje zurückzukommen, um mit Ihnen zu arbeiten. Ich hoffe, Sie werden allein daran arbeiten können, aber auch, dass Sie den Frieden von Medjugorje genießen, bis ich wieder komme."

Ich war verblüfft. „Aber natürlich, Pater", konnte ich mich nur sagen hören. „Ich bin dankbar für die Gelegenheit, mit Ihnen arbeiten zu können, aber auch dafür, wieder hier sein zu können." Doch, dachte ich bei mir, was soll ich in den nächsten neun Tagen machen?

Wir vereinbarten, dass wir uns am nächsten Tag zu Mittag treffen würden, um die Arbeit, die ich bereits am Manuskript gemacht hatte, zu besprechen. Dann wünschten wir uns eine gute Nacht. Ich fuhr ganz benommen die fünf Kilometer nach Čitluk zurück, konnte aber den Gedanken nicht los werden: Jetzt, da ich mal hier bin, weiß dieser höchst durchgeistigte, aber etwas unorganisierte Priester nicht, was er mit mir anfangen soll!

„Meine lieben Kinder,
sucht nicht materiellen Trost,
sondern sucht Gott."

(25. 9. 1993)

„Nehmt die Botschaften,
die ich euch gebe, ernst.
Ich bleibe so lange bei euch,
um euch zu helfen,
sie in die Tat umzusetzen."

17

Eine Zeit des Lernens

Am nächsten Morgen wachte ich um neun Uhr auf und wurde von strahlendem Sonnenschein, warmem Wetter und einer leichten Brise begrüßt. Es war einfach herrlich! Beinahe herrlich genug, um meine schlechte Stimmung zu vertreiben. Es war schön, wieder hier zu sein. Ich liebte das einfache Leben, aber auch das offene Bekenntnis zu Gott. Es war eine Erleichterung, wenigstens vorübergehend die Sorgen der Außenwelt vergessen zu können. Und doch fühlte ich mich nicht so recht wohl. Ich war unter der Annahme zurückgekommen, mit Pater Svet zu arbeiten, doch dann musste ich feststellen, dass es für mich in den nächsten neun Tagen nichts zu tun geben würde. Ich stieß einen Seufzer aus und beschloss, mich zu beschäftigen und das Manuskript durchzusehen, bis er zurückkäme.

Während des Tages verschwand das Gefühl ‚Nichts-zu-tun-zu-haben' sehr schnell. Ich fand den Mann, der mir ein Zimmer angeboten hatte, wenn ich wieder nach Medjugorje zurückkehren sollte. Er heißt Primo und besitzt ein kleines Reinigungs- und Wäschereigeschäft. Da sein Anbau für Touristen noch nicht fertig war, lud er mich ein, in seinem Haus als Gast zu wohnen. Als ich den Kopf schüttelte und darauf bestand, zu bezahlen, da stimmte er zögernd unter der einen Bedingung zu, das Geld seinem Sohn zu geben, dessen Zimmer ich bewohnen würde.

Nachdem das erledigt war, war es an der Zeit, zum Pfarrhaus zu meinem Treffen mit Pater Svet zu gehen. Er hatte zwar ‚um Mittag' gesagt, aber da ich schon gelernt hatte, dass Zeit für diesen rätselhaften Priester flexibel war, so kam ich 45 Minuten früher. Ich fand eine kleine Bank auf der rechten Seite der Treppe, die zum Pfarrhaus führte und machte es mir so gemütlich wie möglich. Die nächste halbe Stunde beschäftigte ich mich mit der Korrektur von Pater Svets Manuskript. Plötzlich wurde mein Denkprozess durch die Stimme einer jungen Frau unterbrochen, die mich in englischem Akzent fragte: „Was schreiben Sie?"

Als ich aufschaute, sah ich ein blondes Teenagermädchen, das am anderen Ende der Bank saß und mich anstarrte. „Ich arbeite an einem Buch über Medjugorje. Bist du aus England?"

„Natürlich nicht!" lachte sie. „Haben Sie noch nie mit jemandem aus Australien geredet? Aber Sie sind aus Amerika, nicht wahr?"

„Du hast recht," lächelte ich verlegen. „Ich habe das Gefühl, als ob wir Amerikaner überall auffallen."

„Ich heiße Tanya. Wie heißen Sie?"

„Wayne."

Sie lachte wieder. „Ich werde Sie John Wayne nennen – nach dem Filmstar!"

Bezaubert von diesem australischen Teenager, gab ich vor, ihrem nimmer aufhörenden Redeschwall zuzuhören, der ab und zu auch Fragen über meine Arbeit und warum ich hier sei mit einflocht. Sie hielt nie lange genug inne, um meine Antworten abzuwarten; gleich stellte sie wieder neue Fragen und enthüllte mir neue überraschende Einzelheiten aus ihrem Leben.

Sie war sechzehn und war bereits seit zwei Monaten in Medjugorje unter der Führung von Pater Slavko Barbarić, der einer der geistlichen Führer der Seher ist. In der typischen Art von Teenagern erzählte mir Tanya, dass sie seit ihrem 13. Lebensjahr unter akuter Drogensucht litt, durch die sie auch schon sieben mal für längere Zeit zur Entziehungskur ins Krankenhaus musste. Deshalb war sie auch hier. Nach ihrem letzten Rückfall hatte sie ihre Mutter gebeten, ob sie nicht, anstatt wieder ins Krankenhaus zu müssen, nach Medjugorje gehen dürfe, wo Pater Slavko – er war Psychologe und hatte ein Beratungsprogramm für gefährdete Jugendliche in die Wege geleitet – zugestimmt hatte, sich um sie zu kümmern.

Nachdem sie schon mal angefangen hatte, fühlte sich Tanya verpflichtet, ihre ganze Lebensgeschichte vor mir auszuschütten. Sie sprach so schnell es nur möglich war und hielt nur ab und zu mal kurz inne, um sich zu überzeugen, ob ich auch über einige intime Familienangelegenheiten schockiert wäre. Ich war schockiert, aber ich ließ es mir nicht anmerken. Ihre Eltern leben in Trennung. Ihre Mutter, die eine Kroatin ist, lebt auf einer kleinen Insel vor der adriatischen Küste in der Nähe von Split und führt ein Touristengeschäft. Ihr Vater, den sie schon über ein Jahr lang nicht mehr gesehen hatte, lebt und arbeitet in Australien. Da Tanya schon oft in Jugoslawien gewesen war, sprach sie fließend Kroatisch. Des Öfteren war sie schon während der Erscheinungen im Erscheinungsraum gewesen und kannte die Seher persönlich. Sie nahm an, von ihrer Drogensucht und anderen damit zusammenhängenden emotionalen Problemen durch ihren langen Aufenthalt in Medjugorje geheilt zu werden.

Ihre schnellen Darlegungen wurden kurz unterbrochen, als eine andere junge Frau sich zu uns gesellte. „Oh, das ist meine Freundin Kathleen. Sie ist auch Amerikanerin“, erklärte Tanya. „Wir wohnen zusammen, und sie kümmert sich um mich und hilft auch Pater Slavko. Und das“, sie wandte sich zu Kathleen, „ist mein neuer amerikanischer Freund John Wayne. Er ist Schriftsteller!“

Kathleen schaute mich besorgt an und schien mich erst abschätzen zu wollen, bevor sie zu viel sagte. Aber nach einer kleinen Weile war sie entspannt und fing an, ein wenig über ihre Verhältnisse zu erzählen, und auch wie sie nach Medjugorje gekommen war. Ich bemerkte, dass sie barfuß war; aber bevor ich fragen konnte, platzte Tanya damit heraus, dass Kathleen gerade neun Tage bei Brot und Wasser faste, und dass sie als besondere Buße barfuß ging. „Das geht aber ein wenig zu weit", dachte ich mir. Bei meinem letzten Aufenthalt hatte ich einige Leute getroffen, die ich für exzentrisch, fanatisch, oder ganz einfach für verrückt gehalten hatte. Meine erste Reaktion war, Kathleen irgendwie in diese Gruppe einzuordnen. Als ob sie es bestätigen wollte, benahm sie sich auch etwas seltsam und trug ihr langes glattes Haar, das ihr bis zur Hüfte reichte, offen. Sie war älter als Tanya – ich schätzte sie so gegen Ende Zwanzig, Anfang Dreißig – und sie kam aus Miami in Florida. Vor nicht allzu langer Zeit war sie in die Schweiz übersiedelt und hatte, auf Gesuch von Pater Slavko, die Rolle als Tanyas große Schwester übernommen. Die Verantwortung dieser Rolle, sowie ihre leicht erkennbare angeborene Güte, ließen mich bald meine anfängliche Ansicht über sie ändern.

Unsere Unterhaltung wurde ganz plötzlich unterbrochen, als Pater Svet oben auf der Treppe erschien. „Ah, Wayne, guten Morgen! Ich bin jetzt soweit, und wir haben viel zu tun. Kommen Sie herein und lassen Sie uns beginnen." Er begrüßte auch meine Freunde, und es war offensichtlich, dass er sie kannte. Ich schaute auf meine Uhr: Es war 12,40 Uhr! Aber es machte mir nichts aus. Ich hatte großes Vergnügen bei meiner Unterhaltung mit Tanya und Kathleen gehabt. Wir versprachen, uns später am Nachmittag wieder zu treffen und zwar in dem kleinen Hain vor der Kirche.

Pater Svet führte mich zu einem kleinen Büro, das gerade gegenüber dem Erscheinungsraum lag. „Das ist ein guter Platz, wo wir ungestört arbeiten können", sagte er und machte die Tür schnell zu.

Ich musste ihn fragen: „Pater Svet, kennen Sie diese beiden?"

„Oh ja! Kathleen hilft hier aus, wo immer sie nur kann, und Tanya hat viele Probleme. Seien Sie vorsichtig mit Ihrer Freundschaft zu ihr."

„Wie meines Sie das?"

Er wählte seine Worte sehr vorsichtig. „Tanya braucht sehr viel Hilfe. Sie hat viele persönliche Probleme. Manchmal ist sie sehr nett und freundlich, aber zu anderen Zeiten ist sie – nun – schwierig. Seien Sie auf der Hut, mit ihr nicht zu sehr vertraut zu werden.

Sie bekommt viel Hilfe von Pater Slavko. Aber machen Sie sich nichts daraus. Wollen wir uns jetzt mal ansehen, was Sie gemacht haben."

Wir verbrachten die nächsten drei Stunden damit, die Arbeit, die ich an dem Manuskript gemacht hatte, durchzusehen. Er fragte mich hie und da, warum ich manches so oder so geändert, oder warum ich dieses oder jenes hinzugefügt hätte. Zu Beginn gab ich meine Antworten noch zögernd, da ich immer noch davon überwältigt war, mit diesem heiligmäßigen Mann zusammenarbeiten zu dürfen. Doch schließlich war ich entspannt und vergaß alles, außer die Arbeit, die wir vor uns hatten.

Als wir damit fertig waren, stand er auf, schlug mir die Hände auf die Schultern und strahlte mich an: „Das ist gut!" sagte er. „Wir können auf jeden Fall zusammenarbeiten, gerade wie ich es mir gedacht hatte."

Ich war zu sehr erfreut darüber, um antworten zu können.

Wir vereinbarten, dass ich die nächsten neun Tage in Medjugorje meine Korrekturen weiter machen würde; danach würde er mich nach Konjic mitnehmen. In Konjic ist seine Pfarre. Es liegt etwa zweieinhalb Stunden nördlich von hier in der Nähe von Sarajevo. Ich sollte dort eine Woche lang im Pfarrhaus bleiben, aber tagsüber nicht hinausgehen dürfen, weil die Milicia nicht erfahren sollte, dass ich dort war. Wir würden während dieser Zeit das Manuskript Wort für Wort durchgehen. In der Zwischenzeit würden wir uns bis zum 25., dem fünften Jahrestag der Erscheinungen, nicht mehr sehen. „Wir werden dann am darauffolgenden Tag spät am Abend wegfahren, damit wir nicht gesehen werden", fügte er noch hinzu.

Als wir uns verabschiedeten, fühlte ich mich ob dieser Geheimnistuerei ein wenig unbehaglich. In einen internationalen Skandal verwickelt zu werden, das war wirklich das Letzte, was ich wollte! Aber die Arbeit hatte Vorrang. Pater Svet winkte mir und fuhr in seinem kleinen weißen Auto vom Pfarrhausparkplatz. Als er wegfuhr, schaute ich mich vorsichtig um, um zu sehen, ob uns jemand beobachtet hätte. Ich begann schon jetzt, mich als internationaler Spion zu fühlen.

Am Nachmittag fand ich Tanya, Kathleen und noch ein anderes Mädchen unter den Bäumen vor der Kirche. Sie sangen, von Kathleen auf der Gitarre begleitet. Als mich Tanya bemerkte, winkte sie mir lebhaft, zu ihnen zu kommen. Ich ging hin. Als mir Pater Svets Warnung wieder in den Sinn kam, wunderte ich mich, wie dieses temperamentvolle Mädchen, das hier so glücklich und voller Frieden zu sein schien, so schlimme Problem haben konnte.

Später erfuhr ich, dass das dritte Mädchen, die eine Deutsche war und Agnes hieß, auch mit emotionalen Problemen nach Medjugorje gekommen war. Sie war aber auch körperlich behindert gewesen und hatte nur mit Krücken laufen können. Sie war auch in der Obhut von Pater Slavko gewesen, der ihr erlaubt hatte, während einer Erscheinung im Erscheinungsraum dabei zu sein. Gemäß ihrer Erzählung war sie augenblicklich von ihrer körperlichen Behinderung geheilt worden und hatte ihre Krücken in einer Ecke des Erscheinungsraums zurückgelassen. Dann war sie ohne irgendeine Hilfe hinausgelaufen. Nachdem sie nach Deutschland zurückgekehrt war, hatte ihr Arzt ihr bestätigt, dass sie keine Symptome ihrer Krankheit mehr hätte und hatte sie für vollkommen geheilt erklärt.

Diesmal sah ich wesentlich mehr von Medjugorje als bei meinem ersten Aufenthalt. Abgesehen von dem geistlichen Phänomen, den Wundern und dramatischen Bekehrungen, gibt es hier noch viele andere Dinge, die sich hier ereignen. Es gibt aber auch innere Kämpfe, Enttäuschungen und Versagen. Nicht alle, die hierher kommen, finden eine geistliche Bekehrung. Und natürlich werden auch nicht alle, die mit körperlichen Gebrechen kommen, geheilt. Im Großen und Ganzen ist dieses kleine Dorf nicht viel anders als mein Heimatort Myrtle Beach. Es gibt hier Gutes und Böses. Allgemein betrachtet, ist es ein Mikrokosmos der Welt mit dem großen Unterschied, dass es durch die Wunder der Erscheinungen der heiligen Jungfrau Maria vollkommen verwandelt worden war.

Viele der Menschen, die nach Medjugorje kommen, sind wie diese Mädchen, die ich gerade getroffen hatte. Sie hatten Probleme und kamen, um wunderbaren Heilungen für diese Probleme zu finden. Agnes hatte Heilung gefunden, aber Tanya suchte und hoffte immer noch, genauso wie die Tausenden, die diese Reise mit dem Gedanken der Hoffnung gemacht haben. Ich erinnerte mich an die Bemerkung von Frank Fiamingo, der doppelseitig gelähmt ist und der die Reise im Mai mit uns gemacht hatte. Ich hatte ihn gefragt, was er von der Reise erwarte – ob er erwarte, geheilt zu werden? „Ich bin nicht gekommen, um eine körperliche Heilung zu finden", hatte er geantwortet. „Ich bin gekommen, um das Gleiche wie Sie und die anderen zu finden: Aus persönlichen Gründen, aber auch um meine Spiritualität zu kräftigen."

Tanya und Agnes gingen jetzt, um jemanden zu treffen, aber zuvor nahm mir Tanya das Versprechen ab, dass ich mich mit ihr am nächsten Tag weiter unterhalten würde. Als ich auch gehen wollte, deutete mir Kathleen an, noch ein wenig zu bleiben. „Hat Ihnen Tanya etwas aus ihrer Vergangenheit erzählt?" fragte sie.

Ich erzählte ihr von unserer Unterhaltung am Morgen, ohne etwas auszulassen. „Gut", fuhr Kathleen fort, „ihr Problem geht viel tiefer als nur die Drogensucht. Sie hat auch ein Alkoholproblem und noch vieles mehr. Sie hatte in den ersten Wochen hier das Bett hüten müssen, weil sie so krank war. Tanya ist äußerst unsicher; deshalb hat mich auch Pater Slavko gebeten, bei ihr zu wohnen und sie im Auge zu behalten. Ich wollte nur, dass Sie das wissen, und dass Sie mit ihr sehr vorsichtig sein müssen. Tanya bildet sehr schnell starke Bindungen."

Ich versicherte ihr, dass ich mich von Tanya fern halten würde, da ich sowieso genug Arbeit mit Pater Svets Buch und meinem eigenen haben würde. Ich war von Kathleen beeindruckt. Jetzt kam sie mir gar nicht mehr seltsam vor. Diese hierher verpflanzte Amerikanerin war eine tiefgehende, sorgende Seele. Was mir als ein fanatisches Fasten und Büßen vorgekommen war, war ihre eigene Art, ‚ja' zu Gott zu sagen. Sie lebte die Botschaft, die die Jungfrau Maria nach Medjugorje bringt, und ihr Gehorsam war wesentlich größer als der meinige. Man kann also nicht nach Ersteindrücken urteilen!

Mich von Tanya fern zu halten war leichter gesagt als getan. Vor der Messe am nächsten Morgen schlüpfte sie leise neben mich in die Bank und fragte, ob sie sich neben mich setzen könne. Ich sagte, dass sie das natürlich könne. Etwas später sagte mir Kathleen, dass es das erste Mal seit langer Zeit gewesen wäre, dass sie zur englischen Messe gegangen sei. Sie schlug mir vor, Tanya zu sagen, sie solle mich in Ruhe lassen, da ich viel Arbeit hätte. Aber ich lehnte ab und wies sie darauf hin, dass unser Zusammensein ihr half, was auch Kathleen zugeben musste.

Zwischen meinen Arbeitsperioden am Manuskript während der nächsten Tage sprach ich stundenlang mit Tanya über ihre Probleme. Pater Svet hatte recht: Manchmal war sie ein Engel, aber andere Male konnte man ihre Veränderung in die entgegengesetzte Richtung kaum für möglich halten. Sie konnte Dinge sagen oder machen, nur um mich herauszufordern. Auch konnte sie eifersüchtig sein wie ein Kind, wenn ich mal Zeit mit anderen verbrachte.

Das kam besonders zum Vorschein, als die Gruppe des Friedenszentrums Anfang dieser Woche ankam. Schwester Margaret war wieder ihre geistliche Führerin, die dabei von der immer optimistischen Rose Finnegan unterstützt wurde. Diesmal waren auch die Eltern von Maureen Thompson, John und Maryann, sowie ihre jüngere Schwester Sheila mit bei der Gruppe. Es war eine Woche der Wiedervereinigung – und der Erleichterung, denn es waren kaum andere Amerikaner hier gewesen, bis diese Gruppe ankam. Mir gefiel es besonders, mit Maureens Eltern und Schwester zusammen sein zu können, und so verbrachte ich einige Zeit mit ihnen. Es war die Zeit, die ich vorher mit Tanya verbracht hatte.

Eines Abends schlug Schwester Margaret, der ich die Situation erklärt hatte, vor, ich solle Tanya einmal nach der Abendmesse ins Hotel in Čitluk zum Abendessen der Gruppe einladen, damit sie sich an die Amerikaner gewöhnen könne. Ich besprach dies aber zuerst mit Kathleen, die wiederum Pater Slavko darüber um Rat bat. Auf Wunsch beider traf ich mich an einem Morgen mit Pater Slavko, der wissen wollte, wer der Amerikaner sei, der sich mit seinem Schützling so befreundet hatte. Nachdem er sich überzeugt hatte, dass meine Zeit mit Tanya zu ihrem Nutzen sei, erlaubte er mir, sie mitzunehmen, aber nur unter der Bedingung, dass sie um 22 Uhr wieder daheim sein möge.

Das Abendessen war für alle Anwesenden ein großartiges Ereignis. Tanya war so glücklich, wie ich sie noch nie gesehen hatte, und sie machte sich bei der ganze Gruppe beliebt. Wir wurden irgendwie zur Familie für sie, und es war ja wahrscheinlich ein Familienleben, das dieses leidende Mädchen am meisten brauchte.

Ich hielt mein Versprechen und brachte Tanya rechtzeitig nach Hause. Dann fuhr ich nach Čitluk zurück, um Schwester Margaret abzuholen, der ich versprochen hatte, sie zu ihrer Pension unweit von Medjugorje zu fahren. Als ich dann wieder nach Čitluk zurückfuhr, erschienen auf einmal zwei junge Mädchen in meinem Scheinwerferlicht, die mitten auf der Straße tanzten. Da ich in einer von ihnen Tanya erkannte, hielt ich mein Auto an. Als sie mich sah, war sie genauso schockiert wie ich. „Tanya! Was machst du hier? Du kennst doch Pater Slavkos Vorschrift, um zehn Uhr daheim zu sein!“

Da sie sich ertappt fühlte, sich aber keine Blöße vor ihrer Kameradin geben wollte, antwortete sie ärgerlich: „Seine Vorschriften gehen mich nichts an! Ich bin alt genug, um tun zu können, was ich will!"

Ich versuchte sie davon zu überzeugen, dass sie Unrecht hätte, und dass sie in Medjugorje in seiner Obhut wäre, aber sie wollte nicht zuhören. Dann sagte sie mir, dass auch ich kein Recht darauf hätte, ihr Vorschriften zu machen.

„Komm schon und steig ins Auto. Ich fahre dich heim", sagte ich schließlich, als hätte ich ihre letzte Bemerkung, die mich tief gekränkt hatte, nicht gehört.

„Nein! Wir haben Spaß, und ich bleibe hier!"

„Okay, mach, was du willst!" antwortete ich und fuhr sofort los. Wie konnte dieses nette Mädchen, das sich bei der Gruppe des Friedenszentrums so gut benommen hatte, und das nur ein paar Stunden vorher so viel Freude bei uns gehabt hatte, auf einmal nur so rebellisch und frech sein, besonders mir gegenüber? Wir hatten vorher bereits viele gute Gespräche gehabt, die auch manchmal ärgerlich verliefen, die aber eine Vater-Tochter-Beziehung in uns hergestellt hatten. Jetzt war ich mir aber nicht mehr sicher, ob davon irgendetwas von Nutzen gewesen war.

Diese Nacht sollte noch eine andere Überraschung bringen. Als ich zu Primos Haus zurückkam, war noch ein anderer Gast da: Es war ein Pressephotograph der europäischen Geschäftsstelle der Zeitschrift Time da, der den fünften Jahrestag der Erscheinungen, der morgen sein würde, aufnehmen sollte. Die Probleme mit Tanya waren jetzt vergessen. Ich war hocherfreut zu erfahren, dass die Erscheinungen endlich internationale Berichterstattung erfahren sollten, und dass über 100.000 Menschen zu diesem Ereignis erwarten wurden. Wir blieben noch über zwei Stunden auf und unterhielten uns. Ich berichtete ihm so ausführlich wie möglich, was ich wusste und bot ihm sogar an, ihn mit dem Auto herumzufahren. Wir machten aus, dass ich ihn gleich morgen früh zu Vickas Haus fahren würde, wo er ein paar Aufnahmen machen könne.

Als wir am nächsten Morgen dorthin fuhren, sagte er: „Ich wollte es Ihnen bereits gestern Abend mitteilen, aber ich wollte es nicht vor den anderen sagen: Die Polizei sucht Sie. Sie kamen gestern Morgen zu Primo, aber er wusste nicht, wann Sie zurück sein würden."

„Was?" rief ich und bremste so scharf, dass wir beinahe in den Graben fuhren. „Warum? Was wollen sie von mir?" Ich bekam es mit der Angst zu tun.

„Beruhigen Sie sich!" lächelte mein Beifahrer. „Die wissen, dass Sie Journalist sind und wollen wissen, warum Sie sich nicht als solchen registrieren ließen."

„Das konnte ich nicht. Ich wollte nicht, dass sie herausfänden, dass ich mit diesem Priester arbeite. Woher wissen sie eigentlich, dass ich ein Journalist bin?"

Der Pressephotograph lachte vergnügt in sich hinein. „Nun, Sie laufen da mit der Schreibmaschine herum und fragen viele Leute eine Menge Fragen." Er hörte auf zu lachen. „Verstehen Sie denn nicht, dass Sie mit diesen Leuten nicht spaßen dürfen. Die können Sie ohne Grund verhaften, vernehmen, für ein paar Tage in Haft halten, und Sie dann des Landes verweisen. Und ich zeichne Ihnen dabei noch ein sehr günstiges Szenario auf!" Er schüttelte den Kopf. „Bitte denken daran: Sie sind hier nicht in Amerika!"

Es fiel mir jetzt wie Schuppen von den Augen, wie dumm ich eigentlich gewesen bin, mich so auffällig zu benehmen. Die Vorsichtsmaßnahmen von Pater Svet hätten mir Warnung genug sein müssen. Jetzt verstand ich die vielen Vorkehrungen, wie z.B. in finsterer Nacht nach Konjic zu fahren und dort außer Sichtweite zu bleiben. Aber jetzt war es zu spät.

„Was kann ich jetzt tun?" fragte ich niedergedrückt.

Der Pressephotograph schlug mir vor, entweder freiwillig zur Polizei zu gehen, um mich dort einzutragen, und es darauf ankommen zu lassen – oder ich müsste sofort aus Primos Haus ausziehen.

„Ich ziehe um!" Unter keinen Umständen wollte ich zur Milicia gehen. „Es gibt ein paar Unterkünfte in Medjugorje, wo mich keiner finden kann." Ich war mir ziemlich sicher, dass ich in der Pension, in der Schwester Margaret wohnte, wenn auch nur für eine oder zwei Nächte unterkommen könnte.

Jetzt wäre ich am liebsten sofort umgedreht und hätte mein Zeug geholt, um Čitluk zu verlassen. Aber der Pressephotograph von Time, der sich mit marxistischen Gepflogenheiten auskannte, da er ein Jahr in Polen gelebt hatte, schüttelte nur den Kopf. „Das ist zu auffällig", sagte er. „Sie ziehen besser in der Nacht um."

Als wir bei Vickas Haus ankamen, versicherte er mir, dass er lieber allein umhergehen würde, um Bilder zu machen. Ich ließ ihn also aussteigen und fuhr weiter, um in die Kirche zur Messe zu gehen. Mit der Zeit wurde ich ruhiger und ich überlegte mir jetzt einen vernünftigeren Plan. Als ich Schwester Margaret neben der Kirche traf, erzählte ich ihr, was passiert war.

„Nun gut", sagte sie, ohne mit der Wimper zu zucken. „Sie brauchen eine Übernachtung für nur eine Nacht, da Sie morgen mit Pater Svet nach Konjic gehen. Gewiss können Sie in meiner Pension unterkommen, und da sie so weit von der Kirche entfernt liegt, wird Sie dort niemand suchen." Sie lächelte. „Machen Sie sich keine Sorgen mehr deswegen. Entspannen Sie sich, beten Sie, und genießen Sie den Tag!"

Man muss es nur in die Hände von Schwester Margaret legen und alles bekommt eine andere Perspektive! Daher entschloss ich mich, ihrem Rat zu folgen. Ich traf die Thompsons nach der Messe. Wir verbrachten dann den Tag damit, auf die Berge zu steigen. Zum Abschluss genossen wir noch die festliche Atmosphäre in Antonios Café, wo sich viele der Dorfbewohner regelmäßig treffen. Wir hatten am Anfang der Woche erfahren, dass das Café Marijas Bruder gehört, und dass Milka dort arbeitet.

Milka, die am ersten Tag der Marienerscheinungen mit dabei war, die aber die Muttergottes nur das eine Mal gesehen hatte, war jetzt 18 Jahre alt. Sie war ein schlankes, temperamentvolles Teenagermädchen, das für ihr Alter sehr reif war. Sie war auch sehr beliebt bei den Einheimischen. Wir wurden sofort Freunde, als wir uns zum ersten Mal sahen. Obwohl sich ihr Englisch nur auf ein paar Worte und Sätze beschränkte, so konnten wir uns doch leidlich unterhalten. Früher, wenn ich mich mit Tanya bei ihr getroffen hatte, dann hatte Tanya immer für mich übersetzt. Da Milka sehr begabt war, Neues zu lernen, sprach sie fließendes Italienisch, das sie von den vielen italienischen Pilgern gelernt hatte, die seit Beginn der Erscheinungen hierher kommen.

Ich war fasziniert davon, wie Milka es angenommen hatte, die Heilige Jungfrau nur das eine Mal gesehen zu haben, während ihre Schwester jetzt eine der sechs Seher war. Als ich sie später in einem Interview danach fragte, zuckte sie nur mit den Schultern und erwiderte: „Es ist besser, sie einmal gesehen zu haben, als gar nicht."

Hatte sie jemals den Wunsch gehabt, eine Seherin, wie ihre Schwester geworden zu sein?

„Oh nein!" lachte sie. „Dann müsste ich meine ganze Zeit damit zubringen, mit Reportern, wie Ihnen, zu reden!"

Ich sah etwas ganz Besonderes in Milka. Sie hatte ihr Schicksal angenommen, und dennoch konnte man bei ihr deutlich spüren, dass sie gern eine der Auserwählten wäre, die Maria täglich sehen. Sie verbarg es gut, und doch war es vorhanden. Als ich wieder wegfuhr, war mir Milka so richtig ans Herz gewachsen.

Der Vorabend des fünften Jahrestages war einfach wunderbar: Buchstäblich Tausende von Menschen füllten die Kirche und den Platz darum herum. Die Thompsons und ich saßen auf dem Rasen hinter der Kirche und genossen die Schönheit des Abendhimmels und die erfrischende Brise, während wir den Rosenkranz beteten. Ich hatte Tanya den ganzen Tag nicht gesehen. Doch plötzlich erschien sie voller Demut und entschuldigte sich für ihr Benehmen in der vorigen Nacht. „Bitte kommen Sie mit mir", bettelte sie. „Ich kann nicht beten. Ich muss mit Ihnen sprechen."

Ich entschuldigte mich bei den anderen. Wir suchten uns einen stillen Ort unter einer Baumgruppe, der weiter von der Kirche entfernt war, und wo wir in Ruhe sprechen konnten. Tanya fing an zu weinen. Sie und ihre Freundin hatten noch zwei Jungen getroffen und waren lange – sehr lange – ausgeblieben. Jetzt schämte sie sich und wusste nicht, wie sie sich Pater Slavko gegenüber benehmen sollte. „Er wird es erfahren, das weiß ich! Und dann wird er mich nach Hause schicken. Was soll ich nur machen?"

„Du wirst es ihm selber sagen, Tanya, und dann nimmst du alles an, was er verfügt!"

„Nein!" Sie schüttelte heftig den Kopf und stand auf um wegzugehen. Ich versuchte, ihr noch geduldig all die Menschen aufzuzählen, die versucht hatten, ihr zu helfen und alles, was man schon für sie getan hatte. Jetzt hatte sie die Wahl: Entweder könnte sie das Gute, das ihr durch Pater Slavkos Hilfe und ihr Leben in Medjugorje angeboten wurde, annehmen, oder sie könne ihr Leben weiterhin ruinieren. Es war eine offene, direkte Strafpredigt, wie von Vater zu Tochter. Und ich hatte Erfolg. Tanya umarmte mich und versprach, gleich nach der Messe zu Pater Slavko zu gehen und das anzunehmen, was er verfügen würde.

Wir gingen wieder zu den Thompsons zurück und feierten die heilige Messe. Später kam Tanya zu uns auf die Wiese gerannt, wo wir noch zusammengekommen waren, um über die Ereignisse des Tages zu sprechen. Ich konnte auf ihrem Gesicht erkennen, dass bei Pater Slavko alles gut gegangen war. Mit einem großen Wortschwall erzählte sie, was geschehen war: „Oh, er war wütend auf mich, aber er sagte, es sei gut gewesen, dass ich es ihm gestanden hätte. Ich sagte ihm, dass Sie es mir geraten hätten. Und wissen Sie was? Er sagte, dass er Ihnen das Interview geben würde, um das Sie ihn gebeten hatten. Sie sollen am Morgen bei ihm vorbeikommen. Und er lässt mich übersetzen! Oh, wie bin ich glücklich!"

Ich war erfreut, dass alles so gut ausgegangen war. Wir verabredeten, dass wir uns um neun Uhr vor dem Pfarrhaus treffen würden. Es war ein wirklich großartiger Tag gewesen. Auch war diese neuntägige Periode des „Nichtstuns" wunderbar angefüllt gewesen. Es war eine echte Zeit des Lernens gewesen, und im Nachhinein stellte ich fest, dass es hatte so kommen müssen.

Aber es gab ja noch ein Problem: Die Milicia! Ich hatte sie beinahe vergessen, bis ich dann zu Primos Haus in Čitluk zurückfuhr.

Als ich ankam, wollte ich mit Primo darüber sprechen und ihn fragen, ob ich es so machen sollte wie Tanya: Sollte ich zu ihnen gehen, und dann das annehmen, was sie über mich verfügen würden. Der Pressephotograph von Time war bereits früher am Abend abgereist, um einen Flug von Mostar aus zu bekommen, und so waren wir allein. Aber Primo entschuldigte sich schon bald unter dem Vorwand, er müsse schon sehr früh im Geschäft sein. Ich ging auf mein Zimmer, und betete, nachdem ich mich lange Zeit nicht entscheiden konnte, ob ich jetzt gleich gehen oder bis zum Morgen warten sollte: „Bitte, Herr, gib mir Deine Hilfe, damit ...."

Marija während der Erscheinung

18

Der Erscheinungsraum

Am nächsten Morgen war ich schon um fünf Uhr wach und packte meine Sachen leise ein, damit ich niemanden aufwecken würde. Das schien mir die beste Lösung für das Problem mit der Milicia zu sein: Einfach in der Riesenmenge von Medjugorje zu verschwinden. Später am Tag wollte ich wieder unangemeldet zurückkehren, um Primo das Zimmer zu bezahlen, und um ihm zu sagen, dass ich nach Hause fliegen würde.

Selbst schon um diese Zeit war Čitluk zu meiner Überraschung – aber auch zu meiner Bestürzung, denn ich musste ja beim Hauptquartier der Milicia vorbeifahren – eine sehr rege kleine Stadt. Ich atmete erleichtert auf, als ich daran vorüber war und fuhr dann zu einem kleinen Café, etwas außerhalb von Medjugorje, um zu frühstücken.

Als ich mich an dem guten Frühstück erfreute, das aus Spiegeleiern, Würstchen und köstlichem frischgebackenem Brot bestand, dachte ich nochmals darüber nach, wie schnell doch diese neun Tage vergangen waren. Es war bereits der 26. Juni – mein Geburtstag! In den ganzen Aktivitäten und Aufregungen hatte ich total darauf vergessen. Zunächst sollte ich an diesem besonderen Tag Pater Slavko interviewen, dann aber auch noch einen ungeplanten Tage in Medjugorje genießen. Um Mitternacht würde ich dann mit Pater Svet nach Konjic fahren. Welch ein Geburtstag!

Um neun Uhr stand ich vor dem Pfarrhaus und wartete auf Tanya, als die Pfarrhaustür plötzlich aufging und Pater Svet erschien. „Wayne, mein Freund, bitte kommen Sie mit mir!" Er sprach ruhig und ernst, nahm mich beim Arm und führte mich an einen verlassenen Platz hinter der Kirche. „Hier werden wir allein sein."

Ich hatte ihn noch nie so ernst gesehen, und, als ob er meine Gedanken hatte lesen können, fügte er hinzu: „Erschrecken Sie nicht, aber unsere Pläne haben sich geändert. Aus Gründen, über die ich nicht sprechen kann, ist es nicht ratsam, dass Sie jetzt mit mir nach Konjic kommen." Er machte eine Pause. Dann legte er seine Hand beruhigend auf meine Schulter und fuhr fort: „Wir müssen etwas anderes ausmachen. Morgen bringe ich Ihnen das auf den neuesten Stand gebrachte Manuskript, und Schwester Margaret wird es in die Vereinigten Staaten mitnehmen, wo Sie eine Kopie davon erhalten werden. Wir werden getrennt arbeiten, und das Friedenszentrum wird unser Kurier sein."

„Aber, Pater, ich habe keine Angst – ."

Er schnitt meine Rede mit einem starken Griff an meinen Arm ab. „Bitte glauben Sie mir. Es ist besser so. Ich werde Sie morgen wieder sehen, und dann können wir noch ein wenig weiterreden. Jetzt muss ich aber gehen."

„Nun", dachte ich mir, indem ich meine Enttäuschung zu verbergen suchte und wir zum Auto gingen, „das ändert die Sache grundlegend." Als er wegfuhr, fiel mir ein, dass ich jetzt noch eine Unterkunft brauchte. Hoffentlich hatten sie noch Platz in der Pension, wo Schwester Margaret wohnte. Es gab aber auch etwas Gutes an der Sache: Jetzt stand es mir frei, jederzeit nach Hause zu gehen – und danach verlangte es mich sehr. Ich würde noch übers Wochenende hierbleiben und dann am Montagmorgen in der Früh nach Dubrovnik fahren, um den Flug um 7,10 Uhr nach Hause zu nehmen.

Als ich noch auf dem Parkplatz beim Pfarrhaus stand, wurde ich plötzlich von hinten ergriffen und umarmt. „Herzlichen Glückwunsch zum Geburtstag, John Wayne! Herzlichen Glückwunsch!" Tanya tanzte um mich herum, überglücklich darüber, dass sie für mich und Pater Slavko übersetzen durfte. „Ich habe ein ganz besonderes Geburtstagsgeschenk für Sie", rief sie. „Aber Sie müssen noch bis nach dem Interview warten."

„Nun, ich habe auch ein ganz besonderes Geschenk für dich, auch wenn es nicht dein Geburtstag ist", neckte ich sie. Tanya hatte es nicht gefallen, dass ich am Abend nach Konjic fahren sollte. „Meine Pläne haben sich geändert: Ich fahre nicht nach Konjic, was bedeutet, dass ich noch drei Tage hier bei dir sein kann." Als sie das hörte, umarmte sie mich wieder stürmisch und jauchzte vor Freude. Ihr Benehmen konnte man nach diesem nächtlichen Zwischenfall fast perfekt nennen, und ihre überschwängliche Freude berührte mich tief.

Aber jetzt war es Zeit, zum Interview zu gehen. Als wir Pater Slavkos Büro betraten, wurde mir auf einmal bewusst, dass das „der Raum" war. Hier finden die Erscheinungen der Heiligen Jungfrau Maria allabendlich statt. Früher haben sie in der Kirche stattgefunden, genauer gesagt, in der kleinen Sakristei zur rechten Seite des Altars, bis sie der Bischof von Mostar aus der Kirche verbannt hatte. Bischof Pavao Žanić, der in den ersten Monaten der Erscheinungen fest an sie geglaubt hatte, war jetzt ihr größter Gegner. Er war selbst kein Franziskaner und hat die Erscheinungen als Schwindel bezeichnet, der von den Franziskanern der St. Jakobskirche aufrechterhalten und unterstützt würde. Während der letzten zweieinhalb Jahre haben die Erscheinungen in diesem kleinen, beengten Büro-Schlafzimmer stattgefunden.

Obwohl ich begeistert davon war, in diesem besonderen Raum zu sein, so war ich doch noch froher darüber, eine Gelegenheit bekommen zu haben, diesen intensiven, grauhaarigen Theologen und Psychologen mit dem hageren Gesicht und der schwarzgerahmten Brille interviewen zu können. Es ist ironisch, dass Bischof Žanić gerade ihn ursprünglich nach Medjugorje geschickt hatte, um die Erscheinungen zu widerlegen und sie als den Schwindel zu entlarven, für den sie der Bischof jetzt hielt. Wenn irgendjemand das fertig bringen würde, dann war es Slavko Barbarić. Sicherlich würde dieser hochgelehrte Mann, der vier Sprachen fließend spricht und der einer der berühmtesten theologischen Gelehrten in Jugoslawien war, diesem Unfug bald ein Ende machen.

Ich begann mein Interview mit Pater Slavko mit der Frage über seine ersten Tage bei den jungen Sehern. Schon bald nachdem er mit ihnen zusammengetroffen war und sie befragt hatte, war ihm klar geworden, dass sie ohne Falsch waren. Und wenn das so ist, so folgerte er, dann müssen die Erscheinungen tatsächlich genauso stattfinden, wie sie beschrieben werden. Daraufhin fühlte er sich besonders verpflichtet, sich des geistlichen Lebens dieser jungen Leute anzunehmen, die von allen Seiten unter großem Druck standen. Er verspürte aber auch eine Verpflichtung für alle jungen Leute dieser Pfarre. Viele von ihnen waren durch ihre langjährigen Freunde, die jetzt die Erscheinungen haben und deren Leben sich grundsätzlich verändert hatte, inspiriert worden. Sie überprüften ihre Beziehung zu Gott und Seiner Kirche und bildeten Gebetsgruppen. Pater Slavko war ihr geistlicher Führer geworden.

Er ignorierte den Zorn des Bischofs und fing an, der Gemeinde eifrig beizustehen. Er arbeitet bis spät in die Nacht hinein und hilft aus, wo immer Not am Mann ist. Die Beratungsgruppe für gefährdete Jugendliche ist ein Resultat seiner Hingabe.

Was seine schwierigste Verantwortung sei? – Jeden Abend über den Erscheinungsraum verfügen zu müssen. Er war derjenige, der entscheiden musste, wer hinein und wer nicht hinein durfte.

Als ich ihn fragte, warum gerade diese Kinder auserwählt worden seien, gab er mir die Antwort, die Maria den Sehern gegeben hatte, als sie ihr die gleiche Frage gestellt hatten: „Ich wähle nicht immer die besten Menschen aus."

„Das mag hart klingen", fügte er hinzu, „aber die Tatsache, dass Unsere Liebe Frau ganz gewöhnliche Leute auswählt, gibt einem solchen Phänomen eine unbestreitbare Glaubwürdigkeit." Ich wusste, was er damit sagen wollte: Man kann sich schwer vorstellen, dass jemand solch einfache Kinder beschuldigen könne, einen Schwindel von solchen Ausmaßen zu erfinden oder dazu angeleitet zu werden – und noch dazu fünf Jahre lang! Ganz sicher hätten die ständigen Nachforschungen wissenschaftlicher, medizinischer und kanonischer Untersuchungsgruppen so etwas schnell aufgedeckt. Pater Slavko fügte noch hinzu, dass dies auch der Grund sei, warum er Journalisten, dem Klerus und wissenschaftlichen Gruppen den

Vorrang gebe, wenn er zu entscheiden hat, wer bei Erscheinungen dabei sein dürfe.

Er hob noch einen anderen Punkt hervor: Da die Madonna jungen, ungebildeten Kinder erscheint, gibt sie die Gelegenheit zu reinem, unverfälschtem Glauben. Als sie einmal gefragt wurde, was sie von den Menschen in Medjugorje und der ganzen Welt erwarten würde, gab sie zur Antwort: „Mögen sie so glauben, als ob auch sie sähen!"

Was den Glauben der Seher vor den Erscheinungen betrifft: Genauso wie viele andere Kinder ihres Alters in der ganzen Welt um ihren Glauben wissen, so hatten auch sie darüber Bescheid gewusst. Aber der Glaube hatte halt auch bei ihnen mit den vielen anderen Zerstreuungen und Sorgen von Teenagern konkurrieren müssen. Sie waren zwar die meisten Sonntage zur Kirche gegangen, aber es hatte ihnen nichts ausgemacht, wenn sie einmal nicht zur Messe gingen. Gebete, wie z.B. der Rosenkranz, waren nur an ganz besonderen Festtagen gebetet worden.

Und jetzt? – Jetzt sind sie vollkommen davon in Anspruch genommen, ihre Rolle als Empfänger der Besuche Mariens und ihrer täglichen geistlichen Schulung zu leben.

War es für sie schwierig, ihren Glauben beizubehalten? – Das ständige Verlangen der Pilger, sie zu sehen, zu berühren und mit ihnen zu sprechen, läßt ihnen kaum noch Zeit für ihre Privatangelegenheiten. Und doch sind sie jetzt alle von einem inneren Frieden erfüllt und nehmen ihre Rollen freudig an. In den letzten fünf Jahre hatte sich in ihnen eine geistliche Reife herausgebildet, die sie weit über das Normalmaß hinaus wachsen ließ.

Ich nickte. Ich war überwältigt von der Sicherheit und Anmut, mit denen sie den unaufhörlichen Ansprüchen, die an sie gestellt werden, gerecht wurden. Ich erinnerte mich jetzt an etwas, das Pater Pervan über sie gesagt hatte: „Vor den Erscheinungen Unserer Lieben Frau waren sie ganz normale Kinder, nicht anders als die anderen des Dorfes. Aber dann waren sie auf einen neuen Weg – einen neuen Lebensweg – gestellt worden." Diesen neuen Weg, sagte Pater Slavko, kann man am besten durch Marijas Antwort an einen Reporter zusammenfassen, der sie gefragt hatte, ob ihre allabendliche Begegnung mit der Heiligen Jungfrau Maria der Höhepunkt ihres Tages sei: „Der Höhepunkt meines Tages ist der Empfang Jesu in der heiligen Eucharistie der Messe."

Es war ein Vergnügen, Pater Slavko zuzuhören. Ich lernte jetzt wesentlich mehr über die Seher, als ich in all den Bücher gelernt hatte. Dies konnte jedoch nicht überraschen, wenn man daran dachte, wer er war. Er war ja immerhin auch der geistliche Führer der Seher. Wir unterhielten uns beinahe eine Stunde lang. Tanya war ein hervorragender Dolmetscher. Sie arbeitete wie ein Roboter. Ihre Augen immer nach vorn gerichtet, sprach sie jedes Wort der Übersetzung ganz klar und deutlich aus. Pater Slavko war ebenso mit ihrer Arbeit zufrieden und sagte es ihr auch.

Aber dann wusste ich, dass es an der Zeit war, das Interview zu beenden. Ich dankte Pater Slavko für seine Zeit und wandte mich zur Tür, um zu gehen. Aber Tanya, die mir ganz aufgeregt andeutete, zu warten, flüsterte dem Priester etwas ins Ohr. „Ach ja, ich hätte beinahe etwas vergessen", sagte er lächelnd und sprach perfektes Englisch. „Bitte kommen Sie heute Abend um fünf Uhr zum Pfarrhaus, wenn sie bei der Erscheinung der Gottesmutter mit dabei sein wollen. Es wird ein wichtiger Teil dessen sein, was sie über die Erscheinungen schreiben werden."

Ich war wie gelähmt. Da ich ein Journalist war, der an einem Buch arbeitet, wusste ich, dass ich seine Qualifikationen erfüllte. Aber das war es nicht, sondern Tanya hatte ihm gesagt, dass heute mein Geburtstag sei. Das sollte also ihr besonderes Geschenk für mich sein. Es war, ohne Zweifel, das schönste Geburtstagsgeschenk, das ich jemals bekommen hatte.

Ich blieb noch einen Augenblick stehen und konnte nur immer wieder „Danke! Danke! Danke!" murmeln, als mir die Tränen in die Augen stiegen. Ganz benommen ging ich nach draußen, als Tanya vor Freude, mich überrascht zu haben, herumhüpfte. Ich schaute zum Himmel und murmelte: „Herr Jesus, ich danke Dir!"

Später am Nachmittag stand ich bereits anderthalb Stunden vor der vorgeschriebenen Zeit am Fuß der Pfarrhaustreppe, obwohl die

Die Seherin Vicka

Menge sich erst in einer halben Stunde hier versammeln würde. Um 16,30 Uhr wurde es sehr heiß, als sich die Leute von allen Seiten herandrängten, um so nahe wie möglich zur Treppe zu gelangen. Viele beteten inbrünstig in der Hoffnung, dass Pater Slavko sie einladen würde. Denn manchmal, wenn noch Platz war, wählte er unter den Pilgern den einen oder anderen aus, bei der Erscheinung dabei zu sein.

Obwohl ich eine persönliche Einladung bekommen hatte, machten sich doch negative Gedanken in meinem Kopf breit: Was, wenn er es vergessen würde? Vielleicht kann er mich in dieser Menschenmenge gar nicht sehen. Aus diesem Grund wollte ich auch ganz sicher gehen, dass ich am Fuß der Treppe zu stehen kam, bevor irgendjemand anderer dorthin kam. Neben mir stand eine italienische Frau, die auf einmal zu heulen anfing und ihre Hände flehend erhob, als die Menge vorwärts drängte. Ich schaute auf und sah, dass Pater Slavko in der Tür erschienen war. Er winkte mir und mehreren Priestern, nach oben zu kommen. Wir mussten uns die Treppe hoch kämpfen und gelangten endlich nach innen.

Die italienische Frau aber, die nicht aufgehört hatte zu betteln, drängte sich nach mir hinein. Pater Slavko hielt sie auf, stellte sich energisch vor sie hin und hielt ihr auf Italienisch eine Strafrede. Nach langem Hin und Her führte er sie dann sachte nach draußen. Aber die Frau gab noch nicht nach. Sie heulte jetzt hysterisch und umklammerte schreiend mit ihren Händen die Pfarrhaustür, so dass man sie nicht schließen konnte. Dieser armen Frau schien sehr viel daran gelegen zu sein, hineinzukommen. Vielleicht war ihr Anliegen wichtiger als meines. Sollte ich ihr meinen Platz abtreten? Es erforderte mehrere Leute, dem belagerten Priester beizustehen, um den Arm der Frau von der Tür loszubekommen. Aber endlich wurde die Tür geschlossen und abgesperrt.

Es dauerte jetzt einen Augenblick, bis ich mir bewusst wurde, dass ich ja im Gang war, und dass ich bald einer Erscheinung beiwohnen würde. Aber das Bild der Frau mit dem Arm in der Tür ging mir nicht aus dem Kopf. Pater Slavko holte mich schnell wieder zur Wirklichkeit zurück, als er ruhig erklärte: „Jeden Abend ist es das Gleiche. Alle meinen, sie müssen in den Erscheinungsraum, und dass ihre Not größer sei als die aller anderen.“ Er hob resignierend seine Hände hoch und schüttelte den Kopf. „Ich kann ja nicht alle hereinlassen. Es ist eine unmöglich Situation!“ Es war jetzt nicht mehr schwer zu verstehen, warum, von allen seinen Verantwortungen, diese die schwierigste war.

Er machte die Tür zu seinem Büro auf, und wir gingen hinein. Ich stellte mich schnell ganz vorne rechts hin, um einen guten Winkel für eine Nahaufnahme der Gesichter der Seher zu bekommen. Neben mir stand ein Videoteam einer Fernsehgesellschaft, das aus drei Mann bestand. Als sich der Raum jetzt vollständig mit Priestern, Nonnen und Laien anfüllte, wurde er drückend heiß. Aber das schien niemandem etwas auszumachen.

Einer der Priester hatte angefangen, den Rosenkranz zu beten. Ich kniete nieder, und indem ich versuchte, nicht auf den Schweiß zu achten, der mir von der Stirne lief, fiel ich in das murmelnde Gebet ein. Außerhalb des Fensters konnte man auch gedämpftes Beten hören. Als ich mich umsah, war ich von der Einfachheit dieses kleinen Raumes betroffen, in dem jetzt so viele liebend gern gewesen wären. Eine Couch, die auf einer Seite stand, war voll mit religiösen Gegenständen, die die Pilger von draußen hereingeschickt hatten, damit sie von der Heiligen Jungfrau Maria gesegnet würden. Über der Couch befand sich ein Bücherregal und über dem obersten Regal ein Kruzifix, das die Stelle anzeigte, wo die Madonna den Sehern erscheinen sollte.

Ich schaute mir die Gesichter der anderen im Raum an und bemerkte, dass sich alle, selbst die Priester und Nonnen, dessen bewusst waren, dass sie bald dem größten Ereignis ihres Lebens beiwohnen würden. In einigen Augenblicken würden wir von einer Botschafterin des Himmels, der Heiligen Jungfrau Maria, besucht werden. Die Seher haben sie als eine junge schlanke Frau um die zwanzig beschrieben, die ein silbergraues Kleid und einen weißen Schleier trage. Ihre Hautfarbe sei hell und ihr Haar schwarz. Sie habe eine Stimme, die viel schöner als die schönste Musik klänge.

Plötzlich kamen Marija Pavlović und Jakob Čolo, die einzigen

Seher, die heute Abend hier sein würden, in den Raum. Wir hörten sofort auf zu beten, als Marija sich im Gang hinkniete, und Jakob, der groß und schlank war und die typische Selbstsicherheit eines Fünfzehnjährigen an den Tag legte, in eine Ecke ging und sich vornüber gebeugt mit den Händen auf den Knien niederkniete. Pater Slavko bat Marija, mit dem Rosenkranz anzufangen. Sie begann ruhig. Ich konnte meine Augen nicht von ihr wenden – und erschrak, als sie mich plötzlich ansah und lächelte. Ich hatte diese junge Frau, die jetzt 21 war, schon oft auf Videos gesehen. Sie kam mir immer etwas scheu vor. Auch hatte ich das Gefühl gehabt, dass sie sich irgendwie unwohl bei der ganzen Sache fühlte. Aber jetzt strahlte sie eine innere Schönheit aus.

Als sie mit dem ersten Gesetz des Rosenkranzes fertig war, nickte Pater Slavko Jakov zu, das zweite anzufangen. Er sprach langsam und betonte jedes Wort, und ich war überrascht, wie gut er betete – bis ich mich daran erinnerte, dass er ja bereits seit seinem zehnten Lebensjahr von der Madonna darin unterrichtet wird.

Kurz darauf standen die beiden Seher auf und stellten sich zusammen neben die Couch, wo sie wieder zu beten anfingen. Auf einmal hörten sie auf und fielen auf ihre Knie nieder. Mein Herz klopfte, da ich in nächster Nähe von Marija war – nur etwa 30 cm entfernt! Plötzlich überkam mich der Gedanke, dass die Heilige Jungfrau Maria jetzt gegenwärtig sei.

Marijas Gesicht zeigte tiefe Ehrfurcht. Ihre Lippen bewegten sich, aber kein Wort war zu hören, zumindest konnte ich keines hören. Jakovs Lippen bewegten sich ebenfalls. Ich blickte auf die Stelle, wo sie hinschauten. Dort konnte ich nichts als das Kruzifix an der Wand sehen, und doch überkam mich ein warmes Gefühl tiefsten Friedens. Ich vergaß ganz, Bilder zu machen und konnte nichts anderes tun, als Gott für die Gnade zu danken, hier sein zu dürfen.

Meine Ehrfurcht wurde etwas unterbrochen, als die beiden Männer vom Fernsehen aufstanden und zu Jakov traten. Jeder stellte sich auf eine Seite von ihm. Dann hoben sie ihn bei den Ellbogen vom Boden auf. Sein Körper verblieb steif in kniender Position, als sie ihn hochzogen, und die Kamera ihn aufnahm. Sein Blick verließ auch nie die Stelle, wohin er seit Beginn der Erscheinung schaute. Nach etwa zehn Sekunden ließen sie ihn wieder auf seine ursprüngliche Stelle herunter. Er verhielt sich jetzt genauso wie zuvor, unbewusst dessen, was mit ihm gemacht worden war.

Es war viel zu früh für mich, als Marija und Jakov das Kreuzzeichen machten und aufstanden. Die Erscheinung war vorbei. Die Madonna war wieder gegangen. Marija verließ den Raum und begab sich in die Sakristei, wo sie die Botschaft, die ihr gerade gegeben worden war, niederschrieb. Ich war jetzt ganz traurig, denn ich hätte gewollt, dass es immer so weitergegangen wäre; aber ich war auch von Dankbarkeit erfüllt, dass ich hier war. Niemand wollte den Raum verlassen.

Aber es war an der Zeit, wieder in die Welt hinauszugehen. Als ich zur Vordertür hinaustrat, war ich von der riesigen Menschenmenge überrascht, die alle zu uns heraufsahen. In dem Augenblick, als Marija und Jakov in den Raum getreten waren, hatte ich die wartende Menge ganz vergessen. Jetzt schauten sie mich und die anderen an, um in unseren Gesichtern feststellen zu können, was wir erlebt hatten. So sehr ich es ihnen auch mitteilen wollte, so wollte ich jetzt doch allein gelassen werden, um das Erlebte innerlich aufnehmen zu können.

Es gab nichts, womit ich meiner jungen australischen Freundin für dieses ganz besondere Geburtstagsgeschenk hätte danken können – aber auch nichts, womit ich Pater Slavko hätte danken können, der zugestimmt hatte, mich an der Erscheinung teilnehmen zu lassen. Jedoch wusste ich irgendwie tief in meinem Inneren, wem ich ganz besonderen Dank schuldete, und das war die Heilige Jungfrau Maria.

„Ich liebe euch alle.
Auch dann, wenn ihr von mir
und meinem Sohn weit entfernt seid."

19

Augenblicke des Zweifels

Man konnte einfach nicht den Menschen am Fuße der Treppe entgehen. Sie drängten jetzt nach vorn, um wenn möglich Marija und Jakov, die jetzt herauskamen, um zur Messe zu gehen, zu berühren. Als ich mich durch sie hindurch arbeitete, wollte ich nichts mehr, als irgendwo einen ruhigen Ort zu finden.

Aber ich wurde abgelenkt: In dem Augenblick, als ich aus der Menge heraustrat, überfielen mich die Thompsons, Tanya sowie mehrere Leute, mit denen ich Bekanntschaft gemacht hatte. „Wie war es? Was hat sie gesagt? Haben Sie etwas gesehen?"

Doch jetzt wollte ich wirklich über nichts und zu niemandem sprechen, auch nicht zu meinen Freunden. Wie konnte ich es ihnen vorenthalten? „Es war – ich fühlte – es war das wunderbarste Gefühl von Frieden und totaler Liebe, das ich je verspürt habe", stammelte ich. Tanya strahlte übers ganze Gesicht und umarmte mich. Doch dann sagte ich: „Es tut mir wirklich leid, aber ich muss jetzt ein paar Minuten allein sein – ich hoffe, Sie verstehen." Sie versicherten mir, dass sie es verständen.

So zog ich mich schnell zu einer Baumgruppe weit hinter der Kirche zurück und fand einen Flecken Gras, wo ich das Kreuz auf dem Križevac sehr gut im Blick hatte. Es war großartig! Als ich es mir bequem gemacht hatte, blickte ich zum Kreuz hinauf.

Was hatte ich eigentlich gefühlt, als die Heilige Jungfrau Marija und Jakov erschienen war? Zunächst war es mir unmöglich gewesen, Bilder zu machen, oder auch nur geistig etwaige Details auf objektive Weise zu registrieren, und doch hatte ich gehofft, genau das für mein Buch zu erzielen. Stattdessen hatte ich ein Gefühl größter Liebe und unbeschreiblichen Friedens erfahren. Physisch hatte ich zwar eine wunderbare innere Wärme verspürt, die über mich gekommen war – aber das war auch alles: Keine spektakulären Lichtblitze oder Töne. Auf eine gewisse Art war es eine ähnliche Botschaft gewesen, die ich genauso stark empfand wie die, die ich zuerst von der Heiligen Jungfrau erhalten hatte. Aber diesmal hatte es keine Worte gegeben, sondern nur die gleiche innere Empfindung, dass mich Gott für eine ganz besondere Gnade auserwählt habe. Ich fragte mich, ob die anderen im Raum ähnliche Gefühle gehabt hätten.

Das Faszinierendste an dem ganzen Erlebnis aber war, dass ich mir plötzlich auf unerklärliche Weise bewusst wurde, dass es eigentlich gar keinen Unterschied gemacht hätte, ob ich in diesem Raum war oder draußen in der Menge vor dem Pfarrhaus – oder auch nur irgendwo in Medjugorje. Der besondere Segen oder die besondere Gnade wurden ebenso allen gegeben, ganz gleich, wo sie sich befanden. Ich lächelte, als ich darüber nachdachte: Es war wieder eine Lehre in der Einfachheit des Glaubens.

Nachdem ich zur Kirche zurückgeeilt war, kam ich gerade rechtzeitig für die letzte Messe und die anschließenden Gebete. Schwester Margaret, die ich dort traf, versicherte mir, dass alles für meine Übernachtung in ihrer Pension vorbereitet war – aber nur für eine Nacht. Für die andere Zeit würde ich mir eine andere Unterkunft suchen müssen.

Am nächsten Morgen ging ich ohne Frühstück zur Kirche, da die Gruppe des Friedenszentrums gleich nach der Frühmesse nach Dubrovnik aufbrechen würde. Ich wollte dort sein, wenn Pater Svet von Konjic kam, um Schwester Margaret das Manuskript zu übergeben, damit ich mit ihm unsere weitere Zusammenarbeit während meines Aufenthaltes besprechen könnte. Noch hatte ich die Hoffnung nicht aufgegeben, dass sich vielleicht doch noch eine Gelegenheit bieten würde, mit ihm, wie geplant, nach Konjic zu gehen.

Die Messe war etwas nach acht Uhr zu Ende. Bei den Leuten, die jetzt aus der Kirche herauskamen, bemerkte ich, dass sie auch nur sehr ungern von hier weggingen – genauso wie ich es vor einem Monat erlebt hatte. Aber diesmal war ich ja nicht betroffen – wenigstens jetzt noch nicht. Ich schaute auf meine Uhr: Wo war Pater Svet? Als ich über die Köpfe der anderen auf den Parkplatz schaute, sah ich keinen kleinen weißen VW hinterm Pfarrhaus. Nun gut, ich hatte mich ja mittlerweile schon daran gewöhnt, wie es mit seiner Pünktlichkeit stand. Sicherlich würde er jeden Augenblick auftauchen.

Um 8,30 Uhr stieg die Gruppe des Friedenszentrums in den Bus. Immer noch kein Pater Svet. „Fahren Sie jetzt ruhig ab", sagte ich zu Schwester Margaret. „Wenn er kommt, fahre ich mit dem Auto hinterher. Ich treffe Sie dann im Hotel in Dubrovnik und bringe Ihnen das Manuskript. Dann komme ich wieder hierher zurück und werde hoffentlich noch eine Woche mit ihm zusammenarbeiten können."

Sie lachte und sagte, dass das so gut sei. Dann fuhren sie ab.

Ich wartete. Es verging eine halbe Stunde, eine Stunde, eineinhalb Stunden – und langsam geriet ich in Panik. Die Erinnerung an seine letzten ernsten Worte, dass wir nicht nach Konjic gehen könnten, weil ‚es zur Zeit nicht ratsam sei', machten die Sache nur noch schlimmer, denn wer weiß, was alles passiert sein konnte!

Um Mittag war ich so verstört, dass ich in die Kirche ging, um nach Kathleen zu suchen. Sie kannte Pater Slavkos Assistentin Milona, und hoffentlich konnte sie sie dazu bewegen, in Konjic anzurufen, um herauszufinden, was passiert war. Sie kniete ganz vorne in der Kirche in einer Bank an der Seitenwand. Ich rutschte in die Bank vor ihr und flüsterte ihr zu: „Kathleen, Sie müssen mir helfen! Bitte kommen Sie und versuchen Sie, ob Sie Milona dazu bewegen können, in Konjic anzurufen, um herauszufinden, was mit Pater Svet passiert ist. Er hätte mit mir um acht Uhr heute Morgen hier zusammentreffen sollen, und – ."

Sie sah mich fest an und lächelte. „Beruhigen Sie sich, Wayne! Warum sind Sie so aufgebracht? Sie kennen ihn doch – es wird schon alles gut werden. Machen Sie sich keine Sorgen."

Ich konnte sie nur anstarren. „Was meinen Sie mit ‚Machen Sie sich nichts daraus?' Es ist sehr ernst!" sagte ich und vergaß zu flüstern. „Ich muss mit ihm in Verbindung treten!"

Sie verlor aber ihre Gelassenheit nicht. „Wayne, Sie sind in Medjugorje, und Sie haben es mit Pater Svet zu tun. Vertrauen Sie auf Gott, und alles wird schon gut werden."

„Sie verstehen scheinbar nicht, wie wichtig das ist!" warf ich ihr vor, stand auf und verließ die Kirche.

Da ich nicht wusste, was ich machen sollte, lief ich drei Stunden lang um die Kirche und das Pfarrhaus herum, in der Hoffnung, dass Pater Svet doch noch kommen würde. Ich wanderte nur ziellos umher – und betete sehr wenig. Warum musste ich in diesem staubigen Ort sein, 6000 km von der Familie, die ich liebte, und nach der ich mich sehr sehnte, entfernt? Wie konnte ich nur unter Tausenden von Menschen herumlaufen, und mich trotzdem so einsam fühlen und Heimweh haben? Plötzlich war ich nicht mehr ein Teil von Medjugorje. Ich kannte keinen dieser Leute... .

Ich ging hinüber und setzte mich auf die niedrige Wand, die die Terrasse auf der Ostseite der Kirche einfasste. Jetzt erst wurde mir die Bedeutung des berühmten Satzes von Moses klar: „Ein Fremder in einem fremden Land."

Ich war erschüttert. Was war mit meinem Glauben geschehen? Der Vision meiner Berufung? Der Mission, die mich hierher gebracht hatte? Vor noch nicht ganz 24 Stunden war ich im Erscheinungsraum in der Gegenwart der Muttergottes gewesen. Der innere Frieden hatte mich jetzt völlig verlassen. Ich konnte nur noch den Staub sehen und die Menge drängender Pilger, die zerbrochenen Fenster an der Seitentür der Kirche und den vielen Dreck überall. „Das ist die Wirklichkeit", sagte eine kalte Stimme in mir. „Es wird endlich Zeit, dass du das einsiehst."

Sie hatte recht. Ich hatte mich jetzt monatelang angeschwindelt und hatte mir ein romantisches Märchen ersonnen. Wie konnte ich nur so naiv gewesen sein? Ich schüttelte den Kopf und entschloss mich, auf mein Zimmer zu gehen und zu packen. Gemäß meiner Flugkarte sollte ich zwar erst am nächsten Dienstagmorgen abfliegen, aber ich brauchte ja nur das Büro der Pan Am in Dubrovnik anzurufen und mein Abflugdatum ändern.

Ich fühlte eine Hand auf meiner Schulter. Es war Pater Pervan. „Wayne", sagte er lächelnd und hielt mir einen Umschlag entgegen, „das ist von Pater Svet."

„Von Pater Svet? Ja, wie denn? Wann?"

„Er konnte heute nicht kommen, und so hat er es mit jemand anderem geschickt."

„Danke – vielen Dank!" sagte ich, als er ging.

Ich riss den Umschlag auf. Drinnen fand ich einen herrlichen Rosenkranz mit schwarzen Perlen und ein Schreiben:

„Wayne, mein Bruder, ich konnte nicht kommen. Aus Gründen, auf die ich hier nicht eingehen kann. Ich habe Vorkehrungen getroffen, das Manuskript für Sie nach Amerika zu bekommen. Machen Sie sich deswegen also keine Sorgen. Sie sind jetzt frei, da ich nicht vor Ende nächster Woche nach Medjugorje zurückkommen kann. Wir werden in Kontakt bleiben. In der Zwischenzeit bleiben Sie noch in Medjugorje und genießen Sie es bis zu Ihrer Abreise. Gehen Sie dann nach Hause und freuen Sie sich an Ihrer Frau und Ihren Kindern.

Svet"

Auf einmal spürte ich, wie eine Riesenlast von mir genommen wurde. Genau hier, inmitten der lauten, drängenden Menge, wurde ich wieder Teil des Medjugorjeerlebnisses. Zuerst war mein Herz voller Freude – aber dann schämte ich mich. Wie hatte ich es nur verlieren können? Wie hatte ich nur zweifeln können? Wie hatte ich aus Furcht nicht nur den Grund dieser Reise, sondern alles, was mit Medjugorje zusammenhing, meine Berufung – alles überschatten lassen können? Wie hatte das so einfach von mir genommen werden können?

In diesem Moment bekam ich eine Lektion, die ich mein ganzes Leben lang nicht mehr vergessen werde: Man soll nie auf Gefühle größeres Vertrauen setzen, als auf die Gewissheit des Glaubens! Die Gefühle hatten mich betrogen. Sie können einem zum Zweifel verführen – zum Zweifel an allem. Selbst am Glauben. Satan benutzt Gefühle, um dich von Gott abzubringen.

Das Gegenmittel? – Das Gebet! Das war es, was ich hätte tun sollen, als ich so kopflos herumlief. Aber es war genau das, was ich nicht getan hatte. Im Gegenteil, es hatte sich in meinem Kopf eine schreckliche Phantasie nach der anderen abgespielt, anstatt dass ich mir meinen Weg zur Wirklichkeit Gottes durch Gebet zurückerkämpft hätte.

Von jetzt an würde ich alles daran setzen, ohne Unterlass zu beten. Denn das ist es ja, wozu wir durch viele Botschaften der Heiligen Jungfrau aufgefordert werden. Das bedeutet aber nicht endloses Lippengebet, sondern es bedeutet, das Gebet zu leben – in Christus zu leben! Das Leben soll ein Gebet sein. Man kann nicht von Ihm getrennt werden, wenn man nie von Ihm getrennt ist. Er ist die Wirklichkeit – nicht die Zweifel, Ängste und Sorgen der Welt. Ich hatte die falsche Wirklichkeit gewählt.

„Diese Lehre allein war die Reise wert", dachte ich mir, stand auf und ging zur Kirche. Dort traf ich Kathleen, die gerade zum Pfarrhaus ging. Ich ging zu ihr, umarmte sie und sagte: „Danke!"

„Wofür?" fragte sie erstaunt.

„Nichts", erwiderte ich lächelnd. „Nur danke!"

Als ich die Treppe hinaufging, dachte ich, ich würde das Erlebte unmöglich in Worte fassen können. Kathleen hatte einen solchen unerschütterlichen inneren Frieden, wie ich ihn mir wünschte, einen Frieden, den man nicht in Krisensituationen verliert. Was sie mir in der Kirche gesagt hatte: „Beruhigen Sie sich, machen Sie sich nichts daraus, alles wird schon wieder gut werden!" hatte ich als dummes Zeug in den Wind geschlagen, als etwas, das zu ihrer komischen Art passte. Aber jetzt erkannte ich, wie recht sie hatte. – Ich hatte jetzt das ganze Wochenende für mich und brauchte mich nur zu entspannen und mich an Medjugorje erfreuen.

Am Samstagmorgen stieg ich den steilen Weg zum Gipfel des Križevac mit seinem wunderbaren Kreuz empor. Er war für mich zum Lieblingsplatz in Medjugorje geworden – aber auch zu einem Platz, wo man am besten beten kann. Als ich bei jeder der 14 Stationen kurz zum Gebet anhielt, dankte ich Gott, wieder ein Teil dieses Geschehens sein zu dürfen. Ich bat auch um Vergebung für den Zweifel, dem ich am vergangenen Nachmittag kurz nachgegeben hatte.

Der Gipfel war mit Ausnahme einer Frau, die in tiefe Meditation versunken zu sein schien, menschenleer. Nachdem ich es mir auf einem flachen Stein bequem gemacht hatte, wurde ich von einem freudigen „Guten Morgen!" überrascht. Ich erwiderte ihren Gruß, und wir fingen an, uns die gewöhnlichen Mitteilungen über unsere Erlebnisse zu machen. Ihr Name war Francesca Lovatelli und sie war aus Italien. Sie war bereits mehrere Male in Medjugorje gewesen. Als ich ihr erzählte, warum ich hier sei, erwähnte ich auch, dass ich für die nächsten paar Nächte noch ein Zimmer suchte. Dann geschah wieder einer jener „Zufälle", die in diesem heiligmäßigen Ort so oft vorkommen: Sie wohnte bei einer Familie, die ein Zimmer gerade für die Zeit frei hatte, für die ich es benötigte.

Somit brauchte ich mich nur noch um meinen Rückflug zu kümmern. Er war für Dienstag gebucht, aber ich wollte schon am Montagmorgen nach Dubrovnik fahren, um sicher zu gehen, dass auch alles in Ordnung war. Die Gefahr, dass die Polizei nach mir fahndete, hing immer noch über mir, und ich wollte keine Risiken eingehen. In der Zwischenzeit nahm ich nochmals alles in mich auf – dieses Mal in sehr gemütlichem Tempo. Ich genoss jeden Augenblick, jede Mahlzeit, jedes Zusammentreffen. Tanya verbrachte den größten Teil des Sonntags mit mir, und am Abend verabschiedeten wir uns herzlich und unter Tränen. Ich versicherte ihr, dass ich in diesem Jahr nochmals wiederkommen würde, um die Arbeit am Buch fertigzustellen, und dass ich ihr schreiben würde, um sie zu informieren wann ich kommen würde.

Am Montagmorgen stand ich um 3,30 Uhr auf, wie es bei mir schon zur Gewohnheit in Medjugorje geworden war. Ich hatte bereits am Abend zuvor mein Auto gepackt und mich von Francesca und der Familie, bei der ich wohnte, verabschiedet. Somit konnte ich also gehen, wann ich wollte. Ich war froh darüber. Die Fahrt nach Dubrovnik versprach interessant zu werden, und dafür wollte ich mir Zeit nehmen.

Aber auf einmal fiel mir ein, dass der tägliche Flug nach New York ja nicht vor sieben Uhr ging. Wenn ich also schnell genug fahren würde, könnte ich vielleicht noch rechtzeitig dort sein, um den heutigen Flug zu erwischen, anstatt bis morgen warten zu müssen. Die Gesichter von Terri und den Kindern tauchten in meinem Geiste auf, und ich fuhr noch vor Sonnenaufgang nach Dubrovnik los – wesentlich früher, als ich geplant hatte!

Bevor ich die Küste erreichte, fing es an zu regnen. Zuerst ganz leicht, Tropfen um Tropfen, doch dann ging es in einen ständigen Nieselregen über. Aber das machte mir nichts aus. Nichts konnte jetzt meine Stimmung beeinträchtigen. Ich fuhr ja heim!

Kurz nach sechs Uhr kam ich beim Flugplatz an und parkte mein Auto. Ich eilte, um den Flugschalter zu finden. Aber – es gab keinen Pan-Am-Schalter. Auch keine der anderen Fluggesellschaften würde meine Flugkarte umtauschen. Es wurde mir gesagt, ich müsse nach Dubrovnik zurückfahren, und zum Pan-Am-Büro im alten Stadtteil gehen. Aber das war 18 km entfernt. Also bestand keine Möglichkeit mehr, noch rechtzeitig wieder zurück zu sein. Ich gab einen Seufzer von mir und fuhr dennoch hin. Vielleicht hatte ich Glück, und das Flugzeug hatte Verspätung. Ich bemerkte jetzt nicht, dass der Regen schlimmer geworden war, und dass das Pflaster ziemlich rutschig war.

Es wäre viel besser gewesen, wenn ich nie daran gedacht hätte, einen Tag früher nach Hause zu fliegen, aber ich konnte jetzt an nichts anderes mehr denken. Ich konnte den Gedanken nicht ertragen, noch einen Tag darauf warten zu müssen, bis ich meine Familie endlich wieder sehen würde. Plötzlich sah ich ein Auto gerade vor mir, das mitten auf der Straße stand.

Ich trat sofort auf die Bremsen – aber viel zu schnell: Mein Auto fing an, sich zu drehen, und ich verlor die Kontrolle und schleuderte direkt auf das stehende Auto zu. „Oh Gott, bitte nicht!“ ächzte ich. Das Einzige, was mir jetzt durch den Kopf ging, war, dass ich entweder hier in Jugoslawien sterben, oder dass ich mit dem anderen Auto zusammenstoßen würde. Dann würde die Polizei doch noch herausfinden, dass die Behörden in Čitluk nach mir fahndeten.

Ganz verzweifelt riss ich das Steuerrad herum, und das Auto fing an, sich im Kreis zu drehen: Einmal, zweimal, dreimal... !

„Herr Jesus, bitte, bitte!“ schrie ich. Endlich prallte das linke Hinterrad mit einem kräftigen Stoß gegen den Randstein, und das Auto kam zum Stehen. Der Motor starb ab, und es herrschte Stille. Das Einzige, was ich noch hörte war das monotone Hin und Her des Scheibenwischers. Als ich durch die Windschutzscheibe schaute, konnte ich nichts mehr von dem Auto, das gerade vor mir auf der Straße gestanden war, sehen. Ich sah mich um und bemerkte, dass ich etwa 30 Meter von einer Bushaltestelle zum Stehen gekommen war, wo Leute warteten und mich anstarrten. Würde jemand herkommen, um zu sehen, ob ich verletzt war? Nein, sie starrten nur in zu mir herüber. Ich war wieder in der wahren Welt!

Ich stieg aus und lief ums Auto herum. Erstaunlicherweise war nicht ein Kratzer daran. Aber dahinter waren Reifenspuren auf der Straße, die aussahen wie schwarze Spaghetti – und die äußerst nahe an einen Abhang ohne Leitplanke heranführten. „Ich danke Dir, mein Gott!“ murmelte ich, überzeugt davon, dass an jedem Kotflügel Engel gewesen waren.

Als ich wieder eingestiegen war, versuchte ich, den Motor zu starten, und es klappte auf Anhieb. Ich fuhr ganz vorsichtig in den alten, von einer Stadtmauer eingefassten Stadtteil und erkundigte mich nach dem Pan-Am-Büro. Für heute war es zu spät, aber ich bestätigte meinen Sitz für den morgigen Flug. Dann suchte ich mir ein Hotel und verbrachte den Rest des Tages damit, mir den Morgen herbeizusehnen.

Als sich das große Pan-Am-Flugzeug am Dienstagmorgen auf der Startbahn in die Luft hob, stieß ich einen Seufzer der Erleichterung aus. Ich ließ die Sorgen mit der Polizei hinter mir, denn ich würde schon bald von ihnen vergessen sein. Und Tanya? Ich betete, dass sie die geistige Stärke finden und vollständig genesen möge, damit sie wieder ein produktives Leben führen könnte. Das eine war aber sicher: Diesmal hatte ich Medjugorje mit der Gewissheit verlassen, auf jeden Fall wiederzukommen.

„Ich lade euch ein,
dass ihr Friede werdet,
wo Unfriede ist und Licht,
wo Finsternis ist,
so dass jedes Herz
das Licht und den Weg
des Heils annimmt."

(25. 2. 1995)

20
Die Botschaft verbreiten

‚Dein Leben wird dem Verbreiten der Botschaft gewidmet sein.' – Es ist schon acht Monate her, seit ich diese Worte der heiligen Jungfrau Maria zum ersten Mal gehört hatte, aber sie gingen mir nie ganz aus dem Kopf. Auf meinem Rückflug kamen sie mir wieder ganz besonders zum Bewusstsein, als ich versuchte die Erlebnisse dieser letzten Reise auszuwerten. Ich war in der Annahme hinübergegangen, Pater Svet mit seinem neuen Buch zu helfen. Wir arbeiteten aber kaum daran, und es wurde mir jetzt klar, dass dies nicht der Grund gewesen sein konnte, warum Gott mich diesmal dorthin gebracht hatte. Es war vielmehr für mich eine Zeit des Lernens und Reifens. Sehr viel war auf dem Gebiet erzielt worden, das mich für die Zukunft vorbereitete.

Jetzt musste ich aber auf jeden Fall noch eine Reise nach Medjugorje machen. In meinem Herzen hatte ich das aber schon vorher gewusst, selbst damals, als mir die großen Zweifel gekommen waren, und ich vom Gegenteil überzeugt gewesen war. Ich würde höchstwahrscheinlich noch vor Ende dieses Jahres zurückkehren. In der Zwischenzeit würde Terri nach Medjugorje gehen müssen, um mit eigenen Augen zu sehen, was mein Leben mehr und mehr in Anspruch nahm, denn es war ja schließlich *unser* Leben, *unsere* Mission. Was von mir verlangt wird, das erfordert ihre volle Zusammenarbeit, wenn es erfolgreich sein soll. Im August, bevor die Kinder wieder zur Schule zurückgehen würden, würde für sie eine gute Zeit sein, nach Medjugorje zu gehen.

Als ich dieses Thema kurz nach meiner Rückkehr anschnitt, hatte sie natürlich andere Vorstellungen. „Du musst gehen!" sagte ich, als ich mit den Erzählungen meiner letzten Reise fertig war. „Ich könnte es ohne deine Unterstützung und dein volles Verständnis dafür, was in Medjugorje geschieht, nicht allein schaffen."

„Schau her, ich habe die Bücher gelesen", erwiderte sie, „und auch das Manuskript von Pater Svet. Ich bin überzeugt von der Echtheit dieser Ereignisse und auch davon, dass sie von Gott kommen. Deshalb ist es für mich nicht notwendig, selbst hinzureisen."

Ich schüttelte den Kopf. „Du kannst auf keinen Fall die wahren Eindrücke dieses Ortes nur durch die Schilderungen anderer verstehen." Dabei beließ ich es für den Moment, da ich ihren Widerstand spürte.

Aber ich gab den Gedanken nicht auf. Es verging kein Abend, ohne dass wir von Medjugorje sprachen, und nach etwa einer Woche schnitt ich das Thema wieder an: „Es ist schon interessant, persönlich damit verbunden zu sein", gab sie zu.

„Dann wirst du also fliegen?"

„Das habe ich nicht gesagt. Warum fliegst du nicht im November für uns beide?" Zu meiner Überraschung hatte sie ohne Widerrede gleich zugestimmt, als ich ihr von der Notwendigkeit, wieder hinzugehen, um die Arbeit an meinem Buch zu beginnen, erzählte.

„Terri, ich war schon zweimal dort. Ich möchte, dass du fliegst, und zwar im August."

„Ich fliege nicht im August. Das ist verrückt!"

„Nein, es ist nicht verrückt", beharrte ich. „Die Kinder werden keine Schule haben, und ich kann nach ihnen schauen. Wenn notwendig, können wir ja auch jederzeit jemanden einstellen, der etwas aushilft."

Ihr Blick verfinsterte sich, und sie erklärte: „Ich habe kein Verlangen danach, zu gehen, und das ist alles!"

Ich schrak zurück. Ich wusste, was das wahre Problem war: Die Kinder! Sie war noch nie von ihnen weg gewesen. Aber Kennedy war ja immerhin schon sechs und Rebecca zwei. Sie sollten wirklich eine Woche lang ohne ihre Mutter auskommen können. Aber ich bestand jetzt nicht darauf – zumindest vorläufig nicht.

Eine Woche später kam ich wieder darauf zu sprechen. Ich betonte erneut, wie wichtig es sei, dass sie aus eigener Erfahrung wisse, wofür ich mich einsetzen sollte. Und wiederum blieb sie fest in ihrer Ansicht, dass sie ihre Kinder nicht allein lassen würde, nur um in ein kommunistisches Land zu reisen, um etwas zu erleben, von dessen Echtheit sie sowieso überzeugt sei.

„Terri, der wahre Grund ist“, sagte ich ruhig, „dass dir die Kinder wichtiger sind, als – Gott!“ Nun war ich aber wirklich zu weit gegangen, so dachte ich, und jetzt wird sie auf keinen Fall gehen; auch wird sie mit mir für längere Zeit nicht mehr reden.

Aber ich hatte mich geirrt. Obwohl sie mich anstarrte, wusste ich, dass sie mich verstanden hatte. „Wir müssen lernen, Gott den ersten Platz einzuräumen“, sagte ich beschwichtigend, „selbst wenn es sich um die Kinder handelt.“

Sie seufzte. „Schon gut! Schon gut! Ich werde fliegen. Aber nicht im August.“

Ich war entzückt. „Wann denn?“

„Ich weiß es noch nicht – wir lassen das Datum noch offen.“

Als ich am nächsten Tag vom Büro aus im Friedenszentrum in Boston anrief, wurde mir gesagt, dass die nächste Pilgerreise am 9. September gehen würde. Ich bat sie, einen Patz für Terri zu reservieren und schickte ihnen sofort eine Anzahlung. Als sie ins Büro kam, sagte ich ihr, was ich gemacht hatte.

Sie schaute mich nur an und sagte: „Nun gut, es soll also so sein!“

„Verbreite die Botschaft!“ Obwohl ich mir noch nicht im Klaren war, wie ich das anfangen sollte, so hatte ich doch etwas Wichtiges in den letzten acht Monaten gelernt: Wenn Gott dich berufen hat, etwas zu tun, dann wird Er dir auch den Weg zeigen und dir zu Hilfe kommen. Du musst nur achtsam hinhören und dann genau das tun, was Er dir sagt.

Da ich die Serie der Artikel geschrieben und etwas an meinem Buch gearbeitet hatte, so hatte ich bis jetzt alles, was ich konnte, durch das geschriebene Wort ausgedrückt. Aber wie stand es mit dem gesprochenen Wort? Am Ende meines, aus dem Stegreif gegebenen Zeugnisses im Sertoma Klub, hatte mich ein Freund eingeladen, bei einer Sonntagsschulklasse in seiner Methodistenkirche zu sprechen. Dann kamen auch Einladungen zu anderen Sonntagsschulen. Die Nachricht verbreitete sich, dass ich eine sehr tiefgehende persönliche Erfahrung in Medjugorje gehabt hätte – eine Erfahrung, die bestätigte, was Gott dort drüben tut. Darüber hinaus verstärkte sich, so wie ich die Sache vortrug, das Gottesbewusstsein bei allen, die es hörten, ganz gleich welcher Glaubensrichtung sie waren. Nichtsdestoweniger war ich immer wieder überrascht, wenn jemand nach der Ansprache zu mir kam und, ohne seine Gefühle beherrschen zu können, mir sagte, wie sehr ihn das Thema berührt hätte. Ich war mir nicht bewusst, etwas Besonderes gesagt zu haben: Ich hatte lediglich versucht meine Gefühle so einfach wie möglich auszudrücken.

Als ich anfing, Einladungen von Kirchen und Vereinen zu bekommen, die weiter und weiter entfernt waren, erinnerte ich mich wieder der prophetischen Worte von Pfarrer Scotti: *„Das ist erst der Anfang.“* Überraschenderweise kamen die meisten Einladungen für Ansprachen von Protestanten; genauso wie ich auch einer bin. Medjugorje ist nicht nur ein katholisches Phänomen, es ist für alle eine dringende Botschaft, zu Jesus zurückzukehren. Und es war ansteckend. Die Tatsache, dass Gott wirklich vom Himmel herunterreicht und in das Alltagsleben von Männern und Frauen des 20. Jahrhunderts eingreift, ließ viele aufhorchen. Aber wenn es dort geschah, in dieser kleinen abgelegenen Ortschaft, warum dann nicht hier bei uns?

Als der 9. September näherrückte, fing ich an zu hoffen, dass Terri auch etwas von ihrer Reise begeistert werden würde. In der Zwischenzeit freute ich mich auf etwas, das in Boston kurz vor ihrer Rückkehr stattfinden sollte. Das Friedenszentrum hatte Pater Pervan, den Pfarrer von St. Jakob, engagiert, eine zweimonatige Vortragstournee durch Amerika zu machen, um die Botschaft von Medjugorje zu verkünden. Zu Beginn seiner Tournee sollten Exerzitien in Boston abgehalten werden, zu denen all jene Freunde von Medjugorje eingeladen worden waren, die es sich zur Lebensmission gemacht hatten, die Botschaften zu verbreiten. Ich war hoch erfreut, auch eine Einladung bekommen zu haben.

Schließlich war Terris Abreisetag da. Obwohl ich versuchte, meine Freude darüber zu verbergen, da sie keineswegs begeistert schien, so gelang es mir doch nicht ganz. Ich wusste, was sie dort drüben erwarten würde. Aber ich war auch überzeugt davon, dass sich das Friedenszentrum gut um sie kümmern würde. Vor allen Dingen aber wusste ich, dass sie in Gottes Händen war. Er würde diese Pilgerreise für sie in ganz besonderem Maße bedeutungsvoll machen.

Vom Flugplatz fuhr ich gleich ins Büro, wo mein Sekretärin Denease der Verzweiflung nahe war. Der achte und letzte Artikel der Serie über Medjugorje war kurz vor meiner zweiten Reise erschienen, und die Nachfragen für Kopien stiegen erheblich. „Wissen Sie", sagte Denease ärgerlich, „zuerst wollten sie nur die Artikel, die sie verpasst hatten, aber jetzt wollen sie alle acht, um sie ihren Freunden zu schicken!"

Ich lachte – was hier wirklich nicht am Platz war.

„Wissen Sie, dass ich *neun Seiten* benötige, um alle zu kopieren?" fuhr sie fort und schaute mich auf eine Art und Weise an, dass ich sofort zu lachen aufhörte. „Wissen Sie, wie lange das dauert? Wissen Sie, wie lange unser Kopierer das aushalten wird? Und die Hälfte vergessen, den adressierten und frankierten Umschlag beizulegen!"

„Beruhigen Sie sich! Beruhigen Sie sich!" sagte ich und versuchte, nicht mehr zu lachen. „Wir werden das schon regeln. Ich verspreche es. Wie viele Nachfragen bekommen wir denn eigentlich?"

Sie beruhigte sich etwas, da ich sie jetzt ernst nahm. „Wir erhalten täglich zwischen 15 und 20."

„So viele?"

Sie nickte nur. „Wenn man alle zusammenzählt, so schätze ich, haben wir schon etwa tausend rausgeschickt."

„Sie spaßen!"

Ich hatte keine Vorstellung davon gehabt, dass es schon so viele waren. Als ich in mein Büro ging, überlegte ich, wie wir die Verteilung der Artikel einfacher machen könnten. Da fiel mir ein, dass wir ja noch die Druckerei besaßen. Wir konnten dort alles drucken, was wir wollten – warum konnten wir nicht alle Artikel zusammen als eine eigene Ausgabe drucken? Es wäre billig, leicht zu handhaben, zu versenden und zu adressieren. Ich könnte sogar einige Bilder meiner Medjugorjereise hinzufügen. Wir könnten ja am Anfang 3000 Stück drucken, die ich dann auch als Handzettel bei meinen Vorträgen in Vereinen und Kirchen aushändigen könnte.

So verbrachte ich den Morgen damit, die Artikel zum Drucken vorzubereiten. Dann rief ich Denease herein und informierte sie, dass ich eine Lösung für das Versandproblem der Artikel gefunden hätte. Sie war überglücklich – bis ich ihr die neuformatierten Artikel zum Schriftsetzen gab. „Dafür brauche ich drei bis vier Tage", murrte sie. Ich lächelte nur. Denease sagte immer, dass etwas ein paar Tage dauern würde, aber dann schaffte sie es meistens in vier bis fünf Stunden. Und so war es auch diesmal.

In der Zwischenzeit schrieb ich die Einleitung, worin ich kurz beschrieb, wie ich zu dieser Sache gekommen war und wie ich in meinem Herzen die bestimmte Botschaft gehört hätte, die damit begann: ‚*Du bist mein Sohn…!*'. Bisher hatte ich noch gezögert, sie in Druck zu fassen. Es machte mir nichts aus, zu Freunden davon zu sprechen oder es anderen Pilgern mitzuteilen, aber es nur so vor Fremde hinzulegen, die es dann lesen und beurteilen würden, das war eine ganz andere Sache. Auch war die Zeit meiner „journalistischen Objektivität" längst vorüber. Wenn das mein Lebenswerk sein sollte, dann musste ich es genau so beschreiben, wie es ist.

Als die Schriftsetzung fertig war, legte ich die einzelnen Seiten vor mich auf den Schreibtisch und begann, die Ausgabe zusammenzustellen. Es war dann auch schon in ein paar Tagen gedruckt. Denease war begeistert. Die neue Ausgabe, die acht Seiten umfasste, passte in einen Geschäftsumschlag und brauchte daher nur eine, anstatt zwei Briefmarken.

Spontan nahm ich ein Bündel von 500 Stück zu den Exerzitien mit. Schwester Margaret hatte mich schon um Kopien der Artikel für das Friedenszentrum gebeten, und wahrscheinlich würden auch noch andere dort sein, die welche haben wollten. Wir sollten uns alle am Kennedy Flugplatz treffen, damit wir dort sein würden, wenn Pater Pervan ankam. Von dort aus würden wir alle zusammen zum Ephrata Haus fahren, das ein Exerzitienhaus etwa eine Autostunde außerhalb von Boston war.

Die Überraschung, die sich auf Pater Pervans Gesicht zeigte, als er uns sah, war die Sache wert. Wir waren eigentlich nicht allzu viele, aber die, die da waren, hatten schon besondere Dinge geleistet. Es waren Stan und Marge Karminsky da, ein Ehepaar aus Pennsylvanien, deren selbstgefilmtes Video von ihrer Medjugorjereise bereits mehrere tausend Male kopiert und in die ganze Welt verschickt worden war. Dann war Terry Colafrancesco da, ein junger Geschäftsmann, der in Birmingham in Alabama das Informationszentrum „Caritas" gegründete hatte. Auch waren Schwester Margaret und mehrere andere vom Friedenszentrum da, die ich ja schon vorher kennengelernt hatte. Insgesamt waren wir ungefähr 40 Personen von überall aus den USA, die daran beteiligt waren, die Botschaften der Erscheinungen in Medjugorje zu verbreiten.

Auf dem Weg zum Ephrata Haus fragte mich jemand in unserem Kombiwagen, wie ich mit Medjugorje in Verbindung gekommen sei, und so erzählte ich es ihnen. Ich war gerade fertig, als wir ankamen und war überrascht zu sehen, dass mehrere Leute Tränen in den Augen hatten. Am nächsten Morgen, nachdem John Hill uns über das Friedenszentrum und über Pater Pervans angekündigte Vortragstournee informiert hatte, ging das Erzählen weiter. Da gab es wieder Tränen. Auf diese Weise schmiedete uns Gott eng aneinander. Wie gut es war, mit anderen zusammen sein zu können, die eine ähnliche Berufung verspürt und auch ihre Zeit der Prüfungen gehabt hatten!

Für die Zeit der Pause nach dem Abendessen hatte jemand einen Büchertisch arrangiert, jedoch waren die meisten ausgestellten Titel uns allen bekannt. Ich fragte, ob ich auch meine Artikel dazu legen dürfte. Sie antworteten: „Selbstverständlich!" Innerhalb einer halben Stunde waren sie vergriffen. Während dieser Pause traf ich auch Peter Crary, meinen Rechtsanwalt aus Fargo in North Dakota, der, genauso wie John Hill, noch nie in Medjugorje gewesen war, der aber trotzdem völlig von dessen Echtheit und Wichtigkeit überzeugt war. Er war beeindruckt davon, dass ein lutherischer Protestant sich so mit den Erscheinungen der Jungfrau Maria beschäftigte. „Wenn du wieder heimkommst", sagte er und holte aus seinem Portemonnaie einen Hundertdollarschein, „dann schicke mir für dieses Geld Kopien deiner Artikel."

„Halt ein, Peter! Ich verkaufe diese Dinge nicht. Ich verschenke sie. Sag mir nur, wie viele du willst, und ich schicke sie dir."

Er schüttelte nur den Kopf. „Du verstehst das nicht. Ich habe viele lutherische Freunde, und bis jetzt hat nichts, was ich ihnen über Medjugorje erzählt habe, gefruchtet. Aber ich habe das bestimmte Gefühl, als ob diese Artikel helfen würden. Nun, wie viele kann ich haben?"

Ich berechnete die Druck- und Versandkosten im Kopf auf ungefähr 25 Dollar pro Tausend, und so versprach ich ihm, 4000 Exemplare zu schicken, sobald ich sie gedruckt hätte. Als eine Frau aus Michigan das hörte, sagte sie, sie wolle auch 4000 Nachdrucke haben; und Terry Colafrancesco bestellte 2000 für die Caritas. Ich war verblüfft. Ohne mein Dazutun hatte ich auf einmal Bestellungen für 10.000 Exemplare!

Aber ich konnte mich nicht allzu lange damit beschäftigen, denn Terri kam ja schon bald von ihrer Pilgerreise zurück. Es war zu viel verlangt, zu erwarten, dass sie mit der gleichen Begeisterung zurückkommen würde wie ich damals zurückgekommen bin, und doch gab ich die Hoffnung nicht auf.

Meine Hoffnung erfüllte sich freilich nicht. Terri hatte eine sehr eindrucksvolle Einführung in Medjugorje gehabt, aber ihr Leben war nicht so total umgekrempelt worden, wie meines. Sie war froh, dass sie dort war, und sie räumte ein, vielleicht wieder mal hinzugehen, aber nicht sofort. Aber dann sagte sie etwas, das meine ganze Anstrengung, sie dorthin zu bekommen, belohnte: „Als ich dort ankam, vergaß ich dich, die Kinder und sogar meine eigene Adresse. Zum ersten Mal in meinem Leben war ich vollkommen von dem Gedanken, Gott über alles zu lieben, erfüllt."

Als sie sich vom Jetlag erholt hatte und wieder ins Büro kam, zeigte Denease ihr ein Exemplar der Artikel als eigene Ausgabe. Dann kamen die zwei in mein Büro, Terri vorneweg.

„Du hast 3000 davon gedruckt?" rief sie mit einem schelmischen Lächeln. „Was willst du mit ihnen anfangen?"

„Du bist nicht damit zufrieden?"

„Gut, sie sehen recht ordentlich aus, aber du hättest mit 500 anfangen sollen. Du hast jetzt genug, dass sie dir wenigstens zwei Jahre reichen werden. Wahrscheinlich werden sie zum Auslegen für alle Käfige und Abfalleimer in der Umgebung benutzt werden."

Sie musste darüber lachen, und Denease, die hinter ihr stand, lachte auch. „Ich hätte nie geglaubt, dass du so viele drucken würdest!"

„Dann werdet ihr jetzt überrascht sein! Bevor ihr mich allzu sehr auslacht, will ich euch darüber informieren, dass ich bereits Bestellungen für 10.000 habe."

Sie hörten auf zu lachen.

„Wo willst du Bestellungen für 10.000 hernehmen?" fragte Terri, und ich sagte es ihnen.

Sie standen beide sprachlos da. Dann sagte Terri, die zugab, dass es sehr gut sei: „Aber du kannst sie unmöglich für 25 Dollar pro Tausend hergeben."

Ich seufzte. Damit hatte sie zweifellos recht. Aber das war der Preis, den ich ihnen versprochen hatte, und so entschieden wir uns, bei diesem Preis zu bleiben und zu sehen, wie wir damit fahren würden.

Wir druckten die Zehntausend. Ich legte eine Notiz bei, die besagte, dass, wenn sie noch mehr Exemplare haben wollten, sie sich auf 25 Dollar pro Tausend, 15 Dollar pro 500 und so weiter, beliefen und schickte sie ab. Es dauerte nicht lange, so bekamen wir Bestellungen für 10, 50, 100, … . Aber dann rief Peter Crary an: „Könntest du mir nochmals 5000 Nachdrucke dieser Artikel schicken? Das Geld dafür habe ich dir bereits geschickt."

„Peter, bist du wahnsinnig? Was willst du mit ihnen machen?"

„Leute von überallher fragen mich danach! Ich habe von dem ersten Stoß schon bald keine mehr."

Ich konnte es kaum glauben. Kurz danach rief mich Terry Colafrancesco an und bestelle nochmals 10.000. Der Preis war immer noch 25 Dollar pro Tausend. Als Terry erfuhr, dass ich die zweite Serie, ohne den Preis zu heben, gedruckt hätte, wurde sie besorgt. „Bei diesem Preis werden wir alles verlieren!" rief sie. Und sie hatte recht: Wir verloren bereits Tausende Dollar. Aber das machte mir nichts aus, und im Grunde machte es auch Terri nicht allzu viel aus. Sie legte es sich so zurecht: Es sei eine Rückzahlung für all die guten Dinge, die uns in den letzten elf Monaten geschehen sind. Wir hatten unsere Zeitungsverlage gut verkauft, und durch die Druckerei verdienten wir unseren Unterhalt. Wir konnten uns wirklich nicht beklagen.

Allerdings wussten wir auch, dass wir so nicht allzu lange weitermachen konnten. Wenn die Bestellungen weiterhin so hereinkamen, dann mussten wir den Preis erhöhen. Nach der dritten Auflage hatte ich schließlich keine andere Wahl mehr. Ich erhöhte den Preis aber nur so viel, dass, wenn die Bestellungen weiterhin so hoch bleiben würden, wir keinen Verlust haben würden. „Nun gut", sagte Terri, „wenn wir die Artikel schon wie ein gemeinnütziges Unternehmen versenden, dann sollten wir unser Geschäft auch als ein solches anmelden." Und somit beantragten wir für Weible Columns, Inc. den Status eines gemeinnützigen Unternehmens.

Dann geschah etwas Interessantes: Die Leute schickten uns mehr Geld als sie Artikel brauchten. Manche Leute bestellten 1000 Nachdrucke und sandten uns 100 Dollar, mit der Auflage, das Übrige dafür zu verwenden, wo es am meisten gebraucht würde. Ich erhielt auch einen Brief von einem Mann, der eine Baumschule in Spokane betrieb und der einen Scheck über 500 Dollar für nur 7.000 Nachdrucke beilegte. Er wollte das übrige Geld als eine Spende für Leute verwendet sehen, die zwar Nachdrucke haben wollten, die aber nicht in der Lage waren, dafür zu bezahlen. Ich war verblüfft und schrieb ihm zurück, um meine Dankbarkeit für seine Spende zum Ausdruck zu bringen.

In der darauffolgenden Woche erhielt ich einen Anruf von ihm: „Sie haben mir 7.000 Exemplare von diesen Dingern geschickt!"

„Ja, ich weiß."

„Aber ich habe nur 700 bestellt!"

„Einen kleinen Moment," sagte ich und kramte seinen Brief hervor. „Nein, es tut mir leid, aber Sie haben 7.000 bestellt."

„Wirklich? Ach Du lieber Gott, was soll ich mit 7.000 anfangen?"

„Hören Sie mal", lachte ich, „ich bin vollkommen davon überzeugt, dass überhaupt nichts aus Zufall passiert. Gott hatte augenscheinlich gewollt, dass Sie zehnmal so viel bekommen, als Sie dachten, dass Sie brauchen würden. Machen Sie sich nichts daraus. Er wird ihnen schon zeigen, wie Sie sie verwenden können." Und so geschah es auch.

Dann bekam ich einen Brief von einer Frau aus Kalifornien, die 500 Exemplare bestellte und einen Scheck über 1000 Dollar beilegte. Ich schrieb ihr zurück: „Ich wollte nur sicher gehen, dass Sie auch wissen, was Sie getan haben. Wenn es ein Geschenk ist, dann danke ich Ihnen von ganzem Herzen, aber ich wollte nur ganz sicher gehen, dass Sie das auch so beabsichtigten." Es war ein Geschenk.

In kurzer Zeit war das ganze Geld, das wir verloren hatten, auf diese Weise wieder hereingekommen.

Und die Bestellungen kamen und kamen. Mit den meisten erhielten wir jetzt auch persönliche Briefe. Augenscheinlich benutzte der Heilige Geist diese Artikel als ein Instrument dazu, die Herzen der Menschen zu berühren, und auch dafür, Leben zu verändern. Ich war tief betroffen von den Briefen, die damit anfingen: „Es war der Teil ‚*Du bist mein Sohn...*', der mich aufrüttelte. Danach habe ich alle Artikel gelesen – und welche Änderungen sie hervorriefen!" Ich konnte nur den Kopf schütteln: Wie hatte ich nur so lange damit zögern können, von dieser Botschaft zu schreiben, und dies nur aus Angst, als Narr gestempelt zu werden.

Viele schrieben, dass diese Artikel der beste Weg seien, andere über Medjugorje zu unterrichten. Sie seien leichter zu lesen und zu verstehen als ein Buch, und dennoch seien sie umfassend genug, um die Geschichte zu erzählen. Als ich mich darauf vorbereitete, im November nach Medjugorje zurückzugehen, hatten wir die unglaubliche Anzahl von 40.000 Exemplaren verschickt!

Terri sagte, dass wir vielleicht 150.000 erreichen könnten, aber im Geheimen war ich optimistischer. Ich wagte, von einer Million zu träumen.

„Der Rosenkranz ist mir,
meine lieben Kinder,
besonders lieb."

(25. 8. 1997)

„Ihr habt vergessen,
dass ihr durch das Gebet Kriege beenden
und die Naturgesetze aufheben könnt."

21
Ritas Geschichte

Herrliche Dinge geschahen im Ephrata Haus. Es war auch ein wahrer Segen, dass Pater Pervan die Vortragstournee durch die Vereinigten Staaten machen und so die Ereignisse von Medjugorje in diesem Land verbreiten würde. Dies sollte ihm auch helfen, die sonderbaren Amerikaner, die jetzt zu Tausenden in sein kleines Dorf strömten, verstehen zu lernen. Bei den Exerzitien kamen auch zum ersten Mal diejenigen zusammen, die daran arbeiteten, die Botschaft von Medjugorje bekannt zu machen. Wir erzählten uns unsere Geschichten und tauschten auch unsere Gedanken aus.

Diese Exerzitien waren der offizielle Anfang, die Artikel als Werkzeug zur Verbreitung der Botschaft zu benutzen. Aber das Interessanteste war das starke Zeugnis von Rita Klaus, einer Lehrerin aus Evans City in Pennsylvanien, einer kleinen Ortschaft in der Nähe von Pittsburgh. Ritas Geschichte stand als letztes Thema auf der Tagesordnung, und da gehörte sie auch hin, denn nichts Wichtigeres hätte ihr danach folgen können.

Als sie die Ereignisse schilderte, die sie schließlich zu diesen Exerzitien geführt hatten, saßen wir wie gebannt da. Ann Debeats, eine energische junge Frau, die das Friedenszentrum für John Hill führte und die als Leiterin der Exerzitien fungierte, hatte wahrlich den besten Wein bis zuletzt aufgehoben:

„Medjugorje ist noch neu für mich – eigentlich hatte ich bis zum Februar diesen Jahres noch nichts davon gehört. Ich hatte zum ersten Mal im National Catholic Register darüber gelesen und war auch gleich sehr daran interessiert gewesen. Kurz darauf hatte ich mir das Buch von Rene Laurentin *„Erscheint die Jungfrau Maria in Medjugorje?“* bestellt. Als ich es gelesen hatte, glaubte ich sofort daran. Ich fing an zu beten und zu fasten und sagte meinen Kinder, sie sollten den Rosenkranz beten. Aber ich glaube, ich sollte erst meine Geschichte erzählen:

Vor drei Monaten hatte ich noch Multiple Sklerose. Ich hatte diese Krankheit seit über 25 Jahren. Sie war zum ersten Mal festgestellt worden, als ich 20 Jahre alt war, und es war damals sehr schwer für mich gewesen, es zu akzeptieren. Natürlich versuchte ich alles Mögliche, es zu leugnen. Ich wollte es einfach nicht wahrhaben. Als es schlimmer wurde, machte ich mir vor, dass es doch etwas anderes sei. Es ruinierte mein Leben. Ich hatte Depressionen und war innerlich sehr ärgerlich, aber auch sehr verletzt. Und doch wollte ich das tun, was Gott von mir verlangte.

Vor ungefähr fünf Jahren lud mich eine Bekannte ein, mit zu einem Heilungsgottesdienst zu gehen, aber da ich nichts von der charismatischen Bewegung hielt, versuchte ich, davon Abstand zu nehmen. Jedoch meine Freundin ließ nicht locker, und mein Mann erklärte mir, ich hätte schon alles andere versucht, warum also sollte ich nicht auch dieses versuchen.

Der Gottesdienst fing mit dem Rosenkranzgebet an, was nicht zu schlimm für mich war. Ich saß in einer der hinteren Bänke, und als die Prozession der Priester anfing, fasste mich jemand von hinten an. Zunächst war ich sehr verlegen, denn ich hatte mir vorgenommen, nicht freiwillig nach vorne für die Krankengebete oder sonst irgendetwas zu gehen. Dann geschah etwas Seltsames: Ich spürte, wie ein wunderbarer Frieden über mich kam. Es fühlte sich an, als ob die ganzen Leiden, die durch meine Krankheit verursacht wurden, auf einmal verschwunden seien.

Als ich am Abend nach Hause kam, schwor ich mir, mein geistliches Leben zu verbessern. Bis dahin war ich über die katholische Kirche sehr verbittert gewesen. Obwohl ich zwar noch zur Messe ging, hatte ich das aber nur aus Gewohnheit getan. Ich wollte dies wieder gutmachen. Ich erzählte meinem Pfarrer, was geschehen war, und bat ihn, für mich zu beten, damit ich weiterhin diesen Frieden haben würde.

Am Ende dieses Jahres hatte ich die Lähmung in meinen Armen und Beinen. Das machte mir natürlich sehr zu schaffen, besonders weil ich Lehrerin war, aber auch, weil dadurch mein Mann und meine Kinder in Mitleidenschaft gezogen wurden. Aber ich hatte eine gute Pfarrgemeinde. Nachbarn fuhren mich zur Schule, mein Mann schrubbte den Boden, und die Kinder halfen, wo immer sie nur konnten.

Meine Beine wurden mit der Zeit mehr und mehr verkrüppelt, und die Knochen fingen an, sich zu biegen. Wegen meines spastischen Beines wurde mein rechtes Knie ganz verschoben. Die Kniescheibe verschob sich ins Innere des Beines; auch hatte ich kein Gefühl mehr im Bein.

In diesem Stadium musste ich in eine Rehabilitationsklinik. Jetzt war es an der Zeit, wo ich zugeben musste, dass ich behindert war, aber auch, dass mein Leben im Rollstuhl begann. Meinem Mann machten die Beinschienen und Krücken nichts aus, aber er konnte den Rollstuhl nicht ausstehen. Und doch war das etwas, das wir beide annehmen und womit wir leben mussten. Wir liebten die Natur und wir gingen gerne zelten. Meine Krankheit würde das stark beeinträchtigen.

Aber es geschahen auch einige gute Dinge. Viele Leute halfen aus, und der Staat ließ Geräte in der Schule, wo ich unterrichtete, sowie auch daheim einbauen, die Tausende Dollar wert waren.

Wie ich schon vorher erwähnt habe, hatte ich mir das Buch über Medjugorje bestellt. Ich war davon sehr beeindruckt und erzählte meinem Mann davon. Aber da er kein Katholik sondern Lutheraner war, hatte es keine Wirkung auf ihn gehabt. Dennoch versuchten wir, unser Gebetsleben zu verbessern. Auch nahm ich mir persönlich vor, täglich eine Stunde zu meditieren.

Dann, als ich eines Nachts im Juni diesen Jahres im Bett lag und meinen Rosenkranz zu Ende betete, hörte ich eine Stimme sagen:

„Warum bittest du nicht?" Ich wusste nicht warum, denn ich hatte früher noch nie darum gebeten, geheilt zu werden. Ich hatte mich daran gewöhnt, meine Behinderung anzunehmen. Aber es war gerade so über mich gekommen, als ich dalag. Darum betete ich jetzt aus tiefstem Herzen, sie möge ihren Sohn bitten, mich von dem zu heilen, wovon ich geheilt werden müsste. In diesem Augenblick verspürte ich ein sprudelndes Gefühl über mich kommen und dann kann ich mich an nichts mehr erinnern, weil ich eingeschlafen war.

Als ich am nächsten Morgen aufwachte, dachte ich nicht mehr an den vorigen Abend. Ich musste mich für ein Bibelstudium vorbereiten, das ich in einer Schule in der Nähe besuchte. Mein Mann Ray half mir in den Lieferwagen, der mit Handkontrollen für mich ausgerüstet war. Er schob meinen Rollstuhl in den Wagen, wie er es immer tat. Wenn ich dann zur Schule komme, dann ist immer jemand da, der mir hilft, ins Klassenzimmer zu kommen.

Zunächst bemerkte ich nichts Außergewöhnliches. Plötzlich, als ich mit den anderen beim Lernen saß, verspürte ich ein Gefühl der Wärme in meinen Füßen und Beinen, aber auch ein starkes Jucken. Eigentlich konnte das ja nicht passieren, da ich schon seit mehreren Jahren überhaupt kein Gefühl mehr in meinen Füßen hatte. Dann schaute ich auf meine Füße, und sie juckten nicht nur, sondern sie bewegten sich! Ich war total verblüfft!

Von da ab kann ich mich an nichts mehr erinnern, was in der Klasse vor sich ging. Um ganz ehrlich zu sein, kann ich mich nicht mal mehr daran erinnern, das Klassenzimmer verlassen zu haben und in den Lieferwagen gekommen zu sein. Ich wollte nur noch so schnell wie möglich nach Hause kommen, um meiner Familie zu erzählen, was mit mir geschehen war.

Als ich nach Hause kam, war niemand daheim. Ich hatte mich vorher beschwert, keine Erdbeeren zu haben und hatte sie gebeten, wenn sie am Morgen Zeit hätten, zur Erdbeerfarm zu gehen und welche für mich zu pflücken. Augenscheinlich waren sie nicht rechtzeitig daheim, um mich ins Haus zu führen. Sie hatten aber mit Vorbedacht meine Krücken unten an der dreistufigen Treppe, die ins Haus führt, hingelegt. Bei Gelegenheit, wenn ich allein ins Haus musste, dann konnte ich es mit den Krücken schaffen. Aber es bereitete mir immer große Schwierigkeiten.

Nun saß ich etwa 15 Minuten im Auto und wartete. Ich war ganz enttäuscht, denn ich wollte ihnen doch so gern erzählen, was passiert war. Dann musste ich auf die Toilette. Meine Behinderung schloss auch Funktionsstörungen der Blase und Därme ein, und schließlich war ich ja schon den ganzen Morgen in der Klasse gewesen. Daher musste ich jetzt rein – und zwar sofort!

Ich langte aus dem Lieferwagen und nahm die Krücken, die Ray so hingestellt hatte, dass ich sie leicht erreichen konnte. Jedoch konnte ich mein Bein mit der schweren Schiene nicht gleich heben. So stand ich für einige Minuten da. Aber dann dachte ich mir, wenn ich schon meine Füße fühlen konnte, vielleicht könnte ich auch mein Bein heben. Ich versuchte es und ich ging die Treppen ohne Schwierigkeit hinauf. Mein Herz raste!

Als ich endlich im Haus war, ging ich gleich ins Schlafzimmer, das im Erdgeschoss liegt. Als ich mich ans Bett lehnte, um meine Schienen abzunehmen, schaute ich auf meine Beine. Ich dachte, dass sie irgendwie seltsam aussähen. So schaute ich nochmals hin, und da stellte ich fest, dass mein rechtes Bein ja vollkommen gerade war! Ich hatte bereits zwei Operationen gehabt, um es zu begradigen, aber keine war erfolgreich gewesen. Sie hatten sogar schon meine Kniescheibe operativ freigelegt, damit sie mit dem restlichen Knie verbunden werden konnte, aber, wie sie sagten, das war das Beste, was sie hatten tun können. Über die Jahre, auch hervorgerufen durch eine Unausgeglichenheit der Muskeln, waren meine Beine äußerst deformiert.

Als ich sie jetzt anschaute, waren sie gerade. Die Kniescheiben war dort, wo sie sein sollten. Meine Beine waren wunderbar gerade!

Zu diesem Zeitpunkt war ich völlig durchgedreht und ich fing an zu schreien, dass meine Beine gerade waren. Ich konnte nur noch sagen: „Ich danke Dir, Muttergottes! Ich danke Dir, Jesus!“ Aber ich war mir immer noch nicht völlig bewusst, dass ich wirklich geheilt sein sollte. Zitternd nahm ich meine Schienen ab und stellte mich auf die Beine – seit vielen Jahren ohne Hilfe! Ich schaute wieder hinunter: Sie sahen aus wie die Beine von jemand anderem! Endlich wurde es mir bewusst, dass etwas ganz Wunderbares mit mir geschehen war.

Ich lief den Gang entlang – *lief den Gang entlang!* Mit den Krücken unter dem Arm! Als ich zur Treppe kam, dachte ich: „Nun, wenn ich wirklich geheilt bin, dann kann ich auch diese Treppe hinaufrennen." So ließ ich meine Krücken fallen und *rannte hinauf!* Dann rannte ich hinunter und wieder hinauf. Ich konnte nur noch vor Freude „Danke! Danke! Danke!" rufen. Jetzt wurde ich aber etwas hysterisch. Ich weinte und lachte zur gleichen Zeit. Ich fühlte mich, wie sich der heilige Paulus gefühlt haben musste, als er vom Pferd geworfen wurde.

Als ich mich endlich etwas beruhigt hatte, entschloss ich mich, es jemanden zu sagen, so versuchte ich, unseren Pastor anzurufen. Aber ich wählte immer nur meine eigene Nummer! Als ich ihn endlich erreichte, sagte ich: „Herr Pfarrer Bergman, ich bin geheilt! Ich bin geheilt! Ich habe keine MS mehr!" Er antwortete: „Wer ist dort?" Ich sagte: „Hier ist Rita. Mir geht es gut. Sie verstehen mich nicht, ich bin geheilt!" Dann, nach einer Minute Schweigen, sagte er: „Rita, bitte setzen Sie sich hin, nehmen Sie eine Aspirin, und rufen Sie Ihren Arzt. Bitte versprechen Sie mir, das zu tun!"

Ich wusste nicht mehr, was ich noch sagen sollte, und so legte ich auf und rief eine gute Freundin an, die auch mit mir in St. Gregory unterrichtet. Sie erkannte meine Stimme, aber ich konnte jetzt kaum noch sprechen. Sie dachte, dass etwas Furchtbares passiert sei. Sie raste in ihrem Auto zu unserem Haus. Das bedeutete Einiges, denn wir wohnen weit außerhalb. Ich erinnere mich noch, dass ich in der Mitte des Wohnzimmers stand und hin- und herhüpfte, als sie hereinkam. Als sie erkannte, was geschehen war, hüpften wir beide im Wohnzimmer herum.

Meine Freundin beruhigte mich etwas und sagte, wir sollten meine Familie finden, um es ihnen zu sagen. Wir fuhren zum Erdbeer-

Mirjana während der Erscheinung am 18. März 2000.

bauern. Da wir am Pfarrhaus vorbei mussten, entschlossen wir uns, anzuhalten, um meinem Pastor zu *zeigen*, dass ich geheilt war. Er war in seinem Studierzimmer. Als er mich vor sich stehen sah, verstand er, was geschehen war. Pfarrer Bergman konnte mich nur anstarren. Dann aber sagte er: „Setzen Sie sich, Rita, Sie haben diese Muskeln schon lange nicht mehr gebraucht!" Ich sagte ihm, ich sei gesund, und dass ich mich fühle, als sei ich wieder 17!'

Wir fuhren dann zum Erdbeerbauern weiter, aber als wir dort ankamen, war meine Familie schon weg. Wir fuhren deshalb zum Haus zurück. Als wir hinkamen, rannte meine Freundin hinein, um Ray zu holen. Er kam kreideweiß heraus. Er hatte gedacht, dass etwas passiert sein musste, und dass die Ambulanz mich ins Krankenhaus gebracht hätte, denn mein Auto war noch da, und meine Schienen und Krücken waren im Haus.

Ich sprang aus dem Auto und rannte zu ihm. Meine älteste Tochter stand nur da und weinte. Sie war total verblüfft und versuchte das Weinen zu unterdrücken. Sie ist zwölf, und meine beiden anderen Töchter sind zehn und sieben. Sie kannten mich nur im Behindertenzustand.

Es war eine unbeschreibliche Szene. Die älteste weinte, die mittlere stand mit offenem Mund da, und die Kleine sagte: „Ach wie schön! Jetzt brauchen wir keine Schulaufgaben mehr machen!" Darauf sagte sie: „Du siehst komisch aus, Mutti!"

Nach einer Weile beruhigten wir uns wieder und entschlossen uns, den Arzt anzurufen. Können Sie sich vorstellen, er war gerade auf dem Golfplatz! Am nächsten Tag ging ich wieder zu meiner Bibelklasse, aber ich wusste nicht, wie ich es anstellen sollte. Wenn ich es ihnen sagte, dann würde es die Klasse völlig verwirren, und so entschloss ich mich, im Rollstuhl zu fahren. Das war das Schwerste, was ich je getan hatte: Im Rollstuhl zu sitzen, obwohl ich gesund war. Als ich später wieder nach Hause kam, konnten wir endlich den Arzt erreichen.

Nachdem wir ihm das Geschehene mitgeteilt hatten, sagte er immer nur: „Das kann nicht sein! So etwas kann nicht geschehen! Es ist unmöglich!" Er fragte meinen Mann, ob ich laufen könne, und er sagte: „Nein, sie rennt!" Er sagte, wir sollten sofort ins Krankenhaus kommen.

Als wir hinkamen, wartete die ganze Belegschaft schon auf uns. Ich war nämlich gerade vor ein paar Wochen hier gewesen. Sie waren perplex. Mein Arzt glaubte, es sei ein Witz, und ich müsse Ritas Zwillingsschwester sein. Er machte mehrere neurologischen Untersuchungen und stellte fest, dass alles ganz normal sei. Nach diesen erschöpfenden Tests umarmte er mich und weinte. Er fragte, was ich gemacht hätte. Ich sagte ihm, dass ich nur darum gebetet hätte. „Wie oft?" „Nur ein Mal, aber viele Leute haben jahrelang für mich gebetet." Dann fragte er, ob ich alle Gebete verwendet hätte, oder ob noch welche für ihn übrig seien? Es war wunderbar.

Seit mir das geschehen ist, haben sich viele Dinge in meinem Leben geändert. Ich gebe jetzt anderen MS Patienten und Gruppen Zeugnis. Auch bete ich jetzt sehr viel zu Gott und Seiner heiligen Mutter. Ich möchte Sie jetzt nur bitten, dafür zu beten, dass ich alles, was ich tue, auch gut tue. Vielen Dank und möge Gott Sie segnen."

Wir saßen da und waren zu überwältigt von dem Gehörten, um gleich darauf reagieren zu können. Aber dann kam donnernder Applaus. Ritas Geschichte war der Höhepunkt eines geisterfüllten Wochenendes, das uns bereits unglaublich viel gegeben hatte.

Ich fühlte eine starke Verbundenheit mit Rita, weil meine Schwester Lola auch MS hat. Ich hatte Lola bereits davon erzählt, was in Medjugorje geschieht, überließ es aber ihr, zu entscheiden, ob es echt sei. Zunächst stand sie der Sache etwas zögernd gegenüber, da sie ja auch Lutheranerin war. Aber nachdem sie viel darüber gelesen, Videos angeschaut und auch meine eigene Geschichte darüber gehört hatte, war sie überzeugt.

Jetzt konnte ich es nicht abwarten, Lola von Rita und ihrer Heilung zu erzählen. Ich wollte aber auch Rita von Lola erzählen. Sobald ich mich durch die Menge gedrängt hatte, die jetzt Rita umgab, setzten wir uns und fingen an, zu erzählen. „Ich glaube, wenn ich ein Bild von Ihnen hätte, wenn ich Lola ihre Geschichte erzähle, dann würde es ihr großen Glauben und Hoffnung geben." Rita erlaubte mir, sie zu fotografieren. Dann machten wir noch ein Bild von ihr und mir. Als ich ihr jetzt danke, wusste ich irgendwie, dass ich Rita Klaus nicht zum letzten Mal gesehen hatte.

„Ich möchte,
dass jeder Einzelne von
euch heilig werde!"

22
Führe zu Ende, was du begonnen hast!

Mein Kalender füllte sich schnell mit Terminen für Ansprachen in und um Myrtle Beach herum, und auch die Artikel waren weiterhin sehr gefragt. Jim und Rosie Stoffel wurden sehr gute Freunde von mir und sie waren eine riesige Hilfe in meiner geistigen Ausbildung. Des Öfteren hatte ich schon die Gelegenheit gehabt, mit Jim das Video des Friedenszentrums vorzuführen, und auch Rosie hatte mir viele besondere Anregungen gegeben. Sie kämpfte bereits seit mehreren Jahren mit Kehlkopfkrebs und schien doch immer voller Energie und in guter Stimmung zu sein. Die Stoffels waren auch schon bei mehreren Heilungsmessen, aber wie es so oft der Fall ist, war die wahre Heilung für beide geistiger Natur gewesen. Aus diesem Grund konnten sie doch trotz allem ein beinahe normales Leben führen.

Aber nicht alles war so einfach. Ich stellte fest, wie schwierig es sein konnte, ein Buch zu schreiben. Nachdem ich unzählige Stunden damit verbracht hatte, das Material zu organisieren und einen Leitfaden zu finden, war es jetzt endlich an der Zeit, mich hinzusetzen und meine Gedanken zu Papier zu bringen.

Ich wollte das Buch wirklich schreiben. Es waren zwar schon viele Bücher über Medjugorje geschrieben worden, aber deren Autoren waren fast ausschließlich katholische Priester. Diese Bücher handelten vor allem von der ersten Zeit der Erscheinungen und versuchten, eine Erklärung der Ereignisse aus theologischer Sicht zu geben. Bis jetzt war noch keines darüber geschrieben worden, was der Einzelne erlebt, der dorthin kommt, es sieht, fühlt und zu totaler Hingabe an Gott bekehrt wird.

Aber als ich so tagelang dasaß und auf das leere Blatt in meiner Schreibmaschine starrte, wurde ich von Zweifeln gequält. Sie kamen stoßweise: Wie sollte ein lutherischer Protestant, der gefühlsmäßig sehr stark in der Sache engagiert war, ein objektives Buch über ein übernatürliches, religiöses Phänomen schreiben, das in katholischer Geschichte und Tradition verwurzelt war? Warum ignorierten die weltlichen Medien eine so wichtige Geschichte? Aber vor allem, wer würde mir schon glauben, dass ich eine persönliche Botschaft von der Heiligen Jungfrau Maria bekommen hatte?

Auf einmal erschien mir das Ganze zu unwahrscheinlich, als dass es irgendjemand ernst nehmen würde. Ich versuchte, die Begeisterung, die ich einst besaß, wiederzubeleben; aber die ursprüngliche Euphorie über das ganze Geschehen war zu einem Zögern und Mangel an Zuversicht zusammengeschrumpft. Tage, die ich dafür geplant hatte, mit dem Schreiben zu beginnen, wurden zu Wochen der Untätigkeit, da ich mehr und mehr Gründe fand, nicht zu schreiben. Vor allem hielten mich die vielen Einladungen, Vorträge zu halten, davon ab.

Ich leugnete nicht, dass mir etwas geschehen war. Die Gefühle der Bekehrung und Erneuerung bestanden noch. Aber als die Anzahl der bestellten Artikel, die sich jetzt in mehreren Staaten verbreiteten, immer größer wurde, fing ich an zu glauben, dass diese vielleicht das „Buch" seien, das zu schreiben ich einen solchen Drang verspürt hatte.

Ende Oktober hatte mich die Paralyse an der Schreibmaschine zur Verzweiflung getrieben. Dann, eines schönen Morgens, als ich wieder in meinem Büro saß und versuchte, mich zu motivieren, nahm ich die Bibel zur Hand, die ich im Büro hatte. Ich schaute sie einen Moment lang an und betete dann: „Oh Herr, bitte zeige mir, was ich tun soll." Dann öffnete ich sie aufs Geratewohl. Mein Blick fiel auf II Korinther 8,10:

„Ich gebe euch nur einen Rat, der euch helfen soll; ihr habt ja schon voriges Jahr angefangen, etwas zu unternehmen, und zwar

aus eigenem Entschluss. Jetzt sollt ihr das Begonnene zu Ende führen,.....“

Es kam mir wie eine Ewigkeit vor, als ich ehrfürchtig dasaß und über die Einfachheit und die Unmittelbarkeit, durch die Gott zu uns spricht, nachdachte. Die Begeisterung und Zuversicht waren wieder da, und sie überschatteten jeglichen Zweifel. „Danke!“ murmelte ich und fing an, Vorbereitungen für meine Reise nach Medjugorje im November zu treffen, aber auch ernsthaft an meinem Buch zu arbeiten.

Als ich in New York an Bord des Flugzeuges ging, war ich mir im Großen und Ganzen klar darüber, was ich zu machen hatte. Zunächst wollte ich so viele Seher wie möglich interviewen. Dafür brauchte ich aber die Hilfe von Pater Svet. Ich hatte Kontakt mit ihm aufgenommen, in der Hoffnung, dass er mich ihnen vorstellen und möglicherweise als mein Dolmetscher wirken würde. Auf jeden Fall würde ich ihm mit seinem eigenen Buch helfen.

Ich mietete mir wieder ein Auto in Dubrovnik und hatte diesmal kein Problem, meinen Weg nach Medjugorje zu finden. Durch Rose Finnegan vom Friedenszentrum hatte ich an Grgo Vasilj geschrieben, dass ich wieder bei seiner Familie wohnen wollte. Das ist die Familie, bei der ich bei meinem letzten Aufenthalt wohnte, und die mich als Freund aufgenommen hatte.

Grgo war ein ruhiger und nachdenklicher Mann und ein schwerarbeitender Vater von sechs Kindern. Er war auch ein tiefreligiöser Mann, der einen Gebetsraum für seine Familie, die auch seinen Vater und seine Mutter einschloss, in seinem Haus eingerichtet hatte. Jeden Morgen um 6,30 Uhr versammelten sie sich dort vor dem Frühstück zum Gebet. Bei meinem letzen Aufenthalt erachtete ich es immer als eine Ehre, wenn er mich einlud, daran teilzunehmen.

Grgo war von Beruf Baupolier und wurde wegen seiner Tochter Jelena dazu inspiriert, den Gebetsraum zu einzurichten. Jelena, ein ruhiges Mädchen mit auffallend schönen Augen, hatte im Dezember 1982 ein besonderes Geschenk vom Himmel erhalten. Als sie an einem Nachmittag in der Schule war, hatte sie die Stimme der

Jungfrau Maria gehört. Das ist ein Phänomen, das man innere Eingebung nennt. Dasselbe Geschenk erhielt auch ihre Spielgefährtin Marijana Vasilj, die keine Verwandte ist. Beide Mädchen waren zu der Zeit zehn Jahre alt. Genauso wie bei den Sehern haben die inneren Eingebungen von da an regelmäßig stattgefunden.

Jelena und Marijana haben die Heilige Jungfrau nicht so gesehen, wie sie die Seher sehen; sie haben sie „in ihrem Herzen" gesehen. Und doch waren ihre inneren Eingebungen den Botschaften, die die anderen erhielten, so ähnlich, dass man Jelena, die die Lebhaftere der beiden war, oft als „die siebente Seherin" bezeichnete.

Ihren Aussagen gemäß, gab die Heilige Jungfrau ihnen Unterricht im geistlichen Leben. Im Mai 1983 bat sie Jelena, einen Priester davon zu unterrichten, dass sie es gerne hätte, wenn eine Jugendgebetsgruppe in der Pfarre gegründet würde. Sie würde sie persönlich leiten und ihnen Regeln zur Heiligkeit geben. Die Mitglieder müssten alles aufgeben und sich Gott völlig zur Verfügung stellen. 56 Jungen und Mädchen stimmten zu, diesem Aufruf Folge zu leisten.

Jelenas Geschenk hatte eine besondere Anziehungskraft für mich: Es war dem so ähnlich, was ich selbst erfahren hatte, und was ich immer noch gelegentlich erlebe. Ich spürte, dass es kein Zufall war, das Privileg zu haben, bei Grgo Vasilj wohnen und mit seiner Tochter beten zu dürfen.

Da Jelena unheimlich schüchtern war, schaute sie mich am Anfang kaum an. Aber allmählich, nachdem sie sich an meine Gegenwart gewöhnt hatte, machte sie mit mir sogar ab und zu einen Spaß. Auch liebte sie es, ihre Schwestern zu necken. Nach ein paar Tagen fing sie an, meine Fragen zu beantworten. Als ich sie über die Botschaften, die sie für sich persönlich erhielt, fragte, antwortete sie, sie seien vor allem Unterweisungen auf dem Weg zur Heiligkeit. Eine der Ersten sei gewesen, sie solle ihren Tag jeweils mit einem Gebet zum Heiligen Geist beginnen. Und, wie schon erwähnt, sei sie gebeten worden, eine Gebetsgruppe zu gründen, was sie auch getan hatte.

Das Erzielen der Heiligkeit war nicht leicht für sie. (Ist es für irgendjemanden leicht?). Oft musste ihr Vater sie dazu ermahnen, rechtzeitig zum Gebetsraum zur Morgenandacht zu kommen. Er musste sie auch manchmal zur Rechenschaft ziehen, wenn gelegentlich Pilgergruppen zu ihrem Haus kamen, und sie sich weigerte, zu ihnen zu sprechen. Jelena, die jetzt vierzehn und in vielen Gebieten ein typischer Teenager ist, war somit den anderen Seher ähnlich: Sie war weder gut noch schlecht. Und doch war sie von der Madonna auserwählt worden, obwohl sie morgens lieber ausschlief, als zu beten. Auch liebte sie das Fernsehen und hatte eine Vorliebe für M&M-Süßigkeiten (woran ich bei jeder Reise dachte).

Bei diesem Aufenthalt erlebte ich auch eine große Enttäuschung und einen Schmerz, der meine Freude, wieder nach Medjugorje zurückgekehrt zu sein, beeinträchtigte: Tanya war nicht mehr hier! Ich fand heraus, dass sie vor zwei Monaten nach Italien abgereist war und dass sie wieder drogensüchtig geworden war. Es war eine bittere Lehre: Ganz gleich, wieviele Gebete verrichtet werden, oder wieviele Menschen Hilfe anbieten, wenn der Betroffene die Hilfe nicht annimmt, kann sie nicht wirken. Die Annahme kommt vom Glauben und dem freien Willen. Ich wurde damals an Jesus erinnert, der in seiner Heimatstadt Nazareth wegen dem Glaubensmangel derer, die mit Ihm aufgewachsen waren, keine größeren Wunder hatte vollbringen können.

Und doch gab ich Tanya noch nicht verloren. Meine Gebete für sie sollten jetzt noch stärker werden. Ich wusste, dass in dieser jungen Australierin ein Kampf zwischen Gut und Böse tobte, und ich war entschlossen, alle möglichen Gebete in der Hoffnung aufzuopfern, dass das Gute siegen würde. Tanya versinnbildlichte für mich den ständigen Kampf, den wir alle durchzumachen haben, um in der Gnade Gottes zu bleiben. Wir können diese Gnade annehmen und unter ihrem Schutz leben, oder wir können sie ablehnen: Die Entscheidung müssen wir treffen.

Jetzt erinnerte ich mich daran, als Tanya und Kathleen mich zu einem Interview mit Jelena begleitet hatten. Da sie bei Pater Slavko so großartig übersetzt hatte, hatte ich sie gebeten, mir auch bei Jelena zu helfen. Sie hatten sich vor diesem letzten Wochenende meines vorherigen Aufenthaltes in Medjugorje noch nicht gekannt. Tanya hatte vorher noch nicht einmal von Jelenas inneren Eingebungen gehört.

Ungefähr in der Hälfte des Interviews, als Jelena erzählte, wie die Madonna mit ihr „redete“, drehte sich Tanya auf einmal zu mir und rief: „Das ist ja großer Mist!“

„Tanya, das darfst du nicht sagen! Was ist los mit dir?“

„Hören Sie mal her, ich habe viel Zeit mit den Sehern verbracht und ich weiß, dass sie nicht lügen, aber das – nun – ich glaube ihr nicht!“

Ich schaute zu Jelena hinüber, die nicht wusste, was gesprochen wurde, aber die fühlte, dass hier etwas nicht in Ordnung war. Dann schaute ich zu Kathleen, die aber nur mit den Schultern zuckte und keine Hilfe anbot. Schließlich, nachdem ich mich wieder beruhigt hatte, sagte ich zu Tanya, sie solle Jelena sagen, dass das Interview zu Ende sei. „Und jetzt“, fügte ich mit strenger Stimme hinzu, „will ich, dass du ihr sagst, dass du ihr nicht glaubst.“

Tanya lächelte. „Glauben Sie, ich sei zu feige, es ihr zu sagen?“ Sie wandte sich zu Jelena und fing an, zu gestikulieren und eindringlich auf Kroatisch auf sie einzureden.

Ich konnte es nicht glauben, was mit Jelena geschah: Ihr sonst so schüchternes, ruhiges Benehmen verwandelte sich in Heiterkeit und Lächeln. Sie erschien nicht im Geringsten von Tanyas Wortschwall eingeschüchtert zu sein.

Ich fragte Tanya, was Jelena geantwortet hatte.

„Sie sagte, dass wir zwei uns einmal treffen sollten, um darüber zu sprechen. Und das war alles.“

Verärgert stand ich auf, um zu gehen. Aber als wir Jelena dankten, sagte sie noch etwas zu Tanya und nahm sie bei der Hand.

„Ach nein!“ seufzte Tanya. „Sie will *jetzt* mit mir sprechen!“

„Gut“, sagte ich, „wir werden draußen auf dich warten.“

Nach etwa 45 Minuten kamen Tanya und Jelena lächelnd aus dem Haus. Diesmal zeigte sich wieder Tanyas engelhafte Seite.

„Ich glaube ihr jetzt", sagte sie ruhig.

„Warum?"

„Sie ist so ehrlich und so offen. Nachdem ich einige der Dinge gehört hatte, die die Muttergottes ihr gesagt hat, musste ich feststellen, dass es die gleichen Dinge waren, die sie auch den Sehern sagte."

So froh ich auch war, dass diese peinliche Situation sich in eine wertvolle Lehre für diesen kämpfenden Teenager verwandelt hatte, so war ich noch mehr davon beeindruckt, wie sehr Jelena sich verändert hatte.

Obwohl Tanyas wiederholter Rückfall eine schmerzliche Enttäuschung für mich war, so war ich doch froh, wieder in meinem zweiten Zuhause zu sein, den Podbrdo zur Meditation hinaufsteigen und nach St. Jakob zur heiligen Messe gehen zu können. Diesmal schienen mehr Amerikaner hier zu sein. Ich traf zwei Gruppen aus den USA: Schwester Margaret Sims führte die vom Friedenszentrum, und Terry Colafrancesco führte eine von der Caritas. Die Nachricht hatte sich weiter verbreitet.

Es gab noch einen Unterschied: Die Leute fingen an, mich durch die Artikel zu erkennen. Viele erzählten mir, dass sie wegen der Artikel gekommen seien. Das war überwältigend für mich.

Terry bat mich, zu seiner Gruppe zu sprechen, und ich stimmte zu. Ich war begeistert, dass ich gerade hier in Medjugorje eine Ansprache geben konnte. Wir gingen zu dem Zedernhain zwischen der Kirche und dem Križevac. Dort, in dieser herrlichen Oase des Friedens, bei den Grabsteinen, die Hunderte von Jahren alt waren und dem herrlichen Kreuz als ruhigen Hintergrund, sprach ich zu ihnen über Medjugorje: Darüber, was mich hierher gebracht hatte, was ich schon alles erlebt hatte, und was Gott mir immer noch zeigt, aber auch darüber, was Er auch ihnen zeigen würde.

An einem Abend nach der Messe fragten mich einige Leute vom Friedenszentrum, die gehört hatten, dass ich zu der Gruppe der Caritas gesprochen hatte, ob ich auch zu ihrer Gruppe sprechen würde. Sie trafen schnell Vorbereitungen, dass wir uns am nächsten

Morgen um neun Uhr im Keller des Pfarrhauses treffen würden. Sie sagten mir, dass etwa 20 bis 30 Leute dort sein würden. Aber die Nachricht davon verbreitete sich. Als ich am nächsten Morgen dorthin kam, waren etwa 50 bis 60 dort. Und wieder betete ich um die Gnade, dass der Heilige Geist und nicht Wayne Weible gehört werden würde.

Als die Ansprache vorüber war, kam Schwester Margaret zu mir, umarmte mich lange und sagte: „Das war wunderbar! Machen Sie nur so weiter!"

Ich ging zur Messe, um Gott von ganzem Herzen zu danken. Während der Messe war ich innerlich aufs Tiefste ergriffen. Nach der Eucharistie kniete ich in meiner Bank, die Augen geschlossen und in tieferem Gebet als gewöhnlich versunken. Auf einmal sah ich viele Gesichter. Sie waren klar und deutlich und schienen in einem braun-grauen Nebel zu schweben. Dann verschwanden die einzelnen Gesichter langsam und wurden durch Menschenmassen ersetzt.

Plötzlich erschien über ihnen ein strahlend-weißes Licht, heller als irgendetwas, das ich je gesehen hatte, und doch konnte ich direkt hineinschauen. Als ich es so betrachtete, erschien Jesus in seiner Mitte in einem weißen Gewand. Er öffnete langsam seine Arme und hielt sie all den Leuten da unten entgegen.

Diese Vision war äußerst klar und dauerte längere Zeit. Ich war so davon in Beschlag genommen, dass ich, als sie schließlich aufhörte, und ich meine Augen öffnete, überrascht war, dass die Messe schon einige Zeit vorbei, und ich beinahe allein in der Kirche war.

Ich stand zitternd auf und war überwältigt von dem, was ich gerade gesehen hatte. Vorher war mir noch nie so etwas passiert. Ich ging ruhig aus der Kirche und traf Shannon Brennan, eine junge Frau, die mit der Gruppe des Friedenszentrum gekommen war. Sie war während der Messe neben mir gesessen.

„Es tut mir leid, Shannon, aber ich konnte nicht... ."

Sie unterbrach mich. „Sie brauchen mir nichts zu erklären. Es war offensichtlich, dass Ihnen etwas ganz Besonderes geschehen war."

Ich erzählte ihr von der Vision. Ich musste einfach jemandem davon erzählen. Wir liefen jetzt zu der kleinen Gemeinde, wo die Seher wohnten, und es gesellte sich bald eine Bekannte von ihr zu uns. Sie waren noch nicht auf dem Erscheinungsberg, wie der Podbrdo allgemein genannt wird, gewesen und baten mich, mit ihnen zu gehen. Nach dieser wunderbaren Vision wollte ich nichts als beten, und da der Berg der beste Platz dafür war, stimmte ich zu.

Als wir am Fuß des Berges ankamen, bemerkte Shannon eine Menge Amerikaner vor Marijas Haus, das nur ein Stück weiter die Straße entlang lag. „Oh, lasst uns zuerst zu Marija gehen, bevor wir auf den Berg steigen", rief sie.

Ich stimmte sofort zu. Marija war wahrscheinlich die einflussreichste der Seherinnen, aber was noch wichtiger für mich war, ich wollte ihre Schwester Milka sehen. Zwar hatte ich sie beide interviewt, aber ich hatte schon mehr Zeit mit Milka verbracht. Marija stand ungefähr halb oben auf der Treppe, die zu ihrer Eingangstür führt. Sie war von einem Halbkreis amerikanischer Pilger umgeben, deren Fragen sie durch einen Dolmetscher ruhig beantwortete. An einem Punkt schaute sie kurz zu mir her, und ich dachte einen Augenblick, dass sie gelächelt hätte. „Das ist doch lächerlich", dachte ich dann, „bei den vielen Interviews, die sie täglich gibt, wird sie sich gerade an meines vor fünf Monaten erinnern."

Nach etwa fünfzehn Minuten ging die amerikanische Gruppe wieder weg. Shannon und ihre Bekannte gingen auch und sagten, ich solle sie am Berg treffen, wenn ich mit Marija gesprochen hätte. Ich wollte gerade zu ihr hinaufgehen, als ein paar italienische Männer, die am Rande gestanden hatten, zu ihr gingen und sie in Anspruch nahmen. Geduldig beantwortete sie ihre Fragen in fließendem Italienisch. Als sie endlich gingen, drehte sie sich zu mir um.

„Marija", begann ich, „mein Name ist… ."

„Wayne!" rief sie aus und kam zu mir herüber, um mich mit einem Kuss auf die Wange zu begrüßen. „Wie geht es Ihnen? Es ist schön, Sie wiederzusehen!" Das Englisch fiel ihr nicht leicht, aber ihre Spontaneität bedurfte keines Kommentars.

„Du erinnerst dich an mich?“ fragte ich, und mein Mund stand offen.

„Ja, natürlich erinnere ich mich an Sie und an das Interview mit mir und Milka. Milka hat, wie man sagt, großen Respekt vor Ihnen.“

Ich war verblüfft. „Ist sie hier?“

„Nein, Milka ist in Deutschland, um sich um ihre Schwägerin zu kümmern, die ein Baby bekommen hat.“

„Gut“, lächelte ich, „ich werde wiederkommen und später mit dir sprechen. Pater Svet wird mit mir kommen.“ Ich drehte mich um, um zu gehen.

„Nein, nein!“ lachte sie. „Kommen Sie jetzt!“ Sie nahm mich bei der Hand und führte mich in die Küche. Für die nächsten zwanzig Minuten sprachen wir von dem, was in Medjugorje so vor sich geht, und wie ihr Leben sich gestaltetet: „Sehr viel zu tun. Sehr wenig Zeit für Dinge wie jetzt. Aber es ist gut.“ Ich war überrascht, wie viel sie zu verstehen schien, aber auch darüber, wie gut sie sich verständigen konnte, trotz ihres gebrochenen Englisch. Wir führten ein wirkliches Gespräch, kein Interview, nur eine nette Unterhaltung. Aber da ich befürchtete, ich könnte etwas ganz Dummes sagen, und da ich nicht mit meinem Glück spielen wollte, stand ich auf und sagte: „Ich werde mit Pater Svet zurückkommen.“

„Sie können jederzeit kommen“, sagte sie und geleitete mich zur Tür. „Bitte kommen Sie wieder.“

Ich nickte, winkte und stieg die Treppen hinab. Aber dann, als sie ins Haus zurückgekehrt war, konnte ich meinen Jubel nicht mehr länger in mir halten und rannte den Erscheinungsberg hinauf, da ich darauf brannte, Shannon von meinem Gespräch mit Marija zu erzählen. Dieses Treffen hatte etwas ganz Besonderes an sich gehabt: Sie war nicht Marija, die Seherin, gewesen, sondern Marija, meine Bekannte. Dies sollte der Anfang einer ganz besonderen Beziehung werden, enger als mit irgendeinem der anderen Seher.

Am Nachmittag kam Pater Svet von seiner Pfarre hierher, um

seine wöchentliche Ansprache zu halten. Als er fertig war, umarmten wir uns wie gewöhnlich zur Begrüßung. „Ich habe gute Nachricht!" meinte er und ging bis ans Ende des Kirchplatzes. „Ich habe veranlasst, dass Sie nach Konjic kommen und vier Tage im Kloster wohnen können!"

„Das ist großartig!" sagte ich und war glücklich darüber, endlich mal etwas mehr Zeit mit ihm verbringen zu können. „Wann?"

„Ich muss schon heute Abend zurück, aber Sie kommen morgen nach. Wir werden über Ihr Buch sprechen, nicht über meines, obwohl ich ein paar Gedanken habe, die ich gern mit Ihrer Hilfe niederschreiben möchte."

Die Fahrt am Neretva Fluss entlang war spektakulär. Wieder hatte ich keine Straßenkarte, aber Pater Svet versicherte mir, dass ich nur der Straße nach Sarajevo zu folgen hätte, die direkt nach Konjic hineinführt. Zwei Stunden später war ich dort.

Da ich eine Ortschaft von der Größe von Medjugorje erwartet hatte, war ich überrascht, eine sehr geschäftige Kleinstadt vorzufinden. Ich fand Pater Svets Kirche, ein großartiger Bau, an den das Kloster angebaut war. Er kam, um mich zu begrüßen und führte mich in das Zimmer, wo ich wohnen sollte. Ich schüttelte mich: Konjic liegt wesentlich höher als Medjugorje, was bedeutet, dass es hier auch wesentlich kälter ist. Und ganz einem Kloster entsprechend, gab es hier keine Heizung. Aber Pater Svet, der meine Gedanken gelesen haben musste, gab mir das kleine Heizgerät aus seinem Zimmer.

Am Abend nahmen wir das Abendessen im Speisesaal mit den anderen Mönchen ein. Es war eine festliche Angelegenheit. Für mich war es eine wunderbare Erfahrung, einmal mit anderen Franziskanern als denen von Medjugorje zusammenzukommen, und ihre Lebensart kennenzulernen. Danach gingen wir auf Pater Svets Zimmer und begannen mit der Arbeit. „Ich brauche Ihre Hilfe mit ein paar Notizen, die ich mir gemacht habe. Sie sind nicht für mein Buch, sondern nur einige Gedanken, die ich möglicherweise später einmal verwenden kann – oder die Sie in Ihrem Buch benutzen können."

Somit fingen wir an: Pater Svet las und fügte während der Arbeit noch einige Gedanken hinzu. Ich tippte und erteilte Rat. Manchmal hielten wir inne, um etwas zu diskutieren. Ab und zu schlug ich kleine Änderungen vor, aber oft zog er es vor, es so zu lassen, wie es war. Nach einer Weile schlug er mir aufs Knie und sagte lächelnd: „Das ist gut!"

„Was meinen Sie?"

„Dass wir hier sitzen und diese unwichtigen Punkte besprechen können. Aber auch dass Sie sich jetzt sogar getrauen, nicht immer mit mir übereinzustimmen." Er lächelte, als er sah, dass ich endlich verstand, was er meinte: Pater Svetozar Kraljević, mein geistlicher Held, wurde nicht mehr von mir auf seinem hohen Podest verehrt. Obwohl er immer noch eine überwältigende Persönlichkeit war, war er jetzt doch ein guter, persönlicher Freund von mir und ein Bruder in Christus geworden.

Wir arbeiteten drei Stunden an diesem Abend und verbrachten den ganzen nächsten Tag mit ähnlichen Beschäftigungen. Um Mittag herum machten wir eine Pause und spazierten zum Marktplatz, der der Kirche gegenüberliegt. Hier konnte man alles kaufen, von Lebensmitteln bis zu Kaffeemühlen, und Pater Svet kaufte eine kleine Handmühle. „Die ist für Terri", sagte er und gab sie mir.

„Wenn Sie wüssten, wie wenig Zeit Terri in der Küche verbringt!" lachte ich. „Aber sie wird sich darüber freuen, weil sie von Ihnen ist." Terri hatte Pater Svet während ihrer Reise im September kennengelernt und hatte gleich genauso über ihn gedacht wie ich. Sie würde begeistert davon sein, dass er an sie gedacht hatte. Aber das war so seine Art. Ganz gleich wie viele neue „Brüder und Schwestern" er bei den Pilgern in Medjugorje findet, er hat immer ein besonderes Wort für einen jeden oder ein paar Augenblicke, ihnen zuzuhören.

An diesem Nachmittag war Pater Svet an der Reihe, die 17 Uhr Messe zu feiern. Als er sich darauf vorbereitete, setzte ich mich etwa 20 Minuten vor der Messe hinten in die Kirche. Die Kirche war sehr kalt, und ich konnte nicht aufhören zu zittern, obwohl ich für diese Kälte eigentlich gut genug angezogen war. So langsam kamen einige Leute dieser Ortschaft in die Kirche; insgesamt waren es fünfzehn! Es tröstete mich etwas, dass sie alle genauso zu frieren schienen. Um nicht mehr an die Kälte denken zu müssen, kniete ich nieder und begann zu beten.

Sofort hörte ich auf zu zittern. Ich fühlte mich auf einmal wie in einem Vakuum. Dann spürte ich eine Botschaft in meinem Inneren, ganz genauso, wie ich es schon vorher öfters gespürt hatte. Es war keine vernehmbare Stimme, auch war keine Vision damit verbunden. Und doch war es eine *Stimme* und noch dazu eine starke. Alles, was sie sagte war: *'Bringe Milka in die Vereinigten Staaten!'*

Ich war überrascht. In diesem Augenblick war Milka so weit von meinen Gedanken entfernt wie China. Ich zögerte einen Moment, dann fragte ich halblaut: „Warum?"

Es kam keine Antwort, nur ein ganz starkes Empfinden, ich solle tun, wie mir aufgetragen worden war.

Ich schlug es mir aus dem Kopf, entschied mich aber, mit Pater Svet darüber zu sprechen. Ich akzeptierte jetzt in voller Ruhe, dass ich der Empfänger dieser inneren Eingebungen war. Nach meinen früheren Erfahrungen und meinen Gesprächen mit Jelena begann ich zu verstehen, dass eigentlich ein jeder als ein solches Instrument des Heiligen Geistes auserwählt werden könnte.

Die Gelegenheit, mit Pater Svet zu sprechen, bot sich am nächsten Morgen, als er mit mir zu der Stelle fuhr, wo eine neue Pfarrkirche gebaut werden sollte. Die Einnahmen aus seinen schriftstellerischen Tätigkeiten kamen alle diesem zukünftigen Bauprojekt zugute. Er hoffte, dass es bald zur Wirklichkeit werden würde. Pater Svet war für die Fahrt in Zivil gekleidet. Wenn er nicht die braune Franziskanerkutte anhatte, wirkte er irgendwie weniger imposant. Aber die Anmut war immer noch in seinem Gehabe zu bemerken, und seine innere Heiligkeit konnte man in seinen Augen lesen.

Er schien nicht weiters überrascht zu sein, als ich ihm von der Botschaft über Milka erzählte. „Gut", sagte er in Gedanken versunken, „wenn wir morgen Marija sehen, erzählen Sie es ihr, und dann werden wir sehen, was sie davon hält." Er hatte schon vor einiger

Zeit zugestimmt, mit mir nach Medjugorje zurückzufahren und als mein Dolmetscher zu wirken.

Auf unserem Weg zurück zum Kloster, als wir uns gerade dem Zentrum von Konjic näherten, hörten wir ein lautes Hupen. Da, wo die Straße eine Krümmung macht, und wo mehrere Straßen zusammentreffen, schienen auf einmal alle Autos auf einmal zusammengekommen zu sein. Niemand wollte auch nur einen Zentimeter weichen. Ich hätte es mir nie träumen lassen, dass es hier in dieser Kleinstadt in den jugoslawischen Bergen zu Verkehrsstaus kommen könnte. Aber jetzt steckten wir in einem.

Pater Svet legte nur seinen Kopf auf die Seite, zuckte mit den Schultern und stieg aus dem Auto aus. Er ging in die Mitte des Chaos und begann, den Verkehr zu regeln, indem er einige Autos nach vorne und andere nach hinten winkte. Ich wusste nicht, ob ihn jemand erkannt hatte, aber alle waren froh, dass endlich jemand etwas unternommen hatte. Das Hupen hörte auf. In weniger als fünf Minuten war die Kreuzung frei und alle Autos waren weg.

„Manchmal“, sagte er lächelnd, als er wieder in den Fahrersitz zurückkehrte, „muss man handeln, um die Sache zu ändern.“

Ich lachte nur und schüttelte den Kopf. Ich war gerade Zeuge davon gewesen, wie mein franziskanischer Freund ein lebendes Beispiel des berühmten Gebetes seines Ordensgründers gegeben hatte, das so ungefähr lautet: ‚*Herr, schenke mir den Mut, das zu ändern, was zu ändern ist, die Geduld, das anzunehmen, was nicht geändert werden kann, und die Weisheit, den Unterschied zu erkennen.*‘

Am frühen Nachmittag machte Pater Svet vor unserem Aufbruch noch Erledigungen in der Stadt. Ich saß, nachdem ich gepackt hatte, auf meinem Bett und ließ meine Gedanken über all das schweifen, was sich seit jenem schicksalhaften Abend zugetragen hatte, als die Mutter Jesu zum ersten Mal zu mir gesprochen hatte. Auf einmal wurde mir alles kristallklar: Ich konnte jetzt Medjugorje und dessen Bedeutung verstehen, sowie alles, was damit zusammenhing, wie ich es vorher noch nie verstanden hatte. Auch wurde mir meine eigene Rolle in diesem Geschehen klar. Jetzt wusste ich, warum ich innerhalb von sechs Monaten zum dritten Mal hierher gerufen worden war. Es war eine Zeit des Lernens. Die Rolle von Pater Svet bestand darin, mich zu beeinflussen und zu leiten. So begann ich, leise den Rosenkranz zu beten, indem ich den nahm, den er mir gegeben hatte.

Es klopfte leise am Rahmen der Tür, die ich offen gelassen hatte. Pater Svet stand da und schaute mich mit einem wunderbaren Lächeln an. „So werde ich mir immer Ihren Besuch hier in Erinnerung behalten: Sie, in diesem Zimmer, den Rosenkranz betend!"

Ich konnte nichts erwidern, als sich meine Augen mit Tränen füllten.

„Nun, wenn Sie gepackt haben, können wir fahren", sagte er und brachte uns in die Wirklichkeit des Augenblicks zurück. Ich nahm meine Tasche und folgte ihm zu unseren Autos. Er fuhr vorneweg nach Medjugorje, und ich hatte kein Problem, ihm zu folgen. Als wir den Stadtrand von Mostar erreichten, deutete er mir an, anzuhalten, stieg aus seinem Auto aus und kam zu meinem Auto. „Wir werden uns jetzt einen Kaffee holen."

„Sind Sie sicher, dass Sie hier anhalten wollen? Es sind nur noch etwa 40 Minuten zu fahren." Aber er bestand darauf.

Bei einer Tasse dieses dicken, starken Espresso, den ich so lieben gelernt hatte, sagte er: „Wayne, ich habe eine Entscheidung getroffen. Wir werden für die nächste Zeit nicht an meinem Buch arbeiten. Ich werde meine Zeit dafür zur Verfügung stellen, an Ihrem Buch mitzuarbeiten."

Ich wollte mich dagegen wehren, aber er hielt seine Hand hoch, und ich spürte, dass er während der Fahrt gut darüber nachgedacht und gebetet hatte. „Sie müssen dieses Buch jetzt schreiben, und nichts darf Sie daran hindern! Nehmen Sie sich Zeit und bemühen Sie sich, dass alles richtig wird, aber Sie müssen es jetzt tun!"

Ich nickte nur.

„Ich bin eure Mutter und möchte euch alle zur vollkommenen Heiligkeit führen."

23 Das Lernen geht weiter

Pater Svet fuhr auf den Parkplatz hinter dem Pfarrhaus der St. Jakobskirche, und ich parkte ganz nahe bei ihm. Ich wurde mir bewusst, dass dies wieder mein letzter Tag in Medjugorje sein würde. Als ich aus dem Auto ausstieg, sagte er: „Wir werden zuerst im Pfarrhaus zu Mittag essen, bevor wir zu Marija gehen."

Es gesellte sich auch Pater Nicholas zu uns, ein sehr junger Priester, der erst seit ein paar Monaten in Medjugorje war. Er wollte unbedingt Pater Svet etwas erzählen, was gerade hier geschehen war. Als er auf Kroatisch auf ihn einredete, hielt Pater Svet die Hand hoch und deutete auf mich: „Vielleicht sollten Sie ihren Notizblock herausnehmen und Notizen machen. Das hört sich an, als ob es etwas für Ihr Buch wäre. Ich werde für Sie übersetzen." Als Pater Nicholas die Geschichte von Mira (dies ist nicht ihr wahrer Name), einer Frau von etwa dreißig Jahren aus einer kleinen Ortschaft in Nordjugoslawien, erzählte, schrieb ich wie wild mit.

Mira war in einer gut katholischen Familie aufgewachsen, aber da sie sich in einen jungen Mann verliebte, der in der kommunistischen Partei war, entfernte sie sich mehr und mehr von der Kirche. Ihr Pfarrer warnte sie, dass sie sich auf etwas einlasse, das nur Probleme für sie und ihre Familie bringen würde. Aber sie hörte nicht auf ihn und heiratete trotzdem. Da Miras Mann der Partei angehörte, konnte sie nicht mehr zur Messe gehen.

Wie der Priester vorausgesagt hatte, entfremdete sie sich von ihrer Familie. Als ihr erstes Kind, ein Junge, geboren wurde, war er durch eine Art Muskelschwund verkrüppelt. Diese Tragödie sowie ein immer größer werdender Druck, der auf ihr lastete, griff Mira sehr an. Sie litt unter Angstanfällen, wofür sie Medikamente in immer größeren Dosen zu sich nahm, bis sie Epileptikerin wurde. Die Häufigkeit und Stärke ihrer Anfälle nahm immer mehr zu, sodass sie im Herbst 1986 in Zagreb ins Krankenhaus musste, wo sie bis zu 30 Anfälle täglich erlitt.

Siebzehn Tage lang versuchten die Ärzte alles Mögliche, aber sie konnten ihr nicht helfen. Ihr Zustand verschlechterte sich zusehends. Wahrscheinlich ist es auf die starken Medikamente, die sie bekam, zurückzuführen, dass sie dann auch noch blind wurde. Schließlich sagten die Ärzte ihrem Mann, dass sie nichts mehr für sie tun könnten, und dass er sie genauso gut mit nach Hause nehmen könne, da sie in Kürze sterben würde.

Während der nächsten zwei Wochen herrschte große Sorge bei ihnen daheim. Mira lag im Bett, und die beiden erwarteten das Unvermeidliche. Aber dann geschah etwas Außergewöhnliches: Mira vernahm eine innere Stimme. ‚*Du musst zu Gott zurückkehren und beten!*' schien sie zu sagen.

Ihr Mann, der annahm, dass sie durch ihre Krankheit und Medizin bedingt phantasierte, versuchte sie zu beruhigen. Aber sie bestand darauf, dass die Stimme ihr auch gesagt hätte, sie solle nach draußen gehen. Aber das ging ihrem Mann dann doch zu weit. Die Ärzte hatten ihm nämlich ausdrücklich gesagt, sie müsse im Bett bleiben. Da er befürchtete, dass jegliche Aktivität ihr Ende nur noch schneller herbeiführen würde, bewachte er sie jetzt ständig, um sicher zu gehen, dass sie auch wirklich im Bett bleibe.

Aber dann musste er doch einmal das Haus verlassen. Sobald er weg war, stand Mira auf. Sie schleppte sich ganz langsam zur Eingangstür. Sobald sie die Tür geöffnet hatte und draußen stand, hatte sie eine Vision. Die Heilige Jungfrau Maria erschien ihr und sagte: ‚*Du kannst wieder geheilt werden!*'

Mira fiel auf ihre Knie nieder: „Heilige Mutter", weinte sie, „bitte heile meinen Sohn. Er ist erst fünf."

‚*Dein Sohn ist nicht verantwortlich für seinen Zustand, aber sei-*

ne Leiden werden zur Erlösung und Bekehrung von vielen Menschen dienen. Bitte nicht für ihn, bitte für dich. Gehe nach Medjugorje und du wirst geheilt werden!'

Das war alles. Miras Blindheit kehrte wieder zurück, und sie kroch ins Haus zurück und in ihr Schlafzimmer. Als ihr Mann wieder nach Hause kam, versuchte sie ihm zu erzählen, was passiert war. Er aber glaubte ihr nicht. Er war jetzt sogar noch besorgter, weil sich ihr Delirium anscheinend verschlechtert hatte. Sie bettelte, er möge sie nach Medjugorje bringen. Das, so sagte er, käme gar nicht in Frage.

Maria erschien ihr wieder, aber diesmal im Schlafzimmer. „Heilige Mutter", weinte Mira, „mein Mann will mich nicht nach Medjugorje bringen!"

‚Kennst du jemanden in dieser Ortschaft, der für dich beten könnte?'

„Nein", antwortete Mira, „sie haben sich alle von Gott abgewandt."

‚Auch ich weiß niemanden. Gehe nach Medjugorje!' Und damit war sie wieder verschwunden. Mira war jetzt wie besessen. Sie konnte nur noch davon sprechen, nach Medjugorje zu gehen. Als ihr Mann sich schließlich entschloss, sie wieder ins Krankenhaus nach Zagreb zu bringen, wurde sie hysterisch. Schließlich, nur um sie zu beruhigen, stimmte er zu, sie nach Medjugorje zu bringen. Am 8. November fuhren sie mit dem Zug nach Mostar und am neunten kamen sie nach Medjugorje. – Es fiel mir auf, dass das der gleiche Tag war, an dem ich angekommen war.

Ihr Mann brachte sie sofort in die Kirche. Als sie eintraten, bemerkte er, dass sie viel ruhiger als in den vergangenen Monaten war. Interessanterweise hatte sie auf der Reise nur wenige epileptische Anfälle erlitten.

Die Kirche war leer, und er führte sie in eine Bank ganz vorne auf der rechten Seite. – Als ich das hörte, erinnerte ich mich, sie gesehen zu haben, als ich an diesem Nachmittag in die Kirche kam. – Mira betete den ganzen Nachmittag. Nach ungefähr einer Stunde verspürte sie plötzlich den Drang, aufzuschauen. Sie tat es und war erstaunt, dass sie die Statue der Muttergottes mit ihren eigenen Augen sehen konnte. Ihr Sehvermögen war wiederhergestellt!

Ihr Mann starrte sie nur verblüfft an. Sie stand auf und ging nach draußen, wo sie einen Priester fand, der zu Besuch hier war und der gerade Beichte hörte. Sie verrichtete eine lange und reuevolle Beichte. Am Ende sagte sie ihm, was gerade mit ihr geschehen war. Er ermutigte sie, wieder in die Kirche zu gehen und weiterzubeten. Er sagte ihr auch, sie solle am nächsten Tag zu einem hiesigen Priester gehen und ihm sagen, was geschehen war.

Als sie aber am nächsten Tag einen einheimischen Priester suchte, war keiner zu finden, da sie alle irgendeiner Beschäftigung nachgingen. Endlich konnte sie am Dienstagmorgen Pater Pervan und Pater Nicholas ihre Geschichte erzählen. Ihre Sehkraft war vollkommen hergestellt, und sie hatte nicht einmal einen kleinen Anfall in mehr als 24 Stunden gehabt! Sie war sicher, völlig geheilt zu sein.

Sie ging bekehrt nach Hause zurück und ihr Mann ebenso.

Es war eine ergreifende Geschichte. Was mich daran aber am meisten gefesselt hatte war, dass ihr Kind für die Erlösung anderer leiden sollte. Wie viele haben sich schon gefragt, warum es so viel Leid in der Welt gibt. Hier gab es ein Beispiel, das sich direkt auf das Leiden Christi bezog. Christus hatte einen fürchterlichen Tod erlitten, damit uns unsere Sünden vergeben und wir für Gott erlöst werden konnten. Der junge Franziskaner erzählte die Geschichte genauso, wie sie in dem offiziellen Journal der Pfarre St.Jakob aufgeschrieben worden war. Sie hörte sich wie eine neue Parabel an.

Wir dankten Pater Nicholas und gingen zu Marija. Weil die Sonne schien, gingen wir lieber durch die Felder, als mit dem Auto zu fahren. Es dauerte etwa 20 Minuten länger, aber nach Miras Geschichte kam uns diese Zeit gelegen, um nochmals darüber nachzudenken.

Marija wartete schon auf uns. Sie stand oben auf der Treppe vor ihrer Eingangstür und begrüßte uns wieder aufs Herzlichste. Es war interessant, sie mit Pater Svet zusammen zu sehen. Sie hatte großen Respekt vor ihm. Aber sie hatte auch eine starke Zuneigung zu ihm, was dadurch deutlich wurde, dass sie, in Gedanken versunken, einen Faden von seiner Ordenstracht abnahm, als sie sich unterhielten. Ich beobachtete sie, als sie sich auf Kroatisch unterhielten und die letzen Neuigkeiten austauschten. Dabei musste ich wieder feststellen, wie schön sie war – aber nicht auf herkömmliche Weise. Sie strahlte eine geistige Schönheit aus, die man auch bei Mutter Teresa finden konnte.

„Und nun", sagte Pater Svet, indem er auf Englisch umschaltete, „müssen wir an die Arbeit gehen. Warum erzählen Sie nicht Marija ihre Geschichte. Sie kann etwas Englisch verstehen, aber ich werde es dennoch auf Kroatisch wiederholen."

In den nächsten 20 Minuten erzählte ich ihr Ereignisse, die ich im letzten Jahr erlebt hatte. Immer wieder versuchte ich ihr klarzumachen, dass ich nicht auf etwas Besonderes aus war, und dennoch wünschte ich die ganze Zeit, ihr sagen zu können: „Marija, bitte frage die Muttergottes, ob ich das auch wirklich tue, was sie von mit verlangt hatte?" Wie so viele andere Pilger hatte ich das tiefe Bedürfnis, ein besonderes Zeichen zu bekommen, oder auch nur, dass ich sie für einige kurze Augenblicke so sehen könnte, wie sie die Seher sehen. In meinem Herzen wusste ich, dass es selbstsüchtig war, und dass ich mein Wünschen auf falsche Dinge richtete, aber es war dennoch da.

Irgendwie hatte ich das Gefühl, als ich Marija jetzt in die Augen schaute, als ob sie meine Gedanken kennen würde. „Ja, ich verstehe", sagte sie auf Englisch und nickte mit einem zarten Lächeln. Wir machten eine Pause. Sie stand auf, machte uns Kaffee und brachte auch Brötchen. „Milka hat diese gebacken, bevor sie nach Deutschland fuhr", sagte sie und schaute mich lächelnd an.

Plötzlich fiel mir etwas Ungewöhnliches auf: Diesmal standen keine Pilgergruppen auf der Straße und warteten, um sie zu sehen. Auch kamen keine jungen italienischen Burschen hereingestürmt oder aufdringliche Reiseleiter, die Ansprüche an sie stellten. Es gab überhaupt keine Unterbrechungen irgendwelcher Art. Unwahrscheinlich! Es war ganz, als ob Gott diese Zeit für uns reserviert und uns geschenkt hätte.

Aber jetzt kam der schwierige Teil: Ich sollte ihr von dem erzählen, was mir in Konjic vor zwei Tagen geschehen war. Wie würde sie darüber denken? „Marija, ich muss mit dir über Milka sprechen."

„Milka?" antwortete sie, ohne auf die Übersetzung zu warten. „Was ist mit Milka?"

Ich erzählte ihr von der Botschaft und fügte hinzu, dass ich mir später überlegt hatte, dass es sich wahrscheinlich um einen längeren Aufenthalt handle, zumindest drei Monate. Vielleicht soll sie Englisch lernen, fügte ich entschuldigend hinzu. Es kamen immer noch nur sehr wenige Amerikaner nach Medjugorje, aber ich konnte voraussehen – nein ich wusste es – dass die Zeit kommen würde, wenn die Mehrzahl der Pilger aus den USA kommen würden.

Marija schaute mich lange an, ohne etwas zu sagen. Dann lächelte sie und sagte mir durch Pater Svet: „Ich kann nicht für Milka sprechen. Persönlich sehe ich kein Problem, wenn sie in die Vereinigten Staaten geht, aber Sie müssen sie selber fragen."

„Wie kann ich das? Sie ist ja in Deutschland."

Marija nahm Schreibpapier aus einem einer Mappe. „Hier, schreiben Sie ihr einen Brief und lassen Sie ihn bei mir. Wenn sie im Januar nach Hause kommt, werde ich ihn ihr geben. Dann können Sie mit ihr telefonieren oder ihr schreiben." Sie zuckte mit den Schultern. „Wir werden sehen, was passiert."

Ermuntert fragte ich sie: „Was hältst *du* davon?"

Sie dachte ein wenig nach, bevor sie mir erwiderte: „Wenn Sie glauben, dass das die Botschaft von Unserer Lieben Frau ist, dann sollten Sie gehorchen."

Ich merkte, dass sie sich nicht festlegen wollte, aber jetzt war nicht die Zeit dazu, das noch weiter zu besprechen. Ich hatte getan, was ich konnte. Jetzt lag es in Gottes Händen. Als wir gingen, sagte mir Marija wieder auf Englisch, ich könne jederzeit wiederkommen und fügte dann hinzu: „Der Herr segne Sie!"

Dann nahm mich Pater Svet mit nach Mostar, wo er mir Ivanka

zum Interview vorstellen wollte. Sie war nicht daheim, aber ihr Vater war da. So sprachen wir zunächst mit ihm. Pater Svet hatte mich vorher darauf aufmerksam gemacht, dass seine Frau kurz vor den Ereignissen in Medjugorje gestorben war. So nahm ich mir vor, keine Fragen zu stellen, die bei ihm traurige Erinnerungen wachrufen könnten. Als ich ihn über sein Leben befragte, fand ich heraus, dass er lange Zeit in Deutschland gearbeitet hatte, und dass es ihm dadurch jetzt recht gut ging. Er hatte ein Haus in Medjugorje und eins in Mostar.

Wie er sich fühle, eine Tochter zu haben, die Seherin war? Zunächst zögerte er und wählte dann seine Worte vorsichtig. „Ich fühle, dass wir dadurch sehr begnadet worden sind. Die Tatsache, dass sie auch auserwählt wurde, hat einen tiefgreifenden Einfluss auf die ganze Familie – die jüngere Schwester, die Cousinen und

Cousins, eben auf alle. Aber es hat auch schlechte Einflüsse: Es kommen jetzt zu viele Leute vorbei, fragen zu viele Fragen, zu viele Journalisten... ." Er lächelte, um mir anzuzeigen, dass er nicht mich meinte, aber ich entschloss mich doch, weitere Fragen für seine Tochter aufzuheben.

Er bot uns Kaffee an, während wir warteten. Nach ungefähr fünf dieser kleinen Tassen kam Ivanka mit ihrer jüngeren Schwester. Sobald sie Pater Svet sah, ging sie zu ihm und umarmte ihn. Als sie dann zu mir herüber sah und mein Notizbuch bemerkte, redete sie lange auf Kroatisch auf Pater Svet ein. Ich brauchte keinen Übersetzer, um festzustellen, dass dies nicht gerade ein herzlicher Empfang war... Pater Svet erwiderte auf Kroatisch, und es war wieder nicht schwer zu erraten, was er sagte. Er schüttelte öfters den Kopf und wiederholt immer wieder „Nein, nein!"

Aber anstatt sie zu beruhigen, wurde ihr Widerwille nur noch stärker. Sie lief jetzt im Zimmer umher und gestikulierte wild mit ihren Händen in der Luft herum. Da ich spürte, dass es sich um mich handelte, war ich zutiefst gedemütigt. Ich stieß Pater Svet an, schüttelte den Kopf und nickte zur Tür hin. Jetzt wollte ich nur so schnell wie möglich, aber doch mit Takt, von hier weg.

Er aber achtete nicht auf mich und redete weiterhin auf sie ein – ruhig aber eindringlich. Sie war jedoch nicht dazu aufgelegt, sich beruhigen zu lassen, sodass ich es schließlich nicht länger aushielt. „Hören Sie", sagte ich mit unterdrückter Stimme, „ich möchte hier wirklich kein Problem verursachen. Wenn sie nicht will, dann ist es auch gut. Lassen Sie uns gehen!" Ich stand auf, um zu gehen.

„Nein", sagte er ruhig und zog mich wieder auf meinen Stuhl zurück, „haben Sie Geduld!"

Er redete weiter auf sie ein und deutete ab und zu auf mich. Zu meiner großen Überraschung setzte sie sich auf einmal hin. „Es ist jetzt alles in Ordnung", sagte Pater Svet zu mir. Ivanka saß immer noch etwas steif und formal da und nickte mir jetzt lächelnd zu, als er sprach.

Pater Svet erklärte mir, sie sei mit einem BBC-Film, der vor kurzem gemacht worden war, nicht besonders zufrieden gewesen. Sie und Mirjana wurden überredet, Interviews zu geben, und sie mochte die Fragen nicht, die über ihr Privatleben gestellt worden waren. Auch gefiel Ivanka ihre öffentliche Rolle, die sie als Seherin spielen sollte, nicht. Sie bedauerte zudem immer noch, dass sie keinen aktiven Teil mehr bei den täglichen Erscheinungen der Muttergottes haben konnte. Ich hatte das bemerkt, als ich sie am fünften Jahrestag der Erscheinungen mit ihren Freunden auf dem Rasen sitzen sah. Während der Zeit der Erscheinung hatte ich gesehen, wie sie traurig ihren Kopf gesenkt hielt. Diese Tatsache, sowie die vielen Interviews, die sie schon gegeben hatte, die aber in Druck oder Film nicht so wiedergegeben worden waren, wie sie es gewünscht hätte, waren der Grund, warum Pater Svet solange gebraucht hatte, um sie zu überzeugen, dass ich sie absolut korrekt zitieren würde.

Um das zu bekräftigen, erzählte ich ihr jetzt meine Erlebnisse des letzten Jahres, genauso, wie ich sie heute Nachmittag Marija erzählt hatte. Dann fügte ich noch hinzu, dass ich eigentlich mehr als Pilger denn als Journalist hier sei. Sie lachte und reichte mir ihre Hand, die ich sehr dankbar schüttelte.

Zunächst fragte ich sie einige grundlegende Fragen über ihr Leben. Aber ich betonte immer wieder, dass es nicht meine Absicht sei, sie bloßzustellen. „Mich interessiert mehr deine Persönlichkeit“, sagte ich, „wie du dich als Person damals gefühlt hattest, und wie du dich jetzt fühlst, aber auch, wie dich deine Rolle als Seherin beeinflusst hat.“

Danach öffnete sie ihr Herz, redete frei und offen und gab mehr Einzelheiten preis, als sie gefragt wurde. Später holte sie noch ein Album, um mir Bilder zu zeigen. Mir fiel besonders ein Bild auf, das vor ein paar Jahren gemacht worden war und auf dem sie ihre Haare kurz trug. Sie waren in der Zwischenzeit wieder nachgewachsen. Ich sagte ihr durch Pater Svet: „Mir gefällt Dein langes Haar besser. Es scheint, als ob du dich gar nicht sehr verändert hast, trotz alledem, was geschehen ist. Du bist immer noch die Gleiche, obwohl du mittlerweile schon 21 bist.“

Darüber strahlte sie über ihr ganzes Gesicht und fing jetzt an, über ihre bevorstehende Hochzeit zu erzählen. Diese sollte eigentlich noch ein Geheimnis sein – obwohl ihre Freunde davon wussten, was so viel heißt, dass ganz Medjugorje es wusste. „Nun gut", sagte ich schmunzelnd, „ich werde dir die Frage, die alle fragen (‚Wann heiratest du?'), nicht stellen. Ich will dir nur sagen, dass ich dir alles Gute wünsche, und dass ich glaube, dass es etwas sehr Gutes ist."

Es war mehr eine Unterhaltung als ein Interview, als wir jetzt über Medjugorje sprachen. Aber dann fragte ich sie: „Wo werdet ihr nach der Hochzeit wohnen? Hier in Mostar?"

„Nein, wir wollen nach Medjugorje zurück", antwortete sie, und es schien mir, als ob sie darüber etwas besorgt wäre. Dann fügte sie hinzu: „Ich weiß auch nicht, was ich machen soll." Als sie das sagte, schaute sie mir direkt in die Augen. Wir sprachen *zueinander*, obwohl Pater Svet übersetzte. Genauso wie bei Marija, war ich auch hier kein Journalist mehr, sondern ein Freund.

Plötzlich fragte sie mich: „Glauben Sie, dass ich nach Medjugorje zurückkehren und dort mit meinem Mann ein gutes, ruhiges Leben werde führen können?"

Ich schaute sie traurig an und sagte: „Nein, Ivanka, das glaube ich nicht. Die Leute werden euch nicht in Ruhe lassen. Sie werden weiterhin zu euch kommen wollen. Wahrscheinlich wird es immer schlimmer werden, wenn du erst einmal verheiratet bist."

Sie rieb sich die Hände und sagte: „Ich weiß wirklich nicht, was ich machen soll!"

Ich legte meine Hand auf ihren Arm. „All diese Jahre hast du auf die Muttergottes vertraut, dich zu führen. Sie ist zu dir gekommen, hat dir all das gegeben und hat dich auch auf diesem Weg geführt. Sie hat deinen Plan, zu heiraten, gesegnet, obwohl sie dich ursprünglich gebeten hatte, eine Nonne zu werden. Als du ihr aber sagtest, das sei nicht, was du wolltest, dann hat sie gesagt, dass das deine eigene Entscheidung sei. Und daraufhin hat sie dich gesegnet!" Ich hielt für einen Moment inne. „Ivanka, sie wird dich auch in Zukunft beschützen!"

Ihr Gesicht nahm einen sehr seltsamen Ausdruck an, als ob sie sagen wollte: „Ja, Sie haben recht!“ Auf einmal wurde ich mir dessen bewusst, was ich da tat: Wer bin ich denn eigentlich, dass ich einer Seherin, die jahrelang tägliche Erscheinungen der Muttergottes gehabt hatte, Ratschläge gebe, dass alles gut werden würde? Aber ich hatte es nun einmal gesagt, um auf ihre Sorgen einzugehen. Dann schauten wir uns an und lachten, da wir beide wahrscheinlich das Gleiche dachten.

Ich wendete mich zu Pater Svet und sagte: „Ich weiß wirklich nicht, wie ich ihr nur solche Dinge habe sagen können.“

Er lachte nur und sagte: „Es ist schon recht. Sie hat es hören sollen.“

Danach wurden wir enge Freunde und unterhielten uns noch lange, bis uns Pater Svet darauf aufmerksam machte, dass sie noch nicht ihr Abendessen gegessen hätte. Wir gingen also, und als Ivanka mich zum Abschied umarmte, sagte ich: „Ich werde dich in Medjugorje wieder sehen.“

„Ja, ich freue mich darauf!“ fügte sie hinzu und winkte uns zum Abschied.

Es fiel mir schwer, mich von Pater Svet zu verabschieden. Wir suchten uns ein ruhiges Restaurant in einem der Hotels in Mostar und erfreuten uns eines ausgedehnten Abendessens mit guten Gesprächen. Es war schon Mitternacht, als wir uns endlich voneinander verabschiedeten. Der einzige Trost war, dass ich wusste, ich würde wiederkommen und zwar öfter als einmal.

„Durch euch möchte ich
die Welt erneuern.
Begreift, meine lieben Kinder,
dass ihr heute das Salz
der Erde und das Licht
der Welt seid."

(25. 10. 1996,)

„Satan ist stark.
Er wartet darauf, euch zu versuchen.
Betet, und er wird euch weder verletzen,
noch von eurem Weg zur Heiligkeit
abbringen können."

24

Auf der Straße

Es war eine interessante Reise gewesen, aber es war schön, wieder daheim zu sein – zumindest dachte ich das, bis ich ein paar Tage später in mein Büro ging. Auf meinem Schreibtisch lag die Post in so großen Stößen, dass man hätte denken können, ich wäre ein Jahr lang weg gewesen. „Denease", rief ich, „was ist denn das?"

„Die Post von zwei Wochen", erwiderte sie unschuldig.

„Was ist passiert? Wie kann das nur von zwei Wochen sein? Sie liegt ja überall herum!"

Sie lachte. „Wissen Sie, wie viele Exemplare der Artikel wir jetzt wöchentlich versenden? Nahezu Fünfzigtausend! Und das, was Sie da sehen, sind keine Bestellungen; die haben wir schon erledigt. Alles, was ich auf Ihren Schreibtisch gelegt habe, sind persönliche Briefe an Sie, von Leuten, die die Artikel gelesen haben, und die Ihnen deshalb schreiben wollen."

Völlig überrascht ging ich zu meinem Schreibtisch und nahm den obersten Brief vom nächsten Stoß. Er war von einer Frau in Illinois:

„Lieber Herr Weible!

Letzen Donnerstag gab mir ein Bekannter Ihre Artikel. Ich hatte schon so nebenbei von Medjugorje gehört, hatte aber nicht geglaubt, dass so etwas möglich sein könnte. Dann habe ich Ihre Artikel gelesen. Jetzt glaube ich nicht länger, dass es unmöglich ist. Gott ist mir jetzt zu einer größeren Wirklichkeit geworden, als Er es in all den Jahren seit meiner Konfirmation gewesen war... ."

Es lagen wenigstens noch hundert andere Briefe mit ähnlichem Inhalt da. Ich brauchte einen ganz Tag, um alle zu lesen. Als ich damit fertig war, war ich sprachlos. Ich nahm eine Handvoll und zeigte sie Terri. „Ich weiß", sagte sie lächelnd, „ich habe sie gelesen."

„Was soll ich mit dieser ganzen Post machen?"

„Drucke mehr Artikel!" antwortete sie erheitert. „Dann setze dich hin und beantworte einige davon. Vielleicht kannst du das auf deinen Reisen machen."

Wie es sich herausstellte, sollte ich auch noch mehrere Reisen machen. Meine erste Einladung, einen Vortrag in einem anderen Staat zu halten, war für die ersten Tage im März. Eine Frau aus New Orleans, Lettie Bindewald, war als Pilgerin mit der Gruppe des Friedenszentrums bei meiner letzten Reise dabei gewesen. Sie hatte mich im Keller des Pfarrhauses sprechen gehört und war an diesem Morgen nach der Messe mit einigen Freuden auf den Križevac gestiegen. Ich war erst am Nachmittag hinaufgegangen und hatte ihre Gruppe beim Abstieg getroffen. Lettie war überrascht, mich dort zu sehen und nahm ein Stück Papier aus ihrem Rucksack. „Ich habe das auf dem Gipfel geschrieben und wollte es Ihnen später geben. Bitte lesen Sie es erst, wenn Sie oben sind."

Ich tat, wie sie mich gebeten hatte. Es war ein kurzes Schreiben, das zum Ausdruck brachte, wie sehr sie von Medjugorje beeindruckt sei. Dass sie aber einen Protestanten hier habe sprechen hören, das habe den größten Einfluss auf sie ausgeübt. „Ich liebe meinen katholischen Glauben", schrieb sie, „aber ich hatte das große Bedürfnis, diese Botschaft an Protestanten weiterzugeben. Bis ich Sie sprechen hörte, hatte ich nicht gewusst, wie ich es anfangen sollte. Jetzt weiß ich es."

Dieses kurze Schreiben berührte mich stark, und so hob ich es auf. Später hatte sie mich gebeten, einen Vortrag bei ihnen zu halten. Ich hatte zugestimmt. Dann rief sie mich an: „Ich dachte nicht, dass ich Sie so bald anrufen würde“, sagte sie, „aber es ist gibt hier eine Gruppe, die Ihre Artikel gelesen hat und die gern für die Unkosten Ihrer Reise hierher aufkommen möchte.“

Ich nahm die Einladung an und sagte ihr, dass es das erste Mal sein würde, dass ich außerhalb South Carolinas sprechen würde. Bisher hatte ich nur im Umkreis von etwa 80 bis 90 km von hier gesprochen.

„Wunderbar!“ antwortete sie. „David und ich hätten es gerne, wenn Sie bei uns wohnen würden. Aber wenn Sie es vorziehen, würden wir Ihnen auch ein Hotelzimmer reservieren.“

„Nein, nein, ich würde gern bei Ihnen wohnen“, sagte ich schnell. Das überraschte mich, denn normalerweise ziehe ich es vor, in einem Motel zu wohnen. Hier war es aber etwas anderes. Ich wollte bei Leuten sein, die Medjugorje genauso liebten wie ich.

Ich erzählte Terri von diesem Anruf und sagte ihr, ich hätte die Einladung angenommen. Von allen Städten in den USA war das größte Interesse an Medjugorje in New Orleans zu finden. Dafür hatte ich zwar keine Erklärung, aber es gab genug Bestätigungen dafür, denn dorthin sandten wir bei weitem die größte Anzahl von Artikeln. Auch Terry Colafrancesco und Peter Crary zeugten davon.

„Ach nein, schon wieder!“ erwiderte Terri in einem Ton, der nicht gerade von Begeisterung sprach. „Jetzt sprichst du schon davon, diesen Staat zu verlassen, um Ansprachen zu halten.“ Sie war noch weniger begeistert, als ich ihr das Datum sagte. „An diesem Wochenende muss ich nach Texas zur Hochzeit von Doris“, klagte sie. „Ich hatte es dir gesagt!“

Sobald sie es erwähnte, fiel es mir wieder ein. Aber ich war dennoch optimistisch. „Hör mal, warum fliegst du nicht nach Texas und nach der Hochzeit Deiner Schwester nimmst Du ein Flugzeug und kommst nach New Orleans? Ich hätte es sehr gern, wenn du dort bei mir sein könntest.“

Sie dachte kurz nach, schüttelte dann aber den Kopf. „Ich will die Kinder nicht so lange allein lassen.“

Ich wollte die Sache weiterhin positiv betrachten. „Wir nehmen uns jemanden, der bei ihnen bleibt. Nun komm schon! Es wird dir bestimmt in New Orleans gefallen." Sie stimmte zögernd zu.

Terri wusste, was kommen würde. Seit ich im Februar an der Sally Jessy Raphael Fernsehsendung teilgenommen hatte, kamen die Nachfragen für Vorträge aus allen Richtungen. Auch die Anzahl der Artikel war seitdem stark gestiegen.

Diese Fernsehsendung war auf internationaler Ebene ausgestrahlt worden. Sie war der erste größere Erfolg, dass die Geschichte der Erscheinungen in Medjugorje von den bundesweiten Medien aufgegriffen worden war. Es traf sich auch, dass die beiden anderen Journalisten, die an dieser Sendung teilgenommen hatten, aus New Orleans waren: Jim Bailey und Mary Lou McCall waren ein Nachrichtenteam des lokalen Fernsehsenders. Nachdem sie von den Erscheinungen gehört hatten, überzeugten sie den Manager ihrer Station davon, dass eine ausführliche Filmreportage über die Geschehnisse in diesem kleinen Dorf die Einschaltquote ihres Senders wesentlich erhöhen würde. Tausende Bewohner von New Orleans und Umgebung, die streng katholisch waren, hatten entweder schon die Reise nach Medjugorje unternommen oder hatten wenigstens davon gehört. Es gab dort ein großes Verlangen, mehr Informationen über dieses Phänomen zu erhalten.

Vor dieser Reise war das Interesse dieser beiden Reporter rein fachlich bedingt gewesen. Genau wie ich am Anfang waren auch sie nur an einer guten Reportage interessiert gewesen. Und vielleicht könnte auch eine nationale Auszeichnung dabei herausspringen. „Wir dachten, die ganze Sache als Schwindel aufzudecken und dadurch vielleicht einen „Emmy" (TV-Preis, Anm.) zu gewinnen." So hatte es Mary Lou damals hingestellt; aber jetzt war sie deswegen etwas verlegen. Diese moderne Karrierefrau, attraktiv und intelligent, war zwar Katholikin, aber vor dieser Reise nach Medjugorje hatte sie seit über zwei Jahren an keiner Messfeier mehr teilgenommen. Jim Bailey dagegen war Agnostiker, der aus einer Baptistenfamilie stammte. Er war bei seiner Hochzeit zum letzten Mal in einer Kirche gewesen.

Sie waren aus Medjugorje mit einem ausgezeichneten objektiven Dokumentarfilm über die Erscheinungen zurückgekehrt, der tatsächlich die Einschaltquote des Senders weit über jegliche Erwartungen gehoben hatte. Sie waren aber auch mit der felsenfesten Überzeugung zurückgekommen, dass die Jungfrau Maria dort tatsächlich den Sehern erscheint. Das Leben beider war für immer verändert worden, genauso wie meines verändert worden war. Später sind sie weit im Lande herumgereist, um die Botschaft zu Menschen aller Glaubensrichtungen zu bringen.

Dieses Programm – das Erste, das die Geschichte von Medjugorje über die ganzen USA ausstrahlte – war für viele besonders interessant, weil es als Hauptattraktion drei Journalisten brachte, die ursprünglich nicht religiös waren und der Sache skeptisch gegenüber gestanden waren, aber deren Leben dadurch vollständig umgewandelt worden war. Es wurde im Februar 1987 ausgestrahlt und schon bald eine der bedeutendsten Sendungen, die diese Station ausgestrahlt hatte. Das Fernsehstudio in St. Louis bekam Tausende Briefe und Anrufe, die mehr Informationen über die Erscheinungen verlangten. Während der nächsten sechs Wochen wurde das Programm in über 85 Städten ausgestrahlt. Es wurde auch in den meisten Teilen Canadas und Englands ausgestrahlt. Diese halbstündige Dokumentation hatte mehr zur positiven Bewusstseinsbildung in der Öffentlichkeit über die Erscheinungen der Heiligen Jungfrau in Medjugorje beigetragen, als alle vorherigen Medienveröffentlichungen zusammengenommen. Und jetzt sollte ich nach New Orleans gehen!

Lettie, David und ihre vier Kinder begrüßten mich Anfang März an einem Samstagmorgen auf dem Flugplatz. Wie ich vom Schweigen Davids auf unserer Fahrt zu ihrem Haus entnehmen konnte, war er nicht ganz so begeistert von meinem Besuch wie seine Frau. Dieser große, starke Mann hatte mich in Medjugorje sprechen gehört und obwohl er jetzt lächelte, spürte ich doch, dass er ein Mann war, der sich nicht impulsiv auf etwas einlässt. Seine Einstellung war: Gut, wenn Du recht hast, dann beweise es!

Sie hatten zwei Ansprachen an diesem Tag geplant, eine am

Nachmittag und eine am Abend. Terri war am Donnerstag nach Austin geflogen und sollte gegen sechs Uhr in New Orleans eintreffen, ungefähr dann, wenn wir zur zweiten Ansprache aufbrechen würden. Das wäre kein Problem, versicherte mir Lettie, denn eine Bekannte würde sie am Flugplatz abholen und zu der Versammlung bringen.

Heute Morgen hatte ich im Flugzeug versucht, nicht über meine Vorträge nachzudenken, was mir aber nicht gelang. Natürlich betete ich, dass Gott mir durch den Heiligen Geist die rechten Worte eingeben möge, und auch wie ich sie vortragen sollte. Ich wusste, dass ich mir deswegen keine Sorgen machen sollte, denn das würde nur bezeugen, dass ich im Grunde nicht daran glaubte, dass Er mir auch tatsächlich beistehen würde. Aber ich konnte einfach nicht anders.

Jetzt war ich nun mal hier, und es war an der Zeit, zum ersten Vortrag zu fahren. Dieser sollte in einer großen katholischen Kirche stattfinden, die auch einen riesigen Parkplatz hatte. Dieser war beinahe voll, als wir ankamen. Und es waren noch 45 Minuten, bis ich sprechen sollte!

Als wir ausstiegen und zum Vordereingang gingen, kamen Leute auf uns zu, die mich, indem sie mir die Artikel entgegenhielten, baten: „Bitte, Wayne, würden Sie mir ein Autogramm geben? Dürfte ich ein Bild von Ihnen mit meinem Mann machen? Ich sah Sie im Fernsehen… ." Viele andere sagten mir einfach ein Dankeschön für die Artikel.

Ich war schon bald von Menschen umgeben. Jetzt wusste ich wirklich nicht, was ich machen sollte. So fing ich halt an, die Artikel zu unterschreiben, nicht weil ich das wollte, sondern weil mir ihre Gesichter zeigten, dass sie kein ‚Nein' akzeptieren würden. Ich schaute zu David hinüber und dachte, er würde jetzt denken: „Dieser Kerl ist nur an seiner eigenen Glorie interessiert!"

„Oh Herr, bitte nimm dies von mir!" betete ich. „Wenn ich spreche, mögen sie Dich und nicht mich hören!" Gleich fühlte ich, wie Sein Friede wieder über mich kam.

Als wir den Hauptgang nach vorne gingen, stellte ich fest, dass die Kirche bis zum letzten Platz gefüllt war. Als ich dann den Pfarrer hörte, wie er Lettie zuflüsterte, dass es ungefähr 1200 Leute seien, da riss ich meine Augen auf und geriet in Panik.

Aber auf einmal brachen sie in Applaus aus. Ich war überwältigt, aber auch dankbar. Ich wusste nämlich, dass sie eigentlich dem Werk Gottes in Medjugorje applaudierten, und dass ich ja nur Sein Bote war. In diesem Augenblick spürte ich die Gegenwart der Heiligen Jungfrau Maria. Sie gab mir ihre Billigung, dass ich in der Tat meine Verpflichtung erfüllte, ihre Botschaft, die sie von ihrem Sohn brachte, weiterzuverbreiten. Ich lächelte, winkte und war jetzt bereit, anzufangen.

Gleich als ich zu sprechen begann, bemerkte ich, dass Gott mein Gebet erhört hatte und mir die richtigen Worte eingab. Ich wusste nie, was ich als nächstes sagen sollte, aber die Worte flossen nur so aus mir heraus und sie sagten immer genau das Richtige.

Nach der Ansprache ließen wir noch etwas Zeit für Fragen und Antworten. Auch das ging wieder so automatisch vor sich, wie vorher die Ansprache. Es schien mir, als ob jede Frage viele der Anwesenden bewegt hatte. Und durch Seine Gnade schien mir Gott die Antworten zu geben, die ihnen Licht und Hilfe brachten.

Schließlich hielt der Pfarrer seine Hand hoch und sagte: „Das war die letzte Frage für heute Nachmittag. Wayne spricht heute Abend noch in einer anderen Kirche, und wir wollen ja nicht, dass er zu erschöpft oder zu spät dorthin kommt!“ Ich schaue ihn überrascht an. Es schien mir, als ob erst eine halbe Stunde vergangen wäre, aber in Wirklichkeit war es dreimal so lang gewesen.

Als ich nach dem letzten Lied vom Podium herunterstieg, drängten sich die Leute um mich herum. Alle stellten ihre Fragen zur gleichen Zeit und baten mich, für sie zu beten. Ich war halb benommen. Nie hätte ich mir so etwas vorgestellt! Zur gleichen Zeit fühlte ich mich verlegen aber auch glücklich. Irgendwie kam es mir vor, als würde ich das alles wie ein Beobachter von außen betrachten.

Dann versuchte ich mich nur auf eine Person auf einmal zu konzentrieren. Eine Frau sagte mir mit Tränen in den Augen, wie sehr ihr diese Ansprache gefallen habe. Dann aber fing sie an, mir ein äußerst kompliziertes Familienproblem zu erzählen. Es fanden mehrere solcher individuellen Gespräche statt. Nach etwa 30 Minuten erinnerte mich Lettie sachte aber bestimmt daran, dass wir jetzt sofort gehen müssten, da wir sowieso schon etwas spät dran wären. Wir mussten uns unseren Weg hinaus richtig erkämpfen.

Die nächste Kirche war auch wieder eine katholische. Sie war zwar kleiner, aber noch voller als die erste. Man sagte uns, als wir zum Vordereingang gingen, dass schon etwa 900 Leute warteten. Glücklicherweise kam Terri gleich nach uns. Ich war froh, sie wiederzusehen! Als sie aber die Menge in den Bänken und in den Gängen sah, war sie erschrocken. „Mein Gott!" hauchte sie leise. „Es ist kaum zu glauben!"

Als wir dann im Gang nach vorne gingen, fasste sie mich beim Arm und sagte scherzend: „Was wirst du wohl all diesen Menschen erzählen?"

„Terri", flüsterte ich zurück, „bitte sage das nicht!" Und ich dachte mir: „Ob ich wohl wieder das Gleiche wie heute Nachmittag sagen werde?"

Wie zuvor hatte ich jetzt das gleiche Gefühl der Erwartung und der Gegenwart Gottes. Als ich gerade meine Ansprache angefangen hatte, kam der Priester herauf und sagte: „Es tut mir leid, aber ich muss Sie unterbrechen, denn mehrere Autos haben im Parkverbot geparkt. Die Polizei hat uns schon öfter verwarnt, und wir wollen nicht, dass sie kommen und diese Autos wegschleppen. Deshalb sollten sie jetzt weggefahren werden. Hier sind die Nummernschilder… ."

Als er fertig war, alle Nummernschilder zu verlesen, und nachdem die letzte Person aufgestanden und hinausgegangen war, war die ursprüngliche Spannung vorbei. Ich versuchte, dort weiterzumachen, wo ich vorhin aufgehört hatte, aber es fühlte sich an, als ob ich einen riesigen Felsbrocken einen steilen Abhang hinaufschieben müsste. Erst gegen Ende kam das besondere Medjugorje-

Die Seherin Ivanka

Gefühl wieder. Und wieder kamen die Worte von selbst auf meine Lippen, und viele hatten Tränen in den Augen.

Als ich geendet hatte, geschah wieder dasselbe wie beim letzten Mal: Die Menge drängte sich nach vorne, um mich zu begrüßen, meine Hände zu schütteln, mir ihre Probleme anzuvertrauen und mich um Gebete zu bitten. Diesmal konnte ich etwas länger bei ihnen bleiben.

Am Heimweg sagte Terri leise zu mir: „Ich habe dich noch nie so gut sprechen gehört wie heute."

Ich war überrascht, da sie sonst nicht so schnell mit Komplimenten um sich warf. „Nach der Unterbrechung mit den Nummernschildern war es sehr schwer für mich", erwiderte ich. "Zuerst ging es so leicht, aber dann wollte es einfach nicht mehr, bis ganz zum Schluss."

„Warum denn?" sagte sie überrascht. „Das mag dir so vorgekommen sein, aber mir kam es gar nicht so vor. Die ganze Ansprache war einfach toll, gerade richtig. Aber lass es dir nicht in den Kopf steigen!" sagte sie dann mit einem schelmischen Lächeln.

Am nächsten Tag, einem Sonntag, sprach ich am Vormittag und am Nachmittag. Interessanterweise wurde die zweite Ansprache wieder vom Priester wegen des Parkens unterbrochen: Es war wieder eine Riesenmenge in der Kirche. Als ein Geschenk für mich, hatte es Lettie in die Wege geleitet, dass ich auch in einer lutherischen Kirche sprechen sollte, die sich ganz in ihrer Nähe befand. „Wir haben das für Sie getan", sagte sie. „Es ist eine ganz neue Kirche, aber eine kleine. Sie brauchen dort mit nicht mehr als 40 oder 50 Leuten zu rechnen."

„Gut", lächelte ich, „wen Gott dort haben will, der wird schon dort sein."

Als wir mit dem Abendessen fertig waren, sagte sie: „Ich habe vergessen, Ihnen etwas zu sagen: In allen Ihren Ansprachen haben Sie bisher über den Rosenkranz gesprochen und wieviel er Ihnen bedeutet. Bis jetzt war das ja gut, aber heute Abend, da diese Leute Lutheraner sind – nun – vielleicht sollten Sie den Rosenkranz nicht erwähnen."

„Warum?" fragte ich überrascht. „Ich habe ja immer darauf bestanden, dass der Rosenkranz ein Gebet zu Jesus ist."

„Ja, ich weiß", fügte sie schnell hinzu. „Aber das ist eine heikle Sache. Die Katholiken verstehen das, aber die Protestanten wahrscheinlich nicht."

Terri wandte sich mir zu und sagte: „Weißt du, ich glaube, das stimmt."

„Nun gut", sagte ich lächelnd, „wir werden ja sehen, wie es kommen wird."

Als wir zur Kirche kamen, war ich froh, dass es die letzte Ansprache war. Da ich das vorher noch nie gemacht hatte, wusste ich nicht, wie anstrengend so ein paar Tage des Sprechens sind. Wenn ich ein Radiointerview dazurechne, so war das meine sechste Ansprache in zwei Tagen! Ich war jetzt nicht ganz sicher, ob ich auch diese noch gut schaffen würde. Aber sie sollte ja in einer lutherischen Kirche stattfinden, und außerdem wäre es ja nicht ich, der sprechen sollte – auf diese Weise versuchte ich mich zu beruhigen.

Es waren wieder so viele Autos auf der Straße vor der Kirche geparkt, dass es länger dauerte vom Auto zur Kirche zu gehen, als die Fahrt hierher gedauert hatte. Der Pastor war erfreut, als er uns begrüßte: „Es sind schon über 400 Leute hier!"

„Denk daran", flüsterte mir Terri noch zu, „nicht vom Rosenkranz reden!"

Sie hatte noch kaum ausgesprochen, als eine junge katholische Frau, die Eugenie hieß, und die ich in Medjugorje getroffen hatte, zu uns kam. Sie sah sich um und sagte dann zaghaft: „Wayne, wenn Sie über den Rosenkranz sprechen wollen, ich habe hundert hier!" Dabei zeigte sie auf ihre große Tasche. Ich schaute Terri nicht an.

Als ich nach vorne kam, war kein Mikrofon da, da sie bei weitem keine so große Anzahl erwartet hatten. Aber das machte mir nichts aus, denn ich war zuversichtlich, dass der Heilige Geist meine Rede schon entsprechend verstärken würde. Als wir das Eingangslied sangen, war ich so froh, dass ich zu meinen lutherischen Leuten sprechen konnte.

An diesem Abend hatte ich ein so starkes Gefühl, dass sich die lutherische Kirche wiederbeleben müsse, dass ich vielleicht betonter als sonst von der Notwendigkeit einer größeren Geistlichkeit sprechen sollte. Dann sprach ich auch davon, dass sie sich mehr dem Heiligen Geist öffnen müsse. Als ich dann von den Geschehnissen in Medjugorje redete, musste ich auf einmal während des Sprechens innehalten, denn ich verspürte eine starke Überzeugung, über den Rosenkranz zu sprechen.

Als ich meinen aus der Tasche zog und ihn hochhielt, sagte ich: „Ich will Ihnen jetzt etwas sagen: Ich bete diesen Rosenkranz täglich. Viele von Ihnen werden wahrscheinlich gar nicht wissen, was ein Rosenkranz ist und viele von Ihnen werden ihn anschauen und sagen: ‚Das ist katholisch.'" Ich machte eine Pause. „Nun, ich möchte Ihnen sagen, dass ich ihn nicht als etwas Katholisches betrachte. Für mich ist er ein Gebet zu Jesus Christus. Und so bete ich ihn auch, als ein Gebet zu Jesus. Wenn Sie den ganzen Rosenkranz beten, dann betrachten Sie das Leben Jesu von Seiner Geburt bis zu Seiner Kreuzigung und Auferstehung. Und wenn Sie ihn andächtig beten und nicht nur herunterleiern, dann meditieren Sie über Sein Leben, wer Er ist, und was Er getan hat. Das muss Sie Ihm näher bringen. Sie werden sich Ihm vielleicht nicht so ganz nahe fühlen, wenn Sie anfangen, den Rosenkranz zu beten, aber wenn Sie fertig sind, dann ganz gewiss."

Ich blickte zu Terri hinüber, die ihre Augen nur so nach oben rollte. „Von allen geistlichen Dingen, die mit Gebet zu tun haben und die mir Medjugorje mitgegeben hat", schloss ich meine Ansprache, "ist es das, was mir am liebsten ist." Ich fügte dann noch hinzu, dass hinten in der Kirche eine junge Frau sei, die hundert Rosenkränze hätte, und die gerne jedem, der einen haben möchte, einen geben würde.

Als ich mit der Ansprache fertig war, brachen sie alle in lauten Applaus aus. Als verkündigt wurde, dass es jetzt Kaffee, Tee und Gebäck in einem der Versammlungsräume geben würde, konnte man von hinten ein unterdrücktes Geräusch vernehmen. Die Leute bestürmten Eugenie, um Rosenkränze zu bekommen. Sie erzählte mir später, dass alle in zwei Minuten weg waren.

Anstatt in den Versammlungsraum zum Kaffee zu gehen, stahl ich mich hinaus ins Freie. Es war das erst Mal in drei Tagen, dass ich allein war. Mein Herz war voll von Dankbarkeit, aber mein Körper war völlig übermüdet. Dann wurde ich auf einmal von vollkommener Freude erfüllt. Ich spürte, wie Maria mir ganz nahe war. Mein Herz sagte mir, dass sie hier sei, weil ich über den Rosenkranz gesprochen hatte. Das musste sie sehr erfreut haben. Ich nahm mir jetzt fest vor, immer über den Rosenkranz zu sprechen, wenn es mir der Heilige Geist eingibt.

Diese Reise nach New Orleans brachte eine Flut von neuen Einladungen, und ich fing an, überallhin zu reisen: Nach Indianapolis, Pittsburgh, Philadelphia... . Es machte mir unheimlichen Spaß, ganz gleich wie ermüdet ich jeweils war. Es war großartig, die Hand Gottes unter Seinem Volke am Werk zu sehen.

Obwohl ich jetzt noch wesentlich mehr von daheim weg war, machte es Terri nun nichts mehr aus. Als ich mich bei ihr beklagte, dass ich nicht mehr wüsste, wie ich das alles einplanen sollte, schlug sie vor: „Warum planst du nicht eine Reise alle zwei Wochen, und dann wirst du sehen, wie es geht?"

Ich wusste, welche Überwindung es sie kostete, das zu sagen. Es war ja nicht nur, dass der Ehemann und Vater ständig unterwegs war, sondern sie musste ja auch die Druckerei mehr oder weniger allein führen. Sie war schließlich allein mit all den Problemen und Kopfschmerzen, die das mit sich brachte. Ich schaute sie nur dankbar an.

Zu Ostern 1987 wurde mein Traum, eine Million Nachdrucke der Artikel auszuschicken, mit einer weiteren Million übertroffen! Die Anzahl der Bestellungen wurde immer größer. Wir brauchten jetzt drei Druckmaschinen, um das Volumen zu bewältigen. Eines Tages sagte Terri: „Weißt du, vielleicht sind diese Artikel eigentlich das Buch, das du schreiben solltest. Ich weiß, du hast dir das selbst schon überlegt, aber – ."

Ich schüttelte heftig den Kopf. „Nein, Terri, ich muss das Buch schreiben! Vielleicht ist jetzt noch nicht die Zeit dazu, aber ich muss es tun."

Für mich war momentan das Reisen und Sprechen wichtiger. Es war jetzt an der Zeit, die Botschaft ‚auf die Straße' zu bringen.

„Und jetzt bitte ich euch:
Bringt jedes Opfer mit Liebe dar.
Und ihr, die ihr Hilfe bedürft, beginnt im Vertrauen zu helfen,
und der Herr wird euch immer mehr Vertrauen geben."

25

Mary Margaret

Im Frühling 1987 gab es noch zwei weitere Reisen, die erwähnenswert sind. Die erste war nach Nashville in Tennessee, wohin ich von den dominikanischen Schwestern des Aquinas Junior Kollegiums eingeladen worden war. Als ich nach New Orleans gegangen war, hatte ich keine Gage für meine Vorträge verlangt, sondern nur die Flugkosten und eine Unterkunft. Das sollte von jetzt an die Norm werden, ganz gleich wohin ich reiste, um über Medjugorje zu sprechen.

Ich war genauso schockiert wie Schwester Mary Louis, meine Kontaktperson im Aquinas Kollegium, als ich erfuhr, dass es 500 Dollar kosten würde, nach Nashville zu fliegen. Aber die Einladungen waren bereits verschickt und das Auditorium des Kollegiums war schon reserviert.

„Wir haben nur 250 Dollar", sagte sie entschuldigend. „Wir möchten aber wirklich sehr gern, dass Sie kommen. Ich weiß jetzt nicht, was ich machen soll."

„Machen Sie sich keine Sorgen, Schwester", antwortete ich. „Wir werden den Rest bezahlen." Sie holte mich vom Flugplatz ab. Ich lernte sie als eine liebenswürdige, demütige Nonne kennen. Am ersten Abend hatte ich das Privileg, zu der Versammlung der dominikanischen Schwestern zu sprechen. „Was konnte ein protestantischer Laie", dachte ich mir, als ich zu sprechen anfing, „einer solchen Gruppe von Frauen, die ihr ganzes Leben dem Dienste Gottes gewidmet hatten, schon erzählen?“ Irgendwie wurde es mir aber dann doch möglich, mein anfängliches Zögern abzuwerfen und ihnen von der Geschichte und der Schönheit der Botschaft von Medjugorje zu erzählen. Wieder spürte ich, wie der Heilige Geist in starkem Maße gegenwärtig war. Die Zeit, die ich mit diesen besonderen Töchtern Gottes verbringen durfte, war für mich sowie für sie sehr fruchtbar gewesen. Nachträglich stellte ich fest, dass sie eigentlich ganz genauso wie jede andere Gruppe waren: Sie hatten Bedürfnisse, Ängste, Zweifel und ein Verlangen, von den Wundern zu hören, die Gottes Liebe für die Menschheit bestätigen.

Am nächsten Nachmittag sprach ich im Kollegium und sollte auch am Abend noch eine Ansprache halten. Wie es mittlerweile schon Gang und Gäbe war, war das Auditorium wieder überfüllt. Das war diesmal allerdings sehr überraschend, da es erst Nachmittag war. Als ich geendet hatte, drängte sich eine Frau durch die Menge und fasste mich am Arm. „Wayne, Sie kennen mich nicht, aber ich bin gerade von Medjugorje mit einer Gruppe hiesiger Leute zurückgekehrt… .“

„Das ist großartig! Ich bin froh, dass sie dorthin gehen konnten, um zu sehen… .“

„Entschuldigen Sie“, unterbrach sie mich schnell, „aber ich stehe im Parkverbot. Ich wurde von einigen Mitgliedern dieser Gruppe geschickt, und wir möchten Sie heute zum Abendessen einladen. Wir können kein ‚Nein‘ akzeptieren. Ich werde Sie also um fünf Uhr hier abholen. Ich verspreche Ihnen, Sie bis zu Ihrem Vortrag heute Abend wieder zurückzubringen. Sind Sie damit einverstanden, Schwester?“ fragte sie Schwester Mary Louis, die neben mir stand, und die genauso überrascht war wie ich.

„Nun“, sagte sie, indem sie mich ansah und mit einem Lächeln mit den Schultern zuckte, „das kommt auf Herrn Weible an.“

„Ich nehme an, dass es in Ordnung ist“, sagte ich mit schwacher Stimme, denn ich spürte einen inneren Drang, diese ungewöhnliche Einladung anzunehmen, obwohl ich ja eigentlich nicht von hier weg wollte. Es gefiel mir gar nicht, dass ich von so vielen Leuten ‚begehrt‘ wurde, denn ich wäre lieber ein paar Stunden auf mein Zimmer gegangen, um etwas Ruhe zu haben.

„Großartig!" rief sie. „Ich werde Sie um Punkt fünf Uhr außerhalb dieses Auditoriums abholen."

Genauso, wie sie gesagt hatte, war Mollie Gavigan, wie sie sich jetzt vorstellte, um Punkt fünf Uhr hier. Auf dem Weg zu ihrer Wohnung erzählte sie mir ein wenig von der Pilgerfahrt, von der siebzig Leute aus Nashville gerade zurückgekehrt waren.

„Die meisten von uns gingen wegen Gino und Jeannie Marchetti dorthin", begann sie ihre Erzählung. „Diese haben eine kleine zweijährige Tochter, die Mary Margaret heißt, und die an Zystischer Fibrose leidet. Jeannie ging in der Hoffnung nach Medjugorje, dass Mary Margaret in den Erscheinungsraum gelassen und dort geheilt werden würde."

Sie fuhr fort und erzählte mir, dass ein Reporter und ein Kameramann der einheimischen Fernsehstation mit bei der Gruppe waren, die einen Sonderbericht erstellen wollten, der sich auf die Familie Marchetti und ihren Traum, eine wunderbare Heilung für ihre Tochter zu erfahren, konzentrieren sollte.

Die Gruppe fand das Wetter in Medjugorje Anfang März furchtbar kalt und windig. Aber auch sie wurden, wie so viele andere vor ihnen, durch die außerordentliche Gastfreundschaft der Leute, bei denen sie wohnten, erwärmt. Mein guter Freund Pater Svetozar spielte auch hier wieder eine Rolle. Sie trafen ihn auf der Straße und als sie ihn erkannten, baten sie ihn, für die Heilung von Mary Margaret zu beten. Pater Svet hatte Jeannie auf seine einfache und demütige Weise gesagt, es wäre besser, für die Zufriedenheit des Kindes zu beten, als für seine Heilung.

„Jeannie war sehr enttäuscht deswegen", fügte Mollie hinzu. „Sie hatte so viel über Pater Svetozar gelesen und gehört, dass sie sicher war, er könne dieses Wunder erwirken."

Am Tag, bevor die Gruppe wieder abreisen sollte, durfte die Familie Marchetti in das kleine Büroschlafzimmer im Pfarrhaus, um bei der Erscheinung der Muttergottes dabei zu sein. Als sie vorbei war, entdeckten Gino und Jeannie, dass das wirkliche Wunder eigentlich *ihre eigene* Heilung gewesen war, denn sie konnten jetzt den Zustand ihrer Tochter viel leichter annehmen als zuvor. Obwohl Mary Margaret mit ihrer Krankheit nach Hause fuhr, nahm die Marchettifamilie den Willen Gottes vollkommen an, ganz gleich was dieser auch sein mochte.

„Das ist wunderbar, Mollie“, murmelte ich, erfreut darüber, dass das eigentliche Wunder von Medjugorje darin bestanden hatte, das Leben annehmen zu können, wie es ist. Oh, wie möchte ich, dass das alle erfahren und sich auf diesen Aspekt von Medjugorje konzentrieren würden, und nicht so sehr auf die Geheimnisse oder die Phänomene, dass Rosenkränze zu Gold werden, dass sich die Sonne dreht oder das Kreuz vom Križevac verschwindet. Medjugorje ist einfach ein Geschenk der unendlichen Liebe Gottes für uns alle.

Als wir aber bei Mollies Haus ankamen, und nachdem ich einige Minuten mit Jeannie geredet hatte, die Mary Margaret in ihren Armen hielt, bemerkte ich, wie sehr sie ihre Gefühle in Schach halten musste. Dann verlor sie aber auf einmal ihre Fassung, und fing an zu weinen. „Könnten wir vielleicht privat miteinander reden?“ fragte sie durch ihre Tränen hindurch.

Wir gingen auch sogleich in eines der hinteren Schlafzimmer. Mary Margaret war solch ein Kontrast im Vergleich zu ihrer völlig aufgelösten Mutter: Sie saß ruhig und zufrieden im Schoß ihrer Mutter.

„Hören Sie! Ich weiß, dass Gott uns die Gnade geschenkt hat den Zustand unserer Tochter annehmen zu können. Und ich nehme ihn auch an. Aber ist es verkehrt, dass ich darum bitte, dass sie von dieser Krankheit geheilt wird?“ Jeannie schaute auf ihre Tochter hinunter und sagte ruhig: „Vielleicht bin ich nicht dankbar genug für das, was Gott uns bereits durch diese Reise geschenkt hat.“

Was konnte ich nur dieser Frau sagen oder für sie tun? Wer kann das Leiden einer Mutter für ihr Kind ermessen, außer eine andere Mutter? So sagte ich einfach: „Jeannie, es ist nicht verkehrt, wenn Sie weiterhin wollen, dass Mary Margaret geheilt wird. Was Sie allerdings auch tun müssen, ist den Willen Gottes *vollkommen* zu akzeptieren, Ihre Tochter lieben und Gott danken, ganz gleich, wie ihr Zustand auch ist.“

Ich hielt inne, überrascht über meine Worte, die so leicht aus mir herausgeflossen waren. Es war leicht für mich – oder für irgendjemanden, der nicht durch ein solches Martyrium leiden musste – solche Dinge zu sagen. Und doch war es mir klar: Überantworte dich Ihm ganz und nimm an, was immer Er dir schickt!

Ich hatte aber auch ein gewisses Gefühl in meinem Herzen, dass dieses Kind geheilt werden würde, und so sagte ich zu seiner Mutter: „Mary Margaret wird gesund werden!"

Ich griff in meine Rocktasche und holte meinen Rosenkranz heraus. Dieser Rosenkranz war ein Teil von mir geworden. Er war mir von einer großartigen Frau, die nicht weit von Myrtle Beach weg wohnte, geschenkt worden. Sie hatte ihn für mich als ein besonderes Geschenk aus ‚Jobs Tränen', besonderen Samenkörnern, die ideal geeignet für Rosenkränze sind, angefertigt. Ich gab ihn Jeannie. „Hier, ich möchte ihn Ihnen schenken, damit sie mit ihm für Mary Margaret beten können."

„Aber, ich kann ihn doch nicht… ."

„Doch, Sie müssen!" sagte ich. „Hören Sie, ich lege jetzt meine Hände auf Mary Margaret und werde für sie beten."

Ich konnte es nicht glauben, was ich da machte. Ich hatte niemals zuvor jemandem die Hände aufgelegt und für ihn gebetet. Aber irgendetwas sagte mir, dass ich es tun sollte. Es war, als ob in mir ein Krieg tobte, denn eine andere Stimme sagte mir: „Bist du verrückt? Wer glaubst du eigentlich zu sein, dass du dieser Frau Hoffnung machst, dass ihre Tochter geheilt werde?" Nach dem Gebet sagte ich Jeannie erneut, dass Mary Margaret geheilt werden würde.

Wir verließen wieder das Schlafzimmer. Ich war glücklich aber etwas benommen und auch etwas erschreckt. Was wäre, wenn Mary Margaret nicht gesund würde? Was wäre, wenn ich dieser verzweifelten Frau Hoffnung gemacht hätte, nur um später herauszufinden, dass… ?

Aber innerlich wusste ich, dass alles so geschehen war, wie es hatte geschehen sollen.

Wir hatten ein vorzügliches Abendessen. Der Saal im Kollegium war an diesem Abend noch überfüllter als am Nachmittag. Am nächsten Tag verließ ich Nashville wieder, ermüdet aber glücklich.

Am Heimweg passierte etwas Interessantes: Der Flug von Charlotte nach Myrtle Beach war überbucht, und sie brauchten Freiwillige, die ihre Plätze abgeben und mit einem späteren Flug fliegen würden. Da es Freitag war, und ich in keiner großen Eile war, meldete ich mich und bekam als Schadenersatz einen Rückflugschein irgendwohin in den USA. Es wurde mir erst später auf dem Heimflug klar, dass dieser Freiflug mehr wert war, als was ich für meinen Flug nach Nashville aus meiner eigenen Tasche bezahlt hatte. – Und wieder hatte mir Gott wesentlich mehr gegeben, als ich Ihm angeboten hatte.

Drei Wochen später, als ich gerade mein Büro verlassen wollte, um zum Flugplatz für einen Flug nach Indianapolis zu fahren, läutete das Telefon. Es war Jeannie Marchetti.

„Jeannie“, sagte ich, „so gern ich jetzt mit Ihnen sprechen würde, aber ich habe keine Sekunde zu verlieren, um zum Flugplatz zu fahren, sonst verpasse ich meinen Flug. Ich werde Sie von Indianapolis anrufen und… .“

„Wayne! Mary Margaret ist gesund!“ rief sie, und ihre Stimme brach in der Aufregung. „Sie ist gesund!“

In meinem Inneren wühlte es, als ich zu ihr sagte: „Natürlich ist sie gesund! Ich sagte es Ihnen doch!“

„Wie konnten Sie das wissen?“ Jeannie lachte und weinte vor Freude. „Ich meine, nachdem Pater Svetozar für sie gebetet hatte, und nachdem sie im Erscheinungsraum war, und jetzt… .“

„Jeannie, die Heilung hat in Medjugorje begonnen. Sie haben Pater Svet damals nicht verstanden. Als er Ihnen sagte, für Zufriedenheit zu beten, sagte er Ihnen, den Willen Gottes in allem zu akzeptieren, ganz gleich, was kommen würde. Ich weiß nicht, warum ich es wusste, aber der Geist Gottes wirkt auf eine Art, die wir einfach nicht begreifen können. Alles was ich weiß ist, dass ich das bestimmte Gefühl hatte, ihr die Hände aufzulegen und für sie zu beten. Dann wusste ich, dass sie geheilt werden würde. Ich werde Sie anrufen, ich muss jetzt gehen.“

Am Flugplatz wurde ich von Mary Ann Barothy begrüßt, die meine Tournee in Indianapolis geplant hatte. Sie sagte mir, dass wir nach Terre Haute fahren würden, um dem St. Marys Konvent des

Woods Kollegiums für eine kurze Ansprache einen Besuch abzustatten. Wieder sollte ich zu einer Gruppe von Nonnen sprechen.

Als ich meinen Vortrag zu Ende führte, fiel mir das Geschenk meines Rosenkranzes an Jeannie Marchetti ein. Da ich immer noch voller Bewunderung über die Heilung von Mary Margaret war, erzählte ich ihnen ihre Geschichte und auch, wie ich mich verpflichtet gefühlt hatte, ihr die Hände aufzulegen und für sie zu beten. „Wie Sie sehen können", schloss ich, „nahm Gott das kleine Geschenk meines Rosenkranzes, der mir soviel bedeutete. Als Gegengabe gab Er diesem Mädchen und ihren Eltern das Geschenk des Glückes und der Zufriedenheit. Mary Margaret ist geheilt worden."

Als wir uns von der Superiorin und anderen Schwestern draußen verabschiedeten, kam eine ältere Nonne mit ausgestreckten Händen zu mir. In ihnen hielt sie einen herrlichen Rosenkranz mit rubinroten Perlen. „Nehmen Sie ihn!" sagte sie, und ihre Augen füllten sich mit einem wunderbaren Licht, das durch ihre Tränen schien. „Ich besitze diesen Rosenkranz schon über 25 Jahre, aber jetzt möchte ich, dass Sie ihn nehmen und ihn jemandem geben, der Heilung braucht."

Wir waren alle verblüfft. Fast automatisch griff ich in meine Tasche und zog einen kleinen Rosenkranz mit Holzperlen hervor, die auf einer ganz einfachen Schnur aufgezogen waren. Terri hatte ihn mir in die Tasche gesteckt, als ich mich für meine Reise vorbereitete. Sie sagte, dass sie ihn aus Medjugorje mitgebracht hätte. „Vielleicht triffst du jemanden, der ihn braucht", fügte sie noch hinzu.

„Hier, Schwester", sagte ich, und gab ihr den Rosenkranz, „ich gebe Ihnen diesen dafür. Die Heilige Jungfrau Maria hat ihn im Erscheinungsraum in Medjugorje gesegnet."

Es schien jetzt, als ob die Zeit still stände, und wir alle von einem Gefühl der Heiligkeit, das man nicht durch Worte ausdrücken kann, beseelt wären. Dieses Gefühl begleitete mich auf der ganzen fünftägigen Tournee in Indianapolis und Umgebung und es bestärkte mich in meiner Berufung: Gott will in der Tat, dass Seine Botschaft der Liebe, die durch die Erscheinungen in Medjugorje erneuert wird, zu allen gebracht werde.

„Betet so, dass euer Gebet,
eure Hingabe zu Gott,
zu einem Wegweiser wird."

26

Vollkommene Hingabe

Ich musste lachen, als ich mich in etwas über einem Jahr bereits zum vierten Mal auf eine Reise nach Medjugorje vorbereitete. Dieses Dorf hatte so etwas an sich. Wenn man einmal dort war, hat man immer wieder Heimweh danach. Auf der ganzen Welt gibt es keinen anderen Ort, der einen solchen Frieden ausstrahlt.

Diesmal war mein Wunsch, wieder hinzugehen, rein geistiger Art. Auch wollte ich etwas ausruhen. Die vergangenen sechs Wochen mit ihren ununterbrochen Reisen, Ansprachen und Interviews hatten mich ganz schön mitgenommen. Ich war total erschöpft und musste meine Batterien wieder aufladen.

Ich hatte diesmal vor, mit der Global Group Tours Reisegesellschaft, die auch die Reisen für die Steubenville Universität arrangiert, zu reisen. Vor Medjugorje hatte ich noch nie von dieser kleinen franziskanischen Universität in der unbekannten Kohlenstadt am Ohio gehört. Aber jetzt hatte ich sie als ein großes geistliches Kraftzentrum kennengelernt, wo die Studenten tatsächlich Gott an erste Stelle setzen, und wo ständige geistige Erneuerung Gang und Gäbe ist. Studentengebetsgruppen treffen sich zu allen Tages- und Nachtzeiten, und Berufungen zu geistlichen Berufen werden von Studenten ernsthaft in Erwägung gezogen. Was für mich aber das Wichtigste war, ist die Tatsache, dass sich die Universität dazu verpflichtet hatte, die Botschaft von Medjugorje zu verbreiten und Pilgerfahrten für Gruppen in die Wege zu leiten.

Der Leiter der Global Tours Reisegesellschaft war Dale Krieger.

Ich hatte zuerst telefonisch mit ihm gesprochen, dann aber hatte ich ihn in New Orleans persönlich kennengelernt. Er war ein schlanker, drahtiger Mann aus den Südstaaten, der sich benahm, als würde ihm nichts etwas ausmachen, und das trotz der Ungewissheit und Unberechenbarkeit eines Reiseunternehmens. Als ich ihn besser kennenlernte, stellte ich fest, dass diese bemerkenswerte Ruhe in seinem tiefen Glauben verwurzelt war, der sich ganz auf Gott verließ, ganz gleich, was auch auf ihn zukam.

Dale kam zu seinem unerschütterlichen Glauben durch den Tod seiner 18-jährigen Tochter bei einem Autounfall. Als er im Krankenhaus wartete und für sie betete, wurde er mit seinem eigenen Glauben konfrontiert. Bis dahin war er nur ein Taufscheinkatholik gewesen. Während der darauffolgenden Trauerzeit für seine Tochter hatte er die Liebe Jesu wieder entdeckt, die ihn später dazu veranlasste aktiv mitzuwirken, Pilger nach Medjugorje zu bringen.

Wir waren uns gleich von allem Anfang an sympathisch, und so war es nur recht, dass ich meine nächste Reise mit dieser Gruppe unternehmen würde. Mein Plan war, mit ihnen Ende Juli hinüberzufliegen, dann aber noch eine Woche länger als die Gruppe zu bleiben. Ich würde dann mit der nächsten Gruppe wieder zurückfliegen. Während meines ganzen Aufenthaltes wollte ich mein eigener Herr sein – so hoffte ich wenigstens.

Als wir nach Dubrovnik kamen, ging ich wieder zur Autovermietung, musste aber feststellen, dass sich die Preise in den letzten acht Monaten mehr als verdoppelt hatten! Die Agentur hatte bemerkt, dass Medjugorje-Pilgern, die unabhängig sein wollten, diese wahnsinnigen Preise nichts ausmachten, und so verlangten sie soviel sie nur konnten. Aber das war nur der Anfang von dem, was noch kommen sollte.

Als der Bus mit der Global Tours Gruppe, mich mit eingeschlossen, die Brücke nach Medjugorje überquerte, erkannte ich die Ortschaft kaum wieder. Der Straße entlang waren jetzt überall Reisebüros, Restaurants und Souvenirstände, die alles, von Plastikmadonnen bis Pizza zum Verkauf anboten. Vieler der Artikel hatten überhaupt nichts mit Medjugorje zu tun. Ich fragte Dale schockiert, was hier geschehen sei.

Er erklärte mir, dass die Mehrzahl der Händler herumziehende Zigeuner seien, die kein Interesse an Medjugorje, dafür aber ein sehr großes Interesse am Geld der Pilger hätten. Diese Zigeuner waren hierhergezogen und hatten mehr und mehr Stände aufgemacht, die fast bis an die Kirche heranreichten. Die Priester waren zwar sehr dagegen und hatten alles versucht, sie entfernen zu lassen, aber die Regierung war nicht gerade hilfsbereit gewesen.

Als unser Bus in einer langen Kolonne wartete, was jetzt zu einem normalen Verkehrsproblem geworden war, sah ich zufälligerweise, wie eine Zigeunerin aus einem Mercedes ausstieg und vom Rücksitz eine Puppe und eine Decke hervorholte. Ich wollte meinen Augen nicht trauen, als sie die Puppe in die Decke wickelte, damit man sie nicht genau sehen konnte. Dann, nachdem sie sich vorsichtig umgesehen hatte, schaute sie traurig vor sich hin und hielt ihre Hand zum Betteln aus. Sie hatte schon bald ihre Hand voller Dollarscheine, als die erste Gruppe amerikanischer Pilger an ihr vorüberging.

Das schockierte mich, und ich erzählte Dale, was ich gerade gesehen hatte. Er zuckte nur mit den Schultern und sagte, dass die Priester die Pilger warnen, keinem Bettler Geld zu geben, aber sonst konnten sie nichts tun. Die Leute glaubten, der Botschaft der Heiligen Jungfrau Maria zu folgen, und so gaben sie weiterhin diesen falschen Armen Geld.

Ich konnte nur den Kopf schütteln. Was ist mit dieser Ortschaft geschehen, die ich so liebte und die ich als mein geistliches Zuhause betrachtete? Sie war von einer Schar Dieben, die von weit her kamen, in einen kommerziellen Zirkus verwandelt worden. Ich fragte mich, ob die zukünftigen Pilger noch die gleiche Heiligkeit hier vorfinden würden, die zur Bekehrung von Millionen in den letzten sechs Jahren geführt hatte.

Es gab auch noch andere beunruhigende Überraschungen. Nachdem ich bei Grgo Vasilj eingezogen war, wo ich auch diesmal wieder wohnte, ging ich zur St. Jakobskirche. Die Kirche war immer eine Oase der Ruhe für mich gewesen, ganz gleich was draußen vor sich ging. Wie gewöhnlich waren wieder Menschengruppen vor der Kirche in dem Zedernhain. Plötzlich zeigte jemand auf mich, und dann kamen sie von allen Seiten, um mir Fragen zu stellen und mich zu fotografieren.

Ich war platt und verlegen. Terri hatte mich zwar gewarnt, dass wegen der drei Millionen Exemplare meiner Artikel die Zeit meines Privatlebens vorüber sein würde. Aber dennoch war ich nicht darauf vorbereitet.

Es gelang mir endlich, mich loszulösen und die Stufen zur Kirche hinaufzugehen. Andere Leute kamen auf mich zu, aber ich gab vor, sie nicht zu sehen und eilte in die Kirche hinein. Glücklicherweise fand gerade kein Gottesdienst statt. Auch war sie verhältnismäßig leer. In der vordersten Bank, gerade vor der Statue der Muttergottes kniete ich nieder und senkte meinen Kopf, um Gott dafür zu danken, dass Er mich wieder hierher gebracht hatte. In nicht ganz einer Minute fühlte ich, wie mir jemand auf die Schulter klopfte. Als ich mich umdrehte, schaute ich in das Gesicht einer Frau in mittleren Jahren. Sie trug eine Tasche über der Schulter, die von einer Reisegesellschaft war, von der ich noch nie etwas gehört hatte. Sie strahlte mich an, während ihr Mann hinter ihr stand.

„Entschuldigen Sie“, fing sie an, „Sie sind Wayne Weible, nicht wahr? Der Protestant, der die Artikel über Medjugorje geschrieben hat?“

Ich nickte nur und zwang mich zu einem leichten Lächeln.

„Es tut mir leid, Sie zu stören, aber ich möchte Ihnen danken, denn Sie haben unser Leben verändert! Sie sind der Grund, warum wir hier sind! Ein Bekannter gab mir ihre Artikel. Was wir darin lasen, gab uns zu denken. Zum ersten Mal in meinem Leben bedeutete mir mein Glaube etwas. So mussten wir hierher kommen.“

Ich nickte, dankte ihr und wandte mich wieder meinem Gebet zu, indem ich bittend auf die Statue schaute. „Heilige Maria“, entfuhr es mir leise, „ich möchte diese ganze Aufmerksamkeit nicht!“ – Ich war hierher gekommen, um mich auszuruhen und von allem wegzukommen. Was war mit dem Frieden hier geschehen? Ich schaute in das Gesicht der Statue und hätte sie am liebsten gebeten, mir ein Lächeln oder eine andere Geste zu schenken.

Die Antwort war ganz und gar nicht, was ich erwartet hatte. Plötzlich fühlte ich, wie die Heilige Jungfrau Maria wieder mit mir sprach: ‚*Warum suchst du mich in Zeichen? Ich bin immer dort, wo du bist. Gehe jetzt hinaus zu den Leuten und tue das, was du gesagt hast, das du tun würdest!*‘

Ich stand also auf, ging aus der Kirche hinaus und fühlte mich unheimlich klein. Ein Bote Gottes zu sein, merkte ich jetzt, ist eine Berufung, die 24 Stunden am Tag, 365 Tage im Jahr in Anspruch nimmt. Sie gilt nicht nur, wenn meine Zuhörer applaudieren oder die Fernsehlampen auf mich scheinen, sondern sie gilt immer, wenn die Botschaft gebraucht wird, ganz gleich, ob ich mich danach fühle oder nicht. Das Leben der Leute wird verändert, und ich muss ihnen dann Aufmunterung bringen, damit diese Veränderungen auch Frucht bringen können. In Demut gelobte ich jetzt, Toleranz und Geduld zu erlernen und ein interessierter Zuhörer zu werden, ganz gleich wie müde ich war, oder wie verrückt die Fragen waren.

Außerhalb der Kirche war ich sofort wieder von Menschen umgeben, aber diesmal setzte ich alles daran, mich ihnen zu widmen. Es waren Gruppen hier aus Kalifornien, Alabama, Phönix; und in jeder Gruppe gab es Leute, die mir sagen wollten, welche Rolle die Artikel in ihrer Entscheidung, hierherzukommen, gespielt hätten. Ich war jetzt froh darüber – froh für sie und froh über meine Berufung.

Jemand fragte mich: „Wenn wir mit unserem Leiter einen Termin ausmachen können, würden Sie zu unserer Gruppe sprechen?“

„Nun ja, aber ich bin ja gerade erst angekommen. Würden Sie mich bitte davon benachrichtigen.“

„Zu welcher Zeit wäre es Ihnen am liebsten?“

„Jederzeit, außer während der englischen Messe am Morgen und der kroatischen Messe am Abend.“

„Wo möchten Sie sprechen?“

Ich erinnerte mich an die Caritas Gruppe, zu der ich bei meinem letzten Aufenthalt im Hain hinter der Kirche gesprochen hatte. „Kennen Sie den Zedernhain beim Friedhof auf dem Weg zum Križevac? Wir könnten uns dort um 16 Uhr treffen.“

Dieser alte Friedhof, wo der Wind in den hohen Zederngipfeln seufzt, strahlt einen unendlichen Frieden aus, der die Gegenwart Gottes so richtig ahnen läßt. Als ich am Nachmittag zu ihnen sprach, schüttete ich mein Herz aus.

Danach sprach es sich schnell herum, dass ich in Medjugorje war. Man fragte mich noch sechsmal, in dieser Woche zu sprechen. Als dann mehr Nachfragen kamen, als ich annehmen konnte, schlug jemand vor, ich sollte Pater Philip Pavić fragen, ob ich in der Kirche sprechen könnte.

Pater Philip ist ein amerikanischer Priester mit kroatischen Wurzeln, der gerade in Medjugorje stationiert war. Er ist ein riesiger Theologe mit grauem Bart, dessen warme, braune Augen seine hünenhafte Gestalt etwas milder erscheinen lassen. Nachdem er zwölf Jahre im Heiligen Land zugebracht hatte, war er gerade beim Studium an der Notre Dame Universität in Paris gewesen, als ihn die Muttergottes nach Medjugorje berufen hatte. Seine Aufgabe war es, sich um die englisch-sprechenden Pilger zu kümmern. Als ich über meine Verlegenheit hinweg war, erklärte ich ihm meine Lage. Daraufhin veranlasste er, dass ich am Donnerstag Nachmittag in der Kirche sprechen konnte. Normalerweise kam Pater Svet donnerstags aus Konjic, um hier zu sprechen, aber diese Woche kam er erst am Freitag, sodass es sich wunderbar ausging.

Ich war begeistert, aber ich hatte auch etwas Angst. Nie hätte ich im Traum daran gedacht, dass mir jemals ein solches Privileg zuteil werden würde.

In der Zwischenzeit musste ich noch anderen Redeverpflichtungen nachkommen. Eine davon war für die Gruppe des Friedenszentrum, die wieder von Schwester Margaret, der Bernie und Ellen Hanley zur Seite standen, geführt wurde. Es freute mich ungemein, als ich erfuhr, dass Rita Klaus als Gast des Friedenszentrums mitgekommen war. Etwas über ein Jahr, nachdem sie plötzlich auf wunderbare Weise von ihrer MS geheilt worden war, wurde es Rita endlich ermöglicht, in dieses kleine Dorf der Erscheinungen zu kommen.

Bernie hatte uns beide gebeten, bei einem Mittagessen zu ihrer Gruppe zu sprechen. Rita sprach zuerst und beendete ihre Ansprache unter Tränen – eigentlich war die ganz Gruppe in Tränen. Als ich dann anfing, musste ich feststellen, dass dies meine schwierigste Ansprache sein würde, die ich je gehalten hatte. Ich war einfach von Ritas Geschichte überwältigt, aber auch von der Rolle, die das Friedenszentrum in meinem Leben spielte. Mitten in meiner Ansprache brach ich dann auch in Tränen aus. Das war mir noch nie passiert. Ich wurde ganz verlegen, bis ich feststellte, dass die anderen auch alle Tränen in den Augen hatten. Es war ein äußerst gefühlvolles Mittagessen. Es wies aber auch auf die Güte Gottes hin, denn diese Tränen waren Freudentränen.

Anschließend stimmte Rita zu, mir noch etwas über sich selbst für mein Buch zu erzählen. – Sie kam aus einer *„streng-katholischen Familie"*, wie sie es nannte und hatte bereits mit acht Jahren eine Berufung von Gott gespürt. Mit 16 war sie in ein Kloster in Omaha in Nebraska eingetreten und hatte fünf Jahre als Novizin gedient, bevor sie ihre Gelübde ablegte. Während dieser ganzen Zeit litt sie unter dieser fortschreitenden Krankheit, die schließlich als Multiple Sklerose diagnostiziert wurde.

„Das Schlimmste an der Sache war", fuhr sie fort, „dass die Superiorin mir nicht glaubte. Ich sah gesund aus, aber ich litt tagelang an Schwindelanfällen, und manchmal konnte ich nicht einmal die Treppe hinaufgehen. Sie glaubte, ich wollte, dass mir nur besondere Beachtung geschenkt wird."

Rita musste dann das Kloster verlassen, was sie sehr mitgenommen hatte. Sie konnte nicht verstehen, warum das gerade ihr passieren musste, da sie Gott so sehr als Nonne dienen wollte. Es kamen auch noch andere Probleme auf. Sie konnte wegen ihrer Krankheit keine Arbeit finden. Schließlich riet ihr Arzt, potenziellen Arbeitgebern nichts von ihrer MS zu sagen. Er glaubte, dass sie wenigsten noch fünf bis sechs Jahre ohne größere Probleme würde leben können, und dass sie am besten an die Westküste ziehen sollte. „Ich hatte im Konvent unterrichtet und so entschloss ich mich nach Pennsylvania zu ziehen, um dort auf der Pädagogischen Hochschule ein Lehrdiplom zu machen. Ich fand auch eine Arbeit, die es mir erlaubte, tagsüber zu unterrichten und abends in die Schule zu gehen."

Schließlich traf Rita ihren zukünftigen Mann Ray. Nachdem sie für längere Zeit miteinander gegangen waren, heirateten sie. Sie schien gute Fortschritte zu machen, aber sie war nicht mehr gut auf die Kirche zu sprechen. Sie ging immer noch zur Messe, aber mehr aus Gewohnheit, als aus innerem Drang. Als ihre Krankheit später schlimmer wurde, zog sie sich zurück und bekam Depressionen. „Ich versuchte alles außer das Gebet. Unsere Ehe war gut, und Ray war wunderbar. Wir hatten drei Kinder, aber ich war immer noch ganz verbittert, weil das Leben mir so übel zugesetzt hatte."

Ich nickte, und überlegte mir, wieviele solcher verwundeter Seelen es geben musste.

„Wie Sie wissen, kam der Wandel 1981, als mich eine Bekannte eingeladen hatte, mit ihr zu einer Heilungsmesse zu gehen. Ray sagte damals, dass ich bereits alles andere versucht hätte, warum sollte ich denn nicht auch das noch versuchen?" Sie schüttelte den Kopf, als sie darüber nachdachte.

„So ging ich halt. Als ich zur Kirche kam, hätte ich gewünscht, ich wäre nicht gegangen. Ich wusste, dass die Leute mich anstarrten und ich wünschte, der Boden würde sich öffnen und mich verschlingen. Als dann die Priester den Gang entlangkamen, fasste mich einer von hinten und betete für mich. Er betete und betete. Ich war verärgert und dachte nur, was hier eigentlich los sei? Aber dann kam ein wunderbares Gefühl des Friedens über mich, und ich fing an, mit ihm zu beten. Es war das erst Mal seit langer, langer Zeit, dass ich mich so gut fühlte. Ich wusste, dass es eine geistige Heilung war. Die Krankheit machte mir jetzt gar nichts mehr aus: Ganz gleich, was Gott von mir wollte, ich würde es annehmen und glücklich dabei sein."

Als ich von Ritas totaler Hingabe an den Willen Gottes hörte, konnte ich nur sprachlos staunen. – Auch das war wieder ein Schlüssel zu der Botschaft, die von Medjugorje kommt. Ritas Hingabe war zu einem wunderbaren Zeugnis der allesgebenden Liebe Gottes durch ihre körperliche Heilung geworden. Aber was noch offensichtlicher war, war die Schönheit ihrer geistlichen Heilung. Sie und ihre ganze Familie waren jetzt vollkommen Gott geweiht.

„Und natürlich kennen Sie den Rest: Am Abend des 18. Juni 1986 bat ich Gott, mich zu heilen, von allem, was an mir zu heilen war. Am nächsten Tag war ich kein Opfer von MS mehr."

Ich starrte sie nur mit großen Augen an. Dann schaltete ich mein Tonbandgerät ab und ging ein paar Schritte abseits.

„Was ist los?" fragte sie überrascht.

Ich winkte nur ab, unfähig zu sprechen. Dieses *Datum!* Es war das Datum auf der Rückseite der Fotografie!

Ich erzählte ihr von dem Foto von Jesus, das Maureen Thompson und ich auf dem Gipfel des Križevac gefunden hatten; wie es ganz trocken war, obwohl alles andere vom Tau durchnässt war; dass es das Datum des 18. Juni 1986 und sonst nichts auf der Rückseite hatte; und dass wir es am 7. Mai, also sechs Wochen vorher, gefunden hatten.

Rita und ich saßen für eine lange Zeit schweigend da. Es gab weder für sie noch für mich irgendeinen Zweifel, dass es irgendwie mir ihrer Heilung zusammenhing. Aber, so dachte ich mir, das Geheimnis dieses Datums war nicht von Bedeutung im Verhältnis zu ihrer vollkommenen Hingabe an den Willen Gottes.· Hingabe – das war der wahre Schlüssel für unser neues Leben als Boten von Medjugorje.

Wie immer, so brachte auch diesmal meine Zeit in Medjugorje viele Früchte. Obwohl ich mich diesmal hatte ausruhen wollen, hielt ich fünfzehn Vorträge! Zu diesen gehörte auch der wichtigste, den ich jemals gehalten hatte und wahrscheinlich jemals wieder halten würde, nämlich der, den ich an einem heißen Donnerstagnachmittag in der St. Jakobskirche hielt.

Etwa eine Stunde bevor ich sprechen sollte, setzte ich mich außerhalb auf der Kirche auf den Boden mit dem Rücken gegen die kühlen Steine der Seitenwand gelehnt. Mein Kopf war aber alles andere als kühl, als ich mir die Zigeunerbuden betrachtete, die an der Straße zur Kirche aufgebaut waren. Ihre Besitzer boten eifrig ihre Waren an, was keineswegs dazu geeignet war, mich auf meinen bevorstehenden Vortrag über das Wunder von Medjugorje vorzubereiten.

Aber dann, als ich versuchte, mich zu konzentrieren und zu beten, indem ich den Heiligen Geist bat, mir die Worte einzugeben, die ich brauchte, kam eine Bettlerin zu mir her, die drei kleine verdreckte Kinder hinter sich herzog. Sie hielt mir ihre offene Hand entgegen, und als ich nicht reagierte, deutete sie mit dem Zeigefinger der anderen Hand verlangend auf ihre offene Hand.

Obwohl ich wusste, dass die Priester davon abrieten, den Zigeunerbettlern etwas zu geben, dachte ich doch, dies könnte ja vielleicht ein Engel in Verkleidung sein.

Ich langte in meine Tasche und holte alles, was ich hatte, etwa viertausend Dinar, was ungefähr sieben Dollar sind, heraus.

Sie nahm es und schüttelte den Kopf. „Nein, nein!" sagte sie. „*Dollar!*" Und hielt mir wieder ihre Hand entgegen.

„Das ist alles, was ich habe", antwortete ich, erstaunt darüber, dass sie noch mehr wollte.

„Nein!" sagte sie. „Du mir geben Dollar!"

Ich schaute sie an und konnte nicht glauben, was ich da hörte. Sie drehte ihre Hand um, um mir zu zeigen, was sie meinte. In ihr war eine Rolle von Dollarscheinen, die mindestens zehn Zentimeter dick war. Als sie auf die Rolle zeigte, forderte sie: „Du mir geben Dollar!"

Jetzt schüttelte ich nur meinen Kopf und deutete ihr an, wegzugehen. Als sie aber das goldene Kreuz sah, das ich an einer Kette um den Hals trug, griff sie danach und sagte: "Du mir geben das!"

Jetzt wurde ich wild. Ich stand auf und scheuchte sie weg, aber die kleinen Kinder ergriffen meine Hand, rieben sich ihre Bäuche und weinten. Es war offensichtlich, dass sie das von ihrer Mutter gelernt hatten – wenn sie wirklich ihre Mutter war! Ich verließ den Platz und ging schnell hinter die Kirche, um von ihnen wegzukommen. Aber jetzt war ich vollständig niedergeschlagen. Sie mag irgendetwas in Verkleidung gewesen sein, aber bestimmt kein Engel!

Jetzt fing ich an, ernsthaft zu beten, und schließlich kam der Frieden wieder über mich. Ich war jetzt sogar dankbar für diesen erbärmlichen Zwischenfall, und besonders für den Zeitpunkt, denn es ließ mich ganz deutlich erkennen, dass, trotz der völlig kommerzialisierten „wirklichen Welt", die sich in Medjugorje breit gemacht hatte, der wunderbare Kern der Geistlichkeit – die einzigartige Gegenwart Jesu – noch vollkommen war. Das war der tiefgehende Meeresstrom. Alles andere waren nur Oberflächenstörungen.

Ich betrat die Kirche durch den Hintereingang. Nachdem Pater Philip mich kurz vorgestellt hatte, ging ich zum Podium – und erstarrte! Ich war gewöhnlich mitten unter der Gemeinde, wenn die Kirche so zum Brechen voll war, dass man sich kaum bewegen konnte. Ich war aber nicht daran gewöhnt, sie aus dieser Perspektive zu sehen. Dieser heilige Ort! Was sollte ich nur tun?

Dann sagte ich mir aber, dass es ja nicht ich, sondern Gott gewesen sei, der mich hierher gebracht hatte. Er hatte die Türen geöffnet und die Kirche gefüllt. Und jetzt würde Er mir auch durch Seinen Heiligen Geist die Worte eingeben, die Er wollte, dass sie gehört würden. Ich brauchte ja nur meinen Mund aufzumachen und zu sprechen.

Ich hielt einen der vollkommensten Vorträge über Medjugorje, den ich jemals gehalten hatte. Er wurde gut aufgenommen, und anschließend gab mir Pater Philip ein Band für Terri, auf dem der Vortrag aufgenommen worden war. Ich dankte ihm, dachte aber jetzt noch nicht im Geringsten daran, dass, genau wie mit den Artikeln, Tausende von Kopien davon in der ganzen Welt verteilt werden würden.

Ich war nicht der Einzige, der heute eine Kopie des Bandes bekommen hatte. Unter den Zuhörern war Mary O'Sullivan aus Irland gewesen. Sie hatte auch Pater Philip um eine Kopie gebeten, die sie mit nach Irland nahm. Dort war diese innerhalb einiger Tage vervielfältigt und zum Verkauf angeboten worden. Von dem Erlös bezahlte Mary Priestern die Reise nach Medjugorje. Als ich zum ersten Mal nach Irland kam, waren bereits über 15.000 Kopien verkauft worden.

Bis jetzt war dieser Aufenthalt alles andere als geruhsam gewesen. Aber es machte mir nichts aus, denn es war eine Zeit der vollkommenen Hingabe.

„Erwacht aus dem mšden Schlaf
eurer Seele und sagt mit
aller Kraft ‚ja‘ zu Gott.“

(25. 3. 2001)

„Legt euch die Waffenrüstung Gottes an,
und besiegt ihn (Satan)
mit dem Rosenkranz in der Hand."

27

Kontroverse von innen

Am Sonntag sollten wir ein ganz besonderes Geschenk bekommen. Es war der jährliche Weiße Sonntag der Pfarrgemeinde. Wie üblich, würde der Bischof von Mostar nach Medjugorje kommen, um den Firmkandidaten das Sakrament der Firmung zu spenden. Es versprach, eine Galaveranstaltung zu werden, da es einer der größten Festtage des Jahres in diesem Dorf ist.

Das Kommen des Bischofs brachte jedoch auch etwas Aufregung in die Gemeinde. Seit langer Zeit schon hatte Pavao Žanić, der Bischof von Mostar, eine ständige Kampagne geführt, um die Erscheinungen in Verruf zu bringen. Seine Einstellung hatte zu Verwirrung, Unsicherheit und sogar zu totaler Ablehnung dieses Phänomens bei vielen katholischen Priestern und Ordensleuten geführt. Dadurch war auch dessen Echtheit vom Klerus und Laien anderer Konfessionen in Frage gestellt worden.

Die Opposition des Bischofs war im Lichte der vielen guten Früchte, die durch Medjugorje hervorgebracht wurden, schwer zu verstehen. Für mich sowie für Millionen andere waren die Erscheinungen eine erfreuliche und hoffnungsvolle Bestärkung der Botschaften Jesu im Evangelium. Wie konnte sich nur die hiesige führende Autorität der katholischen Kirche ihnen so stark widersetzen? Nicht nur, dass er nicht an sie glaubte, sondern er war ihr bitterster und eifrigster Gegner geworden.

Die Ironie aber ist, dass Bischof Žanić zu Beginn der stärkste Verteidiger der Erscheinungen gewesen war. Er hatte ein solches Interesse an den Erscheinungen gezeigt, dass er in den ersten paar Wochen die Pfarre fünfmal besucht hatte. Dies hatte Pater Jozo nicht gerade gefallen, da er als Pfarrer von St. Jakob zu dieser Zeit auch sonst alle Hände voll zu tun hatte. Das Letzte, was er brauchte, war, dass der Besuch des Bischofs noch zu der Verwirrung beitragen würde. Und doch hatte er Bischof Žanić eingeladen, die Messe am 25. Juni zu zelebrieren, da es auch das Fest des heiligen Jakob war, dem diese Kirche geweiht ist.

In seiner Predigt verkündigte der Bischof während der Messe seine persönliche Anschauung, die die ganze Welt hören konnte:

„Sechs einfache Kinder, wie diese hier, hätten alles in einer halben Stunde erzählt, wenn sie jemand manipulieren würde. Ich versichere Ihnen, dass keiner der Priester so etwas getan hat… . Davon abgesehen bin ich überzeugt, dass die Kinder nicht lügen… .

Eines steht fest: Etwas hat sich in den Herzen der Menschen geregt. Beichten, Gebete, Aussöhnungen zwischen Feinden – das sind alles positive Schritte vorwärts. Alles andere müssen wir Unserer Lieben Frau, Jesus und der Kirche überlassen, die eines Tages, dessen bin ich sicher, ihre Stellungnahme in dieser Angelegenheit verkünden wird."

Das waren starke Worte eines Mannes, der die Erscheinungen später als Betrug, der von den Franziskanern inszeniert worden sei, bezeichnete. Pater Jozo hatte den Bischof anfänglich gewarnt, sich nicht allzu schnell festzulegen, denn, wie er später sagte, sei der Bischof ein Mann, der schnell ein Urteil fällt, an dem er dann später unter allen Umständen festhält.

Bischof Žanić war kein Franziskaner, und daran lag höchstwahrscheinlich der Grund seiner Opposition. Im September 1980, also beinahe ein Jahr bevor die Erscheinungen begannen, war er zum Bischof von Mostar ernannt worden. Er fing dann auch sofort an, die Pfarren seines Bistums aus den Händen der Franziskaner in die Hände von Weltpriestern zu verlegen. Die franziskanischen Priester, die in den Gemeinden viele Jahre gedient hatten sowie die

Mehrheit der Pfarrangehörigen waren darüber entrüstet. Auf besonderes Gesuch der Pfarrgemeinden kümmerten sich jedoch die franziskanischen Priester weiterhin um die Bedürfnisse der Menschen.

Als der Bischof davon erfuhr, dass die Franziskaner seine Anordnungen nicht befolgten, übte er Vergeltung, indem er zwei beliebte junge Priester als Sündenböcke hinstellte und Maßnahmen in die Wege leitete, sie aus ihrem Orden und dem Priestertum auszustoßen. Dies erzeugte Zwietracht zwischen seiner Diözese und den Franziskanern.

Hier nimmt die Geschichte eine seltsame Wendung. Kurz nachdem die Erscheinungen begonnen hatten, wurden die Seher überredet, die Sache mit den zwei jungen Priestern der Heiligen Jungfrau Maria zu unterbreiten. Was aber noch überraschender war, ist die Tatsache, dass sie zu dem Problem Stellung genommen haben sollte. Gemäß den Sehern hätte die Madonna gesagt, der Bischof sei „irregeführt" und „falsch informiert" worden. Er solle sein Urteil, die zwei jungen franziskanischen Priester, die von jeder Schuld frei seien, ausstoßen zu wollen, „noch einmal überdenken".

Das setzte für den Bischof Žanić der Sache die Krone auf. Als er von der angeblichen Botschaft hörte, rief er aus: „Die heilige Muttergottes würde nie auf solche Weise zu einem Bischof sprechen!" Von diesem Zeitpunkt an wurde er ein unerbittlicher Feind der Erscheinungen.

Im Januar 1982 berief der Bischof eine Kommission ein, die die Erscheinungen objektiv und gründlich untersuchen sollte, damit die Kirche eine endgültige Entscheidung über ihre Echtheit treffen könne. Die Kommission bestand aus vier Männern, die ankündigten, sie würden nach Medjugorje gehen, um Untersuchungen anzustellen und um alle Betroffenen zu interviewen. Wie sich aber zeigte, unternahmen sie sehr wenig. Nur ein Mitglied, der franziskanische Priester Ivan Dugandžić, besuchte Medjugorje regelmäßig.

Zwei Jahre später wurde eine neue Kommission einberufen, die die erste ablösen sollte, da diese nichts unternommen hatte, außer dass sie den Vatikan durch ihr lustloses Vorgehen in Bezug auf die

Untersuchungen verärgert hatte. Die neue Kommission wurde auf vierzehn Mitglieder erweitert und hatte auch Vertreter der medizinischen Profession. Die Zusammensetzung war jedoch auch nicht ausgeglichener als bei der ersten, denn wenigstens zehn Mitglieder waren bekannte Gegner von Medjugorje. Der Bischof ernannte sich selber als Haupt der Kommission und erklärte: „Ich bin die Kommission!" Er fügte auch noch hinzu, dass er „den Erscheinungen den Garaus machen" würde.

Die Kommission enttäuschte ihn nicht. Im April 1986 reiste er nach Rom, um die vorläufigen Befunde, die negativ gewesen sein sollen, vorzubringen. Dort aber erhielt der Bischof einen Schock. Nachdem er zurückgekehrt war, soll er einigen Pilgern im Vertrauen gesagt haben, dass Kardinal Ratzinger, der Präfekt der Glaubenskongregation, ihn getadelt hätte. Der Kardinal soll ihm gesagt haben, dass er mit seinen Untersuchungsmethoden nicht einverstanden sei und dass er zu dieser Zeit kein Urteil über die Erscheinungen treffen solle.

Kurz danach löste der Vatikan Bischof Žanićs Kommission auf und setzte eine neue Kommission ein, die aus allen Bischöfen Jugoslawiens bestand, und deren Vorsitzender ihr Kardinal war. So etwas war noch nie da gewesen. Dieser neuen Kommission, und nur ihr allein, wurde die Bevollmächtigung gegeben, eine neue Untersuchung der Erscheinungen in die Wege zu leiten, worauf sie dann dem Papst einen offiziellen Vorschlag machen sollten. In der Zwischenzeit wurde dem Bischof von Mostar ausdrücklich aufgetragen, solange die neue jugoslawische Bischofskommission ihre Sachbefunde zusammentragen würde – und das konnte mehrere Jahre in Anspruch nehmen – sich weiterhin nicht mit der Sache der Erscheinungen zu befassen, sondern darüber Stillschweigen zu bewahren.

Obwohl die offizielle Stellungnahme der Kirche noch eine ganze Weile auf sich warten lassen könnte, so war sie doch inoffiziell befürwortend. Allen Berichten nach waren die Früchte der Erscheinungen von Medjugorje gleichmäßig gut: Die Leben vieler Menschen wurden verändert. Medjugorje-Informationszentren wurden in der ganzen Welt von Pilgern eröffnet, die gekommen waren und sich selbst von der Echtheit überzeugt hatten. Diese tun jetzt, um was die Madonna bittet, indem sie die Botschaft verbreiten. Eine ganz besondere Seite der Medjugorje-Erfahrungen war das breite Spektrum der Leute, die davon ergriffen worden waren: Ärzte, Rechtsanwälte, Ingenieure – Reiche und Arme, Männer und Frauen aus allen Schichten der Gesellschaft. Alle schienen auf die gleiche Weise davon erfasst zu sein.

Im Lichte all dieser positiven Beweisgründe war die Reaktion des Papstes kaum erstaunlich. In einer Generalaudienz vor einem Jahr wurde er von einem Dutzend italienischer Bischöfe gefragt, ob sie ihren Pfarrmitgliedern erlauben sollten, nach Medjugorje zu gehen. Seine Antwort ist weit verbreitet: „Warum stellt ihr überhaupt eine solche Frage? Wenn sie sich bekehren, wenn sie beten, fasten, zur Beichte gehen und Buße tun, dann lasst sie nach Medjugorje gehen!"

Aber je mehr Pilger kamen, um genau das zu tun, desto mehr ärgerte es Bischof Žanić. Im Widerspruch zu den Anordnungen des Vatikans hetzte er weiterhin und prangerte Medjugorje an. Alle Journalisten, die eine negative Stellungnahme von einer kirchlichen Autorität haben wollten, wussten, an wen sie sich zu wenden hatten. Nach wie vor durchkreuzte der Bischof weiterhin auf jede nur erdenkliche Art und Weise das, was er für eine franziskanische Verschwörung hielt.

Doch in letzter Zeit bestand etwas Hoffnung, dass sich die Beziehungen zwischen dem bischöflichen Amt und der Pfarrgemeinde verbessern würden. In den letzten paar Monaten hatte der Bischof nicht mehr seine gewöhnlichen abfälligen Bemerkungen gemacht. Auch waren einige Priester von Medjugorje bei ihm gewesen und hatten kleinere Angelegenheiten mit ihm ohne Reibung besprochen. Er war sogar öfters freundlich und sehr zuvorkommend gewesen. Vielleicht besteht doch noch Hoffnung. Vielleicht senkt sich der Frieden von Medjugorje auch auf diese explosive Situation. Alle, mit denen ich sprach, hofften, dass dieser Sonntag der erste Schritt auf dem Weg der Aussöhnung sein würde. Sicherlich würde der Bischof zu einem solch feierlichen Anlass nur gute Worte für die Firmkandidaten haben.

Gleich nach der englischen Messe am Sonntag traf ich Bernie Hanley. Wir beeilten uns, um diesen berüchtigten Bischof Žanić zu sehen, der am Ende der Prozession der Jugendlichen und der Priester zu einem großen offenen Platz schritt, wo die Festmesse gehalten werden sollte. Der Himmel war blau, die Sonne schien hell, und die Mädchen waren alle in Weiß gekleidet mit einer blauen Schärpe über die Brust. Alle waren gut gelaunt. Auch die Priester und alle Anwesenden waren in guter Stimmung – außer Bischof Žanić. Er war klein, korpulent und trug die Mitra, den Krummstab und seine bischöflichen Gewänder – aber er zeigt entschieden kein freundliches Gesicht.

Pater Pervan gab das Zeichen, dass die Prozession beginnen könne. Sie wurde von einem hocherhobenen Kreuz angeführt, dem zuerst die Kinder folgten, dann die Priester und dann der Bischof. Bernie und ich hielten uns in diskreter Entfernung. Auf dem offenen Platz stand ein Freilichtaltar, wo die ganze Gemeinde, die aufs Beste herausgeputzt war, wartete. Auch viele Verwandte aus den umliegenden Dörfern und Städten waren gekommen. Viele der Pilger, die gerade in Medjugorje waren, schauten aus der Ferne zu. Alle zusammengerechnet, zählte die Festgemeinde weit mehr als tausend Menschen.

Bernie versuchte Bilder zu machen, indem er seine Kamera hoch über seinen Kopf hielt. Ich betete, dass der Herr das Herz und den Sinn des Bischofs öffnen würde: „Bitte, erfülle ihn mit Deinem Heiligen Geist. Möge er verstehen, wie wunderbar das alles ist. Möge er sehen, wie viele Menschen hierhergekommen sind, um dieses Fest mitzufeiern. Möge er erkennen, was Du hier in Medjugorje tust."

Die Messe fing mit herrlichen kroatischen Gesängen an, einige der schönsten, die ich je gehört hatte. In ihrer Kraft glaubte ich, dass sich meine Gebete in den Herzen vieler hier Anwesenden wiederholten. Die Lesung des Evangeliums war vorüber, und Bischof Žanić trat nach vorn, um eine Predigt zu halten. Er sprach schnell und eindringlich, und obwohl ich seine Worte nicht verstehen konnte, war es nicht schwer zu erkennen, was er sagte. Er drohte mit dem Finger und seine ständig lauter werdende Stimme wurde immer eindringlicher.

Ich hatte kein Problem, die Reaktion der Menge zu auszumachen: Alles Lächeln war verschwunden und einem eisigen Ausdruck der Duldung gewichen. Hier war etwas nicht in Ordnung! Ich schaute zu den franziskanischen Priestern hinüber, Männer, die ich schätzen gelernt hatte. Sie starrten alle auf den Boden, während Pater Pervan mit starrem Blick geradeaus schaute, ohne dass seine Miene verriet, was in ihm vorging.

Ich schaute zu Bernie, der immer noch mit dem Fotografieren beschäftigt war. „Bernie, irgendetwas stimmt hier nicht," murmelte ich. „Das sieht mehr wie eine Beerdigung als eine Firmung aus."

„Ich weiß auch nicht, was los ist", flüsterte er zurück. „Es ist unheimlich still."

Als der Bischof in seiner Hetzrede innehielt, brachen drei Männer in Applaus aus. Ich schaute zu dem, der mir am nächsten stand. Als er bemerkte, dass von den Tausenden nur noch zwei andere klatschen, hörte er sofort auf.

Als der Bischof endlich mit seiner Predigt fertig war, war alle Freude verschwunden. Jeder wollte nur, dass es so schnell wie möglich vorüberging. Als es endlich vorbei war, gingen die Leute schweigend auseinander, ohne sich, wie es sonst hier Sitte war, in Gruppen zusammenzustellen, um sich freudig zu unterhalten.

Aber nicht alle gingen. Einige, die tief gekränkt waren, weil die Firmung ihrer Kinder durch diese Predigt verdorben war, liefen zum Bischof, um ihm eindeutig zu sagen, was sie von ihm hielten. Pater Pervan griff allerdings schnell ein und schickte sie nach Hause.

Später trafen wir einen kroatischen Reiseleiter, der unseren Verdacht bestätigte. Der Bischof hatte seine Opposition zu den Erscheinungen in Medjugorje in noch viel stärkerem Maße als je zuvor zum Ausdruck gebracht. Und was war die Reaktion der Leute? „Sie waren verärgert", sagte der Reiseleiter. „Einige sagten ihm direkt ins Gesicht, dass er ein Lügner sei, und dass er in ihrem Dorf nicht mehr willkommen wäre."

Als ich zum Haus von Grgo Vaslij kam, war seine Familie gerade im Garten beim Festessen. Sie feierten die Firmung von Grgos 13-jährigem Sohn Andrija. Durch seine älteste Tochter Marija, die Englisch sprach, fragte ich Grgo, was er von der Predigt des Bischofs halte. Mit einem grimmigen Lächeln zeigte er, sowie alle anderen, die die Übersetzung meiner Frage gehört hatten, mit dem Daumen nach unten.

Später erfuhr ich aus einer Abschrift der Predigt von Bischof Žanić, was der Grund dafür war. An einer Stelle beschuldigte er die Franziskaner von Medjugorje, diese furchtbare Lüge weiterzuverbreiten: „Derjenige, der solche Unwahrheiten über Gott, Jesus und Unsere Liebe Frau den Gläubigen predigt, verdiene, in die unterste Region der Hölle zu kommen!"

Ein verstörter Pater Pavić sagte nur: „Die Leute blieben ruhig. Sie konnten kaum glauben, was sie hörten. Und der Bischof, mit Mitra, Stab und vollen bischöflichen Gewändern, berief sich auf das göttliche Recht und verdammte uns vom Altar herab in die Hölle wegen unserer Erfindung einer Lüge über Jesus, Maria und Gott."

Der Bischof hatte die Ruhe der Gemeinde als Zustimmung betrachtet und als „ein Zeichen dafür, dass die Leute, die dort wohnten ihrer (der Erscheinungen) überdrüssig seien und nicht mehr daran glaubten."

Solch eine Beurteilung konnte man kaum dem täglichen Leben der Dorfbewohner entnehmen. Für mich war es die größte Tragödie, dass der Bischof nach sechs Jahren immer noch für die wunderbaren Ereignisse in dieser Pfarre – sowie in der ganzen Welt, die das Resultat der Erscheinungen waren, blind war. Vorher waren die Leute aus den fünf Ortschaften nicht miteinander ausgekommen, aber jetzt herrschte Frieden und Harmonie in diesem Bergtal. Vorher war der Besuch der Messe sporadisch gewesen, jetzt aber war die Kirche immer so voll, dass sie eine Frühmesse vor Arbeitsbeginn für diejenigen einführen mussten, die ihr täglich beiwohnen wollten. Wie konnte er sich die tiefe Frömmigkeit der Jugendlichen erklären? Und das zu einer Zeit, wo sie sich überall anders von der Religion ihrer Eltern in Scharen abwandten, während sie hier wieder zu ihr zurückfanden?

Jetzt erinnerte ich mich wieder daran, was er selbst zu Beginn der Erscheinungen gesagt hatte: Dass so einfache Kinder unmöglich in intensivem Verhör einen solchen Betrug für länger als eine halbe Stunde aufrecht erhalten könnten. Wie erklärte er es sich dann, dass sie ihre Geschichte über sechs Jahre unter unvorstellbar strengen Prüfungen und Untersuchungen aufrecht erhalten hatten?

Als ich an diesem Abend langsam auf meinem bekannten Weg durch die Felder zur Kirche ging, erinnerte ich mich an den Bibelvers, der für mich am besten Marias Erscheinungen in diesem kleinen Dorf beschreibt: „In jener Zeit sprach Jesus: Ich preise dich, Vater, Herr des Himmels und der Erde, weil du all das den Weisen und Klugen verborgen, den Unmündigen aber offenbart hast.“ (Mt 11,25)

„Ich möchte euch auf dem Weg
der Heiligkeit führen.
Aber ich will euch nicht zwingen."

28
Die Mission geht nach Übersee

Terri runzelte die Stirn, als wir aus dem Parkplatz des Flughafens herausfuhren. „Du siehst genauso müde aus wie vor Deinem Abflug nach Medjugorje." Dann fügte sie mit einem Lächeln hinzu: „Eigentlich siehst du noch viel müder aus als damals! Ich dachte, du wolltest diese Reise zum Ausruhen benutzen."

Ich atmete tief ein und sagte: „Das dachte ich auch, aber ich habe in diesen zwei Wochen härter gearbeitet als auf einer meiner vorigen Reisen. Wir müssen uns mal ernsthaft über die Mission unterhalten, die ich empfangen habe."

Sie warf mir ein kurzes Lächeln zu und schien meine letzten Worte zu ignorieren. „Ich brenne darauf zu hören, was du erlebt hast. Konntest du auch etwas Zeit mit Pater Svet verbringen?"

„Ich meinte, wir müssen uns ernsthaft unterhalten, Terri. Über alles!"

Sie nickte wieder, aber diesmal ohne zu lächeln. „Nun gut, wir werden heute Abend darüber sprechen, wenn die Kinder im Bett sind."

Als diese Zeit näherrückte, freute ich mich gar nicht darauf. Obwohl Terri mich in allem mehr unterstützte, als ich es verlangen konnte, machte mir das zu schaffen, was sie nicht sagte. Jedes Mal, wenn ich ihr von einer neuen Einladung, einen Vortrag zu halten, oder einer neuen Reise nach Medjugorje erzählte, konnte ich ihre

Enttäuschung spüren. Nach elf Jahren Ehe brauchte sie nichts mehr zu sagen, denn ich wusste ganz genau, was sie fühlte. In der letzten Zeit, als sich alles zu überschlagen schien und die Vortragseinladungen sich häuften und von weiter und weiter her kamen, machte sich ihr unterbewusster Widerwille durch kleine Bemerkungen hier und da bemerkbar.

Natürlich war ich nicht immer so verständnisvoll, wie ich es hätte sein können. Ich vergaß zu oft, dass jeder Mensch auf seine eigene Weise zu Gott finden muss, auf eine Weise, die für ihn richtig ist. Aber in meinem Drang, ihr dabei helfen zu wollen, war ich manchmal zu kritisch mit ihr gewesen.

Jetzt aber sollte mein Tempo nicht ruhiger, sondern noch wesentlich schneller werden. Und das war es auch, worüber ich mit ihr sprechen musste.

Obwohl ich nicht geplant hatte, was ich ihr sagen würde, flossen die Worte nur so aus mir heraus. Ich erzählte ihr, dass das Wichtigste, was ich auf dieser Reise erlebt hätte, eine klarere Vision meiner Berufung gewesen wäre und auch, dass ich klar erkannt hätte, was meine Mission sei. Auch sagte ich ihr, was meine Mission für uns alle bedeuten würde, denn sie würde ja immer mehr Zeit in Anspruch nehmen. „Ich werde mehr und mehr Reisen im Land und außerhalb des Landes unternehmen. Ich werde häufiger nach Medjugorje zurückkehren. Und zur gleichen Zeit muss ich das Buch schreiben."

Da ich zu aufgeregt zum Sitzen war, stand ich auf. „Ich hatte noch nie eine solche Dringlichkeit verspürt – wegen allem, was damit zusammenhängt. Ich muss jetzt so schnell wie möglich hinaus und soviel wie nur irgendwie möglich unternehmen!" Ich schaute zu meiner Frau hinunter. „Wir müssen also riesige Opfer bringen, wir alle – ich, du und die Kinder!"

„Nun gut!" sagte sie ruhig. „Ich stimme damit überein. Aber du musst eines verstehen: Du bist auch nur ein Mensch! Du kannst nur soviel machen. Maria will auf keinen Fall, dass du da hinausgehst und dich kaputt machst. Wenn du es dennoch tust, dann bist du für sie keine große Hilfe mehr!"

Ich wusste, was sie sagen wollte, aber ich wusste auch, was getan werden musste. Deshalb zögerte ich etwas mit meiner Antwort. Dann aber sagte ihr so sachte, wie ich nur konnte: „Ich mache mir keine Sorgen, mich kaputt zu machen. Geistlich oder geistig glaube ich nicht, dass ich mich jemals übernehmen könnte. Alles was ich hiermit sagen will, ist, dass es für die nächste Zeit nun mal so sein wird. Bitte verstehe mich richtig. Es wird auch mir nicht gerade Spaß machen. Ich liebe meinen Sohn und meine Tochter – und natürlich auch ihre Mutter; und ich liebe auch meine anderen Kinder. Aber jetzt werde ich nicht mehr in der Lage sein, so oft, wie ich gern möchte, bei dir oder bei ihnen zu sein. Sie sagen ja jetzt schon: ‚Papa ist verrückt, dass er soviel herumreist und all die dummen Sachen macht!'"

Das war es, was mich am meisten störte. Meine vier älteren Kinder waren ganz sicher ein Produkt unserer Zeit. Sie gingen nicht zur Kirche und folgten der neuen Philosophie: ‚Wenn man sich gut dabei fühlt, dann soll man es auch machen!' Ich hatte sie gebeten, zu verstehen, dass ihr Vater eine Botschaft direkt vom Himmel bekommen hätte, und natürlich, dass sie davon Nutzen ziehen sollten. Aber jedes Mal, wenn ich nur von der Möglichkeit zu ihnen sprach, in die Kirche zu gehen, dann schauten sie mich mit dem Nicht-schon-wieder-Blick an.

Lisa, meine Älteste und die einzige, die die Hochschule beendet hatte, hörte mir wenigstens zu und diskutierte die Dinge mit mir. Aber Angela konnte nicht verstehen, was mit mir los sei. Mehrere Male hatte sie schon Terri angerufen, um ihre Besorgnis über ihren Vater zum Ausdruck zu bringen. Sie deutete an, dass ich nicht ganz richtig im Kopf sei. Meine beiden Söhne, Michael und Steve, sahen in mir nur einen religiösen Fanatiker. Schließlich sagte Terri zu mir: „Schau mal her, du erreichst nichts, wenn du ihnen predigst. Lebe die Botschaft und bete für sie, dass sie sie verstehen lernen. Denn das will Maria doch: Die Erkenntnis, für deine Bedürfnisse zu beten. Das ist es ja auch, was du in deinen Vorträgen immer sagst: ‚*Lebt die Botschaft!*' Versuche das doch mal bei deinen Kindern!"

Auch bei diesen neuen Problemen hätte ich ja wissen müssen, dass sie wieder auf eine brauchbare Lösung kommen würde. Sie machte eine kleine Pause und fügte dann hinzu: „Wie wär's, wenn wir ein ganz einfaches Abkommen treffen würden? Ich mache bei der ganzen Sache mit, wenn du zwei Dinge für mich tust: Erstens, dränge mich nicht mehr, religiöser zu werden – überlasse es mir, was ich zu tun oder nicht zu tun habe, um mein geistliches Leben zu fördern; und zweitens, bitte denke daran, dass du, wenn du daheim bist, zuerst Ehemann und Vater bist. Setze uns an erste Stelle, okay? Dann wollen wir alles so laufen lassen, wie es soll. Ich kümmere mich um das Heim, und du gehst hinaus und bist der ‚heilige Mann', den Maria haben will."

Sie lachte schelmisch und ihre Augen tanzten vor Freude. Da sie wusste, wie ungern ich dieses Gehabe hatte, so benutzte sie es immer dann ganz bewusst, wenn sie meine volle Aufmerksamkeit haben wollte. Jetzt hatte sie auf jeden Fall meine ungeteilte Aufmerksamkeit.

Ich lachte. „Schon gut, schon gut! Nur nenne mich nicht mehr so!" Im Stillen dankte ich Gott für eine solch weise und verständnisvolle Partnerin. Im wahrsten Sinne des Wortes sollte sie ja eine volle Partnerin in dieser Mission werden. Ich dachte an die Worte des Evangeliums, wo Jesus seine Jünger zu Zweien aussandte; und genauso sah ich *unsere* Mission.

In den nächsten Monaten würden wir beide sehr viel zu tun haben. Zu Beginn des Herbstes erreichten die Nachdrucke meiner Artikel zu meiner totalen Verblüffung vier Millionen! Wir verschickten jetzt 70.000 Stück pro Woche! Ich reiste überall hin: Es wurde Reisen geplant nach Irland, Trinidad und sogar nach Alaska, sowie überall hin in den USA. Wenn es noch irgendwo ein Fleckchen Erde geben würde, das ich gerne kennengelernt hätte, dann sah es jetzt so aus, als ob mir dieser Wunsch in den nächsten paar Jahren erfüllt werden würde.

Auch kamen mehr und mehr Radio- und Fernseheinladungen, denn mein Auftritt in der Sally Jessy Raphael Show schien die Tore für Einladungen zu Interviews geöffnet zu haben. Die Einladung, die mir am meisten Freude machte, war, als ich bei Mutter Angelikas Programm in Birmingham, Alabama, das über die ganzen USA ausgestrahlt wird, als Gast auftreten durfte. Ich war vorher schon von ihr beeindruckt gewesen, denn ich hatte viel über sie gelesen und gehört. Hier ist eine Klosterfrau, die die Berufung, das Evangelium Jesu zu verbreiten, erst nimmt. Dafür hatte sie dann auch eine Fernsehstation gegründete, obwohl sie kein Geld und auch keine Anweisung von Ihrem Orden dazu hatte. Sie entschloss sich einfach, es trotzdem zu wagen. Wenn diese charismatische Nonne während der Interviews in Studios Geräte sah, die sie brauchen konnte, dann sagte sie einfach: „Das ist genau, was ich brauche!" Sie sprach dann solange mit den Leuten, bis sie all diese Geräte zusammengesammelt hatte. Und auf einmal war ihr Sender soweit, dass sie Programme ausstrahlen konnte.

Es gab viele Schwierigkeiten auf ihrem Weg, aber Gott war mit ihr. Und diese Schwester wusste, wie man betet! Heute hat ihre Fernsehstation, das Eternal Word Television Network (EWTN), die über Satellit ausgestrahlt wird, die größte Zuhörerschaft irgendeiner christlichen Talkshow. – Soviel wusste ich über sie, aber ich kannte auch einen ihrer Produzenten, Jack Sacco, den ich im Juni 1986 in Medjugorje getroffen hatte.

Es war Jack, der mich durch das Studio geleitete und der sich die Zeit nahm, mir alles über Mutter Angelika und ihre Verbindung mit Medjugorje zu erzählen. Nachdem sie die Erscheinungen sorgfältig überprüft hatte, um auch sicherzustellen, dass sie mit der Lehre der Kirche übereinstimmten, war sie dann schnell dabei, sie zu verbreiten.

Als ich meine Gastgeberin am Abend, eine halbe Stunde vor der Show traf, war sie ganz anders, als ich sie mir vorgestellt hatte. Mutter Angelika war viel offener und freundlicher als irgendjemand, dem ich jemals begegnet war, und in kürzester Zeit fühlte ich, als seien wir bereits jahrelang Freunde gewesen. Sie war auch äußerst scharfsinnig und hatte ein bemerkenswertes Gedächtnis. Als wir uns unterhielten, erwähnte sie einige Stellen aus meinen Artikeln, was mir sagte, dass sie sie sorgfältig gelesen haben musste.

Sie konnte es nicht begreifen, dass ein Lutheraner sich auf so etwas einlassen würde. Ich erwiderte ihr, dass das, was dort drüben geschieht, wirklich für alle sei. „Aber ich will Ihnen jetzt etwas sagen, was Sie einst gesagt hatten, und was für diesen Lutheraner eine große Hilfe war", fügte ich hinzu. „Als ich an einem Abend zu einem Vortrag fuhr, hörte ich mir im Auto eines Ihrer Bänder an, in dem Sie sagten: ‚Entschuldigen Sie sich niemals für die Heilige Jungfrau Maria!'"

Sie lachte. „Ja, ich habe das schon öfters gesagt."

„Nun, dies schnitt mir wie ein Messer ins Herz. Denn ich erkannte, dass ich bis dahin in meinen Ansprachen zu Protestanten immer versuchte hatte, ihre Rolle zu verkleinern. Ich sagte ihnen, dass es mir egal sei, ob sie glaubten, dass Maria dort erscheine oder ein Engel, solange sie glaubten, dass dort auf jeden Fall etwas geschehe. Als ich Sie dann aber das sagen hörte, sah ich ein, dass ich Maria wirklich unwissentlich verleugnete. Ich wusste nämlich ganz genau, dass sie es ist, die dort erscheint, und die mich berufen hatte."

Mutter Angelika nahm meine Hand und strahlte. „Wayne, wir werden ein großartiges Programm haben!"

Uns so war es auch. Das Studio war gerammelt voll mit Leuten, die diesen Lutheraner sehen wollten, der über die Heilige Jungfrau geschrieben hatte. Ein Gast bei einer Talkshow kann gewöhnlich daran feststellen, wie das Interview verläuft, ob ihm die Zeit schnell oder langsam vergeht. Bei ihr war ich überrascht, als wir das Ende der Stunde erreicht hatten: Es schien mir, als wären es nur fünfzehn Minuten gewesen. Es hatte aber auch Spaß gemacht! Als wir mit der Sendung anfingen, sprach Mutter Angelika davon, dass eigentlich irgendjemand dazu berufen werden könnte, ein Botschafter zu sein: „Gott kann irgendeinen Lümmel von der Straße holen und in Seinen Dienst stellen."

Das Studiopublikum begann zu kichern, sodass sie es fragend anschaute. Dann drehte sie sich zu mir und sagte schnell: „Aber ich meine nicht Sie!" Die Zuhörer brachen in lautes Lachen aus, und wir lachten mit.

Anschließend beschloss ich, sie um einen persönlichen Rat zu fragen, da sie schon viele Gaben des Heiligen Geistes bekommen hatte. Am folgenden Nachmittag erzählte ich ihr in ihrer Wohnung, was mir am Herzen lag. Ich war überwältigt aber auch etwas eingeschüchtert von den körperlichen Heilungen, die im Laufe meiner wunderbaren Mission stattgefunden hatten. Überall wohin ich komme, fragen mich Leute, für sie zu beten, was ich dann auch immer gern tue. Manchmal sind es auch Gebetswünsche für körperliche Heilung, und es hat auch schon wirkliche Heilungen gegeben.

Sie erklärte mir ruhig und mit großer Gelassenheit: „Die geistlichen Gaben des Heiligen Geistes sind genau das: Gaben. Sie werden einem gegeben, um dort angewandt zu werden, wo sie gebraucht werden. Wir hängen kein Schild aus, auf dem steht: ‚Hier wird geheilt' oder ‚Hier wird prophezeit'. Wenn Sie den Ruf Gottes verspüren, dann gebrauchen Sie diese Gabe. Danach aber treten Sie wieder zurück und warten bis zum nächsten Anruf. Auf diese Art wissen Sie, dass das Geschenk von Ihm kommt, und dass nicht Sie es sind, der das vollbracht hat."

Sie hielt inne und schaute mir in die Augen. „Aber die größte Gabe, die Sie erhalten haben, ist, ein Botschafter Marias zu sein."

Ich war von Dankbarkeit und Demut erfüllt, als ich sie das sagen hörte, aber ich verspürte auch eine große Erleichterung. Ich werde ihren Rat niemals vergessen.

Danach schien sich alles zu beschleunigen: Ende September, als Milka Pavlović endlich ihr Visum bekommen hatte, kam sie für drei Monate auf Besuch. Das einzige Problem war, dass sie mit einer Woche Verspätung ankam, weil es eine Verwechslung gegeben hatte, als sie ihren Flugschein in Dubrovnik abholte. Als sie endlich ankam, hatte ich kaum noch Zeit, sie in New York abzuholen und nach Hause zu bringen, denn am nächsten Tag flog ich für eine neuntägige Vortragstournee nach Irland. Das machte mir einige Sorgen, denn Milka verstand kaum Englisch. Aber glücklicherweise verstand sie sich sehr gut mit Terri, und als ich wieder heimkam, gefiel es ihr sehr gut, und sie fühlte sich in unserer Familie wie zu Hause.

In der Zwischenzeit hatte ich mich in das Land Irland verliebt. Es war vor allen Dingen der Vorbereitungsarbeit von Mary O'Sullivan zu verdanken, dass diesem amerikanischen Protestanten, der hierher gekommen war, um über die Erscheinungen der Muttergottes in Jugoslawien zu sprechen, beachtliches Interesse gezollt wurde. Solch ein Phänomen war für sie allerdings nichts neues, denn sie hatten ihre eigene Erscheinung der Muttergottes in einer Ortschaft, die Knock hieß.

Etwas Sonderbares, aber auch Großartiges war geschehen, als sich mein Flugzeug zum Landen in Shannon vorbereitete. Da ich durch den verspäteten Besuch von Milka in große Eile geraten war, hatte ich wenig Zeit, über meine Reise nach Irland ernsthaft nachzudenken. Als ich jetzt aus dem Fenster auf diese wunderbar grüne Landschaft hinunterschaute, wurde ich doch etwas aufgeregt. Auf einmal hörte ich wieder diese, jetzt schon bekannte, sanfte Botschaft der Muttergottes: *'Gehe nach Knock!'* Ich hatte zwar schon über die Erscheinung in Knock – und es gab nur eine Erscheinung dort – gelesen, aber dennoch wusste ich nicht, dass es in Irland lag!

Als ich dann von Sean Conroy, einem vergnügten und treuen Iren, den ich zum ersten Mal in Medjugorje getroffen hatte, begrüßt wurde, fragte ich ihn: „Sean, ist der Schrein in Knock weit von hier entfernt?"

Er schaut mich an, indem er seinen Kopf auf die Seite legte: „Warum fragen Sie?"

„Nun, ich möchte wirklich gern dorthin fahren, wenn es möglich wäre."

„Es ist lustig, dass Sie davon sprechen. Wir hatten nämlich geplant, mit Ihnen hinzufahren. Aber dann wurden Ihre Termine zu viel, dass wir uns entschieden, es bleiben zu lassen. Es ist nicht allzu weit entfernt von dort, wo Sie heute übernachten werden." Er überlegte einen Moment, dann sagte er: „Wissen Sie was, wir bringen Ihr Gepäck zu der Familie, bei der Sie übernachten werden, essen eine Kleinigkeit und fahren dann gleich hin!"

Das machten wir dann auch. Knock war etwa 100 km entfernt.

Am Hinweg erzählte mir Sean von den Pilgerfahrten, die die Leute nach Knock unternahmen.

Knock war einer der faszinierendsten Erscheinungsorte. Die Erscheinung geschah am 21. August 1897 während eines furchterregenden Regengusses. Mehr als 20 Leute konnten die Erscheinung sehen, die sich auf der Seitenwand der kleinen Kirche zeigte. Viele sahen sie über zwei Stunden lang. Die Heilige Jungfrau Maria erschien in Lebensgröße. Sie wurde von zwei anderen Gestalten begleitet, die die Ortsbewohner als den heiligen Josef und den heiligen Johannes, den Evangelisten, erkannt hatten. Die ganze Szene war in ein brillantes Licht getaucht und wurde von dem peitschenden Regen nicht berührt.

Die beiden anderen Gestalten waren nicht ganz so groß wie die Jungfrau Maria, die etwa eine halben Meter über dem Boden zu schweben schien. Sie stand aufrecht mit erhobenen Händen in Schulterhöhe. Sie trug ein langes weißes Gewand, das in Falten herabfiel und an der Hüfte zusammengezogen war. Sie trug auch eine große Krone auf ihrem Kopf.

Der heilige Josef, der graues Haar und Bart gehabt haben soll, war leicht zur Heiligen Jungfrau geneigt, und der heilige Johannes stand zu ihrer Rechten.

Er erschien als ein junger Mann im Messgewand, der ein Buch in seiner linken Hand hielt, während er die andere Hand zum Segen erhoben hatte.

Aber es war die Szene vor den Gestalten, die mich am meisten beeindruckte. Es schien ein Altar zu sein, auf dem ein junges Lamm lag. Ein Dorfbewohner beschrieb das Lamm: Es sei mit goldenen Sternen und kleinen glitzernden Lichtern bedeckt gewesen. Das war ganz klar ein Symbol für Christus, das Osterlamm.

Es war dieser Teil der Erscheinung, der für mich der stärkste Beweis dafür war, dass Maria in der Tat die Rolle einer Mittlerin innehatte. Sie stand da und schaute in Anbetung auf das Opferlamm Jesus und schien *uns auf Ihn aufmerksam zu machen.*

„Der Papst war 1979 zu einem besonderen Besuch hierher gekommen“, schloss Sean sein Erzählung. „Auch ist es ein beliebter Ort für Pilgerreisen.“

Als wir ankamen, hatte ich das Gefühl, ich gehörte hierher. Es war Sonntagnachmittag, und der große offene Platz in der Nähe der ursprünglichen Stelle, wo die Erscheinung stattgefunden hatte, war mit Menschen überfüllt. Sie fingen gerade eine Prozession an, als wir ankamen.

„Was ist hier los?“ fragte ich Sean, als ich den Anfang der Prozession betrachtete, die etwa sechs oder sieben Leute breit und ungefähr 100 Meter lang war.

„Sie beten die Kreuzwegstationen.“

Es waren Leute hier mit Rollstühlen und alte Menschen, die von Kindern geführt wurden. Das berührte mich so sehr, dass ich nicht mehr sprechen konnte. Wir stiegen aus und gingen in die Basilika, wo die Prozession angefangen hatte. Als ich in mich in eine Bank kniete und betete, spürte ich einen warmen und sanften Segen auf mich herabkommen, der mich für die ganze Irlandreise vorbereitete. Ich fühlte, dass er direkt von Maria kam, und dass das der Grund war, warum sie mich hierher gebeten hatte.

Heute Abend, aber dann auch später, ganz gleich wohin wir gingen, waren die Kirchen und Säle immer unglaublich angefüllt. Nirgendwo hatte ich Menschen getroffen, die hungriger und offener für die Möglichkeit waren, dass Gott wegen Seiner großen Liebe zu den Menschen außergewöhnliche Maßnahmen treffen würde, um die Menschheit zu sich zurückzurufen.

Es kamen Priester und Laien. An diesem ersten Abend war auch ein riesiger, rotbackiger Priester hier, der während meines ganzen Vortrages ein äußerst besorgtes Gesicht machte. Als ich geendet hatte, kam er mit tränenüberflutetem Gesicht zu mir. Er umarmte mich und murmelte immer wieder: „Danke! Danke!“ Dann bat er mich, für ihn zu beten.

Einige Abende später sprach ich in einem Theater. Bevor wir anfingen, saß ein anderer Priester neben mir in der ersten Reihe. Er schaute mich an und sagte: „Sie sind also der Mann, der gekommen ist, um über Medjugorje zu sprechen, nicht wahr?“

„Ja, Herr Pfarrer."

„Nun gut", sagte er grinsend. „Ich will Ihnen gleich im Voraus sagen, dass ich äußerst skeptisch bin. Aber ich bin der Sache gegenüber offen und bin gekommen, zuzuhören. Deshalb, mein Lieber, müssen Sie sich besonders anstrengen!" Er hatte vielleicht gelächelt, aber ich vermochte nicht bestimmt zu sagen, ob er es auch so meinte.

Gegen Ende des Vortrags zog ich meinen Rosenkranz heraus, hielt ihn hoch und sagte den Zuhörern, wie wichtig er für mich sei. Es sei ein Gebet, das zu Jesus führe und das nicht nur zur katholischen Kirche gehöre; es sei für uns alle, die Jesus liebten.

Als ich ein paar Minuten später meinen Vortrag beendete, erhielt ich ´standing ovations´. Der Priester, der vorher zu mir gesprochen hatte, kam auf die Bühne und sagte: „Möge der Herr Sie segnen, mein Lieber, der Herr segne Sie!" Dann umarmte er mich und fügte noch hinzu: „Ich wollte Ihnen nur sagen: Das kann ich glauben!"

„Das ist großartig!" brachte ich gerade noch heraus. „Denn wenn auch nur einem Menschen geholfen wurde, dann war mein Vortrag ein Erfolg."

„Ich möchte aber, dass Sie mir einen Gefallen tun." Er machte eine Pause und schaute mich an.

Da ich jetzt so glücklich war, dass ein Priester von meinem Vortrag berührt worden war, sagte ich: „Fragen Sie nur, Herr Pfarrer, ganz gleich um was."

Er zögerte ein wenig. „Nun gut. Würden Sie Rosenkränze mit mir tauschen?"

Ich war sehr überrascht. Meiner war von einer jungen Frau in der Nähe von Surfside Beach für mich persönlich gemacht worden. Von dem Augenblick an, wo sie ihn mir gegeben hatte, war ich noch nie ohne ihn gewesen und ich wollte ihn auch jetzt nicht hergeben. Aber… . „Sicher, Herr Pfarrer," sagte ich. „Hier ist meiner."

Er nahm ihn und gab mir seinen. Er war alt und vergilbt, und die Holzperlen waren schon ganz abgegriffen, so oft muss er durch seine Finger geglitten sein. „Ich habe diesen seit über zwanzig Jahren. Er ist aus Fatima."

Er schaute ihn liebend an. Plötzlich verstand ich, dass es ihm ebenso schwer fiel, sich von seinem zu trennen. Eigentlich musste es ihm noch viel schwerer gefallen sein als mir. Es war ihm, als verabschiedete er sich von einem alten, lieben Freund. Sollte ich ihn daran hindern? Nein, irgendwie hatte Gott etwas damit zu tun. Wir beide schienen dies zu spüren und so machten wir den Tausch. In diesem Augenblick wurde ich von Menschen umringt und sah den Priester nicht mehr wieder.

Am nächsten Morgen holten mich die beiden Frauen ab, die mich zum nächsten Vortrag fahren sollten. Ich weiß nicht warum, aber irische Frauen scheinen immer so zu fahren, als seien sie in einem Autorennen. Es ist immerhin schon etwas, wenn man daheim 100 km auf der Autobahn fährt, aber hier auf diesen engen, kurvenreichen zweispurigen Landstraßen, die von Hecken und uralten Steinzäunen eingefasst sind, ist es etwas ganz anderes! Während sie lustig miteinander plauderten, hatte ich zuviel Angst, um ernsthaft beten zu können. Ich holte meinen Rosenkranz heraus – meinen neuen-alten Rosenkranz – und schaute ihn verblüfft an. Das dünne Metallkettchen, das die Perlen verband, hatte eine goldene Farbe angenommen!

In Medjugorje hatte ich von dem Gerücht über dieses Phänomen gehört, dass die Rosenkränze einiger Pilger zu Gold wurden. Zu Beginn hatte ich dies als schwärmerisches Wunschdenken abgelehnt. Als mir aber mehrere gezeigt worden waren, fing ich an zu fragen: „Da du mich zu diesem berufen hast, wie kommt es, dass du mir keinen goldenen Rosenkranz schenkst?" Aber jetzt hatte sie mir einen geschenkt! Ich wusste nicht, ob das Kettchen reines Gold war oder nicht, aber das machte mir gar nichts aus. Gestern Abend war es noch Silber gewesen und jetzt war es Gold – oder zumindest hatte es eine gold-glänzende Farbe. Wenn ich daran denke, dass ich dieses Geschenk beinahe zurückgewiesen hätte!

Diese ganze Reise war ein Geschenk. Es war schwere Arbeit, denn wir waren immer den ganzen Tag unterwegs. An manchen

Tagen hielt ich bis zu drei Vorträge. Aber während der ganzen Zeit spürte ich die Gegenwart des Heiligen Geistes, der mir immer wieder neue Eingebungen und neuen Segen gab. Jedes Mal, wenn ich meinte, es ginge nicht mehr, dann bekam ich eine angenehme Pause.

Wir beendeten die Tournee am Freitagabend im National Stadion von Dublin, das 3000 Sitzplätze hat. Als wir dorthin fuhren, fragte mich Sean, wie es mir ginge.

„Ich bin todmüde", erwiderte ich ehrlich. „Alles, was ich jetzt will, ist, nach Hause zu gehen und eine Woche lang schlafen." Dann lachte ich. „Ich glaube, dass der Heilige Geist alles tun wird, was noch getan werden muss. Bisher hat Er es immer so gemacht."

Sean nickte. „Sicherlich hat Er das gemacht. Haben Sie bemerkt, dass es während der ganzen Zeit, seit Sie hier sind, nicht ein einziges Mal geregnet hat?"

Da er es erwähnte, fiel mir auf, dass die Sonne tatsächlich an jedem Tag meiner Reise hell geschienen hatte. „Ist das ungewöhnlich?"

„Warum glauben Sie, dass wir es die grüne Insel nennen? Regen ist hier an der Tagesordnung."

Als wir zum Stadion kamen, waren alle Plätze besetzt. Auch hier enttäuschte uns der Heilige Geist nicht. Nach drei Stunden, als wir wieder herauskamen und ins Auto stiegen, um zum Flugplatz zu fahren, öffnete sich der Himmel, und es schüttet wie aus Eimern. Der Regen war so stark, dass wir nur ganz langsam fahren konnten.

Im Flugzeug auf dem Weg nach Hause war ich zu müde zum Schlafen. Ich sollte mich besser daran gewöhnen, denn außer einer gelegentlichen Pause sollte das mein Lebensstil werden. Meine Pläne für die nächsten sechs Monate beinhalteten noch einige internationale Reisen sowie zwei Reisen nach Medjugorje und unzählige Vortragseinladungen in den USA.

Ich werde aber Irland nie vergessen, besonders wegen der herrlichen Vision, die ich nach einer der Ansprachen hatte. Wir waren in einer Kirche, die auch wieder überfüllt war. Nach der Messe und meiner Ansprache knieten wir noch, um für die Probleme Nordirlands zu beten. Ich war tief gerührt von der dringenden Bitte des Priesters, dass der Heilige Geist mit Seiner Heilkraft auf die Menschen dieser Gegend herabkommen möge. Als ich mit geschlossenen Augen da kniete, erinnerte ich mich an eine Stelle aus dem herrlichen Buch *‚Der Gottmensch'* von Maria Valtorta, die eine Seherin und Stigmatistin sein soll. An dieser Stelle versucht Jesus Seine Liebe zu Seinen Jüngern zu erklären. Da kam Johannes, Sein junger leidenschaftlicher Anhänger, zu Ihm, legte seine Arme um Seine Hüften und seinen Kopf auf Seine Brust und sagte: „Meister, ich liebe Dich!"

Ich war so beeindruckt von der Erinnerung an diese Szene, dass ich ernsthaft betete: „Oh, Jesus, lass auch mich meine Arme um Deine Hüften und meinen Kopf auf Deine Brust legen und Dir ganz einfach sagen: ‚Ich liebe Dich!'"

Auf einmal sah und fühlte ich, wie Jesus Seinen Kopf auf meine Brust legte. Es war so wahrheitsgetreu, dass ich den Atem anhielt und beinahe umgefallen wäre.

Jetzt, auf dem Heimflug, schloss ich meine Augen und fühlte wieder Seine Gegenwart.

„Ich bitte euch, gebt dem Herrn
eure ganze Vergangenheit;
alles Böse, das sich in euren Herzen
angesammelt hat."

29
Milka

Als ich wieder zu Hause ankam, fand ich unseren jetzigen Familienzuwachs zufrieden vor; auch hatte Milka Pavlović sich gut eingelebt. Wie erwartet, hatte sie sich in den anderthalb Wochen, in denen ich in Irland war, gut angepasst. Sie hatte zu Terri ein freundschaftliches Verhältnis entwickelt, und die Kinder behandelten sie, als wäre sie schon jahrelang bei uns. Terri hatte sie in einen Englischkurs einschreiben lassen, und sie hatte bereits so viel gelernt, dass sie sich gut mit uns unterhalten konnte.

Gleich als ich Milka zum ersten Mal getroffen hatte, hatte ich gewusst, dass sie etwas Besonderes an sich hatte. Dieses kroatische Teenagermädchen war dadurch gesegnet worden, dass sie die Muttergottes am ersten Tag der Erscheinungen sehen durfte. Sie gehört jetzt aber nicht mehr zu den übrigen sechs Sehern. Sie war völlig selbständig und in der Lage, sich um sich selbst zu kümmern.

Und doch hatte ich in ihr eine Wehmut festgestellt und ein starkes Verlangen, an der Gnade, die in ihr kleines Dorf gekommen war, aktiv teilnehmen zu können. Nachdem ich von der Heiligen Jungfrau Maria die überraschende Botschaft bekommen hatte, Milka in die Vereinigten Staaten zu bringen, hatte ich das bestimmte Gefühl, dass sie in der Zukunft eine wichtige Rolle bei den Erscheinungen spielen würde. In der Zwischenzeit war es meine wichtigste Aufgabe gewesen, ihre Einreise nach Amerika in die Wege zu leiten. Nachdem ich einige Anrufe zur amerikanischen Botschaft in Belgrad gemacht hatte, wusste ich, dass es nicht einfach sein würde.

Gleich nachdem ich im Juli nach Hause zurückgekehrt war, rief ich das Büro des Senators von South Carolina, Strom Thurmond, in der Hoffnung an, etwas politische Hilfe zu bekommen. Er sagte auch sofort zu. In nicht ganz drei Wochen bekam ich ein kurzes Telegramm von Milka: „*Habe Visum. Schicke Ticket.*“ Später erfuhr ich, dass dieses zähe 18-jährige Mädchen allein mit dem Flugzeug nach Belgrad geflogen und zur amerikanischen Botschaft gegangen war, wo sie in nicht ganz zehn Minuten ein Visum bekommen hatte.

Terri und die Kinder waren begeistert. Ich rief den Cousin von Pater Svet, Jozo Kraljević, der in Mostar wohnte, an und bat ihn, Milka bei der Vorbereitung ihrer Reise zu helfen. Jozo hatte jahrelang Englisch in den Schulen von Mostar unterrichtet und kannte die Seher und ihre Familien sehr gut. Er hatte öfters als Dolmetscher für verschiedene Medien, die die Erscheinungen untersuchten, fungiert. Dann rief ich Dale Krieger an, der durch sein Global Group Tours Reisebüro das Flugticket besorgte.

Sie brauchte also nur am Freitag nach Dubrovnik fahren, um das Flugticket abzuholen und dann am Sonntag ins Flugzeug einsteigen. Ich hatte an diesem Wochenende Vorträge in Pennsylvanien zu halten, plante aber, von dort am Sonntagmorgen nach New York zu fliegen, um sie abzuholen und nach Hause nach Myrtle Beach zu bringen. Es gab aber ein kleines Problem: Milka war anstatt am Freitag erst am Samstag zum Reisebüro in Dubrovnik gegangen. Die Angestellte, die an diesem Tag Dienst hatte, wusste nichts von den Abmachungen und gab Milka das Ticket nicht.

Da ich nichts davon erfahren hatte, flog ich nach New York, um sie am Kennedy Flugplatz bei der Jugoslawischen Fluglinie JAL abzuholen; aber sie war nicht mitgekommen. Ein hilfsbereiter Agent der JAL fand heraus, dass sie zwar auf der Passagierliste angeführt, aber nicht ins Flugzeug eingestiegen war.

Es gab jetzt für mich nichts anderes zu tun, als wieder nach Hause zurückzufliegen und das Weitere abzuwarten. Mit der Hilfe von Jozo Kraljević konnte ich ihren Flug umbuchen, sodass sie nun am Freitag ankommen sollte, also dem Tag vor meinem Abflug nach Irland. Ich hatte also gerade noch Zeit, sie abzuholen, der Familie vorzustellen und abzureisen. Das war nicht der günstigste Anfang für ihren ersten Besuch in Amerika. Als sie aber beim Zoll fertig war und mich mit einem erschöpften Lächeln begrüßte, war alles vergessen. Wir kamen kurz vor Mitternacht daheim an und dankten Gott, dass sie gut angekommen war.

Ihr dreimonatiger Aufenthalt ging unheimlich schnell vorüber. Er war mit mehr Dingen angefüllt, die wir mit ihr machten und Orten, die wir besuchten, als man es für möglich gehalten hätte. Trotz all der Aktivitäten wurde Milka doch ab und zu vom Heimweh gepackt. Sie war nicht gerade überwältigt von dem großen, schönen Amerika, das im Überfluss schwelgte. Sofort reagierte sie auf die Hast und den Stress unseres täglichen Lebens. Für sie war es zu sehr angefüllt mit sinnlosen Aktivitäten, die die Familien daran hinderten, sich näher zu kommen, so wie sie es von ihrem kleinen Dorf gewöhnt war. „Zu viel, zu viel!" sagte sie des Öfteren in ihrem gebrochenen Englisch, und ihr Lieblingsausdruck war: „Nimm dir Zeit! Nur keine Hast!"

Wir aber taten gerade das Gegenteil: Wir nahmen uns keine Zeit und waren ständig in Hast. Milka ging zweimal die Woche zum Englischunterricht, wo sie sich mit einem japanischen Mädchen anfreundete. Obwohl keine von beiden gut englisch sprach, konnten sie sich doch gut verstehen und waren schon bald unzertrennlich. Wenn sie nicht in der Klasse waren, dann erforschten sie zusammen Myrtle Beach. Wir machten sogar einen Abstecher nach Disney World.

Der Höhepunkt ihres Aufenthaltes aber war, über die Ereignisse in Medjugorje Zeugnis abzulegen. Ich hatte mir vorgenommen, Milka während ihres Besuches bei uns nicht auszunutzen, und nur auf Drängen von Terri nahm ich sie zu einigen meiner Vorträge mit. Ich stellte fest, dass Milka wunderbar in der Lage war, Einblick in das zu geben, was an diesem ersten Tag der Erscheinungen geschehen war, aber auch davon, wie es ihr Leben beeinflusst hatte.

Als es sich herumgesprochen hatte, dass sie bei uns war, wurden wir von Nachfragen nur so überschüttet. Ich besprach die Sache gründlichst mit Milka und hob immer wieder hervor, dass sie das nicht tun müsse. Für mich war das Hauptziel ihres Besuchs, dass sie die englische Sprache lernen und sich an uns Amerikaner gewöhnen konnte. Das waren die zwei Dinge, die ihr daheim in ihrem kleinen Dorf sehr von Nutzen sein würden.

Milka stimmte nicht nur zu, ihr Zeugnis abzulegen, sondern sie tat es mit Leidenschaft. Mit einem einheimischen Kroaten als Dolmetscher erzählte sie die Einzelheiten der Ereignisse dieses ersten Tages, an dem sie privilegiert war, Maria zu sehen. Anschließend war sie dann bereit, Fragen zu beantworten. Für die Zuhörer war das genauso gut, als wäre einer der Seher hier. Ich selbst betrachtete Milka eigentlich auch als Seherin. Der einzige Unterschied war, dass die anderen immer noch tägliche Erscheinungen hatten und Botschaften von der Muttergottes bekamen.

Als eine besondere Gefälligkeit für Peter Crary, hatte ich zugestimmt, eine fünftägige Vortragstournee durch Fargo in North Dakota zu machen, wo Peter ein Medjugorje-Zentrum gegründet und mit der Hilfe von Freiwilligen bereits weit über zwei Millionen Exemplare der Artikel verteilt hatte. Als ich ihn anrief, um ihn zu fragen, ob ich Milka mitbringen könnte, war er ganz begeistert. „Wollen Sie mich auf den Arm nehmen?“ rief er. „Sie wäre eine wunderbare Zugabe!“

Peter hatte es sogar arrangiert, das Slavko Zovko, ein franziskanischer Priester, der in Milwaukee stationiert, aber in Medjugorje geboren und aufgewachsen war, als Dolmetscher während unseres ganzen Aufenthaltes fungieren sollte. Pater Slavko hatte auch Pater Svet ausgeholfen, als dieser in New York City gewesen war. Er war auch mit Pater Tomislav Pervan, dem Pfarrer von St. Jakob in Medjugorje, während seines zweimonatigen Besuches in den USA herumgereist. Genauso wie die vielen anderen franziskanischen Priester, die ich getroffen hatte, war er ein einfacher, heiligmäßiger

Mann, der seiner Berufung völlig ergeben war. Er hatte eine Art, die es einem leicht machte, sich bei ihm wohl zu fühlen.

Wir trafen ihn am Flugplatz von Minneapolis, sodass wir Zeit hatten, uns gegenseitig kennenzulernen, aber auch um ihm die Gelegenheit zu geben, etwas mehr über Milka zu erfahren. Wir sprachen über die Erscheinungen und über die verschiedenartigen Phänomene, die in Medjugorje stattfinden. Eines der faszinierendsten war für mich das, wo Leute behaupten, auf ihren Bildern, die sie dort aufgenommen hatten, Abbilder der Heiligen Jungfrau vorgefunden zu haben. Aber genauso wie seine franziskanischen Brüder in Medjugorje, mahnte mich Pater Slavko zur Vorsicht, ihnen nicht allzu großen Wert beizumessen.

„Normalerweise tue ich das nicht", versicherte ich ihm. „Die Leute schicken mir alle möglichen Fotografien, die das Gesicht der Madonna in Wolken, Baumstämmen und sogar im Schatten ihrer Gärten aufzeigen sollen. Mehrere davon, die mit Medjugorje zusammenhingen, wurden als Fälschungen entlarvt." Ich machte eine Pause und nahm eins aus meiner Jackentasche, wo ich es auf all meinen Reisen immer bei mir trug. Karen, die Tochter von Jim Stoffel, hatte es mir gegeben. „Dieses hier hat mein Herz sehr stark berührt."

Ich hatte es bereits Milka gezeigt. Aber an dem Tag, an dem sie die Erscheinung gesehen hatte, war sie zu weit entfernt gewesen, um die Einzelheiten in ihrem Gesicht erkennen zu können. Jetzt gab ich es Pater Slavko. „Die Geschichte darüber ist einmalig", fuhr ich fort. „Als ich es zum ersten Mal sah, war ich von seiner Schönheit ganz überwältigt. Ich dachte mir damals, dass es, ganz gleich wo es herkommt, für mich das Bild von Maria in Medjugorje sein würde. Ich werde es sogar für den Umschlag meines Buches verwenden."

Er schaute es an und nickte. „Es ist wirklich ein schönes Bild", sagte er und wandte dabei seinen Blick zu mir. „Man sollte sich aber mehr auf die Botschaft konzentrieren, die man leicht durch die Heilige Schrift bestätigen kann. Mit diesem Bild kann man das jedoch leider nicht." Und er gab es mir mit einem Lächeln zurück.

Dessen ungeachtet erzählte ich ihm die Geschichte diese Bildes: Laut Karen war eine Nonne aus dem Vatikan, die eine Pilgerfahrt nach Medjugorje gemacht hatte, in den Erscheinungsraum eingeladen worden. Während der Zeit der Erscheinung hatte sie ein Bild vom Kreuz an der Wand gemacht, das genau dort hing, wohin die jungen Seher zu schauen schienen. Als das Bild entwickelt worden war, erschien eine Nahaufnahme vom Gesicht einer jungen Frau auf dem Negativ. Karen hatte eine Kopie des Bildes bekommen, kurz bevor sie Medjugorje wieder verlassen hatte. Nach einer Ansprache, die Ivan für ihre Gruppe gehalten hatte, hatte sie die Gelegenheit ergriffen und ihn gefragt, ob das Bild wie die Madonna aussehe.

Genauso wie auch die anderen Seher, wollte Ivan normalerweise von solchen Nachfragen, die Bilder betreffen, nichts wissen. Er schaute es nur kurz an und wandte sich ab. Dann aber blickte er schnell wieder zurück. „Ja", sagte er langsam, indem er das Bild genauer betrachtete, „es sieht wie sie aus." Dann lächelte er. „Nur dass sie noch viel, viel schöner ist!"

Obwohl ich mit Pater Slavko übereinstimmte, nicht allen Bildern zu trauen, so sollte dieses doch mein Bild von Maria bleiben.

Wir wurden am Flugplatz in Fargo von Peter und seiner Mutter begrüßt, die uns sagte, dass man eine besondere Willkommensparty bei Peter daheim geplant hätte. „Die Leute, die heute Abend eingeladen sind, sind die Freiwilligen, die so schwer gearbeitet haben, Ihre Artikel zu verteilen und Ihre Vortragstournee zum Erfolg zu führen. Sie sind ganz begeistert, Sie endlich kennenzulernen. Ich weiß, dass sie Sie umgeben werden, um Fragen zu stellen. Ich würde mich freuen, wenn Sie etwas Zeit für sie erübrigen würden."

„Machen Sie sich keine Sorgen", sagte ich. „Ich werde das gerne tun."

Als wir vom Flugplatz wegfuhren, nahm Peters Mutter Pater Slavko und Milka mit zu sich nach Haus, um ihr Gepäck hinzubringen, bevor sie wieder mit uns zusammentreffen würden. Peter wollte mir in der Zwischenzeit noch andere Freunde vorstellen, sodass sie wahrscheinlich vor uns zu seinem Haus kommen würden.

Als wir die Stufen zu seinem Haus hinaufgingen, versicherte er mir noch einmal, wie sehr sich seine Freiwilligen freuten, mich kennenzulernen. Als wir hineingingen, waren wir überrascht, dass niemand da war. Als wir dann aber in seinen Aufenthaltsraum gingen, waren alle Geladenen dort – und Milka Pavlović in ihrer Mitte. Sie schien sich äußerst wohl zu fühlen.

„Aber Peter", sagte ich mit gespieltem Sarkasmus, „ich weiß nicht, ob ich diese große Aufmerksamkeit ertragen kann!" Wir lachten beide. Milka war der Höhepunkt des Abends. Sie war besonders erfolgreich bei den jungen Leuten. Sie berührte an diesem Abend viele Herzen allein durch ihre Gegenwart. Die Freiwilligen sahen in ihr einen Teil von Medjugorje, den sie sehen, berühren und hören konnten.

So sollte es dann auch überall sein, ganz gleich wohin wir kamen. Pater Slavko war nur das Tüpfelchen auf dem ‚i'. Auf meine Aufforderung hin stimmte er zu, auch von seinem Leben in der kleinen Ortschaft zu erzählen. Dadurch wurde mein eigenes Zeugnis dramatisch durch das Zeugnis von zwei einheimischen Dorfbewohnern unterstützt. Ich war überrascht, dass dies bis jetzt die einfachste Tournee gewesen war, die ich bis dahin gemacht hatte, obwohl Peter für jede Minute etwas geplant hatte.

An einem Nachmittag sollten wir in einem Konvent sprechen, und ich war wie gewöhnlich etwas nervös, zu einer Gruppe von Nonnen zu sprechen. Diesmal würde es aber noch schwieriger werden, denn es waren Klosterfrauen, die von der Welt abgeschlossen lebten. Ich sollte zu ihnen sprechen, ohne sie eigentlich zu sehen.

Der Gedanke, dass diese Klosterfrauen ihr Leben Gott so vollkommen gewidmet hatten, ließ mich während meiner ganzen Ansprache nicht los. Sie weckte in mir solch tiefgehende Gefühle, dass ich am Ende ganz erschöpft war. Dann gab Milka durch Pater Slavko ihr Zeugnis mit großem Selbstvertrauen und unschuldigem Charme. Ich bewunderte sie, wie sie es in solch kurzer Zeit soweit gebracht hatte. Bei jeder Ansprache erzählte sie mehr und mehr Einzelheiten.

Anschließend fragte uns die Mutter Oberin, ob wir noch etwas bleiben könnten. Natürlich stimmten wir zu. Wir saßen auf der einen Seite eines großen Fensters, während die Nonnen auf der anderen Seite saßen. Ich war überrascht, als mich eine von ihnen nach den Bildern der Heiligen Jungfrau fragte, die auf den Filmen von Pilgern bei ihrer Heimkehr erschienen sein sollten. Ich schaute zu Pater Slavko hinüber und fragte ihn leise: „Glauben Sie, dass ich ihnen mein Bild zeigen könnte?"

Er zog eine Grimasse und sagte dann: „Nun, warum nicht? Welchen Schaden könnte es anrichten?"

Ich zog also das Bild aus der Tasche und erzählte kurz die damit zusammenhängende Geschichte. Dann gab ich es der Mutter Oberin. Die Nonnen waren überwältigt, als sie es herumreichten. Dann gaben sie es mir wieder zurück. Ich versuchte, es in die Tasche zu stecken, während ich Fragen beantwortete, aber irgendwie wollte es nicht mehr hinein. Nach ein paar Augenblicken versuchte ich es noch einmal, aber es ging wieder nicht. Um keine Unterbrechung zu verursachen, legte ich das Bild auf den Fenstersims und wollte warten, bis der inoffizielle Teil vorüber war.

Wir sprachen noch fast eine Stunde mit den Nonnen. Als wir uns verabschiedeten, versuchte ich noch einmal, das Bild in meine Tasche zu stecken. Es wollte immer noch nicht hineingehen. Auf einmal vernahm ich wieder die schon bekannte Stimme: *'Gib ihnen das Bild!'*

Ihnen das Bild geben? Dieses Bild, das mir so teuer war! Ich wollte es nicht glauben! Aber ich gehorchte. „Hier, Mutter Oberin, warum nehmen Sie das Bild nicht als ein Andenken an unseren Besuch?"

Die Nonnen waren hoch erfreut. Sie konnten es kaum glauben, dass ich es ihnen wirklich schenkte. Auch Pater Slavko konnte es nicht glauben.

„Aber Sie hatten das Bild doch so sehr geliebt", murmelte er erstaunt, als wir zum Auto gingen. „Wie konnten Sie es ihnen nur geben?"

„Ehrlich gesagt, ich weiß es selbst nicht, Pater, aber ich spürte,

dass ich darum gebeten worden war, und so gab ich es her. – Meine Frau bringt mich um", sagte ich nach einigem Nachdenken. Terri dachte genauso wie ich über das Bild und hatte nicht gewollt, dass ich es auf diese Reise mitnehme.

Dann gingen wir zum Abendessen zu dem Ehepaar, das die Ansprache für diesen Abend arrangiert hatte. Als wir uns zu Tisch setzten, reichte mir die Frau einen Umschlag und sagte: „Ich wollte Ihnen dieses schenken – ein ganz besonderes kleines Wunder aus Medjugorje!" Ich öffnete den Umschlag, und darin waren zwei Abzüge des gleichen Bildes, das ich gerade den Schwestern gegeben hatte! „Sie können eins davon behalten und eins Milka geben", sagte unsere Gastgeberin. „Es ist genauso, wie ich es mir immer vorgestellt hatte, dass Maria aussieht. Die Geschichte, die damit zusammenhängt ist folgendermaßen – „

„Nichts für ungut", lächelte ich, „aber ich kenne die Geschichte."

Ich saß da und starrte das Bild an. Wieder war ein Geschenk, das von ganzem Herzen gegeben wurde, mit Zins zurückerstattet worden. Und was für ein Geschenk!

Die Tournee ging in Minneapolis in der St. Mary's Basilika zu Ende, wo auch wieder über tausend Leute gekommen waren. Nach der Ansprache gab es noch einen Empfang, zu dem alle eingeladen waren, um noch mit uns beisammen sein zu können. Die Gesellschaft war diesmal viel freudiger gestimmt als sonst. Ich konnte aber auch den Druck feststellen, der auf meine kroatische Begleiterin ausgeübt wurde. Seit ihrem ersten Auftritt in den Vereinigten Staaten hatte Milka immer wieder ihren Unmut über die Verehrungen, die ihr jeweils zuteil wurden, zum Ausdruck gebracht. Hier in Minneapolis war es ärger als je zuvor. Aber dann kam das Schlimmste: Eine korpulente Frau drängte sich zu ihr durch und versuchte, ihr die Hand zu küssen. Milka zog ihre Hand sofort zurück und bat die Frau, das nicht zu tun. Die Frau wollte ihr dann, ganz unbeirrt, einen zwanzig Dollar Schein in die Hand drücken.

Das setzte der Sache die Krone auf. Milka ließ den Schein fallen und rannte aus dem Saal hinaus.

„Milka – warte doch!“ rief ich hinter ihr her, aber sie hielt nicht an. Da ich von Menschen umgeben war, hatte ich Schwierigkeiten, mich aus der Menge zu befreien, um ihr nachzurennen. Draußen wartete sie im Auto.

„Gehen wir! Gehen wir!“ verlangte sie. „Ich habe genug! Diese verrückten Leute!“

„Milka, es tut mir leid! Diese Frau – .“

„Es ist nicht nur diese Frau. Es sind viele, die mich fotografieren wollen, Autogramme – *ich bin kein Filmstar!*“

„Schon gut! Wir gehen!“ sagte ich und versuchte sie zu beruhigen. „Ich werde versuchen, die Leute, die uns hierher gebracht haben, zu finden, und dann gehen wir.“

Nach etwa fünfzehn Minuten hatte sich Milka wieder beruhigt. So entschieden wir uns, Pizza essen zu gehen, was eine ihrer Lieblingsspeisen war. Der Vorfall bei dem Empfang war bald vergessen, und später konnte sie sogar darüber lachen.

Als Milkas Amerikabesuch zu Ende ging, fuhren wir ganz früh nach New York City, wo wir in einer kroatischen Kirche noch einen Vortrag halten sollten, bevor sie wieder nach Jugoslawien zurückfliegen würde. Wir blieben bei Fino Guaradino, einem erfolgreichen Geschäftsmann, der im Juni 1986 in Medjugorje gewesen war. Dort hatte er seine Bekehrung gefunden. Fino wollte Milka unter allen Umständen New York zeigen und war auch sonst ein großartiger Gastgeber. Er und Penny Abbruzese, eine gute Bekannte, die ich in Medjugorje getroffen hatte, hatten ein Medjugorjezentrum eröffnet, durch das sie eifrig Informationen verteilten und Zeugnis ablegten.

Es war ein großartiger Abschluss für diesen herrlichen und lehrreichen Besuch Milkas. Ich glaubte, dass meine Mission diesbezüglich erfüllt war, da sie jetzt sehr gutes Englisch sprach. Auch betete ich, dass diese Gelegenheit, Zeugnis für Medjugorje ablegen zu können, sie weiterhin dazu anleiten würde, darüber zu sprechen. Sie konnte vor allen Dingen mit Jugendlichen sehr gut umgehen. Es war jetzt auch sehr notwendig, zu der Jugend in Medjugorje durchzudringen. Gleichzeitig mit dem ständigen Fortschritt von Medjugorje, sich in einen Ort der Heiligkeit zu verwandeln, hatte auch Satan Erfolge erzielt. Neue Restaurants hatten auch Bars eröffnet, und diese zogen jetzt die jüngere Generation von Medjugorje an. Hinzu kam noch der Einfuß, den der plötzliche Wohlstand auf Familien ausübte. Die meisten waren bisher arm gewesen, und hatten keine Erfahrung, wie man mit den damit zusammenhängenden Problemen fertig wurde.

Niemals werde ich eine Unterhaltung mit Grgo Vasilj über das Fernsehen vergessen. Viele der Bewohner konnten sich jetzt Fernsehgeräte leisten, und Grgo war bisher noch in der Lage gewesen, die Bitten seiner Kinder diesbezüglich abzuwehren. Jelena liebte es, mit ihren Freundinnen fernzusehen. Als ich ihn darüber fragte, warum er sie zu ihren Freundinnen zum Fernsehen gehen ließe, sagte er: „Das ist immer noch besser, als dass wir hier einen bekommen, denn dann würden wir dauernd fernsehen und das Gebet vernachlässigen."

Als ich jedoch im Oktober zurückgekehrt war, hatte Grgo einen Fernsehapparat gekauft. Seine Kinder hatten ständigen Druck auf ihn ausgeübt, sodass er schließlich nachgegeben hatte. Jetzt glaubte er, es sei besser, sie würden daheim fernsehen, wo er ihre Zeit vor dem Fernseher kontrollieren konnte, und selbstverständlich auch das, was sie anschauten. Die jungen Leute von Medjugorje brauchten Leitbilder, und Milka war eine geborene Führerin.

Wegen einer Verwechslung verpassten wir es, in Zagreb aus dem Flugzeug auszusteigen. Dadurch kamen wir erst um ein Uhr morgens in Medjugorje an. Milka weckte sofort ihre ältere Schwester. Es war eine lange Trennung gewesen, und die einzige Person, an der dieser sonst so unabhängige Teenager sehr hing, war ihre Schwester Marija. Als sie versuchte, ihre Erlebnisse der letzten drei Monate in fünf Minuten zu erzählen, war Marija genauso aufgeregt wie sie. Während sie ununterbrochen Fragen stellte, bestand sie darauf, uns etwas zum Essen zu machen.

Aber schließlich wurden wir beide von der Müdigkeit dieser langen Reise überwältigt. Milka aß nur ganz wenig und sagte dann, dass sie zu Bett gehe. Auch ich war äußerst müde, aber da Marija nun mal wach und munter war, wollte sie noch erzählen. Sie versuchte mir, etwas von einem Präsidenten zu erzählen, aber ich konnte es nicht verstehen.

„Dein Präsident, er rufen mich an – hier in mein Haus!" rief sie endlich.

Ich glaubte, falsch verstanden zu haben. „Du meinst – Präsident Reagan von den Vereinigten Staaten?"

„Ja! Er anrufen – aber ich nicht konnte sprechen", sagte sie, indem sie nach Worten suchte. „Ich sprechen mit sein Büro, sein Sekretär."

Ich war verblüfft. „Warum hat er angerufen?"

„Ich schickte ihm einen Brief über Medjugorje und über die Erscheinungen Unserer Lieben Frau, und dass sie um Frieden bittet. Er wird sich mit Gorbatschow treffen, um einen Vertrag abzuschließen, und ich wollte, dass er von Unserer Lieben Frau erfährt."

Ich versuchte, mehr Einzelheiten zu erfahren, aber da sie nicht so bewandert im Englischen war, forderte sie mich auf, Kathleen am Morgen über die Einzelheiten zu befragen. Als ich am Morgen Kathleen deswegen fragte, strahlte sie übers ganze Gesicht. Sie erzählte mir dann, wie Präsident Reagan von diesem einfachen und ehrlichen Brief berührt worden wäre. Sie hätte ihn für Marija ins Englische übersetzt, und er hätte vor allem von dem Aufruf der Heiligen Jungfrau zum Frieden gehandelt.

„Alfred Kingnon, der Gesandte der USA bei der EU, hatte Medjugorje mit seiner Frau einen privaten Besuch abgestattet. Sie hatten dreitägige Exerzitien gemacht, bevor er in die Vereinigten Staaten zur Unterzeichnung des Raketenvertrages zwischen Reagan und Gorbatschow zurückgekehrt war", erklärte mir Kathleen. „Er war sehr von den Erscheinungen beeindruckt gewesen. Als er dann aber Marija kennengelernt hatte, war er noch stärker von ihnen ergriffen worden. Als sie ihn später zum Essen eingeladen hatte, war ihr die Idee gekommen, ob er nicht dem Präsidenten, den er persönlich kannte, einen Brief überbringen würde."

Kathleen lächelte, als sie davon sprach. „Es kam alles so, wie es hatte kommen sollen. Ich setzte mich mit ihr zusammen und half ihr mit dem Englisch, und das war alles. Das Schönste an der Sache aber war, als er ihn dann dem Präsidenten überreichte und ihm den Zusammenhang erklärte, war der Präsident äußerst gerührt. Deswegen hatte er versucht, Marija telefonisch zu erreichen. Aber Sie wissen ja, wie unser Telefonsystem arbeitet", grinste sie. „Die Verbindung wurde zweimal unterbrochen. Am 8. Dezember hatte sein Sekretär dann nochmals bei Marija angerufen, um ihr zu sagen, wie beeindruckt der Präsident von ihrem Brief gewesen war."

„Das ist unglaublich!" murmelte ich. Wie einfach und doch zielstrebig Gott hier vorgeht! Ein junges kroatisches Mädchen, das vorgibt, die Madonna täglich zu sehen, hatte das Herz des mächtigsten politischen Mannes in der Welt gerührt.

„Das Interessanteste an der Sache jedoch ist", fuhr Kathleen fort, als Marija eifrig zuhörte und den Einzelheiten zustimmte, „dass der Präsident, als er den Raum zur Unterzeichnung des Vertrags – es war der 8. Dezember, also das Fest der Unbefleckten Empfängnis – betrat, sich zu dem Gesandten umdrehte und ihm sagte, wie ihn die Botschaft von Medjugorje ergriffen hatte, und dass er wünschte, dass diese beiden Mädchen es erfahren."

Diese Nachricht half mir, über den Abschied von Milka, die ein wahres Familienmitglied geworden war, leichter hinwegzukommen. Sie hatte geweint, als sie sich von Terri verabschiedet hatte, obwohl sie sonst nicht zum Weinen neigte. Aber noch eine andere Nachricht hatte meinen Abschied etwas einfacher gemacht: Die Kommission, die die Erscheinungen untersuchte, hatten Marija, Jakov, Ivan und Mirjana gebeten, nach Split zu einem eingehenden Interview zu kommen. Marija war am Sonntag, dem Tag vor meiner Abreise, in das kleine Dorf zurückgekehrt. Ich war gerade im Turmgebäude, um Pater Pavić zu besuchen, der dort wohnte, als Marija heraufkam und anklopfte. Sie war etwas überrascht, mich hier zu finden, aber sie strahlte vor Freude.

„Oh, Pater", rief sie, „es war wunderbar! Diese Kommission ist sehr gut und hat uns gute Fragen gestellt. Ich bin sehr glücklich und äußerst zufrieden mit ihnen!“ Sie sagte, sie würde ihm später noch mehr erzählen, müsse aber jetzt gehen, da die Zeit der Erscheinung nahe sei.

Später am Abend bei ihr daheim erwähnte sie noch des Öfteren, wie glücklich sie sei, und wie gut es wäre, eine Kommission zu haben, die die Untersuchungen ernst zu nehmen schien. Sie sagte, dass die beiden vorigen Kommissionen nie sachbezogene Fragen gestellt hätten, und dass die Mehrzahl es nie für nötig gefunden hätte, nach Medjugorje zu kommen, oder an einer Erscheinung teilzunehmen.

Dann war es an der Zeit, Abschied zu nehmen. Ich verließ das Dorf um Mitternacht, da mein Flug am frühen Morgen von Dubrovnik abfliegen sollte. Ich umarmte Marija und dankte ihr für alles. Dann bedankte ich mich auch bei ihrer Mutter und ihrem Vater. Nun wendete ich mich um, um mich von Milka zu verabschieden, die im Hintergrund gestanden war. Sie hielt mir sehr formell ihre Hand entgegen und sagte: „Danke schön.“ Aber dann fügte sie lächelnd hinzu: „Nimm dir Zeit! Nur keine Hast!“

Ich umarmte sie und eilte schnell zum Taxi, da ich nicht wollte, dass dieser robuste Teenager meine Tränen sehen sollte.

„Lest jeden Tag die Botschaften,
die ich euch gegeben habe
und setzt sie ins Leben um."

(25. 12. 1989)

„Ich bitte euch,
den Rosenkranz mit lebendigem Glauben
und Freude zu beten."

30
Die endgültige Ernte

Im Frühling 1988 hatte ich mehr zu tun als je zuvor. Aber immer, wenn ich daheim war, strengte ich mich an, wirklich der Vater und Ehemann zu sein, um den mich Terri gebeten hatte. Durch Gottes Gnade gelang mir das auch. Trotz des Stresses meiner Verpflichtungen kamen wir uns als Familie immer näher.

In den Schulferien im April überraschte ich sie alle, als ich ihnen sagte, dass die ganze Familie, Kennedy und Rebecca eingeschlossen, nach Medjugorje fliegen würden, damit sie einmal erleben konnten, wo ihr Vater immer hinreiste. Als zusätzliche Überraschung hatte ich einen Abstecher nach Irland geplant. Wir würden dorthin fliegen und dann mit einer der irischen Gruppen eine Pilgerfahrt nach Medjugorje machen.

Terri war begeistert. Sie wollte schon immer einmal nach Irland reisen. Wir hatten schon davon gesprochen, als wir unsere Zeitungsverlage verkauften, aber das war vor unseren Verpflichtungen mit Medjugorje. Jetzt aber sollte sie dorthin reisen – und noch dazu mit den Kindern!

Wir blieben eine Nacht in Irland und brachen dann nach Medjugorje auf, wo wir Ostern verbringen würden. Nach sechs Tagen kehrten wir nochmals für vier Tage nach Irland zurück. Das wurde uns durch die Freiflüge, die ich durch meine vielen Vortragsflüge im letzten Jahr zusammenbekommen hatte, ermöglicht. Medjugorje war noch genauso, wie ich es bei meiner letzten Reise im Dezember, als ich Milka nach Hause begleitete, verlassen hatte. Das einzig Bedauerliche war, dass Marija während unseres Aufenthaltes diesmal nicht daheim war. Ich hätte es gern gehabt, wenn Terri sie kennengelernt hätte. Auch hätte ich selbst noch etwas Zeit mir ihr verbringen wollen. Marija war gemeinsam mit fünfzehn anderen Mitgliedern ihrer Gebetsgruppe – Kathleen eingeschlossen – von der Jungfrau Maria in eine kleine Stadt nach Italien zu einem fünfmonatigen kontemplativen Gebetsleben gerufen worden. Sie würden erst Mitte August wieder nach Medjugorje zurückkehren. Aber trotzdem verbrachten wir als Familie eine wunderbare Zeit dort. Wir werden diese Zeit als Familie, sowie die Zeit in Irland nicht mehr vergessen. Jetzt hatten Kennedy und Rebecca gelernt, mich zu verstehen.

Alles ging bemerkenswerterweise nach Plan mit einer Ausnahme: Das Buch, das ich hätte schreiben sollen, wurde nicht geschrieben. Während der letzten zwei Jahre der Nachforschungen hatte ich sehr viele Notizen und Tonbänder zusammengesammelt, die ich auf einen riesigen Berg aufgehäuft hatte. Und doch hatte ich in dieser ganzen Zeit nur 34 Seiten Manuskript fertiggestellt. Es kam soweit, dass ich, wenn ich in mein Büro kam, diesen Berg neben meiner Schreibmaschine einfach ignorierte.

Aber wie in allem, so hatte Gott auch hier eine Lösung für mich bereitgehalten. Als ich im Mai in Providence auf Rhode Island sprechen sollte, hatte mir Bob Veasey, der die Reise geplant hatte, gesagt, er hätte einen besonderen Vortrag eingeplant. Dieser sollte für die Gesellschaft Jesu, einer ökumenischen Gemeinschaft, die auf Cape Cod lebte, gehalten werden.

„Vielleicht möchten Sie diesen nicht halten“, sagte Bob, als er mich vom Flugplatz abholte. „Aber dort lebt ein Mann, der Schriftsteller ist. Er hat mir einen Brief geschrieben, in dem er fragte, ob Sie an Hilfe für Ihr Buch interessiert seien. Er hat schon sechzehn Bücher geschrieben, wovon die Mehrzahl in Zusammenarbeit mit anderen geschrieben worden sind.“

Meine erste Reaktion war, ‚Nein‘ zu sagen. Es war nicht das erste Mal, daß mir solche Hilfe angeboten wurde. Aber irgendwie war ich diesmal daran interessiert. So sagte ich Bob, dass es mir nichts ausmachen würde, dort einen Vortrag zu halten. Ich würde auch gern mit diesem Mann zusammentreffen, obwohl ich eigentlich nicht daran interessiert sei, dass jemand mein Buch für mich schreibe. „Es ist etwas, das ich selbst machen muss“, sagte ich.

Die Leiterinnen der Gesellschaft Jesu waren Cay Anderson und Judy Sorenson, die im November in Medjugorje gewesen waren. Auch mehrere andere Mitglieder der Gesellschaft waren schon dort gewesen. Ich sollte sie also mehr auf den neuesten Stand der Dinge bringen. Es sollte eine der leichtesten Ansprachen werden, die ich jemals gegeben hatte, aber auch eine der erfreulichsten.

Nach einem wunderbaren Mittagessen mit den Leiterinnen traf ich mich privat mit David Manuel, dem Mann, der angeboten hatte, mir bei meinem Buch zu helfen. Er hätte so etwas schon für mehrere Autoren gemacht, sagte er. Zuerst hätte er dabei die Autoren gründlich interviewt und dann seine Aufzeichnungen in Erzählform übertragen. „Es wird Ihre eigene Geschichte in Ihren eigenen Worten werden“, versicherte er mir. „Sie wird so geschrieben werden, wie Sie es wollen. Das Einzige was ich dabei mache, ist, mitzuhelfen, dass es getan wird.“

Ich machte ihn darauf aufmerksam, dass der endgültige Entwurf in meinem Stil geschrieben werden müsste, aber dass ich Hilfe mit dem Format des Buches und dem Redigieren brauchen könnte. „Ich brauche eigentlich nur jemand, der mich immer wieder anspornt, dass es geschrieben wird.“

Nachdem ich vielen anderen, die mir Hilfe angeboten hatten, abgesagte hatte, schien David Manuel irgendwie der richtige Mann, am richtigen Ort und zur richtigen Zeit zu sein. Wir beteten, dass Gott uns zu einer richtigen Entscheidung verhelfen sollte.

Er tat es auch. Für die nächsten Wochen planten wir eine Reise nach Medjugorje, um David mit Medjugorje vertraut zu machen. Ich wollte aber auch noch einige Interviews mit den wichtigsten Leuten dort durchführen. Aber es gab noch einige Hürden zu nehmen.

Zunächst hatte ich noch eine zweite Reise nach Irland geplant, sodass ich nur ein paar Tage zwischen meiner Rückkehr von dort und meiner Abreise in das kleine Dorf haben würde. Um die Sache aber noch etwas komplizierter zu machen, würde ich zwei Tage nach meiner Rückkehr von Medjugorje zu einer zehntägigen Reise nach Trinidad aufbrechen. Dazu kam auch noch, dass ich Terri noch nichts von diesem erneuten Ausflug in das kleine Dorf gesagt hatte. Ich wartet damit bis zum Morgen meines Abflugs nach Irland.

Sie explodierte! „Bist du total übergeschnappt?“ wütete sie. „Du glaubst wohl, du seist Superman oder so was Ähnliches! Lass David allein fliegen, sodass er Medjugorje genauso kennenlernt, wie du es kennengelernt hast!“

„Schon gut! Schon gut! Ich werde diese Reise absagen“, sagte ich und versuchte, die Situation zu entschärfen. „Ich wollte ja nur, dass David die Erfahrung.....“

„Hör mal her! David ist ein großer Junge. Er kann auch allein fliegen. Vielleicht denkt er nicht daran, dass du deine Familie auch sonst schon genug durch deine vielen Reisen allein läßt. Ich kann es nicht glauben, dass du auch nur daran denken konntest zu dieser Zeit fahren zu wollen.“

Es war nicht gerade der angenehmste Abschied am Flugplatz. Als ich sie später kurz vor meinem Abflug nochmals anrief, um ihr meine Gründe zu erklären, warum ich zugestimmt hätte, mit David zu gehen, ging sie sofort wieder zum Angriff über. Da gab ich auf und versicherte ihr, dass ich nicht fahren würde, und dass sie eigentlich recht habe. Ich wollte nämlich, dass meine Irland Reise gut verlaufen würde. Wenn ich Terri verärgert daheim zurücklassen würde, dann würde es mir nicht den Frieden und die Freude geben, von denen Maria in ihren Botschaften in Medjugorje spricht.

Vera McFadden, die Fahrerin, die mich zu meinem ersten Vortrag in Nordirland brachte, fuhr mit mir auf einer schönen Landstraße, die mit uralten Steinmauern und herrlichen grünen Büschen eingefasst war. Nachdem wir uns von den Sirenen der britischen Panzerwagen, die an uns vorbeirasten, und in denen Soldaten ihre Gewehr auf uns angelegt hatten, erholt hatten, setzten wir unsere Unterhaltung über die Botschaft von Medjugorje für Nordirland fort.

„Sie werden die Leute aufnahmebereit finden. Sie haben bereits von Ihnen gehört“, sagte sie in ihrem breiten nordirischen Dialekt.

Das überraschte mich etwas. Vera erzählte mir, dass sie mich als den „protestantischen Amerikaner“ kannten, der einen Vortrag über Medjugorje in ihrer Kirche geben würde. Offensichtlich machte das Tonband, das Mary O'Sullivan verbreitet hatte, immer noch die Runde. „Wir bekommen auch einige Ihrer Artikel", fügte sie hinzu. „Aber sie sind hier immer sehr knapp. Ich wünschte, dass jemand von drüben mehr Exemplare herüberschicken würde. Sie enthalten eine solch wunderbare Botschaft!"

Kurz nach zwei Uhr kamen wir an dem Ort an, wo ich meinen ersten Vortrag halten sollte. Es war ein Hotel. Nur etwa fünfzig Leute waren gekommen. Ich fragte mich jetzt, ob es wirklich eine gute Idee war, nach Nordirland gekommen zu sein.

„Das hier ist nur ein kurzer Aufenthalt, und da es mitten am Tag ist, hatten wir nicht zu viele Leute erwartet", sagte Vera, als ob sie meine Gedanken erraten hätte. Ich trug aber trotzdem die ganz Geschichte von Medjugorje vor. Auch erzählte ich, welchen Einfluss sie auf mich gehabt hatte. Ich sprach ganz so, als wäre ich in einem Auditorium, das mit Tausenden von Leuten angefüllt war.

Am selben Abend gingen wir noch zu einer anderen Veranstaltung in Derry, aber, genau wie am Nachmittag, waren nicht viele Leute gekommen. Doch sie waren guter Laune. Es war eine gesegnete Zeit des Gedankenaustauschs, des Zuhörens und Zeugnisablegens zwischen Katholiken und Protestanten. Ich war hoch erfreut zu erfahren, dass es hier mehrere Gebetsgruppen wie diese gab, die eine Mischung von Katholiken und Protestanten waren. Am nächsten Abend war dann der Saal voll. Ich versuchte, diesen Abend auch wieder offen und frei zu gestalten, indem ich meine Ansprache mit der Frage eröffnete: „Gibt es unter den Zuhörern noch andere Protestanten?"

Nicht eine einzige Hand ging in die Höhe. Das enttäuschte mich ein wenig. Darum sagte ich, dass ich somit als einziger Protestant ganz ihrer Gnade ausgeliefert sei. Dann hielt ich meinen Vortrag. Anschließend, als ein Mitglied der Gruppe, die meine Reise vorbereitet hatte, sich bei mir bedankte, dass ich gekommen sei, fragte ich ihn: „Warum waren heute Abend keine Protestanten hier? Ich dachte, Sie hätten mir gesagt, dass sie auch daran interessiert seien, über die Erscheinungen zu hören?"

Er machte eine kurze Pause, bevor er mir leise sagte: „Wayne, es waren Protestanten hier, aber sie wollten nicht als solche erkannt werden. Man kann nie wissen, wer noch aller da ist."

Das brachte mir die Realität des nordirischen Problems wieder zum Bewusstsein. Obwohl die Botschaft von Medjugorje ein wenig zum Frieden beiträgt, wird das Alltagsleben immer noch von radikalen Gruppen auf beiden Seiten gefährdet. Angst ist hier ein Teil des Alltags.

Jetzt war ich froh, doch nach Nordirland gekommen zu sein. Eigentlich war dies der Hauptgrund, warum ich zugestimmt hatte, wieder nach Irland zu reisen. Die drei Tage, die ich in diesem atemberaubend schönen, aber leider von Kämpfen geplagten Teil Irlands verbringen durfte, waren unbezahlbar. Es war eine Zeit des Lernens, angefüllt mit wunderbaren Erlebnissen.

Eines davon würde ich so schnell nicht vergessen: Ich hatte Gelegenheit gehabt, mit einer Frau zusammenzukommen, von der erzählt wird, dass sie Visionen der Heiligen Jungfrau in einer Kirche in Bessbrook habe. Ihrer Erzählung nach zu urteilen, schienen diese Erscheinungen denen von Medjugorje ähnlich zu sein. Nachdem ich sie und ihren Pfarrer Gerald McGinity in Armagh besucht hatte, war ich davon überzeugt, dass sie echt waren. Sobald ich sie sah, hatte ich die Überzeugung, dass sie authentisch waren, denn sie strahlte die gleich spontane Ehrlichkeit und selbstverleugnende Demut aus, die ich bei Marija und den anderen Sehern in Medjugorje gefunden hatte. Der Kern der Botschaften, die sie erhielt, war sowohl dem Geiste als auch dem Inhalt nach identisch: Fasten, Beten, Buße, Bekehrung und dass man Christus zum Mittelpunkt des Lebens machen solle.

Aber sie erwähnte auch etwas, was ich zuvor noch nicht gehört hatte: Die Muttergottes hatte ihr im Vorjahr gesagt, dass die Welt nur noch kurze Zeit habe, um sich zu Gott zu bekehren. Diese besondere Botschaft sollte keine Drohung sein, sondern eine Aufforderung, diese Zeit der Gnade zur Bekehrung anzunehmen, damit so viele wie möglich zu Gott zurückfänden. Ich konnte nichts Ungewöhnliches an dem finden, was diese Seherin erzählte.

Der Rest der Reise war ähnlich wie die erste: Ich reiste zu den verschiedenen Counties, um die Botschaft zu verkünden. In York war die Reise dann zu Ende. Total übermüdet kehrte ich nach Hause zurück. Aber auch diesmal war ich wieder erfüllt von der Freude über diese Mission.

Ein paar Tage bevor ich Irland verließ, war aber noch ein „kleines Wunder" geschehen. Ich rief Terri an, um ihr zu sagen, dass alles nach Plan verlief, und dass ich planmäßig wieder zurückfliegen würde. Ich sagte ihr auch, wie sehr ich mich darauf freue, ganze zehn Tage vor meiner Reise nach Trinidad mit ihnen verbringen zu können. Im Stillen hatte ich gehofft, dass sie mir das mit meiner ungeplanten Reise nach Medjugorje verziehen hätte. Dann fragte ich sie zögernd: „Hast du David angerufen, um ihm zu sagen, dass ich nicht mit ihm nach Medjugorje fliegen werde?"

Es entstand eine Pause. Dann gab sie einen tiefen Seufzer von sich. „Nein", sagte sie mit weicher Stimme. „Aber ich habe deinen Flug nach Chicago gebucht."

„Terri, ich werde nicht mit David nach Medjugorje fliegen. Ich sagte dir doch, dass es okay… ."

„Ich weiß, dass du das gesagt hast. Aber ich denke, dass Maria es will, dass du gehst, und so habe ich den Flug nach Chicago gebucht."

Ich war ganz außer mir. Was hatte sie nur veranlasst, ihre Meinung zu ändern? Als sie mich am Flugplatz abholte, war es das Erste, was ich sie fragte. Mit einem trockenen Lächeln sagte sie: „Lass mich nur sagen, dass, wenn Maria dich um etwas bittet, sie auch sicher macht, dass du es tust!"

Ich lachte. Terris Bekehrung war ganz anders als meine, aber das Eine war sicher, sie hatte wahrhaftig gelernt, alles im Gebet zu Gott zu bringen. Was aber noch besser war: Sie folgte Seinen Antworten.

Ein paar Tage später war ich schon auf dem Weg nach Chicago, um meine siebente Reise nach Medjugorje anzutreten. Wir waren diesmal unter der Führung von Lois Malik, der Leiterin der Reisen des Friedenszentrum. Lois hatte wahrscheinlich mehr Pilgerreisen nach Medjugorje organisiert als irgendeine andere Organisation. Lois war eine erfahrene Reiseleiterin und sorgte sich bestens um die ihr Anbefohlenen. Sie ging mit uns um wie ein echter Feldwebel. Das musste aber bei diesen Reisen, die immer von unvermeidlichen Pannen geplagt waren, so sein.

Genauso wie viele andere, für die die Verbreitung der Botschaft von Medjugorje zum Lebenswerk geworden war, hatte sie eine interessante Geschichte zu erzählen: Sie war in Chicago geboren und aufgewachsen. Im Alter von neun Jahren hatte sie auf einmal ihrer Mutter gesagt, dass sie von der Volksschule auf eine katholische Schule umwechseln wolle. Sie wusste nicht warum, sie wollte es einfach. Bis dahin ging niemand aus ihrer Familie zur Kirche, aber ihre Mutter hatte trotzdem zugestimmt. Lois war dann am gleichen Tag, an dem sie getauft wurde, auch zur ersten heiligen Kommunion gegangen.

Von da an erhielt sie ihre ganz Ausbildung in katholischen Schulen und machte ihre Diplom auf der Loyola Universität. Sie war schon immer vom Reisen begeistert gewesen und arbeitete deswegen auf vielen Gebieten des Reisewesens. Aber sie war nie so richtig zufrieden. Nichts schien sie zu befriedigen oder zu erfüllen. Auch ihre Kirche half ihr nicht dabei, im Gegenteil, wenn sie nur an ihren Glauben dachte, bekam sie Schuldgefühle. Sie war schon immer eine Perfektionistin gewesen und litt auch an extremer Magersucht. Allein der Gedanke, zur Beichte zu gehen, machte sie krank. Da man aber nicht zur Kommunion gehen konnte, ohne im Stande der Gnade zu sein… . Aber aus irgendeinem Grund liebte sie den Rosenkranz. Ganz gleich wie weit sie sich von Gott entfernt fühlte, sie fühlte sich immer „Unserer Lieben Frau“ nahe. Eine Mutter kann alles vergeben.

Schließlich musste sie ihres Problems wegen das Zwölf-Schritte-Programm mitmachen, dessen Hauptteil - ähnlich dem der Anonymen Alkoholiker – vorschreibt, eine Beziehung zu Gott herzustellen, und sich völlig Seinem Willen unterzuordnen. Dieser Schritt brachte Lois in Kontakt mit einer Gebetsgruppe und einem „heilenden Priester“. Dadurch kam sie wieder zurück zur Kirche. Sobald sie von Medjugorje hörte, ging sie auch gleich dorthin, und wieder – und wieder – und wieder! An ihrem 45. Geburtstag wurde sie in den Erscheinungsraum eingeladen, wo sie die Gegenwart der Muttergottes spürte. Sie erkannte dort auch, dass sie entspannen und sich ganz auf Gott verlassen könne, und dass nichts außer Gott von Bedeutung sei.

Aber wie sollte sie Seinen Willen von dem ihren unterscheiden können? Sie fühlte, dass sie Pilger nach Medjugorje bringen sollte. So ging sie mit ihrem Problem zu Pater Tomislav Pervan, der bei Marija ein gutes Wort für sie einlegte. Während der ganzen Zeit im Erscheinungsraum war sie alles andere als entspannt. Anschließend traf sie wieder Pater Tomislav, der ihr lächelnd die Antwort gab: „Lois, Unsere Liebe Frau sagte: ‚*Hab keine Angst, ich werde dir bei allem, was du tust, zur Seite stehen.*'"

Sie erinnerte sich oft an diese Botschaft, denn bei der ersten Pilgerfahrt waren nur acht und bei der zweiten nur sechs Leute mitgeflogen. Wenn das so weiterging, dann würde sie nach ein paar Reisen bankrott sein. Aber sie vertraute auf Gott und machte weiter. Heute ist sie für über hundert Pilger pro Woche verantwortlich.

Unter ihrer fähigen Führung verlief das Einsteigen unserer Gruppe in das JAL Flugzeug ohne Schwierigkeiten. Wir befanden uns schon bald 10.000 Meter über dem Atlantischen Ozean, wo David und ich uns näher kennenlernten.

Wir waren im gleichen Alter, aber da hörten die Ähnlichkeiten auch schon auf. Unsere Vergangenheit hätte nicht unterschiedlicher sein können: Er war auf die Yale Universität gegangen und hatte sein ganzes Leben im Nordosten der USA gelebt. Als Herausgeber beim Doubleday Verlag hatte er 1970 die erste Welle seiner Bekehrung bei einer charismatischen Erneuerung verspürt. Dadurch nahm er eine Stelle als Leiter der Bücherabteilung bei Logos an, dem ersten Verlag, der charismatische Bücher herausgab. 1973 fing er dann an, sich ganztägig in seiner Gemeinde am Cape schriftstellerisch zu betätigen. Und doch stellte ich fest, je mehr wir uns unterhielten, dass wir doch wieder nicht so verschieden waren. Wir hatten uns beide verpflichtet, unser Leben ganz dem Dienste Gottes zu widmen. Auch glaubten wir beide, dass Er uns führen und uns die notwendige Gnade schenken würde, wenn wir Ihm nur vertrauten und Ihm gehorchten.

Der einzige Punkt, in dem wir nicht übereinstimmten, war die Frage über Maria. Es war die gleiche Sache, wie auch bei vielen anderen Protestanten. David war schon vertraut mit meiner Geschichte. Auch hatte er von der positiven Reaktion seiner Freunde gehört, die in Medjugorje gewesen waren. Seine eigene Frau Barbara war stark berührt von den Geschehnissen dort nach Hause zurückgekehrt. Sie hatte jetzt ein großes Verlangen nach allen Dingen, die mit Gott zusammenhingen; auch hatte sie ein besseres Verständnis was Maria betrifft. Hinzu kam noch, dass er mit an dem letzen Buch von David du Plessis, dem Vater der modernen Pfingstgemeinden, gearbeitet hatte. Dieser war aus Medjugorje überzeugt von der Echtheit dessen, was Gott dort vollbringt, nach Hause zurückgekehrt. Obwohl David bereit war, das anzunehmen, so hätte er es doch vorgezogen, wenn Maria nichts damit zu tun hätte.

Es war nicht das erste Mal, dass ich auf solchen Widerstand stieß. Mein eigener Pastor ist unermüdlich in seinen Gegenargumenten. Er erkennt zwar an, was Gott in Medjugorje wirkt, und auch die unbestreitbaren Früchte, die es in der ganzen Welt hervorbringt, aber auch er würde es lieber sehen, wenn es ohne das Zutun von Maria geschehen würde. Ich hatte festgestellt, dass die evangelischen Christen, ganz gleich welchen Bekenntnisses eine tiefsitzende Abneigung dagegen haben, dass, wie sie fälschlicherweise annehmen, die Katholiken Maria in einen göttlichen Stand erhoben hätten. Sie beschuldigen die Katholiken, dass sie Maria und nicht ihren Sohn anbeten würden.

Das ist traurig, denn nichts ist weiter von der Wahrheit entfernt als das. Die meisten Katholiken verehren Maria als eine menschliche Mutter, der ein besonderer Stand als Mutter Jesu eingeräumt worden war: Sie soll als Symbol und Zeichen diejenige sein, die uns zu ihrem Sohn hinführt. Das war auch meine Erfahrung auf meinen verschiedenen Medjugorjereisen gewesen. Während die Mutter Jesu immer einen ganz besonderen Platz in meinem Herzen einnehmen wird, so fühlte ich mich doch mit jeder Reise näher zu Jesus hingezogen und ich möchte immer mehr für Ihn leben und mich Ihm völlig ausliefern.

Ich war jetzt daran interessiert, herauszufinden, welchen Einfluss

Medjugorje auf David ausüben würde. Wenn seine Frau Barbara aus diesem kleinen Dorf mit einer neuen Perspektive, was Maria anbetrifft, zurückgekommen ist, warum sollte es nicht auch David positiv beeinflussen? Ich hoffte, dass auch er seine Einstellung darüber ändern würde. Wir kamen beim Sonnenuntergang bei der St. Jakobskirche an, gerade rechtzeitig für die kroatische Messe. Wie gewöhnlich war die Kirche wieder mit Menschen gefüllt. Wir mussten hinten in der Kirche in der Menge stehen. David war erstaunt über die große Anzahl der Gläubigen und deren kräftiges Singen. „Ich kann es kaum glauben!“ flüsterte er mir zu. „Sie singen die ‚Battle Hymn of the Republic‘ auf Kroatisch!“

„Es ist ein Lieblingslied der Muttergottes“, flüsterte ich zurück.

Als der Gottesdienst vorbei war, gingen wir zu Marijas Haus, wo wir wohnen würden. Nachdem sie meine Geschichte der Bekehrung und meiner Mission gehört hatte, bestand sie darauf, dass ich nirgendwo anders mehr wohnen sollte. Jetzt war sie in Italien mit anderen Mitgliedern ihrer Gebetsgruppe für längere Exerzitien. Aber Milka war zu Hause. Sie begrüßte uns und führte uns in unser Zimmer, das normalerweise Marija und ihr gehörte. Wir erzählten noch eine Weile, gingen aber früh zu Bett, denn wir waren schon über 30 Stunden unterwegs.

Am Morgen bereiteten uns Milka und ihre Schwägerin Macha ein Frühstück: „Heißen Espresso, Orangenscheiben, Schafskäse und aufgeschnittenes frischgebackenes Brot. Als wir uns an dem einfachen, aber ausgezeichneten Frühstück erfreuten, kam eine Frau zur Vordertür herein, die ich noch nicht hier gesehen hatte. Sie kam schnurstracks zu uns ins Esszimmer. Dann fing sie an, auf Italienisch schnell auf Milka einzureden. Milka putzte sich die Hände an der Schürze ab und antwortete ihr freundlich. Aber die Frau schien über Milkas Antwort verärgert zu sein und redete jetzt mit herausfordernder Stimme. Obwohl ich kein Italienisch verstand, so wußte ich doch, dass es unhöflich war, was sie sagte. Dann bemerkte ich, wie ich wegen dieses Eindringlings immer ärgerlicher wurde. Milka aber lächelte weiterhin. Mit einem tiefen Seufzer nickte sie zum Fenster und zeigte auf die Straße. Die Fremde drehte sich ohne ein Wort des Dankes herum und verschwand.

„Was war ihr Problem?“ fragte ich Milka.

„Sie ist eine Reiseleiterin und sucht Marija. Sie ist verärgert, weil Marija nicht hier ist. Dann wollte sie wissen, wo Ivan wohnt.“

„Kommt das oft vor“, fragte David, „dass Fremde einfach in die Küche kommen?“

„Ja“, antwortete sie. „Ständig.“

David schaute sie nur an.

„Ich kann ihre Reaktion nicht verstehen.“ sagte er mir später, als wir auf dem Pfad durch die Felder zur Kirche gingen. „Wenn das meine Küche gewesen wäre, dann hätte ich die Frau genommen und hinausgeleitet.“

„Die Heilige Jungfrau hat die Bewohner von Medjugorje aufgefordert, den Pilgern ihre Häuser und ihre Herzen zu öffnen.“

„Ja, aber… .“

„Milka übertreibt nicht. So geht es den ganzen Tag.“

Über uns flog ein Militärhubschrauber über das Tal, und mein Freund schaute nach oben und fragte: „Regierung?“

„Ja, sie wollen die Leute nur wissen lassen, wer hier der Herr ist. Wollen wir den Rosenkranz auf dem Weg zur Kirche beten? Das wird unsere Gedanken von all den Eindringlingen ablenken.“

„Tu du das!“ antwortete David. „Ich halte eigentlich nichts vom Rosenkranz. Ich ziehe es vor, direkt zu Jesus zu beten.“

Zunächst sagte ich nichts darauf. Es war die gleiche Antwort, die ich schon von vielen Protestanten gehört hatte. Ich überlegte mir jetzt, ob ich auch wirklich mit ihm würde arbeiten können.

Es war ein herrlicher Morgen, und die Anblicke um uns herum erinnerten mich an den Frieden, den Maria der Welt durch dieses kleine Dorf bringen will. Wir sahen einen Mann, wie er mit einer alten dreizinkigen Holzgabel, die überraschenderweise gut funktionierte, Heu auf seinen Wagen warf. Dann sahen wir eine Frau, wie sie an einem dicken Seil eine Kuh führte. In der Nähe eines Stalles sahen wir, wie ein Hahn sich Körner aus dem Ziegentrog stahl. David lachte amüsiert: „Es ist schon lange her, seit ich so etwas gesehen habe.“

„Und wahrscheinlich auch gerochen!“

„Ja. Jetzt, wo du es sagst, merke ich es auch", sagte er lächelnd. „Vorher ist es mir gar nicht aufgefallen. Eigentlich ist es schön."

„Nicht alle denken so", fügte ich hinzu und zuckte mit den Schultern. „In Irland habe ich mir einmal ein Interview angesehen, das von einer großstädtischen Talk Show Moderatorin geführt worden war. Sie war auch schon hier gewesen. An was sie sich aber am besten erinnern konnte, war der furchtbare Stallgestank von Medjugorje – ich meine, wie soll ein Stall denn sonst riechen?"

David sagte verächtlich: „Sie würde sich auch über den Mist auf dem Boden des Stalles in Bethlehem beschwert haben!"

Ich seufzte: „Ja, du hast recht. So viele Menschen gehen hier am Wesentlichen vorüber. Sie sehen zwar die Äußerlichkeiten, nehmen sich aber nicht die Zeit, richtig hinzuhören und Gottes Werke zu sehen."

Da ich jetzt dachte, dass dies ein guter Zeitpunkt sei, um David klarzumachen, dass Maria uns aufgefordert habe, den Rosenkranz als Teil unserer Bekehrung zu beten, fügte ich hinzu: „Aber David, genau wie diese Frau den wichtigsten Teil der Botschaft von Medjugorje nicht verstanden hatte, so siehst auch du vielleicht noch nicht das Wesentliche hier; denn du weigerst dich, der Aufforderung Marias nachzukommen, den Rosenkranz zu beten."

„Hör mir mal zu. Ich habe schon immer direkt zu Jesus oder auch zum Vater gebetet. Wenn in meinem Herzen alles in Ordnung ist, dann erhören Sie mich auch so, und ich werde das jetzt nicht ändern."

„Nun gut", drängte ich weiter. „Glaubst du, dass Maria hier erscheint?"

David schaute mich ungemütlich an. „Natürlich glaube ich es, sonst hätte ich doch nicht angeboten, das Buch mit dir zu schreiben!"

„Und du glaubst auch, dass ihre Botschaften von ihrem Sohn kommen?"

„Es scheint so zu sein – aber was willst du damit?"

Ich hielt im Gehen inne, schaute ihn an und sagte: „Warum hast du dann so große Schwierigkeiten, den Rosenkranz anzunehmen, den sie uns zu beten auffordert?"

David wurde rot. „Weißt du, du bist ein strengerer Katholik, als irgendwelche anderen Katholiken, die ich jemals getroffen habe!"

Ich lachte. „Nun, wenn ich wirklich ein Katholik bin, dann aber nur einer mit einem kleinen ‚k'. Ich erzähle dir nur das, was ich durch die Botschaften weiß." Dann gingen wir schweigend zur Kirche.

Nach der englischen Messe hatte Pater Philip Pavić, der amerikanische Franziskaner, der nach Medjugorje bestellt worden war, ein paar starke Worte guten Rates. Er warnte die Pilger, nicht in die Sonne zu schauen, da sich schon viele unheilbare Augenschäden zugezogen hätten. Man solle Gott nicht auf diese Art und Weise versuchen. Dann bat er sie, die Würde der Kirche und des Kirchplatzes im Geiste der Ehrfurcht zu bewahren. In der Kirche sollte man sich nicht unterhalten; auch sollte man sich dem Ort entsprechend kleiden.

Anschließend gingen wir auf den Križevac und blieben bei den Kreuzwegstationen stehen, die in Bronzereliefs die Szenen des Kreuzweges Jesu darstellten. Der Künstler hatte den Hass Seiner Ankläger sowie den Schock und die unglaubliche Trauer der Männer und Frauen, die Ihn liebten, grafisch und mit großem Ausdruck eingefangen. Es war unmöglich, sie anzuschauen und nicht von ihnen berührt zu werden. Bei fast jeder Station trafen wir Pilgergruppen mit gesenkten Köpfen, die beteten oder leise sangen. An einer Station hörten wir, wie deutsche und französische Lieder zur gleichen Zeit gesungen wurden und waren erfreut über die Tatsache, dass frühere Feinde hier auf dem Kreuzweg zusammen beteten.

Es war kein einfacher Aufstieg, obwohl die Felsen und Steine von den Sohlen von Millionen Schuhen schon sehr abgetreten waren. Man braucht etwa zwei bis drei Stunden, je nachdem, wie lange man an den einzelnen Stationen beim Beten verweilt. Es waren sogar eine Anzahl älterer Leute auf diesem steilen Weg und sogar einen Mann mit Krücken.

Als wir den Gipfel erreichten, setzten wir uns in einiger Entfernung vom Kreuz hin und teilten uns eine Flasche Mineralwasser.

Überall auf dem Gipfel waren kleine Pilgergruppen, von denen die einen beteten, die anderen sangen, und wieder andere meditierten. „Weißt du", sagte David, „ich fühle eine große Freude. Sie fing an, als wir mit dem Anstieg begannen und sie wurde immer stärker, je höher wir kamen." Er schaute zum Kreuz hinüber. „Sehr viele Pilger haben hier schon unendlich viele Gebete gesprochen. Man könnte meinen, dass selbst die Steine von all den Gebeten widerhallen."

Hinter uns fing jetzt eine italienische Gruppe an, den Rosenkranz zu beten. Als ich David vorher wieder aufgefordert hatte, den Rosenkranz zu beten, hatte er abgelehnt und es eine sinnlose Wiederholung genannt. Aber jetzt, da er dem sanften, tiefgehenden Gebet dieser Gruppe zuhörte, wurde sein Ausdruck immer weicher. „Ich kann jetzt viele Dinge verstehen", sagte er nachdenklich. „Sie kommen direkt vom Herzen ohne durch den Intellekt gefiltert zu werden. Das Eine ist mir jetzt bewusst geworden, dass Gott sich wesentlich weniger um die Form des Gebetes kümmert als wir Menschen. Wenn wir beten, dann schaut Er in unsere Herzen und hört nicht auf die Worte, die über unsere Lippen kommen. Der Rosenkranz kann sinnlos und mechanisch runtergeleiert werden oder er kann Gott das Herz öffnen. Aber das Gleiche gilt auch für das Vaterunser. Wie könnte ich mir anmaßen, die Herzensverfassung eines Beters zu beurteilen?"

Ich nickte. Es gab so vieles, was ich jetzt sagen wollte, aber ich fühlte mich gezwungen noch zu warten, bis er fertig war. „Deshalb werde ich also weiterhin so beten wie bisher – direkt zum Herrn", sagte er in Gedanken versunken. „Denn es klappt: Er hört mich, und wenn mein Herz offen ist, dann kann auch ich Ihn hören." Jetzt lächelte er. „Aber ich will damit nicht sagen, dass die anderen Unrecht haben, nur weil sie nicht so beten wie ich. Nur Gott kann in die Tiefe ihrer Herzen blicken, und für Ihn zählt nur, wie es dort aussieht."

Ich nickte nur. Es gab da weiter nichts hinzuzufügen.

Am Nachmittag kam Pater Svet von Konjic, um in der Kirche zu sprechen. Danach nahm er uns mit ins Pfarrhaus. David zog seinen Kassettenrekorder, den er stets bei sich hatte, aus der Hemdentasche. Wir fragten Pater Svet, ob er einige Kommentare zu den vielen Veränderungen, die in der Umgebung als Folge der Ereignisse in Medjugorje geschehen sind, machen würde. War ganz Jugoslawien schon davon erfasst?

Er dachte einen Augenblick nach, bevor er antwortete. „Die Veränderungen gehen weit über Jugoslawien hinaus; sie gehen über die ganze Welt. In unserem Land kann man nichts über Medjugorje im Fernsehen hören; auch darf man davon nicht in den Kirchen sprechen. Aber", fügte er lächelnd hinzu, „man kann das Wort auf Autoaufklebern sehen, und die Autos fahren überall herum."

Was bedeutet Medjugorje für sein eigenes Leben?

„Es war meine zweite Weihe aber auch eine Herausforderung für mich. Es hat meinem Priesteramt eine neue Bedeutung und einen neuen Sinn gegeben. Das war das Einfache. Es gab mir aber auch den Ansporn, heilig zu leben. Das aber bedeutet ein immerwährendes Suchen und einen ständigen Kampf, seine eigene Seele und das Antlitz Gottes inmitten der Versuchungen dieser Welt zu finden. Ihn zu preisen, ein heiligmäßiges Leben zu führen und den Ansprüchen des Priesterberufes trotz Fernsehen, Ablenkungen und eigenen Wünschen nachzukommen, das ist äußerst schwierig."

David lachte. „Es wäre wahrscheinlich einfacher, ein Eremit zu sein."

„Oh, ja! Es ist viel einfacher, in einem Kloster oder in einer geschlossenen Gemeinschaft heiligmäßig zu leben!" lachte er. „Aber jetzt muss ich in beiden Welten leben. Ich muss in einer nichtklösterlichen Welt Zeugnis von meinem klösterlichen Leben geben. Ich komme mir wie ein Postbote vor, der einen Brief mit der innerlichen Erfahrung des Geistes und einem Leben mit Gott, in die Welt hinausträgt."

„Was sie in ihren eigenen Kämpfen unterstützt: ‚Wenn ich es kann, dann kannst auch du es.'"

„Hundertprozentig! Ich hebe immer wieder hervor, dass wir gemeinsam auf der Pilgerreise sind. Ihr seid nicht zu mir gekommen, noch bin ich zu euch gekommen, sondern wir gehen zusammen den Weg zum Kreuz auf den Kalvarienberg hinauf."

Er fragte mich, was die Arbeit an meinem Buch mache. Ich sagte ihm, dass diese Reise der Nachforschung gelte. Wir verließen uns auf den Heiligen Geist, dass Er für uns die Lücken ausfüllte. „Da ist aber etwas, wofür ich Ihre Hilfe gern in Anspruch nehmen möchte. Ich arbeitete mit Ihnen doch an Ihrem zweiten Manuskript, das ein langes Interview mit Pater Jozo enthält; aber ich habe ihn bis jetzt noch nicht kennengelernt. Könnten Sie uns vielleicht mal in seine Pfarre mitnehmen?"

Wie ich es schon von Pater Svet gewohnt war, schlug er sich auf die Knie und sagte: „Warum nicht gleich jetzt?"

Fünf Minuten später saßen wir in seinem kleinen weißen VW und fuhren nach Tihaljina, das ungefähr 35 km entfernt liegt. Ich erinnerte David daran, dass Pater Jozo der Pfarrer von St. Jakob gewesen war, als die Erscheinungen anfingen, und dass er zu Beginn seine Zweifel gehabt hatte. Dann aber hatte er die Kinder unter seinen Schutz genommen. Später war er ins Gefängnis gekommen, weil er sich geweigert hatte, ihre Aktivitäten zu unterbinden. Sogar jetzt war es ihm vom Bischof untersagt, in Medjugorje heilige Messen zu lesen. Daher fuhren die Pilger jetzt zu ihm, tagtäglich und in großen Scharen. Für viele sind seine Ansprachen der Höhepunkt ihrer Pilgerreise.

Wir kamen kurz vor Sonnenuntergang an und wurden in Pater Jozos Büro geführt. Er war ein großer Mann mit dunklem Haar, durchdringendem Blick und einem strahlenden Lächeln, das selbst ein steinernes Herz erweichen konnte. Unter Beihilfe von Pater Svet erzählte ich ihm, wer wir seien, und was wir zu erreichen hofften. Er nickte und sagte einer Schwester, sie solle uns Kaffee bringen.

Ich fragte ihn über seine Zeit im Gefängnis und wie es ihm dort ergangen war.

Er lachte und sprach in schnellem Kroatisch. Ab und zu machte er eine kurze Pause, um Pater Svet die Gelegenheit zum Übersetzen zu geben. „Ich wollte schon immer das Evangelium ins Gefängnis bringen, aber das war nicht gerade, wie ich es mir erhofft hatte. Ich würde es vorziehen, nicht über Einzelheiten zu sprechen. Ich will nur sagen, dass es jeglichen Stolz in mir gebrochen und mich zur

Einfachheit geführt hat. Wenn man viele Bestrafungen erhält, dann meinen sie, dass sie einen besiegt hätten, und dass man seinen Widerstand aufgeben würde. Aber sie bereiteten bei mir nur den Boden für das Samenkorn des Glaubens vor."

Ob es ihn kränkte, jetzt nicht mehr nach Medjugorje gehen zu dürfen?

Er schüttelte den Kopf und lachte. „Medjugorje ist längst nicht mehr nur der Ort. Es ist mehr die Idee, eine Idee, die überall wachsen kann."

Wenn er alle Botschaften der Heiligen Jungfrau in eine einzige zusammenfassen müsste, wie würde er das tun?

Er schaute zum Fenster hinaus auf den immer dunkler werdenden Himmel. „Als David mit Goliath kämpfte, hat Gott zu ihm gesagt, er solle nur fünf Steine mitnehmen und in Seinem Namen kämpfen. Diese Steine sind heute in unseren Händen. Unsere Liebe Frau hat uns gesagt, was auf einem jeden geschrieben steht: Gebet, Fasten, Beichte, die Bibel und die heilige Eucharistie. Unsere Liebe Frau hat geweint, als sie über die Eucharistie, das Symbol des Kreuzesopfers ihres Sohnes, sprach. Es soll uns daran erinnern, dass auch unser Leben ein Opfer für alle sein soll. Sie hatte es verstanden, dass Er das Kreuz tragen müsse. Trotz der Schmerzen, die sie erlitt, versuchte sie nicht, Ihn zurückzuhalten. Sie hatte Gottes Plan angenommen: Gehe hin und sterbe, damit alle Menschen neu geboren werden und leben können."

David schüttelte den Kopf. „Ich wusste zwar, was sie ihr Gehorsam bei Seiner Geburt gekostet hatte, aber ich habe nie daran gedacht, was sie Sein Tod gekostet hatte."

Am Ende unseres Interviews mit Pater Jozo betete er für uns: „Stellt euer Leben unter das Kreuz. Legt es in Sein offenes Herz, in Seine offenen Hände, und stellt es vor die offene Himmelstür, von wo aus ihr hören könnt: *‚Dies ist mein geliebter Sohn'*. Hört es! Wir danken Dir Jesus für das Kreuz. Wir danken Dir Jesus für Dein offenes Herz. Wir danken Dir, dass aus Deinen Händen aller Segen kommt. Wir danken Dir, dass aus Deinem Herzen Frieden und Liebe kommen. Lege Deine Hände auf uns und segne uns!"

Ich kann mich nicht erinnern, jemals von einem Segensspruch so berührt gewesen zu sein.

Am Abend, als David Bänder und Filme in unserem Zimmer für den nächsten Tag zurechtlegte, sagte er: „Weißt du, dass drei Paar Schuhe vor der gegenüberliegenden Tür stehen? Und auch vor der anderen Tür gegenüber dem Wohnzimmer?"

Ich nickte. „Antonios und Machas Zimmer."

„Aber die Tür war immer zu, seit wir kamen. Nur heute Morgen hatte sie jemand einen Spalt aufgelassen. Als wir weggingen – ich weiß, es geht mich eigentlich nichts an – schaute ich hinein, und da lagen vier Matratzen auf dem Boden." Er machte ein Pause. „Wayne, dort drüben schlafen vier Leute am Boden, damit wir beide in Betten in unserem eigenen Zimmer schlafen können!"

Ich nickte und seufzte. „Und wenn wir wieder weggehen, dann nehmen sie nicht einmal Geld von uns. Ich kenne es. Ich habe es schon versucht."

„Das geht über meinen Verstand."

„Auch über meinen", erwiderte ich. „Aber es ist genau das, was die Muttergottes von ihnen verlangt: ‚*Heißt die Pilger willkommen, als gehörten sie zu euren Familien! Mögen sie meinen Sohn in euch erkennen!*'"

„Nun", murmelte David, „ich erkenne Ihn."

Am nächsten Morgen waren wir allein zum Frühstück. Wir genossen den bittersüßen, starken Kaffee. Wir erfreuten uns auch an dem Luxus, eine halbe Stunde vor der Messe für uns zu haben, in der nichts geplant war.

Plötzlich rief David: „Weißt du was? Was uns hier geboten wird ist nichts weniger als eine komplette Erneuerung im Heiligen Geiste!"

Mein Freund fing an, sich für dieses Thema mehr und mehr zu begeistern. „Bei all den großen Erneuerungen des 18. und 19. Jahrhunderts in England, Wales und Amerika waren die Menschen jeweils total überrascht worden. Sie waren ganz plötzlich von der Tatsache, einen persönlichen Erlöser und die Hoffnung auf vollständige Vergebung zu haben, überwältigt worden. Daraufhin änderten sie ihr Leben und versöhnten sich wieder mit Menschen, mit denen sie jahrelang verfeindet waren. Dinge, die Gott betrafen wurden auf einmal wichtiger als alles andere." Er machte eine Pause. „Genau das ist es, was hier geschieht."

Ich lächelte und goss noch etwas Kaffee in unsere kleinen Tassen. David war ganz anders in seiner Beziehung zu Gott, als ich es bisher gewöhnt war, aber das Endergebnis war das Gleiche. „Es gibt hier immer noch einige, die nicht mitmachen", antwortete ich. „Aber du hast recht. Beinahe alle hier im Dorf sind davon betroffen. Vor acht Jahren war es gerade umgekehrt. Die Menschen hier waren ein hartherziges und zynisches Volk, die mit den Nachbarn in Feindschaft lebten. Die Bauern waren auf die Gnade der Märkte angewiesen, die unter der Kontrolle der Regierung standen. Die jungen Leute warteten nur darauf, bis sie alt genug waren, um von hier weg in die Städte gehen zu können. Nur wenige ältere Leute gingen regelmäßig zur Kirche. Sie waren die Ausnahme. Aber dennoch, trotz der schweren Zeit und der Unterdrückung der Religion von Seiten der Regierung, gab es hier einen tieferen Glauben als irgendwo anders in Jugoslawien." Ich schaute zum Fenster hinaus auf den Križevac. „Sie haben immerhin dieses Kreuz errichtet. 1967 haben sie dann eine wesentlich größere Kirche gebaut, als sie es damals gebraucht hätten. Der Glaube war immer noch vorhanden, was, wie die Seher sagten, einer der Gründe war, warum Gott diese Ortschaft auserwählt hatte."

David leerte seine Tasse und hielt sie mir hin, damit ich sie nochmals anfülle. „Ich habe auch schon darüber nachgedacht", sagte er. „Heute früh habe ich sogar dafür gebetet: Warum hatte Gott, von allen Ländern, gerade Jugoslawien ausgewählt?" Er lächelte. „Weißt du, welche Eingebung ich bekam? Als Gott zum ersten Mal Maria auserwählte, um Seinen Sohn in die Menschheit einzuführen, da ist die Geburt in einem Stall geschehen. Jetzt, wo Er sie wieder beauftragt hat, Seinen Sohn erneut einzuführen, da wählte er wieder eine Nation mit Ställen aus."

„Das sehe ich ein", sagte ich und kam zu der Überzeugung, dass David durch all diese Worte und Gedanken auf seine eigene Art die Botschaft von Medjugorje zu verstehen versuchte.

Er stand auf und ging zum Fenster. Im Tal waren die Bauern bereits auf den Feldern. „Der Weg der Bekehrung mag etwas anders sein, als ich es gewöhnt bin“, sagte er nachdenklich, „aber das Ergebnis ist das Gleiche. Wenn man es genau betrachtet, gehen hier die Wurzeln etwas tiefer.“

„Die Bekehrung, zu der die Muttergottes hier aufruft, ist von der alten Schule“, sagte ich lächelnd. „Und sie spaßt nicht: Unter Fasten versteht sie nur Brot und Wasser zu sich zu nehmen. Und was das Beten anbetrifft: Weißt du, wieviel die jungen Leute hier in den Gebetsgruppen beten? *Drei Stunden täglich!* Bis ich hierher kam, habe ich, glaube ich, keine fünf Minuten am Tag gebetet.“

David stimmte mir zu. „Ich habe es bei meiner eigenen Frau bemerkt“, sagte er. „Als Barbara im November letzten Jahres hierher kam, war sie schon eine gläubige Christin. Sie liebte Gott schon seit sechzehn Jahren. Aber hier verliebte sie sich erst so richtig in Ihn. Das machte einen großen, anhaltenden Unterschied in ihrem Leben.“

Ich brachte meine Tasse, Untertasse und Teller zum Waschbecken in der Küche. Wir hatten jetzt noch 25 Minuten bis zur englischen Messe, was gerade ausreichte, um rechtzeitig zur Kirche zu kommen, wenn wir jetzt weggingen. Wir liefen auf einem Pfad, der uns in dieser Zeitspanne noch rechtzeitig zur Kirche brachte .

„Funken, vom göttlichen Wind getragen, entzünden überall Waldbrände“, überlegte David. „Das wurde schon in der Bibel vorhergesagt. Sie sagt, dass es in den letzten Tagen ein endgültiges großes Ausgießen des Heiligen Geistes geben wird, und dass sich viele Menschen bekehren werden.“ Er machte ein Foto von den Doppeltürmen. „Glaubst du, dass wir in diesen letzten Tagen leben?“

„Glaubst du etwa, dass wir nicht in diesen letzten Tagen leben?“

„Nein, ich bin sicher, dass wir darin leben“, sagte er und steckte seine Kamera wieder ein.

Ich nickte. „Wir leben in der Zeit der endgültigen Ernte“, sagte ich, ohne allzu dramatisch klingen zu wollen. „Es ist unsere letzte Chance. Wenn wir diese Gelegenheit verpassen, so glaube ich nicht, dass wir noch eine andere bekommen werden.“

Den Rest des Weges gingen wir schweigend.

„Ich rufe euch zu vollständiger Bekehrung auf.
Legt euer Leben in Gottes Hände."

31

Stimmen aus Medjugorje

Zu meiner Überraschung war der Gastzelebrant heute Morgen ein guter Freund von mir. Zu Ehren seines siebzehnten Priesterjubiläums war Pfarrer Jack Spaulding aus Scottsdale in Arizona eingeladen worden, heute die heilige Messe zu zelebrieren. Pfarrer Jack war schon oft dem Ruf nach Medjugorje gefolgt, und da unsere Aufenthalte hier öfter zusammengefallen waren, so waren wir Freunde geworden. Um diesen besonderen Anlass zu feiern, hatten wir ihn anschließend zum Mittagessen eingeladen.

Wie gewöhnlich erzählten wir uns gegenseitig unsere Erlebnisse seit unserem letzten Treffen. Auch hatte er wieder besondere Berufungen erlebt. Mit einem anderer Priester aus der Gegend von Phönix, dem Pfarrer Dale Fushek, hatte Pfarrer Jack eine Fernsehsendung für Teenager, die von der EWTN Station ausgestrahlt wurde, moderiert. In dieser Eigenschaft waren die beiden Priester vor kurzem nach San Franzisko geflogen, wohin Mutter Teresa aus Kalkutta gekommen war, um dem Ablegen der Gelübde einiger Novizinnen beizuwohnen. Dort hatten sie für beinahe eine halbe Stunde mit ihr gesprochen und gebetet.

„Bitte beschreiben Sie mir Mutter Teresa", bat David und zog seinen Rekorder heraus, als wir uns hinter der Kirche auf einen schattigen Grasplatz gesetzt hatten.

„Nun gut. Ich bin nur 1,60 m groß, und sie reicht mir kaum bis an die Schultern. Sie ist so klein, dass man sie, wenn sie ins Zimmer kommt, zunächst gar nicht bemerkt. Aber schon in kürzester Zeit wird es still im Raum, denn niemand will etwas von dem verpassen, was sie zu sagen hat. Sie spricht niemals mit erhobener Stimme. So sagte sie beispielsweise, dass bei einer Abtreibung zwei Morde geschähen: Der eine sei das Töten des Babys und der andere der des Gewissens der Mutter. Und das Einzige, wie man wieder ins Reine kommen könne, sei durch das Sakrament der Busse. Das großartige Geschenk dieses Sakramentes sei, dass es einem befähige, sich selbst wieder vergeben zu können."

„Ich verstehe, was Sie meinen", sagte ich. „Ich hatte sie auch schon als Beispiel dafür erwähnt, was Jesus hier in Medjugorje durch Marias Botschaften von uns verlangt. Sie lebt das Evangelium im wahrsten Sinne des Wortes." Mutter Teresa hatte schon immer eine besondere Anziehungskraft auf mich gehabt, und so war ich jetzt froh, mehr über sie zu hören. „Was ist das Wichtigste, an das Sie sich erinnern?"

„Was mich am meisten betroffen hatte", sagte Pfarrer Jack, „ist, dass sie sich geweigert hatte, mich zu segnen. Alle anderen knieten nieder, und sie legte ihnen die Hände aufs Haupt und segnete sie. Aber als sie zu mir kam, tat sie es nicht. Sie sagte: ‚Sie sind ein Priester, und sie sollten mich segnen.'"

„Haben Sie das getan?"

„Selbstverständlich! Dann sagte sie: ‚Ihr Priester seid euch dessen gar nicht mehr bewusst, wie kostbar ihr seid. Nur durch euch ist Jesus gegenwärtig. Ihr bringt Ihn uns in der heiligen Eucharistie.'"

Ob er sie gefragt hätte, ob sie glaube, dass die Muttergottes hier in Medjugorje wirklich erscheine?

Pfarrer Jack nickte. „Sie sagte: ‚Natürlich erscheint sie dort!' Dann fügte sie hinzu: ‚Wissen Sie, das ist auch meine Heimat.' Ich hatte ganz vergessen, dass sie ja aus Albanien stammte, was heute auch Teil Jugoslawiens ist. Und dann sagte sie noch: ‚Aber ich würde nie dorthin gehen, denn meine Person würde nur von dem ablenken, was Gott dort wirkt.' Sie war etwas traurig darüber und sagte: ‚Ich habe einen Brief an die Seher geschickt, den sie Maria von mir geben sollten, worin ich sie bat, nach Kalkutta zu kommen.' Ich sagte darauf: ‚Aber Mutter, Maria wird nicht dorthin kommen, denn sie hat ja Sie dort.' Worauf wir alle lachten."

Wie es war, heute die Messe hier zelebriert zu haben?

„Die heilige Eucharistie hier zu feiern war für mich das Nächstbeste, schon daheim zu sein, bis der Herr kommt und mich mit Sich nach Hause nimmt."

Ich nickte. „Das Erste, was ich dachte, als ich hierher kam war, dass ich am Rande des Himmels sei."

Pfarrer Jack schaute zu dem Kreuz am Križevac hinauf, der direkt hinter uns war. „Hier fängt man an zu verstehen, was es bedeutet, in der Verbannung zu leben", überlegte er. „Man ist hier so nahe der Heimat, dass man wirklich Heimweh danach bekommt. Wenn man hierher kommt, dann stellt man sich vor, schon daheim zu sein – aber das macht es einem dann um so schwerer, wenn man wieder fort und zurück in die weltliche Heimat muss."

David nickte. „Sie beschreiben damit meine Frau. Sie hat solches Heimweh nach diesem Ort, dass sie alles über Medjugorje liest, was ihr in die Hände fällt." Auch ich nickte in Übereinstimmung, als ich daran dachte, wie schwierig es für mich das erste Mal – und alle anderen Male – war, von hier wegzugehen.

„Ihr eigentliches Heimweh ist nach dem Himmel", lachte Pfarrer Jack. Sie hat hier den Himmel berührt… ." Dann machte er ein Pause und fügte hinzu: „Oder vielmehr hat der Himmel sie berührt."

Ich fragte ihn, ob er sich noch daran erinnere, als es ihm zum ersten Mal klar wurde, dass dies ein besondere Ort der Versöhnung und Bekehrung sei. „Aber ganz bestimmt", antwortete er. Dann fuhr er fort: „Als ich zum ersten Mal hierher kam, begleitete ich eine Gruppe von Teenagern. Da wir alle Hände voll zu tun hatten, uns um sie zu kümmern, hatte ich nicht viel Zeit für stilles Gebet und Meditation, wie es eigentlich von den hiesigen Priestern empfohlen wird. An einem Nachmittag, als wir von Vickas Haus zur Kirche zurückkehrten, schlug mein Kollege vor, beim Gehen den Rosenkranz zu beten. Als wir nun den Rosenkranz beteten, verspürte ich zum ersten Mal die tiefgehende Kraft des Gebetes, das vom Herzen kommt." Er hatte plötzlich Tränen in den Augen und mit leisem Schluchzen fuhr er fort: „Das war der Augenblick meiner Bekehrung – meiner wahren Bekehrung."

Es berührte mich tief, dass ein Priester solche Gefühle habe. Pfarrer Jack sprach hier von einem Augenblick der Erleuchtung, den er vor zwei Jahren erlebt hatte, und der ihn immer noch so stark bewegte, als sei er gerade jetzt geschehen.

„Wir sollten jetzt zum Restaurant gehen, damit wir noch ein schönes Festessen haben können", sagte ich, um wieder auf eine leichteres Thema abzulenken.

„Wissen Sie", sagte Pfarrer Jack, als wir unsere Plätze in einem kleinen Gartenrestaurant eingenommen hatten, „es gibt Priester, die nicht hierher kommen, weil sie Angst vor einer Bekehrung haben. Sie sind zwar beruflich Geistliche, aber nicht in ihrem Herzen. Ihr Leben ist sehr angenehm so, wie es ist. Sie haben Angst, dass eine Bekehrung ganz andere Herausforderungen an sie stellen könnte, und dass sie ihren Lebensstil grundsätzlich ändern müssten."

David schaute auf den Berg. „Man kann auch reich an anderen Dingen als Geld, Behaglichkeit und einer gewohnten Routine sein. Wir sprachen ja gestern schon davon, dass Bekehrung so viel mehr bedeuten kann, als nur wiedergeboren zu werden. Es bedeutet auch, heilig zu werden."

Pfarrer Jack lächelte. „Bekehrung ist etwas ganz Persönliches. Es ist nicht etwas, das man einmal tut; es ist etwas, was man täglich machen muss." Er machte eine Pause. „Wissen Sie, kurz bevor Marija nach Italien fuhr, hatte sie zu mir gesagt: ‚Herr Pfarrer, bitte beten Sie für meine Bekehrung.'"

„Marija?" rief ich. „Ich hätte gedacht, dass, wenn irgendjemand… ."

Der Priester nickte. „Es war damals, als es mir zum ersten Mal aufging, wie wichtig es ist, gegenseitig für Bekehrung zu beten. Das war das Geschenk dieser Pilgerreise. Aber ich habe aufgehört, davon zu reden", sagte er in bedauerndem Ton, „weil die Leute anfingen, zu mir zu sagen: ‚Aber Herr Pfarrer, wenn Sie der Bekehrung bedürfen, dann besteht für mich ja gar keine Hoffnung!'"

Wir lachten, aber wir wussten, was er meinte.

Am Nachmittag wurde ich von einem Fernsehteam des WBRZ Senders, der zur ABC Fernsehstation in Baton Rouge in Louisiana gehört, interviewt. Medjugorje war dort bekannt geworden, genauso wie in New Orleans, und dieses Team war hier, um den zweiten Dokumentarfilm dieses Senders zu drehen. Als wir mit dem Interview fertig waren, fragte ich den Interviewer, John Pastorek, und den Kameramann, Robert Chandler, nach ihrem ersten Dokumentarfilm. „Als wir nach Hause zurückkamen", sagte John, „wollten alle wissen, ob wir die Sonne tanzen, das Kreuz sich drehen und Ähnliches gesehen hätten. Ja, wir hatten solche Dinge gesehen. Was uns aber am meisten beeindruckte und worauf wir uns für unseren Dokumentarfilm ausgerichtet hatten, das waren die menschlichen Wunder: Menschen, deren Leben verändert worden waren; deren Glaube gestärkt oder erneuert worden war und ähnliche Dinge."

Er erzählte uns insbesondere von einer Frau aus Apaloosas in Louisiana, die mit ihrer Mutter hier auf Pilgerreise war. Sie war teilweise blind, teils verkrüppelt und hatte einen Teil ihres Gehörs verloren. Sie hatte schon über sechzig Operationen hinter sich und hätte normalerweise gar nicht mehr leben sollen. Wie so viele andere war sie in der Hoffnung hierher gekommen, geheilt zu werden. Obwohl sie in den Erscheinungsraum hineingelassen worden war, der sich damals noch im Pfarrhaus befand, war sie nicht geheilt worden. Sie hatte aber dafür etwas anderes erhalten.

„Als ich mich umschaute und Leute sah, die überhaupt nicht laufen konnten", erzählte sie John, „und Leute, die ganz blind waren und in ihrem Leben noch niemals gesehen hatten, da dachte ich mir: ‚Oh Herr, ich habe bis jetzt für das Falsche gebetet! Ich habe Dich immer um ein Wunder gebeten, obwohl ich Dich um Vergebung und um ein dankbares Herz hätte bitten sollen.'" „Und dann", sagte John lächelnd, „konnte man sehen, wie der Frieden auf sie herabkam! Die Krönung der Sache aber war die gewesen: Als wir sie eine Woche, nachdem wir wieder daheim waren, besuchten, da strahlten sie und ihre Mutter nur so. Sie waren beim Arzt gewesen, der ihnen von einem neuen Schuh erzählt hatte, der jetzt erhältlich sei. Mit einer kleinen Operation am Fuß könnte sie von ihrem Rollstuhl befreit werden. Sie würde nicht einmal mehr einen Stock zum Gehen brauchen!" Er machte eine Pause und fuhr dann fort: „Das wahre Wunder aber war in ihrem Herzen geschehen, nachdem sie Gott um Vergebung gebeten hatte."

Am nächsten Morgen begleiteten wir John und Robert, als sie Vicka in ihrem Haus interviewten. Sie stellten schnell ihre Kamera und Lichter auf und waren darum bemüht, dass Vicka und ihre Dolmetscherin sich entspannten. John war ein begabter Interviewer. Er verstand solche Fragen zu stellen, für die sich seine Zuschauer interessierten. Als sie ihr Interview begannen, wartete schon eine Gruppe aus den Philippinen vor dem Haus auf der Straße, um mit Vicka zu sprechen. Hinter ihnen wartete auch schon eine Gruppe aus Italien. Deshalb war seine erste Frage: Wie sie sich fühle, wenn täglich Tausende von Menschen ihr Privatleben in Anspruch nähmen?

Vicka zuckte nur mit den Schultern und lachte. „Für mich ist das schon ganz normal geworden. Ich weiß, dass die Menschen hierher kommen, um die Worte Unserer Lieben Frau zu hören, und ich bin glücklich, dass diese Worte durch mich kommen."

Dann kam eine Frage, die ich sie auch schon öfters hatte fragen wollen: Es ist jetzt schon sechs bis sieben Jahre her, seit die Erscheinungen anfingen. Ob sie jemals Zeit für sich selbst hätte, um darüber nachzudenken, wer es sei, der da eigentlich mit ihr rede?

„Ich bin wirklich ein glücklicher Mensch, dass Unsere Liebe Frau mich auserwählt hat. Auch bin ich sehr, sehr froh, dass ich ihre Botschaften an die Leute weitergeben kann. Manchmal denke ich über die Leute nach, die hierher kommen: Die meisten kommen aus religiösen Gründen, aber ich weiß auch, dass manche nur aus Neugierde kommen."

Wann sie die letzte Erscheinung gehabt hätte?

„Gestern Abend. Ich hatte zwar eine Erscheinung, aber es gab nichts Besonderes, keine besondere Botschaft. Wenn es nichts Besonderes gibt, dann bete ich gewöhnlich mit Unserer Lieben Frau für alle Pilger."

Auf welche Art und Weise die Muttergottes erscheine?

„Manchmal ist sie traurig und manchmal glücklich – genauso wie irgendjemand anderer."

Was ihre Reaktion gewesen wäre, als sie die Erscheinung zum ersten Mal sah?

„Als ich zum ersten Mal hörte, dass Unsere Liebe Frau erschienen sei, da konnte ich es nicht glauben. Ich konnte mir nicht vorstellen, dass sie irgendjemandem erscheine. Als ich sie dann aber selbst sah, da wusste ich nicht, ob ich mich fürchten oder mich freuen sollte."

Wie sie gewusst hätte, dass es sie Heilige Jungfrau Maria war und nicht irgendetwas anderes?

„Wir haben gewusst, dass es Unsere Liebe Frau war, weil es nichts Vergleichbares auf Erden gibt, aber auch, weil wir ja schon eine Erscheinung am Tag zuvor hatten."

Was bis jetzt die wichtigste Botschaft gewesen wäre?

„Für den Frieden zu beten – das war die wichtigste Botschaft."

„Warum?"

„Weil Unsere Liebe Frau sagt, dass Gebete so mächtig seien: Sie können Kriegen ein Ende machen. Bevor wir aber um Frieden in der Welt beten können, müssen wir erst Frieden in unseren eigenen Herzen und in unseren Familien haben. Nur wenn wir Frieden in unseren Herzen haben, können wir die anderen Botschaften, die uns Unsere Liebe Frau hier gibt, verstehen."

Viele Leute sagten, dass das Ganze ein Betrug sei. Was sie solchen Leuten zu sagen habe?

„Ich habe ihnen nichts zu sagen. Unsere Liebe Frau sagte einmal: ‚Man kann für solche Leute nur beten.'"

Ob diese Dinge ihr Leben verändert hätten? Ob sie eine bessere Person und auch religiöser geworden wäre?

„Ich versuche, mich zu ändern, aber ich weiß nicht, wie erfolgreich ich bis jetzt gewesen bin."

John schloss das Interview mit der Frage: Welche Botschaft die Jungfrau Maria den Menschen zu geben hätte, die nicht hierher kommen können?

„Die Hauptbotschaften Unserer Lieben Frau sind: Gebet, Fasten, Buße, Bekehrung und Frieden. Sie bittet uns, den Rosenkranz zu beten. Sie möchte, dass wir einen Tag in der Woche bei Brot und Wasser fasten und dass wir einen starken Glauben haben. Sie bittet uns, zu beten, aber sie will, dass wir täglich unsere Herzen öffnen, damit wir die Freude in unseren Herzen verspüren können und damit wir jedes Gebet mit Andacht beten. Unsere Liebe Frau sagt: Wenn wir anfangen zu beten, dann sollen wir mit dem Vaterunser beginnen, denn unser Vater ist wie ein großer Vater, der im Himmel ist. Wir müssen uns von allem Störenden trennen und wir müssen es unserem Heiland übergeben, damit Er uns führen kann. Maria ist wie eine Mutter, sie sieht uns mit den Augen Gottes. Wenn man so betet, dann sollte es einem nicht mehr schwer fallen, den Rosenkranz täglich zu beten. Man denkt oft, dass, wenn man Probleme hat, Gott und Maria uns fern seien, aber das stimmt nicht. Sie sind uns immer nahe. Sie bittet uns, gewisse Dinge aufzugeben – die Sünde aufzugeben. Sie sagt, dass Satan jetzt stark sei, und dass er uns in allem stören wolle. Deswegen sagt sie, wir sollten mehr Gewicht auf unsere Gebete legen, damit wir ihn von uns fernhalten könnten."

Es war einfach und gerade heraus – genauso wie die meisten Botschaften, die in den letzten sieben Jahre von der Muttergottes kamen. Ich saß da und war tief berührt von dieser letzten Antwort. Vicka hatte sehr viel Energie in sie hineingelegt, mehr als ich je bei ihr gesehen hatte. Sie schaute mich mit einem Lächeln an, das einem mit völligem Vertrauen in das, was sie gesagt hatte, erfüllte. „Schauen Sie sich nur an", sagte sie. „Ich habe Sie zum Weinen gebracht!"

Auch ich lächelte und schüttelte den Kopf. „Ich werde nie müde davon, die Botschaft zu hören, und du hast sie jetzt besser zum Ausdruck gebracht, als ich sie je zuvor von dir gehört hatte. Sie hat mich tief berührt."

Vicka umarmte mich. Als wir uns verabschiedeten, sagte ich zu ihr: „Sage Unserer Lieben Frau, dass ich sie sehr liebe, und dass ich froh bin, dass sie dich auserwählt hat."

Am Abend hatten wir das Glück, zu einer nächtlichen Erscheinung auf den Podbrdo zu gehen. Ich war froh, dass David auch die Gelegenheit bekam, selbst zu erfahren, was ich es bei meinem ersten Aufenthalt hier erfahren hatte. Es wurde viel gesungen, und

David war überrascht, dass das Lied ‚When The Saints Go Marching In' auf Kroatisch gesungen wurde. Die Botschaft der Heiligen Jungfrau Maria passte wunderbar mit der letzten Botschaft Vickas am Ende des Interviews zusammen: Man solle sich vor den Nachstellungen Satans hüten, der darauf aus sei, uns vom Gehorsam zu ihrem Sohn abzubringen.

Wie zuvor wurde die Luft beim Abstieg von leisem Gesang erfüllt, in den sich das frohe Singen Tausender Vögel mischte. Es war ein herrlicher Abschluss für diesen reichen Tag.

Wir wurden kurz nach vier Uhr morgens von dem mächtigsten Donnerschlag aus dem Schlaf gerissen, den sowohl David als auch ich jemals gehört hatten. Ich griff nach dem Schalter, um das Licht anzumachen, aber es ging nicht an. „Bist du wach?" fragte ich David leise.

„Du machst wohl Witze? Das war dem Donnerschlag des Jüngsten Tages ähnlicher, als ich es mir jemals wünschte!"

„Ganz gleich was es auch war, es hat den Strom unterbrochen." Als er nichts darauf sagte, wiederholte ich meine Beobachtung. Aber er antwortete wieder nicht. „Ist alles okay?"

„Ich warte auf die ersten Aufrufe", lachte er.

„Wovon redest du?"

„Von den Menschen, die ihre Freunde zum Podbrdo rufen, um das große Zeichen zu sehen."

Da wusste ich, wovon er sprach, und dass er vielleicht nur halb spaßte. Am vorigen Nachmittag hatte ich ihm von dem dauerhaften Zeichen erzählt, das Gott schicken würde, um den Menschen bekanntzugeben, dass Er der Urheber und Vollbringer der Geschehnisse in Medjugorje sei. Wann das Zeichen erscheinen wird, das wissen nur die Seher. Es war eines der zehn Geheimnisse oder zukünftigen Ereignisse, die sich in der Welt zutragen würden. Die Muttergottes würde diese Geheimnisse den Sehern mitteilen, die sie aber nicht bekanntgeben dürften, bis sie von ihr dazu aufgefordert würden.

Draußen fing es jetzt an zu gießen. Als ich so zuhörte, wie der Regen auf das Dach prasselte, hatte ich Zweifel daran, dass wir heute

Nacht noch Schlaf bekommen würden. „Was die Geheimnisse betrifft", fragte David, „warum sind es Geheimnisse? Nichts von dem anderen, was sie den Sehern gesagt haben soll, ist geheim."

„Sie hatte das in der Geschichte der Erscheinungen schon öfters gemacht. Auch in Lourdes und Fatima gab sie Geheimnisse. Eines der Geheimnisse von Fatima war, dass Russland wieder zum Christentum bekehrt werden würde."

David lachte. „Vor Glasnost hätte ich das für unmöglich gehalten. Aber wie die Dinge jetzt stehen, so ist das vielleicht das letzte Kapitel. Erzähle mir mehr über die Geheimnisse, die hier in Medjugorje gegeben wurden."

Die ersten drei, erzählte ich ihm, sollen Warnungen für die Menschheit und das dauerhafte Zeichen sein. Das vierte, fünfte und sechste sollen mit den persönlichen Leben der Seher und der Ortschaft zusammenhängen. Und die restlichen sollen die endgültigen Züchtigungen der Menschheit betreffen. Das siebente soll durch die vielen Gebete und das Fasten der Millionen von Pilgern, die nach Medjugorje gekommen waren, abgewendet worden sein.

Ich fügte jedoch hinzu, dass dies nur meine eigenen Gedanken seien, denn außer den Sehern wüsste niemand ihre Reihenfolge und ihren Inhalt.

„Wie sieht der Zeitplan in etwa aus?" fragte mein Freund.

„Sobald die sechs Seher alle zehn Geheimnisse bekommen haben, werden die Erscheinungen aufhören. Kurz darauf werden diese Geschehnisse eintreffen."

„Haben schon einige von ihnen alle zehn erhalten?"

„Ivanka und Mirjana haben sie bekommen. Die Muttergottes erscheint der einen nur noch am Jahrestag der Erscheinungen und der anderen an ihrem Geburtstag oder gelegentlich, wenn sie in große persönliche Not gerät."

„Wie steht es mit den vier anderen?"

„Sie haben alle bis auf das letzte Geheimnis erhalten."

Es wurde jetzt still in der Dunkelheit. Dann sagte er: „Dann sind wir also dem Ende nahe, stimmt's?"

Zunächst antwortete ich nicht darauf. „Vor einem Jahr hätte ich mit ‚Ja' geantwortet, aber jetzt bin ich nicht mehr so sicher. Das eine ist, dass sie alle bereits seit über drei Jahren das neunte Geheimnis bekommen haben, und doch finden die Erscheinungen noch statt. So ist es ein Rätselraten, wann das Ende kommen wird. Ehrlich gesagt, ich glaube, dass sie noch einige Jahre weitergehen werden."

„Warum?"

„Weil hier so viel gebetet wird, aber auch weil sie hier eine solch positive Annahme ihres Kommens gefunden hat, dass die Dauer der Erscheinungen scheinbar verlängert wurde. Und nochmals, das ist nur meine eigene Meinung."

„Und das war bei den anderen Erscheinungsorten nicht gewesen?"

„Nicht so wie hier. Lourdes und Fatima brachten zwar auch tiefgreifende Ergebnisse hervor, aber bei weitem keine solchen wie hier. Natürlich erschien sie im Vergleich zu hier an diesen beiden anderen Orten nur verhältnismäßig kurz. Hier erscheint sie regelmäßig schon seit sieben Jahren. Aber hier ist der Same auch auf fruchtbaren Boden gefallen. Die Erscheinungen hier sind verantwortlich für Millionen von Bekehrungen. In der Tat glaube ich, dass diese Erscheinungen das wichtigste Ereignis in der Geschichte des Christentums sind, seit Jesus in den Himmel aufgefahren ist und die Kirche gegründet hat."

„So weißt du also auch nicht, wie lange die Erscheinungen hier noch andauern werden?"

„Nicht im Geringsten", antwortete ich. „Möglicherweise so lange, bis alle, die hierher kommen oder auf andere Weise davon berührt werden sollen, die Gelegenheit dazu haben werden."

„Hast du nicht wenigstens ein Gefühl dafür, wie lange das noch dauern könnte?"

„Nun, wie ich schon sagte, möglicherweise noch mehrere Jahre. Aber ich wäre auch nicht überrascht, wenn sie schon morgen aufhören würden."

„Und das hier soll das letzte Mal sein, dass sie erscheint?"

„So hat sie gesagt. Zur gleichen Zeit gibt es jedoch Berichte, denen gemäß sie auch an anderen Orten erscheint, wie z.B. in Japan, in Russland, und wie ich schon sagte, in Irland. Aber nach dieser Periode nicht mehr.“

„Wollen wir nochmals auf die Geheimnisse zurückkommen. Was sagte sie über die Züchtigung?“

„Sehr wenig, außer dass sie weltweit sein wird. Und dass wir darüber nicht spekulieren sollen.“

Es entstand eine längere Pause, und ich dachte mir, dass David nun doch wieder eingeschlafen wäre. Dann aber sagte er: „Nun gut, ich werde nicht darüber spekulieren, aber die Sensationsmenschen werden es tun. Wenn sie weitläufiger bekannt werden, dann werden sie aus dem Zusammenhang gerissen und aufgebauscht werden: Die katholische Apokalypse!“

„Das haben sie bereits getan“, sagte ich leise.

„Die meisten meiner evangelischen Freunde erwarten, dass wir noch zu unseren Lebzeiten eine katastrophale Züchtigung erleben werden. Aber dann haben ja die Menschen die Apokalypse schon seit der Zeit der Apostel immer wieder vorhergesagt.“

„Was meinen sie, dass passieren soll?“

David seufzte. „Nun, die meisten Leute denken, dass es eine Vernichtung durch eine Atomkatastrophe sein wird, aber ich glaube das nicht. Ich denke, dass die Katastrophe natürlicher Art sein wird, also ein Akt Gottes und nicht von Menschen.“

Ich sagte es nicht, aber ich stimmte nicht mit David überein. Der Mensch könnte, wie er es schon immer gemacht hat, sobald der Überfluss, der uns von Gott geschenkt wurde, zu Ende geht, alles vernichten. Dann wird eine Nation gegen die andere kämpfen.

Der Morgen dämmerte hell und klar, und alles sah wie frischgewaschen aus. Wir hatten einen Termin für ein Interview mit Ivan. Wir trafen ihn in seinem Wohnzimmer an. Er war ein sehr ernster junger Mann, ruhig und zurückhaltend, der erst vor kurzem seinen 23. Geburtstag gefeiert hatte. Durch unseren Dolmetscher fragte ich ihn, ob er jemals Freizeit hätte, in der er machen könne, was er wollte.

„Man kann immer Freizeit finden, wenn man nur will. Ich treibe Sport zur Entspannung und schaue auch manchmal zu. Aber das bringt einen nicht in den Himmel. Deshalb verzichte ich oft auf Sport. Unsere Liebe Frau hat mich nicht dazu aufgefordert, aber ich mache es einfach."

Ich sagte ihm, dass ich betroffen sei über die Veränderungen, die ich in Medjugorje beobachtet hätte, und zwar nicht nur über die Souvenirstände und die Cafés, sondern auch bezüglich der Menschen. Es scheine mir, dass jetzt nicht mehr so viele Dorfbewohner wie früher in die Kirche gingen. Und die Jugendlichen trieben sich in den Cafés herum, die jetzt auch kleine Bars hätten, also an Orten, wo sie nicht sein sollten. Ob sie der plötzlich Zufluss von Geld beeinflusse? Die Gebetsgruppen der Jugendlichen, z.B. ob sie noch bestünden?

„Ja", erwiderte er. „Es gibt jetzt drei. Zwei wurden von der Kirche gegründet und werden von Pater Slavko und Pater Petar geführt. Ich leite die dritte. In diesen Gruppen versuchen wir soviele Jugendliche wie möglich einzubeziehen. Es gibt aber jetzt sehr viele Außeneinflüsse, die ihre Aufmerksamkeit auf sich ziehen. Manchmal sind ihre Eltern zu beschäftigt – sie haben zu viele Gäste im Hause und keine Zeit mehr für ihre Kinder. Deshalb gehen Leute von unseren Gebetsgruppen von Familie zu Familie und sprechen mit ihnen. In manchen Familien sind wir nicht willkommen. Aber wir kommen als Boten Marias, und früher oder später sehen sie das ein. Wir arbeiten vor allem mit den kleinen Kindern und haben auch schon gute Erfolge erzielt. Aber wir müssen durchhalten."

Ich war unheimlich von diesem jungen Seher beeindruckt. Für die längste Zeit hatte er als zu scheu gegolten, um die Menschenmengen zu begrüßen, so wie es Vicka und Marija taten. Jetzt aber ging er in seinem Dorf von Haus zu Haus, um seine Altersgenossen zu bekehren.

Ich fragte ihn nach der monatlichen Botschaft, die Maria am 25. jeden Monats für die ganze Welt gibt, da ich festgestellt hatte, dass die Oktoberbotschaft wesentlich länger war als sonst.

Ivan antwortete: „Diese Botschaft wird durch Marija gegeben."

„Aber hörst du sie nicht zur gleichen Zeit? Hört ihr vier sie nicht alle zusammen?“

„Nein, ich kann diese Botschaft nicht hören; nur Marija kann sie hören.“

Das überraschte mich, da ich bis jetzt angenommen hatte, dass sie sie alle zusammen hörten. Ich wollte noch wissen, ob manche der täglichen Botschaften von größerer Bedeutung seien als andere?

„Ich glaube nicht. Jede Botschaft wird aus einem ganz besonderen Grund gegeben. Sie werden alle gegeben, um uns zu helfen.“

Ich hoffte, Ivan würde die nächste Frage richtig verstehen, und auch warum ich sie stellte. „Ivan, viele Leute, die mein Buch lesen werden, sind keine Katholiken. In Amerika sind 75 Prozent der Bevölkerung Protestanten und sie kennen Maria nicht. Sie nehmen sie auch nicht als jemanden an, zu dem sie beten sollten. Vielleicht werden sie sie annehmen, wenn ein Protestant darüber schreibt. Gibt es irgendetwas, das man den Protestanten sagen könnte, das sie empfänglicher für Maria machen würde?“

„Es ist sehr wichtig zu betonen, dass die Muttergottes für uns alle kommt. Marias Botschaften sind an die ganze Welt gerichtet. In ihren Botschaften fordert sie uns immer wieder auf, für alle Religionen zu beten, denn wir wissen ja, dass wir die Religionsspaltungen verursacht haben. Gott hat uns nicht gespalten. Er gibt uns auch keine Kriege.“

„Und doch haben die Menschen diese Trennungslinien gezogen. Sie meinen, Maria habe den Platz Jesu eingenommen.“

„Wie kann man nur so etwas denken?“ antwortete er etwas verärgert. „Sie wurde von ihrem Sohn gesandt – von Jesus!“

Ich erklärte ihm, dass man in der Bibel diese Rolle Mariens nicht finden kann.

„Wir müssen hier wesentlich tiefer gehen. Auch vom theologischen Standpunkt aus gesehen müssen wir die richtige Bedeutung der Worte erkennen. Sie bittet uns, mit dem Herzen zu beten. Nur wenn wir mit dem Herzen beten, können wir die Bedeutung der Worte verstehen.“

Ich wollte nochmals auf die Jugend von Medjugorje zu sprechen kommen. Bei meinem letzten Aufenthalt hatte ich festgestellt, dass viele am Abend lange ausblieben, in den Cafés herumlungerten und nicht mehr wie früher zur Kirche gingen. Ob er das auch in Medjugorje festgestellt hätte?

„Ja. Wir können über die Reichen und die Armen sprechen. Viele Menschen sind heute arm, aber sie haben ein gutes und glückliches Familienleben. Bei vielen anderen aber habe ich bemerkt, dass die Einheit in der Familie nicht mehr existiert. Es besteht kein Zusammengehörigkeitsgefühl mehr zwischen Mann und Frau. Sie haben keine Zeit mehr für ihre Kinder. Auch beten sie nicht mehr mit ihren Kindern."

Als Ivan innehielt, sagte David: „Rede doch weiter."

Ivan lächelte und sagte: „Das ist ein Thema, über das ich gerne rede. Wenn man heute mit jungen Leuten redet, dann ist das ein heikles Thema. Es ist wie ein Feuer, das zur Decke lodert – wie ein Feuer im Haus. Den jungen Leuten werden heute auf der Straße Drogen, Alkohol und andere Dinge angeboten. Die Eltern jedoch scheinen dafür blind und taub zu sein. Sie sind mehr an den materiellen Dingen als an ihren Kindern interessiert. Als ich in Österreich, Deutschland und Italien war, da habe ich den Unterschied in der Jugend gesehen. Italien ist etwas ganz Besonderes." Er meinte dies nicht gerade als ein Kompliment und fügte hinzu, dass es dort größere Probleme gibt als anderswo.

Ich lachte: „Warte erst, bis du Amerika siehst!"

Ich sah und hörte heute einen ganz anderen Ivan als den, den ich vor zwei Jahren kennengelernt hatte. Er war wesentlich reifer geworden und fühlte sich beim Interview wohl. Es gab eine Zeit, wo er überhaupt nicht zur Presse gesprochen hatte. Auch mit Pilgern war er nicht zusammengetroffen. Ein Jahr beim Militär hatte ihm geholfen.

Letzte Frage: Er hätte einmal daran gedacht, Priester zu werden – ob er das immer noch in Erwägung ziehe?

„Das ist etwas Persönliches. Als Maria zu Beginn erschien, hatte sie uns Freiheit gebracht. Sie hatte gesagt, dass es unsere persönliche Entscheidung sei, was wir mit unserem Leben machen."

Das war eine gute Antwort und auch eine gute Stelle, das Interview zu beenden.

Am Abend lud uns Pater Slavko ein, mit zur Empore in der Kirche zu kommen, wo die Erscheinungen jetzt stattfanden. Das Fernsehteam aus Baton Rouge war auch da sowie ein Reporter aus Frankreich, ein Priester aus England und ein Theologe aus Deutschland. Ivan war der einzige Seher, der heute Abend hier war. Als die Erscheinung anfing, deutete Pater Slavko an, dass David ruhig nach vorne kommen könne, damit er ein Foto von Ivans Gesicht machen könne, wenn dieser mit der Muttergottes sprach. Ich stieß ihm mit dem Ellbogen an, aber er stand bewegungslos da. Schließlich gelang es ihm doch noch, ein paar Bilder zu machen.

Wir gingen dann hinunter zur kroatischen Messe. Als wir später aus der Kirche kamen, war David sprachlos.

„Was ist los?“ fragte ich ihn.

Er aber schüttelte nur den Kopf. „Ich dachte nur daran, dass unser Aufenthalt schon bald zu Ende geht. Das fällt mir sehr schwer.“

Da der nächste Tag unser letzter war, stiegen wir am frühen Morgen auf den Podbrdo, um das Licht der aufgehenden Sonne zu betrachten, wie es über das schlafende Tal kroch. Aber schon versammelten sich die Menschen tief unten vor Vickas Haus.

David schüttelte den Kopf. „Wie auch nur irgendjemand noch glauben kann, dass diese Jugendlichen einen fortwährenden Betrug ausführen, das geht mir über die Hutschnur. Man braucht sich ja nur ihr Leben zu betrachten: Welche Belohnung können sie dafür erwarten? Sie nehmen ja kein Geld an.“ Er machte eine Pause. „Nun gut, sie sind berühmt – aber ehrlich gesagt, wer möchte schon eine solche Berühmtheit? Ivan sagte, sie seien frei zu wählen, aber sie haben jetzt wesentlich weniger Freiheit als zuvor. Und sie müssen sich mit den gleichen Fragen, den gleichen Unhöflichkeiten, der gleichen Gefühllosigkeit Tag für Tag und Jahr für Jahr abfinden.“ Er machte eine Pause. „Ivan und Vicka sind die zwei Einzigen, die ich getroffen habe, aber nachdem ich eine Stunde mit beiden verbracht habe, muss ich sagen, dass sie ohne jegliche Arglist sind.“

Ich nickte. „Marija ist genauso. Bei meinem letzten Aufenthalt blieben wir am letzten Abend noch lange bei Tee und Keksen auf. Sie zeigte mir ihr Fotoalbum. Es waren typische Bilder von Teenagern, die für die Kamera herumblödelten oder die Picknick und anderes unternahmen. Und die anderen sind ebenso: Einfache junge Leute, denen eine besondere Aufgabe als Seher und Botschafter der Heiligen Jungfrau Maria gegeben worden war." Dann fügte ich noch, mehr zu mir selbst als für David, hinzu: „Weißt du, das ist eigentlich nicht viel anders, als die Mission, die sie mir anvertraut hat."

David machte ein Bild von der Landschaft unter uns. „Es fiel mir gerade ein: Vielleicht ist das ein anderer Grund, warum die Erscheinungen schon so lange anhalten. Diese Kinder sind ganz normale Kinder. Es ist unmöglich, dass sie einen Betrug für so lange hätten aufrecht erhalten können! Ein, zwei Tage vielleicht, oder sogar eine Woche. Aber nicht ununterbrochen sieben Jahre lang! Besonders nicht, wo doch die Leute ständig versuchen, sie in Fallen zu locken oder Lügen zu strafen. Und schon gar nicht, wo Wissenschaftler sie während der Erscheinungen an elektronische Messgeräte angeschlossen hatten!" Er machte noch ein Bild. „Nein, ich fürchte, die Gegner müssen schon mit anderen Erklärungen kommen."

„Manche sagen, dass die Priester sie beherrschten und sie dazu benutzten, den Betrug für ihre eigenen Ziele fortzuführen", stellte ich fest.

„Nun, das kann ich auch nicht akzeptieren", erwiderte er. „Der hiesige Bischof versucht doch alles, was in seiner Macht steht, den Laden hier zuzumachen. Und die Priester arbeiten unermüdlich von Sonnenaufgang bis Sonnenuntergang."

„Ihre Anschuldiger behaupten, sie machten das nur aus Machthunger."

David lachte spöttisch. „Sie brauchen ja nicht einmal eine Stunde mit Pater Svet, Pater Jozo oder irgendeinem von ihnen zu verbringen. Wenn sie nur ein kleines bisschen Verstand haben, dann würden zehn Minuten genügen, um sie zu überzeugen, wie offensichtlich lächerlich das ist!"

„Hör auf!“ lachte ich. „Vergiss nicht, dass ich auf deiner Seite bin!“

Er musste auch lachen. „Die Kerle sind menschlich. Sie sind keine Supermönche. Und ich habe Gerüchte über diesen oder jenen gehört; und wenn es keine Gerüchte gäbe, dann käme es mir verdächtig vor. Vielleicht haben sie manchmal ihre Arbeit nicht richtig gemacht. Aber die Tatsache, dass sie menschlich und keine braungekleideten Helden sind, macht das Beispiel ihrer Hingabe um so bewundernswerter.“

Ich musste wieder lachen. „Dann muss es aber eine andere Erklärung geben.“

Wir gingen jetzt zur englischen Messe und anschließend zu dem Zedernhain beim Friedhof, der auch sein Lieblingsplatz geworden war, genauso wie es meiner ist. Während der Woche hatte ich bei ihm bemerkt, wie er immer friedvoller und nachdenklicher wurde. „Denke nur an den Wohlstandsverzicht, dem wir hier ausgesetzt sind“, murmelte er. „Sogar das Essen ist einfach und ländlich. Hier hat Gott für eine ganze Woche deine uneingeschränkte und ungeteilte Aufmerksamkeit! Ich wette, dass es für viele Leute, die hierher kommen, das erste Mal in ihrem Leben so ist.“

„Ich glaube, du hast recht“, stimmte ich ihm lächelnd zu.

Im Friedhof bewegte eine leichte Brise die höchsten Äste der Zedern, und in der Entfernung schien die helle Sonne auf den Križevac. Es waren nur ein paar kleine Wolken am Himmel. Als wir uns fertig machten, um unsere Tagesarbeit zu beenden, hielt David seine Hand in die Höhe. „Kannst du das hören?“

Von einem Weingarten außerhalb des Friedhofstors hörten wir, wie jemand den Rosenkranz betete. Es schien näher zu kommen. Bald konnten wir eine alte Frau sehen, wie sie langsam zwischen den Reben im Weingarten näher kam und die tiefhängenden Blätter abzupfte, damit das volle Wachstum der Rebe den Trauben zugute kam. Wir stellten uns so, dass sie uns nicht sehen konnte und beobachteten sie, wie sie sich näherte.

Sie bog in den Torweg ein, und wir konnten feststellen, dass sie in einem Arm einen Strauß frischer Lilien trug. Sie legte diese liebevoll an einen neuen Grabstein. Dann kehrte sie weinend zu ihrer Arbeit im Weingarten zurück. Sie hatte nie aufgehört, den Rosenkranz zu beten.

Wir gingen jetzt zu dem Grabstein. Jemand, der Ivan hieß, war dort erst vor ein paar Monaten begraben worden. Von seinem Geburtstagsdatum konnten wir uns ausrechnen, dass er 82 Jahre alt gewesen war – höchstwahrscheinlich ihr Mann. Wir konnten sie immer noch beten hören. Ich schlug David vor, dass wir uns eine Weile lang trennen sollten, damit jeder heute, am letzten Tag in diesem kleinen Dorf, noch etwas Zeit für sich selbst hätte. Ich ging zu dem Garten, wohin die alte Frau zurückgekehrt war. Sie betete immer noch. Als ich den Himmel betrachtete, dachte ich, dass ich noch nie einen solchen Frieden wie bei diesem Aufenthalt verspürt hatte. Ich fühlte, als ob ich jetzt endlich in diesen Frieden eingetreten war, der alles menschliche Verstehen übersteigt.

Eine halbe Stunde später kehrte ich wieder zum Friedhof zurück, wo ich David mit Tränen in den Augen antraf. Überrascht schaute er auf und für einen Augenblick errötete mein Freund, der sich sonst immer unter Kontrolle hatte, aus Verlegenheit. Dann sagte er leise mit emotionserfüllter Stimme: „Ich weiß nicht, wie ich diesen Ort verlassen kann."

Die Botschaft Jesu von Liebe, Frieden und Bekehrung, die uns von der Heiligen Jungfrau Maria, der heiligsten der Boten Gottes, gebracht wird, hat auch hier wieder in diesem kleinen Dorf Medjugorje das Herz eines Menschen erobert.

Epilog zur elften englischen Auflage von 1991

„Liebe Kinder.

Heute rufe ich euch alle auf, die Botschaften, die ich euch in den vergangenen acht Jahren gegeben habe, zu leben. Diese Zeit ist eine Zeit der Gnade, und ich wünsche, meine lieben Kinder, dass die Gnade Gottes für jeden einzelnen groß sei. Ich segne euch und liebe euch mit einer besonderen Liebe.

Danke, dass ihr meinem Ruf gefolgt seid."

Und es geht weiter. Die obige Botschaft zum achten Jahrestag, die von der Heiligen Jungfrau Maria am Abend des 25. Juni 1989 gegeben worden war, bestätigt aufs Neue, dass das kleine Dorf Medjugorje ein besonderer Platz der Gnade Gottes ist. Mehr als 200.000 Pilger aus aller Welt vernahmen diese Botschaft. Es war die größte Anzahl an Pilgern in der achtjährigen Geschichte der Erscheinungen. Die Früchte dieser Gnade reifen und vermehren sich auch weiterhin.

Ich war noch dreimal in Medjugorje, seit ich damals mit David Manuel dort gewesen bin, das letzte Mal Anfang Juni 1989. Viele äußerliche Dinge haben sich in der Ortschaft verändert. Bei vielen Häusern ist angebaut worden, um die ständig wachsende Zahl der Pilger aufnehmen zu können. Auch sind die Straßen, die in die Ortschaft und zur Kirche führen, erweitert und neu asphaltiert worden. Um die Kirche herum ist der Lehm und das wilde Gras durch Platten und schöne Gartenanlagen ersetzt worden, die dem Kirchengelände ein neues und würdiges Aussehen verleihen. Die Kirche ist jetzt ja nicht mehr nur eine Pfarrkirche, sondern sie ist weltweit als ein Ort besonderer Gnaden bekannt geworden.

Diese Gnaden konnte man am meisten bei den Leuten erkennen, die dorthin gekommen waren. Für mich wird diese am besten am Leben und im Tod von Rosemary Stoffel versinnbildlicht.

Jim und Rosie Stoffel hatten anfangs viel zu meiner Verbundenheit mit den Ereignissen von Medjugorje beigetragen. Wir waren dadurch auch gute Freunde geworden. Deshalb hatte es mir auch besonders zu schaffen gemacht, als Rosie nach langem Leiden an Kehlkopfkrebs schließlich doch gestorben war. Im Februar 1988 war sie zum letzten Mal ins Krankenhaus eingeliefert worden.

Zwischen meinen Reisen besuchte ich sie jeweils. Die Besuche waren nicht leicht für mich, denn obwohl sie ein aktives Leben in ihrer Kirche geführt, zwei Reisen nach Medjugorje unternommen und unzählige Male an Heilungsmessen teilgenommen hatte, war Rosie schließlich doch entmutigt und verbittert geworden. Als sie endlich einsah, dass es keine Heilung für sie mehr geben würde, da lehnte sie in ihrem Ärger jegliches Gebet ab und gab alle Hoffnung auf. Jeder Besuch bei Rosie war ein schmerzliches Zusammensein – bis an einem Mittwoch Anfang März.

Wie gewöhnlich wartete ich für einen Augenblick vor ihrem Zimmer, um mich auf den Ausbruch der Verzweiflung und aufgegebenen Hoffnung dieser jetzt spindeldürr gewordenen Frau vorzubereiten. Als ich aber diesmal eintrat, begrüßte sie mich mit einem Lächeln und winkte mir, schnell zu ihr ans Bett zu kommen. „Ich muss dir sagen, was heute geschehen ist", hauchte sie. „Ich habe den Frieden wiedergefunden!"

Verblüfft sah ich Jim an, der an der anderen Seite des Bettes stand. Er lächelte nur. Rosie fuhr fort: „Heute Morgen kam eine Schwester zu mir ins Zimmer, nachdem sie mit ihrer Schicht fertig war. Sie brachte mir eine Waschschüssel mit Wasser und sagte, sie wolle mir die Füße waschen – kannst du dir das vorstellen? *Sie wollte mir die Füße waschen!*"

Ihre Augen wurden feucht. „Sie tat dies, um mir einen besonderen Gefallen zu tun – ich weiß nicht warum, aber sie hat es getan. Als ich anfing zu weinen, hörte sie auf, weil sie glaubte, dass es mir wehtäte."

Tränen bildeten sich jetzt in Rosies Augen, als sie innehielt, um sich zu sammeln. „Der Grund, warum ich anfing zu weinen, war, weil ich plötzlich spürte, wie der Friede Gottes wieder zurückkehrte. Ich wusste jetzt wieder, wie sehr ich von den Menschen und von Gott geliebt wurde." Indem sie meine Hand fester drückte, betonte sie ihre letzten Worte ganz langsam: „Ich konnte Seinen Frieden wieder spüren, und es war mir, als wäre ich wieder in Medjugorje! Ist das nicht wunderbar?"

„Ja, Rosie", sagte ich, „das ist schon etwas ganz Wunderbares!"

Da ich keine Worte finden konnte, fing ich an, das „Gegrüßet seist du, Maria" zu beten, indem ich Rosies Hände in meinen hielt. Sie betete auch gleich mit. Es war das erste Mal in Wochen, dass sie wieder betete.

Vier Tage später saß ich mit meiner Familie beim Abendgebet. Kennedy wollte, dass ich ihm eine Geschichte aus seiner Kinderbibel vorlese. Als ich ihn fragte, welche, sagte er, irgendeine. So schlug ich das Buch beliebig auf und las die Geschichte, in der Jesus Seinen Jüngern die Füße wusch!

Überrascht schaute ich zu Terri hinüber und erzählte dann Kennedy, was ich vor ein paar Tagen in Rosies Krankenzimmer erlebt hatte. Ich erklärte ihm, wie ein solch kleiner Akt der Liebe, den wir anderen tun, soviel für den Empfänger bedeuten könne, ganz besonders aber, wenn wir uns nicht bewusst sind, etwas Besonderes getan zu haben. Ich war mir sicher, dass die Krankenhausschwester, die so nett zu Rosie gewesen war, sich dessen nicht bewusst gewesen war, welch großen Einfluss sie auf Rosie gehabt hatte.

Etwa eine halbe Stunde später kam Terri in mein Lesezimmer: „Ich rief gerade das Krankenhaus an, um mich zu erkundigen wie es Rosie ging. Sie ist vor etwa dreißig Minuten friedvoll im Schlaf gestorben."

Die Gnade, die Rosemary Stoffel erleben durfte, ist nur ein Beispiel von vielen ähnlichen Fällen, die ich über die letzten vier Jahre erlebt hatte. In der Tat sind es diese Erlebnisse, wo die Gnade im Alltagsleben der Menschen wirkt, die die Erscheinungen in Medjugorje glaubwürdig machen – mehr noch als die Erscheinungen selbst, denn dies sind die wahren Früchte.

Im November 1988 kamen Marija Pavlović und ihr Bruder Andrija in die Vereinigte Staaten zu einem dreimonatigen Aufenthalt in Birmingham in Alabama. Der Grund dieses Besuches war eine Nierentransplantation für Andrija, da er sonst an seiner geschädigten Niere sterben würde.

Die Spenderin war Marija.

Die Operation, die am 16. Dezember in der Universitätsklinik in Birmingham stattfand, war erfolgreich verlaufen. Beide sind jetzt wieder in ihrem kleinen Dorf und haben sich gut erholt.

Diese Nierenverpflanzung, die das Leben von Andrija gerettet hatte, hatte es aber auch geändert, denn obwohl seine Schwester eine der Seherinnen ist, hatte er die Gnade die von den Erscheinungen kommt, nie so richtig akzeptiert. Sein geistliches Leben war nicht besonders aktiv gewesen. Als aber Marija sich freiwillig zur Verfügung gestellt hatte, ihre Niere zu spenden, da war er davon überwältigt. Nicht die Rettung seines Lebens hatte ihn so bewegt, sondern der unglaubliche Akt der Liebe seiner Schwester.

Natürlich wurden die Vereinigten Staaten dadurch gesegnet, dass die Erscheinungen der Muttergottes auch hier täglich stattfanden. Jede Woche strömten Tausende auf ein freies Feld, das nahe dem Hause liegt, wo Marija wohnte. Viele bezeugten, das Sonnenwunder sowie andere Phänomene während der Zeit der Erscheinungen gesehen zu haben.

Aus reinem Zufall war Ivan auch im November in den Vereinigten Staaten, wo er Verwandte besuchte und sich das Land ansah. Meistens reiste er inkognito und erfreute sich seines Besuches. Unter der Führung von Lois Malik, die seine Reise geplant hatte, reiste er von Küste zu Küste. Genauso wie Marija, hatte auch Ivan seine täglichen Erscheinungen in den Staaten.

Die Gnade strömte weiterhin von dem kleinen Dorf aus. Vicka, die in den ersten sieben Jahren der Erscheinungen an einer Zyste litt, die nicht operierbar war, war im September 1988 geheilt worden.

Die Gottesmutter hatte Vicka, die während dieser Zeit viele Male im Koma lag, im Februar 1988 gesagt, dass sie von Jesus im September geheilt werden würde. Im Februar schrieb Vicka einen Brief an Pater Janko Bubalo, dem Autor von ‚*Tausend Begegnungen mit der Heiligen Jungfrau Maria in Medjugorje*' und schrieb auch identische Briefe an den Pfarrer von St. Jakob und an Mitglieder der Untersuchungskommission. Die Briefe waren versiegelt mit der

Anweisung, sie nicht vor dem 26. September 1988 zu öffnen. Am 25. September wurde Vicka geheilt. Die Briefe wurden dann gemäß ihrer Anweisung geöffnet, und ihr Inhalt bestätigte, was ihr von der Muttergottes im Februar gesagt worden war: Dass sie im September geheilt werden würde.

Dies war ein großartiges Wunder mit einer doppelter Gnade: Vicka war wieder vollkommen gesund, und die Kommission hatte einen weiteren Beweis für die Echtheit der Erscheinungen erhalten, der von ärztlichen Attesten unterstützt wurde.

Was die anderen Seher anbetrifft: Ivanka bekam in Herbst 1989 ihr zweites Baby. Mirjana war wieder von Sarajevo nach Medjugorje zurückgekehrt, um nach ihrer Heirat im September dort zu leben. Jakov, der jetzt 18 Jahre alt ist, arbeitet im Souvenirgeschäft der Kirche. Er hat gewöhnlich seine täglichen Erscheinungen bei sich daheim.

Vor kurzem sind wir so gegen vier Uhr morgens von einem Anruf aufgeweckt worden. Es war Tanya, die aus Australien anrief, um mir mitzuteilen, wie glücklich sie sei. Sie wohnte bei ihrer Mutter und ihrem Vater und arbeitete jetzt ganztägig. Es war ihr gelungen, die Drogen aufzugeben und ihr Leben so langsam wieder in geregelte Bahnen zu leiten. Nachdem wir uns verabschiedet hatten, murmelte ich ein Dankgebet in vollen Vertrauen, dass Gott nicht eine einzige Seele aufgibt.

Welche großartige Gnade!

Wie soll es nun weitergehen? Die Antwort kann in der Botschaft gefunden werden, die Mirjana an ihrem Geburtstag vor etwa zwei Jahren bekommen hatte. Es ist eine bündige Zusammenfassung der acht Gnadenjahre, die uns durch die Erscheinungen der Mutter Jesu gebracht wurden:

> *‚Meine lieben Kinder.*
>
> *Ich bin gekommen, um euch zur Reinheit der Seele zu führen und somit zu Gott. Wie habt ihr mich angenommen? Zu Beginn mit Unglauben, Angst und Misstrauen den Kindern gegenüber, die ich auserwählt hatte. Später haben mich dann die meisten in ihre Herzen aufgenommen und angefangen,*

meine mütterlichen Wünsche zu erfüllen. Aber leider hat das nicht allzu lange angedauert. Ganz gleich wo ich mich zeige, und mit mir mein Sohn, da zeigt sich auch Satan. Ihr habt ihm erlaubt, euch zu kontrollieren und zu führen, ohne dass ihr euch dessen bewusst seid. Manchmal seid ihr euch dessen bewusst, dass euer Benehmen gegen die Gebote Gottes verstößt, aber ihr unterdrückt das allzu schnell. Gebt nicht auf, meine Kinder. Trocknet meine Tränen von meinem Gesicht – Tränen, die ich weine, wenn ich euer Benehmen sehe. Schaut doch mal, was so alles um euch herum geschieht!

Nehmt euch die Zeit und betet in der Familie um die Gnade Gottes.... Zürnt nicht der Armen, die um eine Brotkruste bitten. Verweigert ihnen nicht die Fülle eurer Mahlzeiten. Helft ihnen, dann wird Gott auch euch helfen.... Denkt nicht, annehmen zu können, dass ihr gut seid, während euer Bruder, der bei euch wohnt, schlecht sei. Ihr tut nicht gut daran, so etwas anzunehmen.

Ich bin eure Mutter, und deshalb warne ich euch. Es gibt einige Geheimnisse, meine Kinder, aber ihr wisst nicht, was sie sind. Wenn sie aber bekannt gegeben werden, dann ist es zu spät! Kehrt zum Gebet zurück! Nichts ist wichtiger als das Gebet! Ich wollte, dass der Herr mir erlauben würde, euch etwas mehr von den Geheimnissen mitzuteilen, aber Er gibt euch schon so genügend Gnaden! Wieviel opfert ihr euch selbst Ihm auf? Wann war es das letzte Mal, dass ihr was für den Herrn aufgegeben hättet? ... Ich rufe euch wieder auf, zu beten, zu fasten und Buße zu tun. Wenn ihr die Gnade von Gott für euer Fasten wollt, dann lasst es niemand wissen, dass ihr fastet. Wenn ihr die Gnade von Gott dafür wollt, wenn ihr Almosen gebt, dann lasst es niemand wissen, dass ihr es getan habt.

Meditiert im Gebet, meine lieben Kinder, über diese Botschaft, die ich euch gegeben habe....“

Möge diese wunderbare Botschaft von Maria, der Mutter Jesu, zusammen mit der Botschaft dieses Buches euch die Liebe, den Frieden und die Gnade unseres Herrn schenken.

Epilog zur ersten deutschen Auflage von 2001

„Liebe Kinder!

Heute lade ich euch ein, das Gebet und das Fasten mit noch größerer Begeisterung zu erneuern, bis euch das Gebet zur Freude wird. Meine lieben Kinder, wer betet, fürchtet die Zukunft nicht, und wer fastet, fürchtet das Böse nicht. Ich wiederhole euch noch einmal:

Nur mit Gebet und Fasten können sogar Kriege aufgehalten werden, Kriege eures Unglaubens und eurer Angst vor der Zukunft! Ich bin mit euch und lehre euch, meine lieben Kinder: In Gott ist euer Friede und eure Hoffnung. Deshalb nähert euch Gott und stellt Ihn auf den ersten Platz in eurem Leben.

Danke, dass ihr meinem Ruf gefolgt seid.“

Wie sieht es heute in Medjugorje aus? In den letzten 20 Jahren, seit die Erscheinungen begonnen haben, hat sich viel in und durch Medjugorje geändert. In dieser Zeit ist dieses eindeutig übernatürliche Phänomen zur Realität für Millionen Menschen in der ganzen Welt geworden. Für uns, die fest daran glauben, ist es zum wichtigsten Ereignis unserer Zeit geworden.

In der ganzen Geschichte der katholischen Kirche über die letzen zwei Jahrtausende ist die Muttergottes an vielen Orten in der Welt erschienen. Die wichtigsten Erscheinungsorte sind: Guadalupe in Mexiko, La Sallette und Lourdes in Frankreich, Knock in Irland und Fatima in Portugal. Aber bei keiner dieser Erscheinungen ist die Muttergottes täglich so vielen Sehern für eine so lange Zeit erschienen wie in Medjugorje. Der Grund dafür geht ganz deutlich aus ihren Botschaften hervor. Die Heilige Jungfrau Maria fordert die ganze Welt dringend zur Umkehr zu Gott auf, denn nur so kann wahrer Friede und echte Zufriedenheit erzielt werden. Dieser besondere Nachdruck hat mit einer einzigen Erscheinung 1846 in La Sallette angefangen, wurde dann in Fatima verstärkt weitergeführt und findet jetzt in Medjugorje seine Vollendung. Dies ist ein langanhaltender, bedingungsloser Beweis der göttlichen Gnade und

Liebe. Es ist die Beharrlichkeit dieses himmlischen Aufrufes und die überwältigende Antwort darauf von Menschen aus allen Glaubensrichtungen und gesellschaftlichen Schichten, die einem zur Überzeugung führen muss, dass es sich hier um die endgültige Ernte des Himmels für Seelen handelt.

Die Heilige Jungfrau Maria hat in ihren Botschaften der Welt ernsthafte Warnungen darüber gegeben, was die Konsequenz wäre, wenn die Welt auf ihrem jetzigen Weg der Gottlosigkeit weiterschreiten würde. Sie tut das aber in ihrer mütterlichen Liebe und bezeichnet sich in diesen Erscheinungen als *‚Königin des Friedens'*. Sie bittet um Versöhnung aller Menschen auf allen Ebenen der Gesellschaft sowie um eine Verstärkung des Glaubens durch Gebet, Fasten und Buße – ganz besonders für diese Region.

Und doch brach gerade in dieser Gegend im August 1991 ein blutiger, zerstörerischer Bürgerkrieg aus, der das frühere Jugoslawien auseinanderriss. Der Anlass dafür war, wie es so oft der Fall ist, ethnische und religiöse Verfolgung. Trotz des Wunders der Marienerscheinungen hörten die Menschen als Volk nicht auf den Aufruf zur Versöhnung. Aber dennoch erschien die Muttergottes während dieses furchtbaren Krieges weiterhin den Sehern täglich. Menschen aus aller Welt pilgerten unermüdlich zu diesem Gnadenort.

Der Krieg ist jetzt seit über sechs Jahren vorbei, und das Leben in Medjugorje hat sich wieder soweit normalisiert. Und dennoch gibt es noch unzählige Witwen, Waisenkinder und Schwerstbehinderte dieses Krieges aus allen beteiligten ethnischen Volksstämmen, die jetzt nach Medjugorje kommen, um zusammen mit anderen Pilgern aus aller Welt um den Frieden zu beten, den nur Gott schenken kann.

Die Heilige Jungfrau Maria erscheint immer noch täglich drei der ursprünglichen sechs Sehern. Die anderen drei haben bereits alle zehn Geheimnisse erhalten, diesen erscheint Maria nur noch zu bestimmten Zeiten. Bevor die Erscheinungen zu Ende gehen, werden alle sechs Seher alle zehn Geheimnisse bekommen. Nach Beendigung der Erscheinungen werden dann die Ereignisse, die in den sogenannten Geheimnissen vorausgesagt sind, eintreffen.

Alle Seher, ausser Vicka und Jelena, sind verheiratet und haben Kinder. Alle, ausser Marija leben noch vorwiegend in dem kleinen Dorf und führen, so gut es unter diesen Umständen geht, ein normales Leben. Bei den Gläubigen sind sie mittlerweile weltberühmt geworden und doch leben sie weiterhin ein einfaches Leben gemäß den Gebräuchen der Gegend und den Botschaften der Muttergottes.

Wie es die Heilige Jungfrau Maria zu Beginn der Erscheinungen vorausgesagt hatte, ist dieses unscheinbare Dorf ein berühmter Pilgerort geworden. Schätzungsweise sind bereits über 30 Millionen Menschen aus allen Teilen der Welt dorthin gekommen, um geistliche Erneuerung zu erfahren. Das hat allerdings auch die anderen Wirklichkeiten der Welt mit sich gebracht: Die Kommerzialisierung schreitet immer weiter voran und überall kann man jetzt Souvenirstände finden. Es gibt auch viele Einkaufszentren, Restaurants und Bars, sowie Pensionen mit Tausenden von Zimmern für die unzähligen Pilger, die in immer größeren Mengen dorthin kommen.

Aber trotz all dieser weltlichen Kommerzialisierung werden die Gnadengaben weiterhin ausgegossen. Die Pilger, die heute nach Medjugorje kommen, erhalten die gleichen Gnaden wie die Pilger der ersten Tage. Es ist genug Gnade vorhanden, um alle Menschen, die ihr Herz öffnen, damit zu erfüllen. Viele Protestanten sowie Menschen anderer Glaubensrichtungen kommen heute nach Medjugorje und beten mit den Katholiken den Rosenkranz, wie es die Muttergottes von allen wünscht, die ihre Botschaften leben wollen.

Im November 2000 gab es ein trauriges Ereignis für die Millionen Menschen, denen Medjugorje lieb geworden ist, als sich die Nachricht vom plötzlichen Tod des beliebten Franziskanerpaters Slavko Barbarić am 24. November verbreitete. Es war ein Tag der Trauer und Tränen über den Verlust eines lieben Freundes und starken Führers, der das Herz und die Seele von Medjugorje geworden war.

Aber wie zuvor, wusste die Heilige Jungfrau Maria auch hier die Trauer ihrer Kinder in Freude umzuwandeln, als sie am darauffolgenden Tag, dem 25. November, am Ende ihrer monatlichen Botschaft zu Marija sagte: *„Ich freue mich mit euch und möchte euch sagen, dass euer Bruder Slavko in den Himmel geboren wurde und* *für euch Fürsprache hält.*" In der Geschichte der Botschaften von Medjugorje hat die Muttergottes nur einen anderen lebenden Menschen in ihren Botschaften mit Namen genannt, nämlich Papst Johannes Paul II.

Pater Slavko starb an einem Herzversagen an einem Freitag um 15.45 Uhr, also dem Tag und der Stunde der Passion Unseres Herrn. Wie es sein Brauch seit den Kriegstagen war, hatte der 54-jährige Priester eine Gruppe von etwa 70 Pfarrmitgliedern und Pilgern zum Kreuzweggebet auf den Križevac geführt. Es hatte beim Ausstieg geregnet; als die Gruppe aber den Gipfel erreichte, kam die Sonne heraus und ein wunderbarer Regenbogen erschien über der St. Jakobskirche. Pater Slavko beendete die Gebete, gab seinen Segen und beschloss den Kreuzweg mit den letzten Worten seines irdischen Lebens: „Möge die Gospa in unserer Todesstunde für uns beten." Er stand an der Auferstehungsstation, die sich am Fuß des riesigen Betonkreuzes befindet, als er sich plötzlich hinsetzte. Dann streckte er sich langsam aus und war innerhalb weniger Minuten tot.

Es gibt kaum einen Zweifel in den Herzen derjenigen, die ihn durch seine vielen Schriften, Vorträge und andere Projekte kannten, dass alles, was mit seinem Hinscheiden zusammenhängt, einen heiligen Grund hat. Geradeso wie er in seinen mühsamen aktiven Jahren als geistlicher Führer von Medjugorje gewirkt hatte, so wirkt er jetzt als ein Beispiel dafür, was unser Lohn sein wird, wenn wir die Botschaften der Muttergottes von Medjugorje leben.

Am 25. Januar 2001 gab die Heilige Jungfrau Maria die oben angeführte Botschaft. Damit ruft sie ihre Kinder zur Heiligkeit auf, indem sie Gebet und Fasten besonders hervorhebt.

Möge unsere liebe Mutter weiterhin die Erlaubnis haben, in Medjugorje zu erscheinen, bis alle Aspekte ihres himmlischen Zieles erreicht sind!

Wayne Weible und Wolfgang Trautmann

Inhaltsverzeichnis